21 世纪高职高专物流管理专业实用规划教材

物流企业管理
(第 2 版)

张雅静　主　编

王　欢　侯思萌　高　慧　副主编

清华大学出版社
北京

内 容 简 介

本书以现代企业管理基本理论为框架,从物流管理的认知入手,结合物流企业管理实践,综合研究物流企业经营管理的全过程,对物流企业的战略管理、文化管理、决策与计划管理、作业管理、设施与设备管理、财务管理、人力资源管理、信息管理及质量管理等方面进行了专门的研究。本书的最大特色就是以任务驱动的方式安排内容,极大地激发了学习者的学习主动性。此外,本书还用较大篇幅在各章安排了项目测试及技能训练试题,便于学习者参考使用。

本书是高职高专物流管理专业规划教材,可供高职院校物流管理专业在校生使用,也可作为物流企业、物流管理部门和物流咨询机构的职工培训教材使用。

图书在版编目(CIP)数据

物流企业管理/张雅静主编. —2 版. —北京:清华大学出版社,2018(2024.7重印)
(21 世纪高职高专物流管理专业实用规划教材)
ISBN 978-7-302-49141-5

Ⅰ. ①物… Ⅱ. ①张… Ⅲ. ①物流企业—企业管理—高等职业教育—教材 Ⅳ. ①F253

中国版本图书馆 CIP 数据核字(2017)第 312776 号

责任编辑:姚 娜 吴艳华
封面设计:杨玉兰
责任校对:李玉茹
责任印制:沈 露

出版发行:清华大学出版社
 网 址:https://www.tup.com.cn, https://www.wqxuetang.com
 地 址:北京清华大学学研大厦 A 座 邮 编:100084
 社 总 机:010-83470000 邮 购:010-62786544
 投稿与读者服务:010-62776969, c-service@tup.tsinghua.edu.cn
 质量反馈:010-62772015, zhiliang@tup.tsinghua.edu.cn
 课件下载:https://www.tup.com.cn, 010-62791865

印 装 者:三河市君旺印务有限公司
经 销:全国新华书店
开 本:185mm×260mm 印 张:20.75 字 数:504 千字
版 次:2013 年 6 月第 1 版 2018 年 1 月第 2 版 印 次:2024 年 7 月第 7 次印刷
定 价:58.00 元

产品编号:077146-02

再版前言

随着全球经济一体化和信息技术的迅速发展，社会生产、物资流通、商品交易及其管理方式正在发生深刻的变化，现代物流发展已经成为一个国家或地区综合竞争力的重要标志之一，被誉为促进经济增长的"加速器"和"第三利润源泉"。在我国，物流基础战略地位也日益凸显，发展现代物流业已成为各级政府和各类企业高度重视的热点问题。但是，由于各行各业纷纷抢占物流市场，导致物流业发展速度过快，而忽视了物流企业自身的建设，使物流企业管理问题成为阻碍物流经济良性发展的"瓶颈"。因此，加强高等职业院校现代物流管理专业的建设发展迫在眉睫，本书正是在这一背景下编写的。

本书以现代企业管理基本理论为框架，从物流管理的认知入手，结合物流企业管理实践，综合研究物流企业经营管理的全过程，对物流企业的战略管理、文化管理、决策与计划管理、作业管理、设施与设备管理、财务管理、人力资源管理、信息管理及质量管理等方面进行了专门的研究。其内容主要包括物流企业组织结构的设立，战略环境和分析，战略制定与实施，文化建设，决策与计划管理，运输管理，仓储管理，物流中心和配送中心管理，设施与设备的选择、评价、使用、维护、修理、改造与更新，筹资管理，投资管理，财务分析，员工的招聘、录用和培训、绩效考评和薪酬管理，信息系统的设立及综合效益分析，质量管理的基本方法等。

本书与第 1 版相比，编者增加了两名具有丰富一线工作经验的教师，内容的选取更加适应高职院校职业教学的特点，更着眼于我国物流企业实际发展的需要。案例更生动，任务更具体，方法更灵活，更能激发学习者的学习主动性，并用较大篇幅在各章安排了项目测试及技能训练试题，便于学习者参考使用。此外，本书还为教师准备了充足的教学资源，包括 PowerPoint 示范教学文稿、习题及习题参考答案等。本书教学总学时建议为 64 学时左右。

本书是高职高专物流管理专业规划教材，可供高职院校物流管理专业在校生使用，也可作为物流企业、物流管理部门和物流咨询机构的职工培训教材使用。

本书由张雅静担任主编，王欢、侯思萌、高慧担任副主编。其中张雅静编写项目二、项目七，王欢编写项目一、项目三，侯思萌编写项目四、项目五、项目六，高慧编写项目八、项目九、项目十，张雅静负责全书策划和统稿。

本书在编写过程中，参考了大量的书籍、文献、论文及网络资源等，在此对这些前辈、专家、学者一并表示深深的谢意！

由于作者水平有限，书中难免有不妥之处，敬请读者批评指正。邮箱：350537989@qq.com。

编　者

第一版前言

随着全球经济一体化和信息技术的迅速发展，社会生产、物资流通、商品交易及其管理方式正在发生深刻的变化，现代物流发展已经成为一个国家或地区综合竞争力的重要标志之一，被誉为促进经济增长的"加速器"和"第三利润源泉"。在我国，物流基础战略地位也日益凸显，发展现代物流业已成为各级政府和各类企业高度重视的热点问题。但是，由于各行各业纷纷抢占物流市场，导致物流业发展速度过快，而忽视了物流企业自身的建设，使物流企业管理问题成为阻碍物流经济良性发展的"瓶颈"。因此，加强高等职业学校现代物流管理专业的建设发展迫在眉睫，本书正是在这一背景下编写的。

本书以物流企业管理思想和原理为主要理论框架，以管理工作任务为驱动，从物流管理的认知入手，综合研究了物流企业管理的主要过程。对物流企业的战略管理、文化管理、决策与计划管理、作业管理、设施与设备管理、财务管理、人力资源管理、信息管理及质量管理等方面内容进行了专门的研究。其内容主要包括物流企业组织结构的设立，战略环境和分析，战略制定与实施，文化建设，决策与计划管理，运输管理，仓储管理，物流中心和配送中心管理，设施与设备的选择、评价、使用、维护、修理、改造与更新，筹资管理，投资管理，财务分析，员工的招聘、录用和培训、绩效考评和薪酬管理，信息系统的设立及综合效益分析，质量管理的基本方法等。

本书适应了高职院校职业教学的特点，着眼于我国物流企业实际发展的需要，并结合企业实际深入浅出地安排了教学内容。最大特色就是以任务驱动的方式安排内容，可极大地激发学习者的学习主动性，并用较大篇幅在各章安排了项目测试及技能训练试题，便于学习者参考使用。此外，本书还为教师准备了充足的教学资源，包括 PowerPoint 示范教学文稿、习题及习题参考答案等。本书教学总学时建议为 64 学时左右。

本书是高职高专物流管理专业规划教材，可供高职院校物流管理专业在校生使用，也可作为物流企业、物流管理部门和物流咨询机构的职工培训教材使用。

本书由张雅静担任主编，沈清文、张晓燕、高慧担任副主编，杨兴参编。其中张雅静编写项目二、项目七，沈清文编写项目三，张晓燕编写项目四、项目五、项目六，高慧编写项目八、项目九、项目十，杨兴编写项目一。张雅静负责全书策划和统稿。

本书在编写过程中，参考了大量的书籍、文献、论文及网络资源等，在此对这些前辈、专家、学者一并表示深深的谢意！

由于作者水平有限，虽然已尽力而为，但书中难免有不妥之处，敬请读者批评指正。

编　者

目录

目 录

目 录

项目一 物流企业管理认知

【项目描述】

物流是社会流通领域的重要组成部分，物流企业是现代经济活动中的重要组织；物流企业管理不仅是物流产业发展的关键支撑，而且在完善经营、降低成本、减少损失、提高经济效益、提升物流服务品质等方面发挥着越来越重要的作用。本项目将从物流企业的组织结构、物流企业管理的主要内容和方法、物流企业重组这三个方面让读者对物流企业管理加深理解。

【项目目标】

知识目标

(1) 理解物流与物流企业的概念。

(2) 了解我国物流企业的基本类型。

(3) 熟悉物流企业的组织结构。

(4) 掌握物流企业管理的主要内容和方法。

(5) 认识物流企业重组的重要性。

(6) 掌握业务流程重组(business process reengineering，BPR)的基本理论。

技能目标

(1) 能够结合某一物流企业的实际情况分析该企业所属的类型。

(2) 能够描述一家物流企业管理的内容和方法。

(3) 能够对一家物流企业进行重组。

【项目展开】

为了系统而直观地实现以上项目目标，现将该项目按照以下三个内容依次展开。

(1) 物流企业组织结构。

(2) 物流企业管理的主要内容和方法。

(3) 物流企业重组。

任务一　物流企业概述

【任务描述】

我国中小物流企业组织结构的现状

在我国，中小物流企业几乎传承了"金字塔"式的组织结构形式。随着信息技术的飞速发展，信息成为企业竞争中必不可少的重要战略武器。然而，"金字塔"式组织结构已经无法适应现代企业对于市场信息的需求。冗长的组织结构，不但大大降低了信息在企业内部的传递速度和传递效率，而且还增加了传递过程中信息失真的可能性。这将导致企业的决策层不能及时有效地作出正确的经营决策。从组织结构上看，企业存在部门重置和多头领导的现象，在一定程度上造成了企业人力资源的浪费和管理成本的增加，冗长臃肿的组织结构大大降低了企业的运行效率。

【任务驱动】

(1) 什么是物流？什么是物流企业？物流企业有哪些类型？

(2) 建立物流企业组织机构的基本原则有哪些？

(3) 物流企业有哪些组织结构？其优缺点和适用范围有哪些？

【任务资讯】

一、认识物流和物流企业

(一)物流和物流企业的基本概念

1. 物流的基本概念

物流(logistics)是指利用现代信息技术和设备，将物品从供应地向接收地准确、及时、安全、保质保量、"门到门"配送的合理化服务模式和先进的服务流程。物流是随商品生产的出现而出现，随商品生产的发展而发展的，所以物流是一种古老的、传统的经济活动。

物流是指为了满足客户的需求，以最低的成本，通过运输、保管、配送等方式，实现对原材料、半成品、成品或相关信息由商品产地到商品消费地流动的计划、实施和管理的全过程。

中国国家标准《物流术语》对物流的定义是：物流是物品从供应地到接收地的实体流动过程，根据实际需要，将运输、储存、装卸、搬运、包装、流通加工、配送、信息处理等基本功能实施有机的结合。

总的来说，物流是包括运输、搬运、储存、保管、包装、装卸、流通加工和物流信息处理等基本功能的活动，它是由供应地流向接收地以满足社会需求的活动，是一种经济活动。

2. 物流企业的基本概念

物流企业(logistics enterprise)是指从事物流活动的经济组织，至少从事运输(含运输代理、货物快递)或仓储的一种经营业务，并能够按照客户对物流的需求对运输、储存、装卸、包装、流通加工、配送等基本功能进行组织和管理，具有与自身业务相适应的信息管理系统，实行独立核算、独立承担民事责任的经济组织。

物流企业的概念具有以下基本含义。

(1) 物流企业是通过物流服务，实现企业存在价值的法人实体。

(2) 物流企业提供的物流服务是包含仓储、运输、配送等多功能的综合系统。

(3) 物流企业区别于生产企业，是专门从事实体商品交换及其服务的经济组织。

(4) 物流企业是国民经济的重要组成部分，是社会生产顺利实现的保证。

从对物流企业基本含义的认识出发，可以认为，能够为客户提供阶段性或全程性物流管理服务的，能够为客户提供一体化物流管理解决方案的，能够为客户提供运输管理服务或仓储管理服务的企业都是物流企业。它包括拥有或不拥有实体储运能力的企业，具备了物流管理服务能力的运输和仓储企业，专门从事多式联运整合营销的企业，专门从事物流解决方案设计的咨询企业，专门从事物流信息支持和管理服务的企业。

(二)物流企业的基本类型

1. 运输型物流企业

运输型物流企业应同时符合以下要求。

(1) 以从事货物运输业务为主，包括货物快递服务或运输代理服务，具备一定规模。

(2) 可以提供门到门运输、门到站运输、站到门运输、站到站运输服务和其他物流服务。

(3) 企业自有一定数量的运输设备。

(4) 具备网络化信息服务功能，应用信息系统可对运输货场进行状态查询和监控。

2. 仓储型物流企业

仓储型物流企业应同时符合以下要求。

(1) 以从事仓储业务为主，为客户提供货物储存、保管、中转等仓储服务，具备一定规模。

(2) 企业能为客户提供配送服务以及商品经销、流通加工等其他服务。

(3) 企业自有一定规模的仓储设施、设备，自有或租用必要的货运车辆。

(4) 具备网络化信息服务功能，应用信息系统可对货物储存进行状态查询和监控。

3. 综合服务型物流企业

综合服务型物流企业应同时符合以下要求。

(1) 从事多种物流服务业务，可以为客户提供运输、货运代理、仓储、配送等多种物流服务，具备一定规模。

(2) 根据客户的需求，为客户制订整合物流资源的运作方案，为客户提供契约性的综合物流服务。

(3) 按照业务要求，企业自有或租用必要的运输设备、仓储设施及其他设备。

(4) 企业具有一定运营范围的货物集散、分拨网络。

(5) 企业配置专门的机构和人员，建立完备的客户服务体系，能及时、有效地为客户提供服务。

(6) 具备网络化信息服务功能，应用信息系统可对物流服务全过程进行状态查询和监控。

(三)物流企业的评级

按照《物流企业综合评估暂行办法》《物流企业综合评估与审核暂行办法》的有关规定，我国物流企业的评级共有五级，分别是 A 级、AA 级(2A 级)、AAA 级(3A 级)、AAAA(4A 级)级、AAAAA 级(5A 级)，其中 5A 级为最高级别。物流企业评估工作由全国物流行业组织设立评估机构集体实施。

1. 运输型物流企业的评级标准

运输型物流企业评估指标，如表 1-1 所示。

表 1-1　运输型物流企业评估指标体系

评估指标		级　别				
		5A 级	4A 级	3A 级	2A 级	A 级
经营状况	1.年货运营业收入*	15 亿元以上	3 亿元以上	6000 万元以上	1000 万元以上	300 万元以上
	2.营业时间*	3 年以上	2 年以上	2 年以上	1 年以上	1 年以上
资产	3.资产总额*	10 亿元以上	2 亿元以上	4000 万元以上	800 万元以上	300 万元以上
	4.资产负债率*	不高于 70%				
设施设备	5.自由货运车辆(辆)*/总载重量(吨)	1500 以上(7500 以上)	400 以上(2000 以上)	150 以上(750 以上)	80 以上(400 以上)	30 以上(150 以上)
	6.运营网点(个)	50 以上	30 以上	15 以上	10 以上	5 以上
管理及服务	7.管理制度	有健全的经营、财务、统计、安全、技术等机构和相应的管理制度				
	8.质量管理*	通过 ISO9001:2000 质量管理体系认证				
	9.业务辐射面*	国际范围	全国范围	跨省区	省内范围	
	10.顾客投诉率(或顾客满意度)	≤0.05%(≥98%)	≤0.1%(≥95%)		≤0.5%(≥90%)	
人员素质	11.中高层管理人员*	80%以上具有大专以上学历或行业组织物流师认证	60%以上具有大专以上学历或行业组织物流师认证		30%以上具有大专以上学历或行业组织物流师认证	

评估指标		级别				
		5A 级	4A 级	3A 级	2A 级	A 级
人员素质	12.业务人员	60%以上具有中等以上学历或专业知识	50%以上具有中等以上学历或专业知识		30%以上具有中等以上学历或专业知识	
信息化水平	13.网络系统*	货运经营业务信息全部网络化管理			货运经营业务信息部分网络化管理	
	14.电子单证管理	90%以上	70%以上		50%以上	
	15.货物跟踪*	90%以上	70%以上		50%以上	
	16.客户查询*	建立自动查询和人工查询系统			建立人工查询系统	

注：标*的指标为企业达到评估等级的必备指标项目，其他为参考指标项目。

2. 仓储型物流企业的评级标准

仓储型物流企业评估指标，如表 1-2 所示。

表 1-2　仓储型物流企业评估指标体系

评估指标		级别				
		5A 级	4A 级	3A 级	2A 级	A 级
经营状况	1.年仓储营业收入*	6 亿元以上	1.2 亿元以上	2500 万元以上	500 万元以上	200 万元以上
	2.营业时间*	3 年以上	2 年以上	2 年以上	1 年以上	1 年以上
资产	3.资产总额*	10 亿元以上	2 亿元以上	4000 万元以上	800 万元以上	300 万元以上
	4.资产负债率*	不高于 70%				
设施设备	5.自有仓储面积(平方米)*	20 万以上	8 万以上	3 万以上	1 万以上	4000 以上
	6.自有/租用货运车辆(辆)	500 以上	200 以上	100 以上	50 以上	30 以上
管理及服务	7.管理制度	有健全的经营、财务、统计、安全、技术等机构和相应的管理制度				
	8.质量管理*	通过 ISO9001:2000 质量管理体系认证				
	9.配送客户点(个)	400 以上	300 以上	200 以上	100 以上	50 以上
	10.顾客投诉率(或顾客满意度)	≤0.05%(≥98%)	≤0.1%(≥95%)		≤0.5%(≥90%)	
人员素质	11.中高层管理人员*	80%以上具有大专以上学历或行业组织物流师认证	60%以上具有大专以上学历或行业组织物流师认证		30%以上具有大专以上学历或行业组织物流师认证	

评估指标		级别				
		5A 级	4A 级	3A 级	2A 级	A 级
人员素质	12.业务人员	60%以上具有中等以上学历或专业知识	50%以上具有中等以上学历或专业知识		30%以上具有中等以上学历或专业知识	
信息化水平	13.网络系统*	仓储经营业务信息全部网络化管理			仓储经营业务信息部分网络化管理	
	14.电子单证管理	90%以上	70%以上		50%以上	
	15.货物跟踪*	90%以上	70%以上		50%以上	
	16.客户查询*	建立自动查询和人工查询系统			建立人工查询系统	

注：标*的指标为企业达到评估等级的必备指标项目，其他为参考指标项目。

3. 综合服务型物流企业的评级标准

综合服务型物流企业评估指标，如表 1-3 所示。

表 1-3　综合服务型物流企业评估指标体系

评估指标		级别				
		5A 级	4A 级	3A 级	2A 级	A 级
经营状况	1.年仓储营业收入*	15 亿元以上	2 亿元以上	4000 万元以上	800 万元以上	300 万元以上
	2.营业时间*	3 年以上	2 年以上	2 年以上	1 年以上	1 年以上
资产	3.资产总额*	5 亿元以上	1 亿元以上	2000 万元以上	600 万元以上	200 万元以上
	4.资产负债率*	不高于 75%				
设施设备	5.自有/租用仓储面积(平方米)*	10 万以上	3 万以上	1 万以上	3000 以上	1000 以上
	6.自有/租用货运车辆(辆)	1500 以上	500 以上	300 以上	200 以上	100 以上
管理及服务	7.管理制度	有健全的经营、财务、统计、安全、技术等机构和相应的管理制度				
	8.质量管理*	通过 ISO9001:2000 质量管理体系认证				
	9.营运网点(个)*	100 以上	50 以上	30 以上	10 以上	5 以上
	10.业务辐射面*	国际范围	全国范围	跨省区	省内范围	
	11.物流服务方案与实施*	提供物流规划、资源整合、方案设计、业务流程重组、供应链优化、物流信息化等方面服务			提供整合物流资源、方案设计等方面的咨询服务	
	12.顾客投诉率(或顾客满意度)	≤0.05%(≥98%)	≤0.1%(≥95%)		≤0.5%(≥90%)	

评估指标		级别				
		5A 级	4A 级	3A 级	2A 级	A 级
人员素质	13.中高层管理人员*	80%以上具有大专以上学历或行业组织物流师认证	70%以上具有大专以上学历或行业组织物流师认证		50%以上具有大专以上学历或行业组织物流师认证	
	14.业务人员	60%以上具有中等以上学历或专业知识	50%以上具有中等以上学历或专业知识		40%以上具有中等以上学历或专业知识	
信息化水平	15.网络系统*	物流经营业务信息全部网络化管理			物流经营业务信息部分网络化管理	
	16.电子单证管理	100%以上	80%以上		60%以上	
	17.货物跟踪*	90%以上	70%以上		50%以上	
	18.客户查询*	建立自动查询和人工查询系统			建立人工查询系统	

注：标*的指标为企业达到评估等级的必备指标项目，其他为参考指标项目。

二、物流企业的组织结构

(一)物流企业组织结构概述

1. 物流企业组织结构的含义

物流企业为了进行经营管理活动，实现企业目标，必须建立并形成相应的、合理的企业组织结构。所谓企业组织结构，是指企业内部按分工协作关系和领导隶属关系有序结合的总体。它的基本内容包括明确组织结构的部门划分和层次划分，以及各个部门的职责、权限和相互关系，由此形成一个有机整体。不同部门及其责权的划分，反映组织机构之间的分工协作关系，称为部门机构；不同层次及其责权的划分，反映组织机构之间的上下级或领导隶属关系，称为层次机构。

2. 影响物流企业内设组织机构的因素

内部设置的组织机构或部门应该是一个分工合理、体系完整的有机整体，也应符合物流企业业务流程的科学化、合理化、一体化、成本化要求，能够高效率、高效益地使物流活动有序进行。一般来说，现代物流企业设置内部组织机构时，应考虑以下因素。

1) 物流企业的经营规模

物流企业应该根据本企业的经营规模、业务流程分工来设置内部组织机构。首先应考虑物流企业的经营规模，经营规模越大，其业务流程就越复杂。为了提高工作效率，保证服务质量，必须按照业务流程设置不同的部门。通常情况下，经营规模较大、专业化分工较细的物流企业，其设置的部门就比较多，反之，则设置的部门较少。

2) 管理的层次和幅度

一般来讲，物流企业规模越大，管理层次越多，随之内设部门机构就越多；物流企业规模越小，管理层次越少，相应的内设部门机构也就越少。管理幅度是决定管理层次的基本因素。物流企业设置内部机构部门时，应该考虑管理幅度的影响。扩大管理幅度必然导致管理层次的减少，那么缩小管理幅度则管理层次就会增加。因此，物流企业内部设置部门机构时应当有其合理有效的管理幅度，不能一味地追求组织机构的扁平化而使管理幅度过大，进而产生管理效率低下的问题。

3) 权力集中和分散程度

物流企业内设组织机构时，应考虑权力的分配问题，也就是集权与分权的程度，这个程度将会影响内设的机构，既要给予各管理层充分的自主权，同时也要服从企业的总体决策。权力的分散程度直接影响各部门工作的积极性和工作效率。

4) 组织机构的划分标准

物流企业内设组织机构时，应按照企业从事物流活动的职责和功能确定机构划分标准。例如，按照管理职能划分，可以设置人力资源、财务、质量管理、行政后勤、法律事务等职能部门；按照物流业务划分，可以设置运输、仓储、配送、流通加工、信息处理等业务部门。

除了上述影响因素外，还有企业家能力、管理者素质、企业外部环境等也同样会对现代物流企业内设组织机构产生影响。

3. 建立物流企业组织机构的原则

必须用系统的思想设计物流企业组织机构。物流系统组织要素包括：人员、岗位、职责、关系和信息。在物流企业组织的建立过程中，应从实际情况出发，根据物流系统管理的总体需求，体现统一指挥，分级管理的原则，各职能部门应合理分工、密切协作，使其成为一个有秩序、高效率的物流管理组织体系。建立物流管理组织机构应遵循以下基本原则。

1) 有效和统一指挥原则

有效是要求物流企业组织必须有效，这是物流企业组织基本原则的核心，是衡量组织机构是否合理的基础。物流企业组织的效率表现为组织内各部门有明确的职责范围，节约人力、时间，有利于发挥管理人员和业务人员的积极性，使物流企业能够以最少的费用支出实现目标，使每名物流员工都能在实现目标的过程中作出贡献。

要使物流各部门内部协调一致，更好地完成物流管理任务，必须遵循统一指挥原则，使物流企业组织成为有指挥命令权的组织。

2) 合理管理幅度和责权对等原则

合理管理幅度原则既要求适当划分物流管理层次，精简机构，还要求适当确定每一层次管理者的管辖范围，保证管理的直接有效性。

责权即职责与职权。职责就是职位的责任，职位就是组织机构中的位置，是组织机构内纵向分工与横向分工的结合点。而职权则是在一定职位上，在其职务范围内为完成其责任所应具有的权力，应该与职责是对等的。不能有职无权，也不能无职授权，这两种情形都不利于调动员工的积极性，反而会对员工的工作责任心、工作效率产生不好的影响。

3) 协调管理原则

这一原则是指对管理组织中一定职位的职责与具体任务要协调，物流管理各层次之间纵向协调、物流系统各职能要素和部门之间横向协调。建立职能管理横向工作流程，是业务管理工作标准化，将职能相近的部门组织成系统，如实现供、运、需一体化，并建立横向综合管理机构等以达到改善物流企业组织的横向协调管理的目的。

4) 稳定与适应结合原则

稳定是指相对稳定的组织结构、责权关系和规章制度，有利于生产经营活动的有序进行和提高效率，此外，企业组织结构又必须有一定的适应性和灵活性，以便适应外部环境和内部条件的变化。

5) 执行与监督相分离原则

物流企业中的执行机构与监督机构包括质量监督、安全监督、财务监督等，应当分开设置，不能混为一谈，更不能合并成一个机构。分开设置后，监督机构既要执行监督职能，又要加强对被监督部门的服务职能。

(二)物流企业组织结构的部门划分

物流企业内部的组织机构，从纵向看可划分为若干不同的部门。组织机构应该服从各自经营管理活动的需要，根据各自经营分工的专业、经营对象的技术复杂程度及其品种结构、经营操作的物质技术装配先进程度、经营的规模等具体因素加以权衡，从经营管理的水平上加以确定。一般来说，从物流企业担负媒介商品流通职能的共性出发，物流企业内部的组织体系，基本上可划分为业务经营部门、职能管理部门和行政事务管理部门，而各部门的进一步划分则因企业具体情况的不同而有所不同。

1. 业务经营部门

业务经营部门是指直接参与和负责组织商品流通业务经营活动的机构。它包括从事这些活动的各个业务经营机构，担负着从组织商品购进到商品销售的全部业务工作。物流企业的业务经营部门是组织机构的主体，它们的主要任务、职责、权限是直接从事商品流通的经营，对外建立经济联系，并负责处理经营业务纠纷等，是企业组织机构的主体，其机构的规模和分工程度直接影响着其他部门的机构设置。

业务经营部门组织机构的划分和设置主要有以下三种分工形式。

(1) 按经营的商品类别分设业务经营机构，即设置若干机构分别负责一类或几类商品从进到销的全部业务。

(2) 按经营过程的环节分设业务经营机构，即按购、销、运、存等经营环节设置机构，各个机构分别负责所有各类商品的购进、销售、运输和储存业务。

(3) 按商品种类分工和按商品流转环节相结合设置经营业务机构，也就是在商品种类分工的基础上，再把该类商品流转诸环节的经营业务统一由一个经营业务机构来负责办理。

2. 职能管理部门

职能管理部门是指与业务经营部门的活动有着直接联系且专为业务经营活动服务的管理工作机构。它直接担负计划、指导、监督和调节职能，包括计划统计、财务统计及劳动工资、价格、信息等的管理，以及在专业技术上给予帮助，按经理的委托向经营业务机构布置工作，负责收集、整理经营业务的信息，是各级领导的参谋机构，不直接从事企业的经营活动。物流企业的职能管理机构是依据管理职能及管理工作的复杂性及其分工的需要而设置的。一般地，物流企业都要设置计划与统计、财务与会计、劳动与工资、物价与市场等专门的职能管理机构。

3. 行政事务管理部门

行政事务管理部门是指既不直接从事商品流通业务经营活动，又不直接对业务经营进行指导和监督，而是间接地服务于业务经营和职能管理机构活动的行政事务机构，包括秘书、总务、教育、保卫等机构。它们的主要任务和职责权限是为经营和管理工作提供事物性服务、人事管理、安全保卫和法律咨询等。

上述只是物流企业组织机构设置的一般模式。它并不是永久不变的，应当随着企业自身条件和内外部经济条件的变动加以必要的调整和充实，以保证企业目标的顺利实现。

(三)物流企业组织结构的类型

物流企业组织结构形式通常取决于物流企业的业务特点及企业的传统组织结构，具体来说可以归纳为以下五种形式。

1. 总部式组织结构

总部式组织结构即总部统一进行物流的总体规划、设计、管理、调度和指挥。这种物流组织结构的优点是层次少、权力集中、决策和打广告迅速、工作效率高。其缺点是领导需要处理的事务太多，精力受限制，不利于提高企业的经营管理水平。

物流企业的总部式组织结构，如图 1-1 所示。这种组织结构常见于经营规模小或物流功能较为单一的小型物流企业。如传统的国有中小型物流企业、以运输或仓储为主的物流企业、独立的配送企业以及部分物流货代企业。

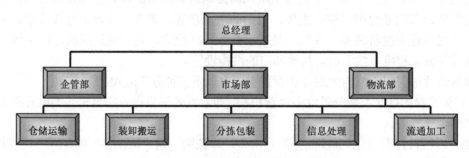

图 1-1　物流企业的总部式组织结构

2. 子公司式组织结构

子公司式组织结构一般由企业独资或与社会上的物流企业共同出资建立的一个独立的公司，母公司占大股，子公司的主要领导可以由母公司派出，但子公司的管理和业务经营由子公司自行解决。

这种物流组织结构具有专业化经营、竞争力强、业务水平专业化、管理水平提高快等优势。其缺点是子公司有时会与母公司发生冲突与误解，引起矛盾转化。

物流企业的子公司式组织结构，如图 1-2 所示。这种组织结构常见于规模较大或物流业务较为复杂的大中型物流企业，如传统的国有大型物流企业、部分大型快递公司、业务较为分散的第三方物流企业。

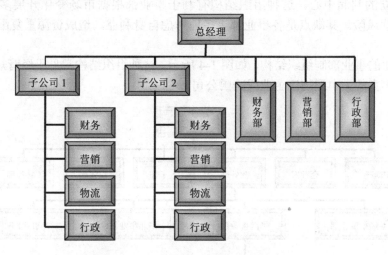

图 1-2　物流企业的子公司式组织结构

3. 项目式组织结构

项目式组织结构由公司按照业务地区或产品种类成立若干物流项目组，公司最高管理机构负责重大方针政策的制定，掌握影响公司成败的重大问题的决策，如财务开支、重要人事任免、基建投资等，各项目组根据总公司的指示，自己组织物流的各项活动。这种物流组织结构有助于调动各项目组的积极性，增强责任意识，避免集权所造成的偏差和僵化。其缺点是如果物流企业财力、物力、人力不够，就会力不从心，不能形成合力。

物流企业的项目式组织结构，如图 1-3 所示。这种组织结构常见于物流业务种类较多且差别较大，或区域内业务独立性较强的大中型物流企业。

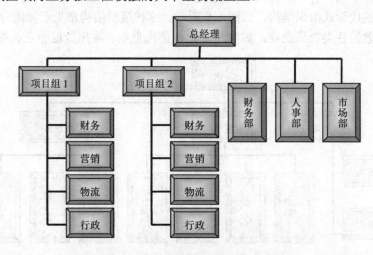

图 1-3　物流企业的项目式组织结构

4. 事业部制组织结构

事业部制组织结构是现代物流企业组织结构的主要类型，通常按产品、地域、市场等标准划分为若干个事业部，对这些事业部实行分权化管理，各事业部具有相对独立的自主权，也是独立的利润中心。这种组织结构有利于事业部根据市场变化开展多元化经营活动，降低经营风险。其缺点是各事业部更多地考虑自身利益，造成资源重复配置，管理费用较高。

物流企业的事业部制组织结构，如图1-4所示。这种组织结构常见于经营规模较大、物流服务内容丰富的大中型物流企业或跨国公司。

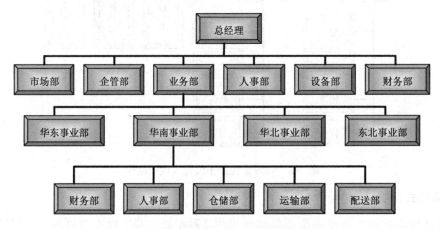

图1-4 物流企业的事业部制组织结构

5. 代理式组织结构

代理式组织结构是指由于物流企业的客户具有较强的分散性和种类，由总部统一运作，但业务的承接与客户管理大多交给企业在各个区域的代理商或代表处。这种物流组织结构较为简单，权力集中，决策和执行迅速，工作效率高。其缺点是公司对客户的管理、开发和维护等可控性不强，客户服务水平参差不齐。

物流企业的代理式组织结构，如图1-5所示。这种组织结构常见于物流业务较为集中，但客户较为分散的各类物流企业，如快递企业、货代企业、零担货运企业、船运公司等。

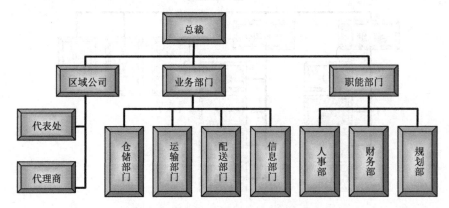

图1-5 物流企业的代理式组织结构

【任务分析】

1. 什么是物流？什么是物流企业？物流企业的基本类型是什么？

参考信息：

物流是指物资包装、运输、输送、保管、装卸工作，主要以有形物资为中心，所以称为物资流通。在物资流通过程中加进信息流通，因而称为物流。

物流企业是指从事物流活动的经济组织，至少从事运输(含运输代理、货物快递)或仓储的一种经营业务，并能够按照客户物流需求对运输、储存、装卸、包装、流通加工、配送等基本功能进行组织和管理，具有与自身业务相适应的信息管理系统，实行独立核算、独立承担民事责任的经济组织。

物流企业的基本类型有：①运输型物流企业；②仓储型物流企业；③综合服务型物流企业。

2. 建立物流企业组织机构的原则有哪些？

参考信息：

①有效性原则；②统一指挥原则；③合理管理幅度原则；④职责与职权对等原则；⑤协调原则；⑥稳定与适应结合原则；⑦执行与监督分开原则。

3. 物流企业有哪些组织结构？其优缺点和适应范围有哪些？

参考信息：

物流企业的组织结构可归纳为以下五种不同的形式。

(1) 总部式组织结构。这种物流组织结构的优点是层次少，权力集中，工作效率高。其缺点是领导需要处理的事务太多，精力受牵制。这种组织结构一般常见于经营规模小或物流功能较为单一的小型物流企业。

(2) 子公司式组织结构。这种物流组织结构的优点是专业化经营、竞争力强。其缺点是子公司与母公司经常会发生冲突与误解，引起矛盾。这种组织结构常见于经营规模较大或物流业务较为复杂的大中型物流企业。

(3) 项目式组织结构。这种物流组织结构的优点是有助于调动各项目组的积极性，增强各项目组的责任意识。其缺点是如果物流企业财力、物力、人力不够，就会力不从心，不能形成合力。这种组织结构常见于物流业务种类较多且差别较大，或区域内业务独立性较强的大中型物流企业。

(4) 事业部制组织结构。这种组织结构的优点是有利于事业部根据市场变化开展多元化经营活动，降低经营风险。其缺点是事业部更多地考虑自身利益，造成资源重复配置，管理费用较高。这种组织结构常见于经营规模较大、物流服务内容丰富的大中型物流企业或跨国公司。

(5) 代理式组织结构。这种物流组织结构较为简单，权力集中，决策和执行迅速，工作效率高。其缺点是公司对客户的管理、开发和维护等可控性不强，客户服务水平参差不齐。这种组织结构常见于物流业务较为集中，但客户较为分散的各类物流企业。

【任务实施】

找一家物流企业，分析这家物流企业采用的是哪种组织结构，这种组织结构在运行过程中有哪些优势和劣势，有针对性地提出改进措施，并决定应该采取哪种最优方案。

【任务总结】

物流是包括运输、搬运、储存、保管、包装、装卸、流通加工和物流信息处理等基本功能的活动，它是由供应地流向接收地以满足社会需求的一种经济活动。

物流企业是指从事物流活动的经济组织，至少从事运输(含运输代理、货物快递)或仓储一种经营业务，并能够按照客户物流需求对运输、储存、装卸、包装、流通加工、配送等基本功能进行组织和管理，具有与自身业务相适应的信息管理系统，实行独立核算、独立承担民事责任的经济组织。

物流企业内部的组织机构，基本上可划分为业务经营机构、职能管理机构和行政事务管理机构。

物流企业组织结构的类型分为物流企业总部式组织结构、子公司式组织结构、项目式组织结构、事业部制组织结构、代理式组织结构。

【任务实训】

实训 1.1　雪云国际物流

上海雪云国际物流有限公司(Sinowing Logistics)是一家集货运进出口代理、国际货运代理及商务咨询于一体的专业物流公司，其业务范围包括国际空运、国际海运、国际陆运和国内货运、货物仓储、商检报关、进出口代理，以及从事货物及技术的商务咨询等。雪云国际物流覆盖中国和北美、欧洲、日本、韩国及东南亚地区的各主要港口，以及美加、日韩、北欧、地中海、东南亚、中东印巴、非洲、澳洲、中南美的各主要航线。雪云国际物流将公共物流与贸易紧密结合，努力为客户提供更深层次的物流与贸易、运输、仓储、分拨，乃至银行授信等方面的服务。公司运营由总经理负责，下设行政部、销售部、操作部、客户服务部、贸易保障部、财务部、商务部和运输部等八个部门，其中操作部又具体分为出口一部(负责美国线)、出口二部(负责非美国线)、进口部和空运部。雪云国际物流定位于从事进出口业务的物流公司，职能部门和业务部门功能健全，主营业务部门布局合理，从而保证公司具有稳定的客户和良好的业绩。其中进口部每个月承运超过 100 个来自欧洲、30 个来自美国的发往中国各个港口的集装箱。

(资料来源: http://www.sinowingsha.bzbvip.com/introduce)

1. 实训要求

(1) 根据描述绘制该物流企业的组织结构图，并分析其所属的组织结构类型。

(2) 你认为该公司属于哪种物流企业类型？

2. 考核标准

本实训的考核标准，如表 1-4 所示。

表 1-4 实训 1.1 的考核标准

问题分析准确	措施得当	主动思考	书写工整	总分
40 分	40 分	10 分	10 分	100 分

任务二 物流企业管理的主要内容和方法

【任务描述】

三联家电的物流企业管理方法

三联物流描摹的是这样一幅图画：王先生想买一台冰箱，因此来到附近的一家三联家电连锁店(这个以陈列各类家电产品为主要功能的连锁店，更像现在的汽车展示厅)，在销售人员的帮助下，王先生大致了解了各种品牌冰箱的性价比，打算购买 A 厂家生产的冰箱 b。王先生下的订单通过这家连锁店的采集系统迅速传送到三联家电总部的 ERP 系统中，并通过系统接口自动传达到厂家的系统。冰箱 b 生产完成后，由专业物流配送人员根据订单上留下的地址送到王先生家。这是个基于异常通畅的"信息流"的过程，这个过程物流所涉及的环节减到了最少，三联称此为"零环节物流"。与之相比，传统的物流过程比较复杂，产品从下线到工厂的仓库、大区的中转仓库、各地分公司的仓库，甚至在供应商内部还要经过几个物流环节，然后，到分销零售的配送中心，再到门店的仓库，可能还要再经过安装服务机构，才能送达消费者家。也就是说，一件产品从下线到最终售出的过程中，至少停留 5~6 个仓库，经历 10 次以上的装卸。三联物流的"零环节物流"意味着高效率和低成本。

【任务驱动】

(1) 物流企业管理的主要内容有哪些？
(2) 物流企业管理的方法有哪些？

【任务资讯】

一、物流企业管理的主要内容

(一)标准化工作

标准化工作就是对物流企业的各项技术标准和管理标准的制定、执行和管理工作。标准化工作可促使物流企业的生产、技术、营销、财务、人事活动和各项管理工作达到合理化、规范化和高效化，是实行科学管理的基础，是建立良好的生产和工作秩序的必要条件。

1. 技术标准

技术标准是对技术活动中需要统一协调的事项制定的技术准则，是从事社会化大生产的技术活动必须遵守的技术依据。制定技术标准的对象可以是物质的(如对材料、设备、商品等制定的标准)，也可以是非物质的(如对安全操作、设计工作流程等软件制定的标准)。

技术标准一般包括以下几方面的内容。

1) 质量标准

质量标准是对商品检验方法、包装、储存、运输和使用所作的技术规定。

2) 作业方法标准

作业方法标准是对从事生产技术作业的方法所作的统一的技术规定，具体包括操作方法、作业与服务的程序和要求等。

3) 安全卫生和环境保护标准

安全卫生和环境保护标准主要规定商品应达到的安全要求、卫生要求、环保要求，以保护人员人身安全与健康。

4) 技术基础标准

技术基础标准包括通用科学技术语言标准、技术文件制作标准等。

2. 管理标准

管理标准是物流企业为实施管理职能，把一些重复出现的管理业务，按照客观要求规定其标准的工作程序和工作方法，用制度把它规定下来，作为行动的准则，并明确有关职能机构、岗位和个人的工作职责、工作要求和相互信息传递关系，使各项管理活动实现规范化和程序化，提高管理工作效率。

管理业务标准化的实行一般可以用管理流程图来表示。一个完整的管理流程图通常包括以下五个部分。

(1) 反映某项管理业务的总体流程图。

(2) 反映某部门办理某项业务的工作流程图。

(3) 反映某一岗位的业务工作图。

(4) 反映信息传递过程的信息流程图。

(5) 无法用图表达清楚时，辅以简要的文字说明。

(二)定额工作

定额工作是物流企业各类技术经济定额的制订、执行和管理工作。它是进行科学管理、组织社会化大生产的必要手段;是实行内部计划管理的基础;是开展劳动竞赛、体现按劳分配、提高劳动生产率的杠杆;是推行内部经济责任制、实施全面经济核算的工具。

1. 定额的种类

物流企业为了实现其管理职能和经济目标,要根据企业的技术要求、生产组织方式及其他条件来决定需要哪些定额,一般应包括以下几个方面。

(1) 劳动定额。劳动定额是在一定的技术组织条件下,完成一定量的劳务所规定的劳动消耗量标准,是物流企业最为重要的定额之一。

(2) 储备定额。储备定额是为保证经营持续不断地进行所规定的物资储存数量的标准,一般有经常储备、保险储备、季节储备等。

(3) 设备利用定额。设备利用定额是指单位设备生产效率和利用程度的标准,如单位设备的生产定额等。

(4) 资金定额。资金定额是为保证经营正常进行所必需的最低资金占用量,如储备资金定额等。

(5) 费用定额。费用定额是物流企业为了加强对管理费、销售费、财务费合理支出的控制,人为地将总费用"切块"落实到有关责任单位和个人,作为控制标准,并加以考核,如办公费、差旅费、招待费、利息支出等。

2. 定额的制订和修改

定额的制订要尽可能做到准确、及时、全面。定额水平是整个定额工作的中心问题。它是一定时期内,在一定的物质技术、组织条件下的管理水平、生产技术水平和职工思想觉悟水平的综合反映。定额能否起到积极的作用,关键在于定额水平是否先进合理,过高或过低都起不到积极的作用。

物流企业在制订定额时,一定要从实际出发,把定额定在先进合理的水平上,即一要先进,二要合理,即大多数人通过实诚的工作可以达到或超过,少数人通过努力也可以达到,做到既要科学,又要切实可行。

定额制订后,一般应保持一定时期的稳定。但是当企业技术水平和管理水平提高后,定额应进行合理的修订,以保证定额的先进性。

3. 定额的贯彻与执行

定额一经制订,必须严格执行与考核。为了搞好定额的贯彻执行,必须做到以下几点。

(1) 凡是应当使用定额的部门和个人,必须使用和严格执行定额。

(2) 采取技术组织措施,为职工实现和超过定额创造条件。

(3) 进行技术培训与交流,提升完成定额的能力。

(4) 加强职工思想政治工作,鼓励职工团结互助、改革创新,创造先进的定额水平。

(5) 做好定额完成情况的统计与考核工作,搞好核算与奖励,并纳入经济责任制的推行和考核过程中。

(三)信息工作

信息工作是物流企业进行经营活动和进行决策、计划、控制所必需的资料数据的收集、处理、传递、储存等管理工作。

1. 信息工作的重要性

(1) 信息沟通是企业达到目标统一、行动一致的重要手段，离开了组织中的信息沟通，组织的统一目标与统一行动均无法实现。

(2) 信息的反馈是正确决策赖以进行的基础，正确的决策不能来自臆想、猜测，必须以翔实的信息为依据。

(3) 信息沟通是改变人们行为和调动人们积极性的重要手段。物流企业中存在着上下级及各类人员之间的种种矛盾，这些矛盾的处理离不开人们的信息沟通。特别是主管与下属的信息沟通是调动职工积极性的重要手段。

(4) 信息沟通是物流企业综合实现各项管理职能的手段。同时，只有通过信息的联系，才能使企业内部同外界进行沟通，了解到用户、政府、社会对本企业的需求、愿望和技术要求等，企业才能真正成为与环境相互作用的开放系统。

(5) 随着竞争的进一步加剧，对迅速变化着的市场反应的快慢成为决定竞争优势的首要因素。物流企业中的信息联系功能必将转化为一个企业竞争优势的核心。

2. 信息源及其存在形式

信息就其来源来说，可分为企业内部信息和外部信息两种。

内部信息是由物流企业内部一切经营活动产生的信息，包括一切会计、统计和作业核算所用的原始记录、台账和报表，以及有关的会计记录、文件和语言交流等。

物流企业的外部信息包括范围很广，凡是与本企业生存与发展直接或间接相关的经济、科技、市场、人文、社会、政治、法律、政策等各方面的情报资料，都属于物流企业的外部信息。

信息就其企业可利用的存在形式，可以分为三类：原始记录、台账与报表，经济技术情报，经济技术档案。

(四)计量工作

计量工作是指计量检定、测试、化验分析等方面的计量技术和管理工作，它是用科学的方法和手段，对经营活动中的质和量的数值进行测定，为物流企业的经营管理提供准确数据。原始记录和统计所获数据的准确性，在很大程度上依赖于计量工作，没有真实的原始记录，标准化定额工作就搞不好。

计量工作的基本要求是保证量值的统一和准确，具体地说，要做到以下几点。

(1) 根据经营管理的特点和要求，有计划地配齐配好计量检测手段，逐步实现检测手段和计量技术现代化。

(2) 对使用中的计量器具，按照检定周期进行检定，及时进行修理与调整。

(3) 提高工艺过程和商品质量的检测率，如物资进出等。

(4) 建立必要的计量检定制度，完善信息计量传递系统。

(五)规章制定

物流企业规章制度是对生产技术经济活动所制定的各种规则、程序、章程和办法的总称，是企业全体职工在各项活动中共同遵守的规范和准则。建立一套科学、健全的规章制度是组织现代化大生产的客观要求，也贯彻和体现了企业塑造的企业精神和企业文化，因而是物流企业管理的一项极其重要的基础工作。物流企业的规章制度主要包括责任制度和专业管理制度两大类。

1. 规章制度的制定

规章制度的制定要掌握以下三条原则。

(1) 科学性。即要符合社会化大生产的客观规律，体现合理的分工与协作。

(2) 协调性。要从企业的全局出发，注意各项制度间横向衔接与协调，规章制度的草拟工作往往出自各个职能业务部门之手，不能只站在局部位置上图本部门方便，让其他部门的工作围着自己转。因此在职能业务部门草拟工作完成之后，一定要与有关部门协调，避免片面性。

(3) 群众性。在规章制度的草拟与讨论过程中，凡是需要群众自觉执行的部分应广泛征求意见，使之具有广泛的群众基础。

2. 规章制度的执行

运用规章制度进行管理是控制职能运用的体现，而控制职能的运用必须辅助以监督和激励职能的实施。规章制度的实施不能光靠"管、卡、压"的办法，要结合思想教育和经济责任制一并进行。

3. 规章制度的修订

当企业外部环境、内部条件发生重大变革，或由于企业规模膨胀引起企业组织结构模式、企业领导体制发生重大变化时，原有制度中将有许多内容不再适用，这时就必须对原有的规章制度进行修订、补充或重新制定。

(六)职工教育和培训

现代化的生产和管理，不仅要有现代的科学技术、现代装备、现代的方法和手段，更需要有能够从事现代化生产和管理的具有现代科学技术和管理知识的人，否则企业就无法高效率地运转，一切现代化的管理技术和管理方法都难以收到应有的效果。高素质的人才，可以到人才市场去招聘，但是真正能忠心耿耿为企业服务的适用人才，要靠企业自己来培养。

职工教育，一般来说是指企业全体职工都要接受的基础教育，包括职业道德教育、基本技能教育、管理基本知识教育、安全生产教育和思想政治教育等。

职工培训，一般是针对本企业经营中需要的特殊人才的继续教育，如本企业高级管理人才培训、各级各类专业技术岗位培训、特殊生产岗位的培训等。

(七)现场管理

现场，一般是指作业场所。现场管理就是运用科学的管理思想、管理方法和管理手段，对现场的各种生产要素进行合理配置和优化组合，通过计划、组织、指挥、控制等管理职能，保证现场处于良好的状态，按一定的目标正常运行。

1. 现场管理的内容

现场管理是包含多方面内容的综合管理，既包括现场的组织管理工作，又包括落实到现场的各项专业管理和基础管理工作。因此，现场管理的内容可以从不同角度去概括和分析，具体可以包括以下几个方面。

(1) 作业管理。作业管理是运用科学的方法和手段，对现场的各种作业进行分析和研究，消除作业中的不合理因素，寻求最经济、最有效的作业程序和作业方法，以提高效率和效益。

(2) 定置管理。定置管理主要是研究人、物、场所三者的关系，通过调整物品的放置位置，处理人与物、人与场所、物与场所的关系，使三者的关系处于良好的结合状态。

(3) 现场的质量管理。

(4) 现场的设备管理。

(5) 现场的成本控制。

(6) 现场劳动组织的优化。

(7) 岗位责任制。

(8) 现场管理诊断。

2. 开展现场管理工作的方法

(1) 不断提高对优化现场管理的认识。

(2) 综合治理，配套改革。

(3) 选择好突破口。

(4) 不断改善，不断提高。

二、物流企业管理的主要方法

物流企业管理的方法是多种多样的，最常用的、带有普遍性的方法可归纳为经济方法、行政方法、法律方法、教育方法和现代化合理方法等。这些方法都具有不同的特点和作用，它们在企业管理工作中都是必要的、不可缺少的。

(一)经济方法

经济方法是运用经济手段，特别是经济杠杆，引导企业经济活动、执行管理职能的一类方法。

经济方法不具有行政命令的强制性，而是利用经济杠杆，间接地从物质利益上调节企业经营活动，以符合全社会的整体利益。具体地说，物流企业是自主经营、自负盈亏、自我发展、自我约束、完全独立的商品实体经营者，具有自身独立的经济利益。运用经济方法，是经济组织的性质所要求的。

(二)行政方法

行政方法是依靠领导机构的权威，运用行政命令、指示等手段，采取强制执行的方式执行管理职能的一类方法。

行政方法是管理企业经营的必要方法。管理活动无论作为社会化大生产和大流通的客观要求，还是作为一定生产关系的体现，都具有权威性。它的作用是经济方法无法替代的。它是用行政命令强制贯彻的，是必须执行的。它的作用是统一行动，保证经营目标和任务的完成。通过运用行政命令，还能保证企业的经营方向以及在紧急情况下迅速排除阻力等。

(三)法律方法

法律方法是运用经济立法和经济司法的手段执行管理职能的一类方法。我国的企业法规是调整企业生产经营活动和生产关系的法律规范，如《企业法》《会计法》《统计法》《公司法》等。物流企业还受商品流通的法规和各大部门法规的制约。物流企业为保证经营活动还制定了企业规章制度，用以调整和规范职工的行为，以保证经营活动的有序进行。

运用法律方法管理企业的生产经营活动，可以保证企业的合法权益，禁止违法行为，起到维护经济秩序的作用。

(四)教育方法

教育方法是企业建立在平等的地位上，以人为本，自我完善，提高素质，充分调动人的积极性、创造性的一种有计划的活动。教育的方式多种多样，可以采用讨论、说理、批评、自我批评、情景表演、敏感性训练、案例分析、业务演习等方式进行。

(五)现代化管理方法

现代化管理方法是指运用现代社会科学、自然科学与技术科学的理论、方法和手段，以达到高效率、高质量管理的一种管理方法。现代化管理方法包含以下两个方面的内容。

(1) 运用科学管理的方法，包括计划管理、劳动管理、组织管理、经营业务管理、市场与价格管理、科技管理、信息管理等行之有效的方法。

(2) 运用科学管理的技术方法，包括以运筹学为基础的预测与决策技术、线性规划、排队论、模拟方法、统筹方法、系统工程、价值工程、投入产出法以及经济责任制、全面计划管理、全面质量管理、方针目标管理、全面经济核算、量本利分析法等科学技术，并将其运用于企业管理。

上述各项现代化管理方法都有其特点以及应用的基本原则和范围。它们有单独的作用，可以单独运用。这些方法之间也存在组合、互补的关系，可以在物流企业管理中配合使用。现代化管理方法的主要特征是对物流企业的经营业务活动进行定量分析、决策，使物流企业管理实现科学、合理、有效的目标。

【任务分析】

1. 物流企业管理的内容主要有哪些？

参考信息：

物流企业管理的内容包括：标准化工作、定额工作、信息工作、计量工作、规章制度、职工教育和培训、现场管理等。

2. 物流企业管理的方法主要有哪些？

参考信息：

物流企业管理主要方法包括：经济方法、行政方法、法律方法、教育方法、现代化管理方法。

【任务实施】

该公司高层该如何加强物流建设，以保持优势？

参考信息：

加强信息工作和规章制度的建设，保持与各方的良好沟通。

【任务总结】

一家物流企业的管理内容是繁是简，是完善还是不足，是先进还是落后，直接关系这家企业效率和物流成本的高低，最终决定这家物流企业的竞争力是强还是弱。物流企业管理的内容包括标准化工作、定额工作、信息工作、计量工作、规章制定、职工教育和培训、现场管理。物流企业管理的方法是多种多样的，最常用的、带有普遍性的方法可归纳为经济方法、行政方法和教育方法等。这些方法都具有不同的特点和作用。

【任务实训】

实训1.2　宝供物流集团

【企业基本情况】

宝供物流集团有限公司创建于1994年，总部设在广州，1999年经国家工商局批准，成为国内第一家以物流名称注册的企业集团。目前已在全国65个城市建立了八个分公司、50多个办事处，形成了一个覆盖广，并向美国、澳大利亚、泰国、中国香港等地延伸的物流运作网络和信息网络，与国内外近百家著名企业结成战略联盟，其中包括宝洁、飞利浦、联合利华、阿里巴巴、通用电器、松下、三星、东芝、LG、壳牌、丰田汽车、雀巢、卡夫等52家世界500强企业，为它们提供商品以及原辅材料、零部件的采购、储存、分销、加工、包装、配送、信息服务、系统规划设计等一体化的综合物流服务，也是中国物流百强企业、中国5A级物流企业。宝供以其完善物流核心业务成为这些著名企业的长期合作伙伴。宝供物流的核心业务包括三部分：物流规划和模式设计、运作管理(仓储管理、运输管理)、信息管理(系统规划、信息交换)等。宝供物流集团汇聚和培养了一大批熟悉中西文化、现代物流和供应链管理知识、具有丰富运作经验的员工。目前企业有员工 1700 多人，管理人员占总人数的 12.3%；工程技术人员占总人数的 23.6%。本科以上学历员工达到 70%，拥有包括教授、博士、硕士在内的高层次、高素质的专业人才，还聘请国内外大批物流领域的资深人士组成专家顾问团，提高了企业的咨询、决策水平。宝供物流集团将工业化管理标准应用于物流服务，并全面推行 GMP 质量保证体系和 SOP 标准操作程序，宝供集团的整个物流运作自始至终处于严密的质量跟踪及控制之下，确保了物流服务的可靠性、稳定性和准确性，从而实现了企业货物运作可靠性达到 99%，运输货损率为万分之一，远远高于国家有关货物运输标准。

【宝供物流集团面临的挑战】

1. 来自国外物流企业的挑战

目前已有国外知名物流企业进入中国市场，参与国内物流市场的竞争，如快递巨头 UPS、FedEx、DHL 和 TNT，运输型物流企业如马士基、美国总统班轮等。

2. 来自国内物流同行之间的竞争

随着现代物流需求的增长与现代物流理念的传播，大型传统储运企业纷纷向第三方物流企业转型，一些大型制造企业如海尔、一汽、青岛啤酒等的物流部门也开始向专业物流企业转型，此外，随着中国物流热潮的掀起，也使国内物流市场竞争更加激烈。

【宝供物流集团面临的机遇】

1. 市场对物流需求存在明显的地域和行业分布特点

需求主要来自东部沿海经济发达地区，来自市场发育成熟的几大行业，而且不同行业有着不同的个性化需求。因此，物流企业做好市场定位，合理确定业务重点、配置资源，统筹兼顾今后专业物流需求地域扩大的趋势，做好进入新市场的准备。

2. 企业对专业物流服务需求层次不高

目前服务需求主要集中在传统仓储、运输等基本服务领域。因此企业应做好顾客目前及潜在需求的调查，从最基本的服务入手，贴近顾客需求，塑造自身的核心能力，避免盲目追求时髦理念与高层次服务。

3. 生产企业逐渐向按需生产和零库存过渡

客户对成本和服务越来越重视，需要快速响应的物流系统和全球化的物流系统来支持。而物流企业也要做到这两点，实现信息化运作是关键。要求物流企业一方面要加快自身的信息化建设步伐，另一方面要能够为客户开发出合适的物流信息系统，以实现系统的无缝连接，达到物流运作的高效率。

【宝供物流集团的战略选择】

1. 网络战略

计划在全国 20 条主要运输干线，构造一条安全、稳定、准时、可靠的快速通道。在全国 10 个主要城市开展深度分销配送业务，构建一个 B to B、B to C 的运作网络，形成干线运输、区域配送、城市配送三级联动的运输配送体系。

2. 基地战略

计划在全国 15 个经济发达城市投资建设大型现代化的基于支持全球供应链一体化的综

合性物流服务平台，每个平台占地面积20~60平方米。该平台不仅是一个现代物流中心，还是商品增值服务中心、运输中心、交叉理货中心、多种运输交换作业中心，同时也是商品交易中心、金融结算中心、信息处理服务中心。

3. 科技战略

在完善、提升现有物流信息管理系统服务功能的同时，积极与全球著名的IBM等公司合作，联手打造基于支持全球供应链一体化的信息服务平台。同时，大力引进国外先进成熟的信息系统和软硬技术，以及物流设备和运作技术。

(资料来源：http://doc.mbalib.com/view/6726c463acea/58869117885abedefa.html)

1. 实训要求

(1) 请分析宝供物流集团在行业的竞争优势有哪些？

(2) 宝供物流集团面临的挑战和机遇有哪些？

(3) 宝供物流集团的战略选择有哪些？你还有哪些更好的建议吗？

2. 考核标准

本实训的考核标准，如表1-5所示。

表1-5　实训1.2的考核标准

问题分析准确 40分	措施得当 40分	主动思考 10分	书写工整 10分	总分 100分

任务三　物流企业重组

【任务描述】

福特汽车公司应付账款部门为何重组其应付账款业务流程

福特汽车公司是美国三大汽车巨头之一，但是到了20世纪80年代初，福特像许多美国大企业一样面临着日本竞争对手的挑战，正在想方设法削减管理费和各种行政开支。公司位于北美的应付账款部有500多名员工，负责审核并签发供应商供货账单的应付款项。按照传统的观念，这么大一家汽车公司，业务量如此庞大，有500多个员工处理应付账款是非常合情合理的。当时曾有人想到，要设法利用电脑等设备，使办公能实现一定程度的自动化，提高20%的效率就很不错了。

促使福特公司认真考虑"应付账款"工作的是日本马自达汽车公司。马自达公司是福特公司参股的一家公司，尽管规模远小于福特公司，但毕竟已有一定的规模。马自达公司负责应付账款工作的只有五个职员。5∶500，这个比例让福特公司经理再也无法泰然处之了，应付账款部本身只是负责核对"三证"，符则付，不符则查，查清再付。整个工作大体上是围着"三证"转，自动化也帮不了太大的忙。应付账款本身不是一个流程，但采购却是一个业务流程。思绪集中到流程上，重组的火花就渐渐产生了。重组后的业务流程完全改变了应付账款部的工作和应付账款部本身。现在的应付账款部只有 125 人(仅为原来的25%)，而且不再负责应付账款的付款授权，这意味着业务流程重组工程为福特公司的应付账款部门节约了 75%的人力资源。

【任务驱动】

(1) 福特汽车公司为何要对业务流程进行重组？

(2) BPR 的企业组织结构有哪些？福特汽车公司业务流程重组给物流企业业务重组带来了哪些启示？

【任务资讯】

一、传统物流企业组织结构和业务流程存在的问题

(一)传统物流企业组织结构存在的问题分析

传统的物流企业作为生产和流通的附属企业，其业务主要依赖于行业的发展，功能单一，分散的物流运营模式和多元化的物流格局，很难适应市场的发展。由于传统物流企业分属于不同的部门，而每个部门又自成体系，使物流环节的运输工具、承载设施和设备的标准和规范难以统一，导致物流无效作业环节增加，降低了物流的速度，提高了物流成本，从而降低了物流企业的效益。

传统的物流企业组织结构表现为"金字塔"结构。为了能保持对专业化分工后的职能部门进行有效的管理、协调和控制，企业的组织是按等级制构成的，这种组织结构的特点是具有多个职能部门，执行多层次、严格的等级制度，从最高管理者到最基层的员工形成了一个等级森严的"金字塔"形的组织体系，而在信息化时代，这就成了直接导致物流企业管理效率低下的症结所在。

传统的物流企业以运输和仓储企业为主，现代化水平低下，物流中心和配送中心的建设也缺乏整体布局意识。物流企业"大而全、小而全"的现象比较普遍，专业化操作程度低下，这直接影响了物流作业过程的效率，使运输、配送成本增加、客户满意度差，企业盈利能力低，严重影响了物流行业的发展，也很难实现社会物流与企业物流的一体化。

(二)传统物流企业业务流程存在的问题分析

传统物流企业的作业流程所需时间比较长，往往一笔业务要经过多个部门才能完成，每个部门内还需要经过多道环节，都要消耗一定的时间。因此完成一笔客户服务订单的时间与整个物流作业流程中各个部门所消耗的时间有关。此外，传统物流企业与客户、供应商及其内部各部门之间的信息传递速度慢，信息传递也浪费了大量的时间。虽然人们试图

利用计算机和信息技术建立管理信息系统(management information system，MIS)，以减少时间，提高企业管理效率，但是，MIS 运用在物流企业中的效果却不尽如人意。原因在于采用计算机技术后的管理系统并没有发生根本变化，只是在原有的管理系统中加入了计算机管理的成分，而且由于某些原因，并不是所有的部门都安装了计算机。那些没有被纳入计算机管理信息系统的部门，仍然是低效率地手工操作。这样一来，与其他采用计算机部门的差距就更大了。这样的组织设计对业务流程没有产生根本性影响，因为它没有触及业务流程的变化，只是传统业务流程的计算机化而已。

这里更要指出的是，物流企业在与下游客户和上游供应商之间的信息不对称，或者信息传递不及时，不仅影响物流企业的经济效益，也增加了物流企业的经营风险。

通过以上分析，可以清楚地看出，为适应新的竞争而对传统物流企业组织结构及业务流程必须进行改革。在国内外的市场竞争中，物流企业需要获取准确的信息来合理地调配和使用车辆、库房、人员等各种资源，为客户提供优质高效的物流服务，提供实时的信息查询以及承运货物的各种指标数据。显然，传统的物流企业业务流程无法满足这些需要，而按照现代物流企业的目标，满足客户的需求就必须重新优化业务流程。

二、BPR 的基本理论

1993 年美国哈佛大学博士迈克尔·哈默(Michael Hammer)教授与 CSC Index 首席执行官詹姆斯·钱皮合著，出版了《重组企业》一书，提出了 BPR(business process reengineering，业务流程重组)的概念。业务流程重组就是对企业的业务流程进行根本性再思考和彻底性再设计，从而在成本、质量、服务和速度等方面获得显著性的改善，使企业能最大限度地适应以顾客(customer)、竞争(competition)、变化(change)为特征的现代强企业经营环境。该书的问世引起了世界学术界和企业界的广泛重视，并使 BPR 成为近年来企业管理研究和实践的热点。

BPR 的核心思想就是以"业务流程"为中心，依据跨部门的业务流程，从"面向功能"转变为"面向流程"，并将分散在各部门的职能进行重新组合。具体来讲它包括以下四个方面。

第一，根本性变革和彻底性设计。企业业务流程重组不仅是组织结构的重组，也涉及与组织相关的制度、文化和管理方式的变革，因此需要有关管理制度、业务流程、服务质量、企业文化等全方位的信息。企业流程重组是对企业业务流程和组织结构进行根本性变革和彻底性设计，并使成本、质量、速度等至关重要的经营指标得到显著改善。

第二，观念革新和信息共享。企业业务流程重组，重点强调人的观念的转变和革新。在新时代背景下，企业的内外部环境复杂多变，企业业务流程重组要求员工必须具有一定的综合素质，并在企业经营理念上保持开发、彻底的再造精神，以适应内外环境的变化。企业经营活动也是信息的传递与加工过程，企业业务流程重组的核心是对企业经营信息的重新设计，也是建立在信息共享基础上的业务流程重组。

第三，团队合作和扩大授权。企业业务流程重组允许在企业内横向联合组成团队来完成原先需要经过特定流程的工作任务。重组后的团队作业可以提高企业的生产经营能力，又改变了企业的信息交流、作业协作和激励机制的状况，实现了团队合作、信息共享、协同作业、提高作业效率。由于在业务流程重组中，业务流程以工作小组为基础，员工之间交流增多，工作小组更具灵活性、适应性和快速反应性。因此，管理者可以扩大授权，将原来属于管理层的部分权力分散给下属职能部门。

第四，沟通交流和协调管理。业务流程重组企业应该充分做好横向沟通交流与纵向沟通交流的工作。横向沟通交流是指在业务流程重组中强化职能部门的各种功能，有关部门之间加强横向沟通交流，以确保业务流程重组的工作顺利实施。纵向沟通交流是指管理人员与员工之间的信息交流，要让员工理解业务流程重组的目标与方法。业务流程重组是一个自上而下的系统工程，应加强协调管理，以激励员工的创造力，形成一种具有知识化、团队化、网络化特点的全员参与管理模式，构造与业务流程重组相适应的企业文化和价值观念，有效地解决信息传递、工作协调、管理制度等方面的新问题，从而更好地实施企业业务流程再造。

BPR 作为一种新的管理思想席卷了整个美国和其他工业化国家。一些企业依据 BPR 的核心思想进行流程重组后取得了巨大成功。例如，IBM 信用公司通过对客户信贷流程的改造重组，使信用卡发放周期由原来的 7 天缩短为 4 个小时，效率提高了 100 倍；柯达公司对新产品开发实施流程重组后，新产品的研发时间缩短了 50%，工具制造成本降低了 25%。在美国，业务流程重组被称为"恢复美国竞争力的唯一途径"。

BPR 的核心思想是要打破企业按照职能设置部门的管理方式，代之以业务流程为中心，重新设计企业的管理过程，因而受到了改革中企业的欢迎，得到了企业管理学术界的重视。而企业实践和学术研究的结果，又促进了 BPR 研究的发展。

三、BPR 的企业组织结构

BPR 的企业组织应包括以下几个方面的内容。

(一)企业应是流程型组织

将属于同一企业流程内的工作合并为一个整体，使流程内的步骤按自然的顺序进行，工作应是连续的而不是间断的。整个企业组织结构应以关键流程为主干，彻底打破旧的按职能分工的组织结构。

(二)流程经理的作用

所谓流程经理，就是管理一个完整流程的最高负责人。对流程经理而言，不仅要起到激励、协调的作用，而且应有实际的工作安排、人员调动、奖惩的权力。这是有别于矩阵式组织结构中项目经理的地方。项目经理的组织方式，形式上与流程重构是一样的，由各个部门的人组成一个完整的流程，但项目经理只是这个项目的召集人，或者是一个协调者，没有实权，难以保证这个流程不受本位主义的干扰。

(三)职能部门存在的必要性

虽然在同一流程中，不同领域的人相互沟通与了解能创造出新的机会，但同一领域的人之间的交流也很重要，而职能部门的存在恰好为同一领域、不同流程的人员提供了交流的机会。当然，在新的组织结构中，这种职能部门的重要性已退居流程之后，不再占有主导地位，它更多地转变为激励、协调和培训员工等。

(四)人力资源部门的重要性

在 BPR 的企业组织结构中，执行人员在信息技术的支持下被授予更多的决策权，并且使多个工作汇总为一个，以提高效率。这对于人员的素质要求更高。因而在 BPR 条件下，人力资源的开发与应用尤为重要。

(五)现代信息技术的支持作用

BPR 本身就是"以信息技术使企业再生"。也正是由于现代信息技术能使多种工作得以汇总、迅速作出决策、信息快速传递，才能推动 BPR、推动组织创新，彻底打破原有的模式。因此，现代信息技术已对整个企业组织的各方面起着支持作用。

四、业务流程重组的类型

(一)功能内的业务流程重组

功能内的业务流程重组通常是指对职能内部的流程进行重组。在旧体制下，各职能管理机构重叠、中间层次多，而这些中间管理层一般只执行一些非创造性的统计、汇总、填表等工作，计算机完全可以取代这些业务而将中间层取消，使每项职能从头至尾只由一个职能机构管理，做到机构不重叠、业务不重复。例如，物资管理由分层管理改为集中管理，取消二级仓库；财务核算系统将原始数据输入计算机，全部核算工作由计算机完成，变多级核算为一级核算等。

宝钢集团实行的纵向结构集中管理就是功能内业务流程重组的一种体现。按纵向划分，宝钢集团有总厂、二级厂、分厂、车间、作业区五个层次。在深化改革中，宝钢集团将专业化管理集中到总厂，二级厂及以下层次取消全部职能机构，使职能机构扁平化，做到集中决策、统一经营，增强了企业的应变能力。

(二)功能间的业务流程重组

功能间的业务流程重组是指在企业范围内，跨越多个职能部门边界的业务流程重组。例如，宁波一家机床厂进行的新产品开发机构重组，以开发某一新产品为目标，组织集设计、工艺、生产、供应、检验人员为一体的承包组，打破了部门的界限，实行了团队管理，同时实行将设计、工艺、生产制造并行交叉的作业管理等。这种组织结构灵活机动，适应性强，将各部门人员组织在一起，使许多工作可平行处理，从而大幅度地缩短了新产品的开发周期。

又如，英格丽化妆品公司的管理体制在横向组织结构方面实行"一贯管理"的原则，就是在横向组织方面适当简化专业分工，实行结构综合化。凡是能由一个部门或一个人管理的业务，就不设多个部门或多个人去管；在管理方式上实现各种物流、业务流自始至终连贯起来的全过程管理，克服了传统管理中存在的机构设置分工过细及业务分段管理的弊端。

(三)组织间的业务流程重组

组织间的业务流程重组是指发生在两个以上企业之间的业务重组，如戴尔公司与某计算机配件供应商之间的购销协作关系就是企业间业务流程重组的典型例子。戴尔公司采用共享数据库、EDI(electronic data interchange，电子数据交换)等信息技术，将公司的经营活动与配件供应商的经营活动连接起来。配件供应商通过戴尔公司的数据库了解其生产进度，拟定自己的生产计划、采购计划和发货计划，同时通过计算机将发货信息传递给戴尔公司。戴尔公司的收货员通过扫描条形码确认收到货物的同时，通过 EDI 自动与供应商结算。这样，戴尔公司与其零部件供应商的运转好像一个公司，实现了对整个供应链的有效管理，缩短了生产周期、销售周期和订货周期，减少了非生产性成本，简化了工作流程。这类组织间的业务流程重组是最高层次的重组，也是重组的最终目标。

综上所述，各种重组过程都需要数据库、计算机网络等信息技术的支持。业务流程重组的核心管理思想是实现对整个供应链的有效管理及与之相适应的组织间的业务流程重组，是全球经济一体化和广泛应用 Internet 环境下的业务流程重组模式。

五、BPR 的启示

(1) BPR 是在打破原有职能分工的基础上，按业务流程或按具体任务来重新组合。它不是在原有部门上的专业化划分，也不是对原有业务的计算机化。

(2) BPR 不是靠循序渐进的改进来提高管理效率的，而是一种跃进式的改革。

(3) BPR 要求从跨部门的角度来考察主要业务流程，这与过去只在局部范围内调整业务内容是不一样的。

(4) 信息技术不是将原有业务进行自动化处理，而是新工作流程的加速器。

【任务分析】

1. 福特汽车公司为何要进行业务流程重组，重组后效果如何？

参考信息：

福特汽车公司应付账款部门的工作就是接收采购部门送来的采购订单副本、仓库的收货单和供应商的发票，然后将三类票据进行核对，查看其中的 14 项数据是否相符，绝大部分时间被耗费在这 14 项数据由于种种原因造成的不相符上。业务重组后，应付账款部门不再需要发票，需要核实的数据减少为三项：零部件名称、数列和供应商代码。采购部门和仓库分别将采购订单和收货确认信息输入计算机系统后，由计算机进行电子数据匹配。最后结果是：应付账款部门的员工减少了 75%，而不是原计划的 20%。从福特汽车公司的业务流程重组中我们可以看出，业务流程重组不能仅面向单一部门，而应作为企业全局的业务处理流程。倘若福特公司仅仅重建应付账款部门，那将是徒劳无功的。正确的重组过程应将注意力放在整个物料获取的流程上，其中涉及采购、仓库和应付账款部门，才能获得戏剧性改善的成就。对福特企业公司业务流程重组前后进行对比，如图 1-6 和图 1-7 所示。

2. BPR 的企业组织结构有哪些，企业重组给了我们怎样的启示？

参考信息：

BPR 的企业组织结构有功能内的业务流程重组、功能间的业务流程重组、组织间的业务流程重组。

启示：物流企业重组的核心是按业务流程或按具体任务重新组合，它是一种跃进式的改革，要求从跨部门的角度考察主要业务流程。

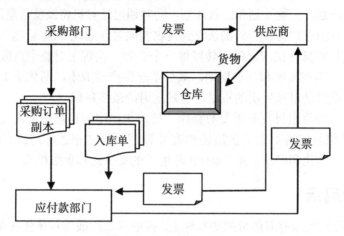

图 1-6　业务重组前流程

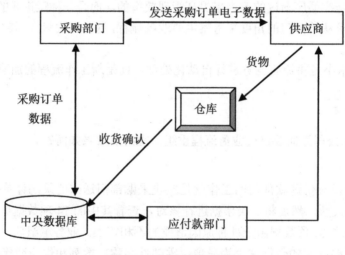

图 1-7　业务重组后流程

【任务实施】

该公司物流重组应包含哪些主要内容？

参考信息：

该公司物流重组应从以下几方面着手进行：建立流程型组织、设立流程经理、设立必要的职能部门、突出人力资源部门的重要性、加强现代信息技术的支持。

【任务总结】

改革传统企业模式及业务流程的必要性。BPR 的企业组织应包括以下几个方面的内容：企业应是流程型组织；流程经理的作用；职能部门存在的必要性；人力资源部门的重要性；

现代信息技术的支持作用。

【任务实训】

实训 1.3　中远海运三大核心业务重组

2016 年 12 月 21 日，中远海运物流有限公司在天津宣布成立。这家新公司是整合了原中远物流、中海物流和中海船务三家公司的资源，致力于"打造全球领先的全程物流和供应链服务平台"。随着中远海运物流有限公司的成立，中远海运集团的航运、金融和物流三大核心业务板块的重组基本完成。2017 年主要着手于一些体制机制的重组工作。物流业务是中远海运集团的核心业务板块，因此集团对重组后的中远海运物流寄予厚望。

新成立的中远海运物流集成了原中远物流、中海物流和中海船务的优势资源，在全球运营超过 300 个仓库和堆场，拥有和控制各类运营车辆 4000 余辆，沿"一路一带"开通多条连接中国和欧亚的国际班列，布局综合货运、仓储物流、船舶代理、工程物流、项目物流。

在整合了三家公司的资源后，中远海运物流还拥有"中远海运物流""中国外代""中远海运船务"三大品牌，在中国境内 30 多个省、市、自治区及海外 17 个国家和地区设立了分支机构，在全球范围内拥有 500 多个销售和服务网点，形成了遍及中国、辐射全球的服务网络系统。在整个集团业务板块定位中，物流板块被寄予重望，试图打造全球领先的全程物流和供应链服务平台。作为三大核心业务板块的重组，物流最后一个完成，但其未来发展空间巨大。

在挂牌之前，中远海运集团位于全球各国的服务网点正在抓紧时间进行业务重组，物流成了各分部网点重组的重点所在。"现在航运不挣钱，物流却挺挣钱的。"中远海运印度公司总经理陈少林向 21 世纪经济报道记者透露，印度公司的资产、人员重组已经基本完成，根据新集团的定位，该公司正着手挖掘印度物流的潜力。据其透露，印度物流的发展潜力非常大，中远海运在当地运营多年，政商关系密切信誉又好，因此物流订单持续攀升，加之印度物流的特殊环境，利润状况比集装箱等航运业务更好。因此陈少林向集团提出加大对印度的投资，布局南亚的航运、港口和物流资源的建议。

印度是集团所开拓的物流新增长点，中远海运集团希望在全球各地都有类似的资源整合后产生的新增长点和效益点，令其运输的货物能够真正从海上延伸至内陆深处，提供全过程的物流服务。中远海运物流公司的定位，似乎撞上了半年前刚刚重组了中外运长航物流资源的招商物流集团。2016 年 3 月，招商局集团正式并购了中外运长航集团，双方重组的意图是打造"海、陆、空"供应链体系一体化的综合物流企业。这一定位与中远海运集团的定位高度重合。中远海运物流的两大优势在于全球服务网络，以及国际港口与航线为基础的全程供应链物流服务。

不同于集团的航运及金融板块的总部选址于上海，中远海运的物流总部落户天津。这既是对天津打造北方国际航运中心的支持和推进，也是适应经济新常态，深化供给侧结构性改革，发挥各方资源优势，更好地参与国际市场竞争，进一步实现转型升级和提质增效的重要选择。中远海运物流有限公司的成立标志着中远海运集团向"打造全球领先的综合物流供应链服务商"目标迈出了坚实的第一步。重组后的中远海运集团的定位于打造以航运、综合物流及相关金融服务为支柱、多产业集群、全球领先的综合性物流供应链服务集团，并在此基础上确定了航运、物流、航运金融、装备制造、航运服务、社会化产业以及基于"互联网+相关业务"的"6+1"产业集群架构。

围绕"6+1"产业布局，中远海运集团过去这一年都在推进各业务板块深化改革工作，按计划先后完成了集装箱、码头、油气、散货等业务板块的合并重组，并搭建了航运金融产业集群，推进了海外网络业务整合。2016 年的最后一个月，造船装备板块和物流板块相继重组完成，从而基本完成了主要产业集群的重组整合工作。

2017 年集团的重组工作主要是体制机制方面。集团在 2017 年还将积极推进航运服务产业集群和社会化产业集群的重组整合工作，力争全面完成重组整合的相关工作。中远海运集团的"十三五"规划在 2017 年 1 月已经完成。

(资料来源: http://money.163.com/16/1223/05/C8URRAVN002580S6.html)

1. 实训要求

(1) 什么是物流企业重组?

(2) 物流重组的类型有哪些?

(3) 谈谈你对中远海运集团业务重组的看法?

2. 考核标准

本实训的考核标准，如表 1-6 所示。

表 1-6　实训 1.3 的考核标准

问题分析准确	措施得当	主动思考	书写工整	总分
40 分	40 分	10 分	10 分	100 分

【项目总结】

本项目主要介绍了物流企业组织结构、物流企业管理的主要内容和方法及物流企业重组的三大问题。物流企业管理的内容包括标准化工作、定额工作、信息工作、计量工作、规章制定、职工教育和培训、现场管理。物流企业管理的方法是多种多样的，最常用的、带有普遍性的方法可归纳为经济方法、行政方法和教育方法等。要求了解物流企业职能和作用，掌握物流企业组织结构类型，重点掌握如何根据环境变化对物流企业进行结构重组。

【项目测试】

一、单选题

1. 物流是包括运输、搬运、储存、保管、包装、装卸、流通加工和物流信息处理等基本功能的活动，它是由供应地流向接收地以满足社会需求的活动，是一种(　　)活动。

　　A. 管理　　　　　B. 经济　　　　　C. 社交　　　　　D. 财务

2. 物流的本质是(　　)。

　　A. 产品　　　　　　B. 服务　　　　　　C. 员工　　　　　　D. 费用

3. 物流企业建立组织结构必须遵循的根本原则是(　　)。

　　A. 精简　　　　　　B. 统一　　　　　　C. 自主　　　　　　D. 高效

4. 现代物流企业的基本职能已经突破了传统的仓储运输等，代之以(　　)为核心。

　　A. 资源优化配置　B. 信息技术　　　C. 专业化服务　　D. 满足客户需求

5. 物流管理组织结构中(　　)的优点是层次少、权力集中、决策和打广告迅速、工作效率高。

　　A. 项目式组织结构　　　　　　　　　B. 事业部制组织结构

　　C. 总部式组织结构　　　　　　　　　D. 代理式组织结构

二、多选题

1. 下列属于物流企业基本职能的是(　　)。

　　A. 降低交易成本　　　　　　　　　　B. 实现功能整合

　　C. 提高客户竞争力　　　　　　　　　D. 降低客户财务风险

2. 物流企业技术标准主要体现在(　　)等方面。

　　A. 质量标准　　　　　　　　　　　　B. 作业方法标准

　　C. 安全卫生和环境保护标准　　　　　D. 技术基础标准

3. 下列物流管理方法中，不具有强制性的有(　　)。

　　A. 经济方法　　　B. 行政方法　　　C. 法律方法　　　D.教育方法

三、简答题

1. 物流企业组织结构形式通常取决于物流企业的业务特点及企业组织的传统组织结构，可以归纳为哪些类型？这些类型的组织结构各有哪些优缺点？

2. 什么是BPR？物流企业为什么要推行BPR？BPR的企业组织包括哪些内容？

项目二　物流企业战略管理

物流企业战略管理是物流经营者在对物流环境深入分析的基础上，在物流系统过程中通过物流战略设计、战略实施、战略评价与控制等环节，调节物流资源、组织结构等，最终实现物流系统宗旨和战略目标等一系列动态过程的总和。

【项目目标】

知识目标

(1) 了解物流战略制定的影响因素。

(2) 掌握物流战略的类型。

(3) 掌握物流战略制定的基本程序。

(4) 了解物流战略实施的基本方法。

技能目标

(1) 能正确分析各因素对物流战略的影响。

(2) 能通过分析制定恰当的物流战略。

(3) 能正确实施物流战略。

【项目展开】

为了系统而直观地实现以上项目目标，现将该项目按照以下三个工作任务顺序展开。

(1) 物流企业战略环境分析。

(2) 物流企业战略制定。

(3) 物流企业战略实施。

任务一　物流企业战略环境分析

【任务描述】

丰田公司的实时物流管理战略

受经济全球化及服务灵活化的影响，当前国外企业管理理论和实践正朝着精细化方向发展,其中实时管理 JIT(just in time)得到了广泛的应用并卓有成效。实时物流是伴随实时生产而产生的,随着实时生产的发展与普及,实时物流也得到了迅速发展和广泛应用。

1. 零部件厂商对整车企业的实时物流供应

在实时物流中,取消了仓库的概念,例如,丰田公司只设"置场"临时堆料,原材料和零配件只在此堆放几个小时,短的只要几分钟就被领用。在看板制度下,许多零件是等到下一个制造过程需要的几个小时才上线生产。为使物流跟上生产的步伐不造成缺货或生产延误,丰田公司采用了全新的"拉出方式",即在需要时由后工序的人员去前工序领取加工品的"领取方式",这种方式存在于整个生产范围(包括企业外部的零部件、原材料的供给)。这种方式使主动权掌握在本企业手中,在需要时可以得到物流的实时服务。

实时生产能发挥作用,除了要求"准时化生产"外,还需要零配件厂商的实时物流做保障。为此,丰田公司采用了 CAD / CAM 技术生产设计,并根据此资料设计车体的各部分构造,再用 CAM 生产出样机模型,然后分派给零件厂商,以适应生产需要。零配件厂商大多位于同一个工业园区,这样不仅降低了运输成本,使运送途中的损耗降低到最低程度,而且降低了所需的库存量。

2. 整车企业对经销商及顾客的实时物流服务

丰田公司将 JIT 生产体制和销售网络相结合,将日本全国经销商的电脑和丰田总公司的电脑联网,销售人员可以将客户订货的信息实时通知生产线,从而形成一个大规模的信息系统,订货手续大大简化,订单当天就可以传入总公司的电脑中,交货时间就可以减少 10 天以上,而且经销商的库存也减少 70%~80%,大幅度降低了存货成本。由于建立了"灵活销售体系",将产品分成小批量,以更快的速度销售出去,进一步降低了产品在流通领域的费用。

在运输方面,对于出口海外的产品,丰田公司所在的丰田市距海岸只有 50 千米,汽车可以一直由生产线开到码头,而远洋轮也可实时地等待装船。消除了由于必须凑齐一定数量的汽车才能装船的库存费用。到岸以后,由电脑分配,直接交至各经销商手中,中间不需要存储。

丰田公司实施以人为本的实时物流战略,对全体经销商进行教育培训,根据市场反馈的信息,对经销商的促销政策和经营上的问题给予适当的指导,以提高销售效率,如商品知识指导、推销员培训、经营管理或财务指导、店铺设计、广告发布指导等,并从人员和技术上协助他们进行销售和售后服务。不景气的时期,通过协商,共同承担利润减少带来的负面影响,形成一种风险共担、利益共享的关系。

(资料来源:百度文库,http://wuliu.jx.cn/wlal/more.asp)

【任务驱动】

(1) 什么是物流战略?物流战略的基本内容包括哪些?

(2) 影响现代物流战略发展的十大因素是哪些?

【任务资讯】

一、企业战略管理概述

(一)企业战略的含义

战略是一个军事术语，其含义是军事指挥官克敌制胜的科学和艺术。将战略思想用于企业经营管理之中，就产生了企业战略这一概念。

广义的概念认为战略是一种决策模式，这种模式决定和揭示了企业的目的与目标，以及实现这些目标的重大方针和计划，从而界定着企业正在从事的或者应该从事的经营业务，界定着企业所属的或应该属于的经营类型。

(二)企业战略的特征

(1) 总体性。企业战略就是企业发展的宏伟蓝图，制约着企业经营管理等一切具体的活动。

(2) 长远性。企业战略考虑的是企业未来相当长一段时期内的总体发展问题。

(3) 现实性。企业战略是建立在现有的主观因素和客观条件基础上的，一切从现有起点出发。

(4) 风险性。企业战略是对未来发展的规划，然而环境总是处于不确定的、变化莫测的状态中，因此任何企业战略都与风险同在。

(5) 稳定性。企业战略制定之后，在比较长的时期内要保持稳定，以便于企业内部各部门的贯彻执行。

(6) 指导性。企业战略规定了企业在一定时期内基本的发展目标，以及实现这一目标的基本途径，指导和激励着企业员工努力工作。

(7) 竞争性。同军事战略一样，企业战略的目的也是克敌制胜，赢得市场竞争的胜利。

(8) 创新性。企业战略的创新性源于企业内外环境的发展变化，因循守旧的企业战略是无法适应时代发展的。

(三)企业战略管理及其过程

战略管理是在充分占有信息基础上的一个决策和实施过程，战略管理包括战略制定、战略实施和控制两个阶段。

1. 战略制定

战略制定包含战略分析和战略选择两个过程。战略分析是为了保证企业在现在和未来始终处于良好状态，而对那些关键性影响因素进行分析。战略分析需了解企业的战略地位和环境正在发生哪些变化，以及它们怎样影响企业和企业活动，对这些变化企业有哪些资源优势，与企业有关的个人和团体——管理人员、所有者或股东以及联盟等的愿望是什么，这些怎样影响着当前的地位，将来会发生什么等。

战略选择可分为以下三个部分。

(1) 战略选择的产生。在形成发展战略时，一种潜在的危险是管理者不把所有的选择考虑在内，而只考虑那些明显的选择。须知，最明显的不一定是最好的。在战略选择中形成各种战略方案是很有帮助的。

(2) 战略方案的评估。在战略实践的过程中可以检验战略方案，评估它们的相对优势。在选择战略方案时，公司管理层可能提出一系列问题，如哪些方案能支持和加强公司的实力并能够克服公司的弱点，哪些方案能完全利用机会和优势，同时又使公司面临的威胁最小或者能够完全消除威胁。这一过程被称为战略匹配性或适用性。

(3) 战略的选择。这是选择战略方案的过程，也许只有一个或几个战略方案被选中。实际上不可能有真正"错误"或"正确"的选择，因为任何战略都免不了有一些缺陷。

2．战略实施和控制

战略实施就是将战略转化为行动。在战略实施过程中，出于各种原因会导致战略实施的结果偏离预定的战略目标，这些原因主要有：制定企业战略的外部环境、内部条件发生了变化；战略本身存在缺陷或比较笼统，需要在实施过程中进行修订、补充和完善；在战略实施过程中，受企业内部某些主观因素变化的影响，偏离了战略的预期目标。因此，战略实施过程中需要控制。

二、物流战略

物流战略是指为寻求物流的可持续发展，就物流发展目标以及实现目标的途径与手段而制定的长远性、全局性的规则与保证。物流战略的基本内容包括：物流系统的使命、物流战略目标、物流战略导向、物流战略优势、物流战略类型、物流战略态势以及物流战略措施等。其中物流战略优势、物流战略类型和物流战略态势又称为物流战略的基本要素。我们可从以下几方面认识物流从业务管理到战略管理的转变。

(1) 物流正在跨出单一企业范畴，以寻求更大的物流链管理的运作范围，如区域物流、全国物流和国际物流。它们所追求的目标是社会物流合理化。这种从物流全过程合理化追求物流费用节约的做法，其影响是长远而深刻的，同时也是相对稳定的。

(2) 物流系统在中国的运作正孕育着技术基础上的突破。企业集团、区域、全国乃至全球的各类电子信息网络及高新技术的运用，已成为物流市场竞争制胜的秘诀。

(3) 第三方物流质量依赖于支持原材料、物品等从最初供应者到最终用户间运动的各要素、环节组成的网络组织结构，因而必须拥有驱动这一组织运转的动力和相应的经营机制。现代企业制度的建立是实现这一组织结构与功能的基础，它能使各类物流经营组织及物流系统得以顺利建立并顺畅运行。

(4) 物流体现了促进和协调企业从产品生产者到最终消费者的所有活动方式，追求的是协同运作效益，即整个物流系统效益目标的实现，同时也有利于各组织单位成员效益目标的实现。这里的组织单位成员可以是物流战略经营单位。

(5) 物流领域的标准化不仅为不同部门间的合作创造了前提，而且已经成为市场一体化、竞争国际化的制胜新要素。

三、物流企业战略环境类型

物流企业的生存和发展离不开经营环境，经营环境的变化决定着企业的发展方向及战略措施。在对物流企业战略进行选择之前，必须对物流企业的各种相关因素进行充分分析，找出影响物流企业发展的各种可能的因素，为将来的战略选择做好准备。

(一)物流企业宏观环境分析

宏观环境是指对处于同一地域的所有行业和所有企业都会产生影响的因素。常见的分类要素包括政治、经济、社会等因素。管理者应该注意的是，物流企业宏观环境分析中的各种因素并不完全等同于国家宏观社会经济要素。它们是以国家宏观社会经济要素为基础，结合物流企业的行业特点而确定的指标，也就是说，物流企业宏观环境分析所针对的是行业而不是某个物流企业。

1. 经济发展状况

一方面，对物流行业来说，经营环境最终表现为社会和个人购买力，而购买力的大小又取决于社会总体收入水平、负债水平和资金供应程度等因素。经营环境的变化如果能促进社会购买力的提高，不但能促进现有市场购买力的扩大，而且还会促进新市场的开发，以满足扩大的社会需求，这都会成为物流行业发展的机会。然而，购买力在短期内快速增长的机会是很小的，而且它也有可能破坏经济要素之间的平衡状态，引起社会和政治环境的波动，给行业发展带来极大的风险。

另一方面，经济发展状况对行业的巨大影响主要是通过经济周期反映出来的。宏观经济的发展状况及其规律可以用经济高涨期、经济衰退期和经济复苏期等阶段来描述。

(1) 经济高涨期。其主要表现是国民经济增长速度较快、国民收入提高、有效需求旺盛和市场购销两旺。经济高涨期还有正常与非正常之分。正常的经济高涨期，除具有上述表现外，从宏观经济的角度看就是社会总供给与社会总需求在总体上是基本平衡的，在结构上也是基本平衡的，即商品供应量与需求量基本保持一致，商品品种与所需要的品种也基本一致。正常的经济高涨往往能使国民经济持续、稳定、协调地发展。非正常经济高涨期又称经济过热期，虽然也有经济发展的迹象，但由于经济发展出现结构性问题，从而引发通货膨胀，进而影响行业的进一步发展。

(2) 经济衰退期。经济衰退期表现为经济增长速度大幅下降，以致出现经济倒退的现象。市场萎缩，居民收入和购买力下降，有效需求不足，社会总供给严重地大于社会总需求，商品流通不畅，物流行业的经济结构开始调整。

(3) 经济复苏期。在摆脱经济衰退的困扰后，社会经济会逐步出现回升的迹象，如同动物的复苏现象。其主要表现是：经济开始缓慢增长，市场开始繁荣，居民收入开始提高，需求增加，物流行业的经济结构已日趋合理。

2. 政治稳定性

政治稳定是社会稳定的基础，政治的剧烈变动必定会对经济和社会稳定带来不利的影响，还有可能引发社会动荡。对于物流行业来说，目标市场的政治稳定性是其长期稳定发展的一个必要保证。

3. 社会结构状况

社会结构状况包括社会阶层划分、人口数量及分布、年龄组成、教育程度、家庭构成等。不同社会结构状况的地区或国家会有不同的消费倾向。

4. 文化和亚文化

文化和亚文化包括居民的储蓄倾向、接受外来思想的难易程度、传统习惯等。例如，传统的美洲印第安人没有储蓄的习惯，获得财富后就会立即消费掉，所以不能扩大再生产；而东亚人则非常注重储蓄防险，在某种程度上也不利于扩大再生产。

5. 法律体系的完善程度和政策稳定性

一个国家或地区的法律体系和政策稳定性对于物流企业来说是非常重要的。因为大多数物流企业对法律和政策的影响力都很小，处于比较被动的适应状态。物流企业要想发展就必须在此方面有比较平稳的环境。外商在中国投资时，一个很不满意的地方就是中国的法律体系不完善、政策稳定性差。

6. 生态环境

不同国家和地区的地理、气候、季节等情况有着很大的差别，因而有不同的需求，也就有了不同的市场。

(二)物流企业微观环境因素分析

微观环境是指市场和产业环境，商业企业的经营活动直接处于微观环境的影响之下。物流企业面临的微观环境包括供应商、中间商、竞争者、替代者和购买者等。

1. 供应商

供应商是向物流企业及其竞争对手提供所需各种资源的组织机构或个人。物流企业并不是资源的生产者，物流企业的供应商包括工业企业、农业企业、商业企业等多种行业的企业，这些企业既是供应商又是物流的需求者。因此，供应商对物流企业的经营有很大的影响力，特别是当物流企业所需要的资源十分紧张或者供应商处于主导地位、更换供应商的成本很高、物流企业对供应商的依赖性较强的情况下，供应商就能以提价、限制供应、降低供货质量等条件来向物流企业施加压力，所以物流企业要设法与一些主要供应商建立并维持良好的长期合作关系，以获得稳定的供应渠道及某些优惠条件。

供应商研究包括四个内容：①供货渠道的稳定性；②供应商所处行业的集中程度；③分散进货的可能性；④建立供应链的可能性。

2. 中间商

中间商是协助物流企业推广、分配和送交产品给最终消费者的组织机构或个人。中间商在此过程中，应具备调研、实体分配、资金融通等功能，例如，专业咨询公司、第三方或第四方物流公司、银行等金融机构。在社会分工越来越细的今天，中间商在物流企业的经营活动中扮演着越来越重要的角色。因此，物流企业与中间商的合作至关重要。但是选择与中间商合作，并非一件简单的事情。如双方的诚信问题就是影响双方合作的重要因素，物流企业与第三方物流发展受阻，无不与这一因素有关。

3. 竞争者

在激烈的市场竞争中，物流企业会面临许多挑战。因此，分析竞争来自何方、出于何动机、哪个威胁最大、其随时间变化的趋势如何等，对于帮助物流企业在战略上作出相应的反应是十分重要的。

竞争首先来自物流领域的潜在进入者。物流领域内的新进入者往往受到业内的各种阻力，包括与供应商长期合作而不能得到优惠与便利、不能更加接近顾客的市场位置以及没有业内经营经验。但物流企业是处于壁垒相对比较低的行业，新进入者随时都会给原有物流企业带来一定的冲击。

其次，竞争来自同行。同行之间的竞争主要是价格竞争，同时还和选址、服务质量的提高以及促销等相关。同行业的竞争往往由一个或几个物流企业认为存在改善其市场地位的机会而引起的。显然，一个物流企业挑起的竞争行为会迅速导致其他物流企业的报复性反应；同时因为物流属于服务性行业，许多竞争手段容易被竞争对手模仿，目前物流企业经营出现的趋同性现象就是物流行业内部同行竞争的结果。对竞争者优势和劣势的评估，是竞争者分析的重要方面，它主要包括三项内容：①对竞争者资源的分析；②对竞争对手假设的分析，如在现有市场上谁是我们的主要竞争者，在可预测的未来市场上，谁又是我们的主要竞争者，将这些竞争者通过市场调查一一罗列出来，并将这些竞争者的优势与劣势客观地列出；③针对主要的竞争者，要使用什么策略去缩短差距，甚至赶超对方。

4. 替代者

替代者是指那些与现有物流服务功能相似的物流企业。这些替代者往往由那些高盈利的行业所提供，它们具有价格优势或者更符合用户的需求特点。这时，客户往往会放弃原来的物流企业而转向它们。对替代者分析的重点是确认其具有同类功能的服务及其提供者，判断哪类服务会对本企业构成威胁，研究未来行业的变化趋势，掌握跨行业物流提供者的未来走向。

5. 购买者

物流用户与消费者是物流企业产品和服务的购买者。物流企业是直接面对消费者的环节，消费者分析对于物流企业制定战略有着非同寻常的意义。物流企业为了制定战略，应充分了解物流需求的内容、趋势及特点和消费者的规模结构、消费心理、习俗及层次等，同时应用 consumer 消费者、cost 成本、convenience 便利、communication 沟通组合去满足物流用户与消费者的需要，以达到物流企业经营盈利的目的。

在市场经济日益发达的今天，物流企业面临的外部环境也日益复杂多变。物流企业只有在分析外部环境的基础上，有效管理自身的内部运作，使之更适应外部环境的变化，才有可能在激烈的市场竞争中争得一席之地。

(三)影响物流的十大因素分析

1. 互联网、卫星等现代信息手段对物流的影响

首先是使货物库存减少、仓库减少。美国戴尔公司有一个基本特点就是减少库存,加快货物周转,它的模式是由以前的供需转换成需供。戴尔公司首先采用定制,所谓定制就是按特定客户的需求组织生产,就是先需求,然后再供应、再生产。所谓大规模定制,是把个性化的需求和大规模生产统一起来。戴尔公司有一种观点,多余的存货通常是源自对市场认识的盲目或源自对货物短缺的害怕。因此,它的基本思路是用信息代替存货。之所以有存货是因为没有信息,按照需求生产,不需要存货。这就是戴尔模式的本质。

其次是随着互联网信息手段的发展,有一部分产品由物流变成信息流,本身是用信息流取代物流。戴尔模式本身也是用信息代替物流、代替库存。如打电话、发 E-mail、推广网络信息,这对于社会进步会有很大的推动作用。

最后是使物流企业小型化,物流分工细化,配合更紧密。随着信息经济时代的到来,大多数企业的经营模式不是大型化而是小型化。物流企业应该是大信息网络、小物流企业。一个司机就是一个公司,自己管自己,会管得很好,而且效率不会降低。通过互联网,知道哪里有本企业的客户,网络就可以帮助调动。

2. 商流对物流的影响

作为中国小商品交易中心的浙江义乌,其一年的交易额达 3000 亿元,出口一年达 30 亿元,而且最近 5 年每年出口量翻一番。中国现代的物流是商人带动商流,商流带动物流。北京的蔬菜从哪儿来?从山东寿光来。东北的菜先运到寿光、海南的菜先运到寿光,从寿光再运到北京,因为寿光有一批非常能干的菜贩子,他们掌控着蔬菜物流。

中国现在有很大一部分物流源于商流,由商流带动物流。义乌没有很多优势,但很多小商品运到义乌,然后再从义乌运到全国各地,就是因为义乌有一大批能干的商人。

3. 产业布局对物流的影响

产业布局是生产的空间形式,产业在城市中的空间布局因城市各个功能区功能形态的不同,利用着不同的土地区位,占有着相对固定的空间位置,各产业与物流之间通过前向、后向等联系相互影响、相互作用,因此不同的产业布局在某种程度上影响着物流的发展。

4. 政策法规对物流的影响

比如化肥,我们政府对化肥有个政策,铁路运输化肥有补贴,运费很低。任何一个企业,无论是山西的化肥厂还是河南的化肥厂,生产的化肥都可以运到海南、新疆等全国各地。如果没有铁路的补贴,化肥的运输半径最多 500 千米,这种政策对物流的影响很大。

我国的邮政要放开,这样民营企业也可以搞邮政。现在《邮政法》把民营企业限制在邮政之外,形成了垄断。我们的法律是主管部门起草的,保护的是主管部门的利益,法律不允许你干,即使一个特快专递送了一个月也只能它送不能你送。

5. 交通对物流的影响

交通发达可延长产品运输半径。交通越发达,运输成本越低,产品的辐射半径越长。

现在很多内地想利用地方资源优势，交通发达了，资源不再成为优势。以前交通不发达，棉纺厂放在郑州，因为棉花产在河南省；交通发达了以后，棉纺厂不一定放在郑州，可能放到杭州更合适，虽然增加了一定的运输成本，但是微乎其微。交通改变了区域间的产业分布和产品的市场分布。公路交通的发展，使中心辐射状的物流变成网状的物流，货流量大了，车次多了，交通更便利了。

6. 体制和观念的变化对物流的影响

中国近 20 年的竞争表面上看是省和省的竞争、县和县的竞争，但背后有一条主线就是制度的竞争。例如，上海的皮鞋不敌温州的皮鞋，不是上海人没有温州人聪明，而是上海以国有企业为主体的经济不敌温州以家庭模式为主体的经济。随着党的"十六大"，特别是十六届三中全会的召开，现在国有企业改制步伐很快，也将会影响物流模式的发展。

文化的差异对物流也有重要影响。沿海地区是打拼文化，爱拼才会赢。正是有这样一些差异，才导致各地民工到沿海打工，生产产品往内地销售，这就给物流提供了广阔的市场。

7. 城市环境对物流的影响

一个地方的物流关键是成本问题。例如，义乌有三低，成本低、税费低、价格低。正是这种经营环境开创了地方经济，形成了物流中心。

8. 人流对物流的影响

随着旅游人群的增加、打工人群的增加，整个社会的人流量也逐渐增加。别看每个人带走的不多，但这个量很大，特别是人流量的增加，量就更大了。浙江有一个最美丽的岛——南麂岛，这个岛计划每年养鱼 5000 万尾，通过和旅游联合就把这个鱼带走了。只要设计好如何让游客把鱼带走，这就是一种物流，那些海产品不用专门去搞船运。吐鲁番的产业一个是旅游，一个是葡萄，吐鲁番的葡萄相当大一部分都是通过旅游的人带走的。所以人流带物流，全民搞物流，特别是物流量增加了以后。以前这一块的物流是可以忽略不计的，但以后将不可小觑。

9. 企业经营模式和经营战略对物流的影响

广东的两家知名家电企业，一个是科龙，一个是格兰仕，这两家的企业战略有很大的差别。格兰仕的一个基本战略是在广州顺德每年生产微波炉 1200 万台，生产后再运到全国。科龙也是顺德的一家电企业，它的战略是在安徽兼并了安徽冰箱厂，在吉林兼并了吉林冰箱厂，之后就地生产、就地销售，整个物流与格兰仕迥然不同。未来的企业是采取科龙模式还是格兰仕模式，这是物流企业需要研究的课题。

10. 国家关于南水北调、西电东送等重大战略对物流的影响

一些大的国家战略对物流有宏观的、重大的影响。为了描述中国现在的基本状况，可以从黑龙江的黑河到云南的腾冲画一条线，这条线画了之后可以看出全国 90%以上的人口和工农业生产能力集中在这条线的右边，这条线的左边是不到 10%的人口和工农业生产能力，可全国一半以上的资源在左边，这是目前的状况。这条线再加上长江，这两条线，整

个东南这一片土地占了 36.5%，耕地占了 36%，水资源占了 81%。西北和东北这么大一片，耕地占了 50%，水资源占了 10%。所以，我国的基本情况是华南地区有水无地，西北地区有地无水。到 21 世纪 30 年代，中国人口将增加到 16.5 亿，增加 4 亿左右。这 4 亿人到哪儿去？粮食从哪儿来？思路不一样，物流就大不一样。第一个办法，让浙江、广州、华南那些地方的人都到西北地区来，让更多人在这儿打工，更多人在这儿安家；第二个办法是搞南水北调，把水调到西北，在那儿造地，在那儿办工厂。这两种方式对物流的影响是大不一样的。像南水北调、西电东送工程的结果是使物流形态改变、共同设施改变。由水渠代替道路，由运水代替运粮；由电线代替道路，由运电代替运煤。像南水北调和西电东送这样的大政策对物流的影响都很大。

【任务分析】

1. 什么是物流战略？物流战略基本包括哪些内容？

参考信息：

物流战略是指为寻求物流的可持续发展，就物流发展目标以及实现目标的途径与手段而制定的长远性、全局性的规则与保证。物流战略的基本内容包括：物流系统的使命、物流战略目标、物流战略导向、物流战略优势、物流战略类型、物流战略态势以及物流战略措施等内容。

2. 影响现代物流战略发展的十大因素有哪些？

参考信息：

(1) 互联网、卫星等现代信息手段对物流的影响。
(2) 商流对物流的影响。
(3) 产业布局对物流的影响。
(4) 政策法规对物流的影响。
(5) 交通对物流的影响。
(6) 体制和观念的变化对物流的影响。
(7) 城市环境对物流的影响。
(8) 人流对物流的影响。
(9) 企业经营模式和经营战略对物流的影响。
(10) 国家关于南水北调、西电东送等重大战略对物流的影响。

【任务实施】

丰田公司实施实时物流战略的主要着手点是什么？

参考信息：

实施实时物流战略要从两个方面着手，一方面要通过对先进信息技术和现代物流技术的应用，使物流系统达到信息化和自动化的标准，另一方面通过业务流程再造，使物流系统满足无缝化和协同化的要求。因此，可以认为信息化是实现实时物流的关键，离开信息化就不会有实时物流的运作；无缝化是实施实时物流的重要保障，只有物流各个要素实现无缝化对接，才能加速和完善整个物流的流程。

【任务总结】

物流战略是指为寻求物流的可持续发展，就物流发展目标以及实现目标的途径与手段而制定的长远性、全局性的规则与保证。物流战略的基本内容包括：物流系统的使命、物流战略目标、物流战略导向、物流战略优势、物流战略类型、物流战略态势以及物流战略措施等。

物流企业战略环境分析包括宏观环境分析和微观环境分析。宏观环境是指对处于同一地域的所有行业和所有企业都会发生影响的因素，常见的分类要素包括政治、经济、社会等因素。物流企业面临的微观环境包括供应商、中间商、竞争者、替代者、购买者等。

【任务实训】

实训2.1　中远集团物流战略规划

中远集团为了贯彻落实"由拥有船向控制船转变，由全球航运承运人向全球物流经营人转变"的发展战略目标，更好地适应国际物流市场的需求，进一步增强市场竞争力，中远集团对公司的物流发展采取了一系列的措施。

1995年，中远集团开始对所属陆上货运公司进行重大改组和调整，这次整合从根本上解决了中远陆上货运资源布局不合理、利用不充分、重复投资、内部竞争、发展缓慢等弊端。1997年中远船队按照专业生产要求又进行了经营战略调整。同时，中远集团对海外地区的众多业务机构进行了归口管理并成立了中国香港、新加坡、美国、欧洲、日本、澳大利亚、非洲、西亚、韩国九大区域公司，通过理顺新体制，形成了优势，改变了中远集团在计划经济下多年的企业组织结构，实现了中远集团跨国经营的总体构架和全球业务分布的新格局。中远集团还以国际化的远洋船队为依托，以科技创新和管理创新为突破口，不断加强服务体系建设，在全国32个省、市、自治区建立了包含300多个站点的物流服务网络体系，形成了功能齐全的信息系统；拥有运营车辆1222辆，其中集装箱货车850多辆，物流车辆339辆(配备GPS系统的为94辆)，大件运输车32辆；仓储和堆场1540000平方米；成功开行了六条以"中远号"命名的集装箱"五定班列"，并且培养了一支拥有多年实际经营和运作物流业务经验的专业人才队伍。

为迎接加入WTO的挑战，推进其"由全球承运人向全球物流经营转变"的战略目标，2002年1月8日中远集团在北京正式组建了中国远洋物流公司。重组的中远物流公司下设大连、北京、青岛、上海、宁波、厦门、广州、武汉八个区域公司，并确定中远物流的目标是"做中国最好的物流服务商、最好的船务代理人"，为国内外广大船东和货主提供更优质的服务。

中远物流公司已与40多个国家的货运机构签订了相互代理协议，为拓展物流业务范围，树立中远物流品牌，中远物流公司增强了物流项目设计和管理，重点拓展汽车、家电项目和展品物流市场，积极开拓冷藏品、危险品等专项物流领域。目前中远物流公司已分别与上海别克、一汽捷达、神龙富康、上海桑塔纳、沈阳金杯等众多汽车厂商及海尔、科龙、小天鹅、海信、澳柯玛以及长虹等家电企业建立了紧密的合作关系。中远物流公司与科龙和小天鹅合资成立了安泰达物流有限公司，这是我国首家由生产厂家与物流服务商组建的家电物流企业。在国家重大建设项目方面，中远物流公司在两年中先后中标，承担了秦山核电三期工程，江苏田湾核电站和长江三峡工程的物流运输项目，为国家重点工程建设作出了重要贡献。据了解，中远近期还将开辟两条中远铁路专线；依托高速公路网，逐渐建立完整、全方位的国内干线配送和城际快运通道；发展国际航运代理市场，促进以北京、上海、广州为三大集散中心的中远物流空运网络建设。

现代物流是依靠现代技术支撑的行业，没有科技支撑，物流业务将寸步难行。在这方面，中远物流公司重点抓了两方面的工作：一方面的工作是在建立完整的网上货运服务的基础上，建立中远物流船队数据中心，强化中远物流的客户服务水平，拓展中远物流的服务范围；另一方面的工作是完善现代物流应用系统，包括两个内容，即完善"5156"公共信息平台、为客户提供全面的物流服务。中远物流公司已经拥有了一套比较成熟的信息技术系统，将"网上仓储管理信息系统""网上汽运高度信息系统""网上结算"等功能模块进行集成，形成了"5156.com.cn"物流网站，能够为客户提供便捷的网上物流交易电子商务平台，为物流项目的开发和运作提供了强有力的技术支持。同时，建立以北京物流总部为中心、覆盖八个区域公司的中远物流专网，逐步将"5156"物流平台建设成为中远物流业务操作、项目管理、客户服务及应用服务的公共信息平台。开发个性化物流信息系统，为重大客户提供物流服务。中远物流已经开始为厦华三宝计算机、百事可乐、本溪钢铁、上海通用汽车提供物流信息服务，并且正在为安泰达(科龙、小天鹅)物流项目实施物流信息系统规划设计。

为了推动中远物流系统的管理创新，激发企业的活力，增强竞争力，公司始终坚持"以人为本"的宗旨，建立并完善了新的绩效评价体系，并加快了培养物流骨干人才的力度，期望有效促进传统业务的稳定增长和新业务的快速增长。

近年来，中远船队船舶载重吨位由过去的 1700 万吨增加到 2300 万吨，平均船龄由 15.1 年降低到 11 年，物流服务能力与水平实现了质的飞跃。

(资料来源：百度文库，http://wenku.baidu.com/view/31c22a3d0912a216147929ac)

1. 实训要求

(1) 简述物流战略的含义及其内容。

(2) 中远集团的物流战略目标是什么？

(3) 中远集团为迎接加入 WTO 的挑战，推进其战略目标，采取了哪些战略举措？

(4) 中远物流为厦华三宝计算机、百事可乐、本溪钢铁、上海通用汽车提供物流信息服务，并且为安泰达(科龙、小天鹅)物流项目实施物流信息系统。这样做是否可以实现"双赢"？

2. 考核标准

本实训的考核标准，如表 2-1 所示。

表 2-1 实训 2.1 的考核标准

目标准确 40分	措施得当 40分	表述清晰 10分	书写工整 10分	总分 100分

任务二 物流企业战略的制定与实施

【任务描述】

打造敏捷供应链

传统的服装企业供应链反应速度并不快。以加单为例，传统电话传真加单，从终端零售商发现热销款，汇报到总代理加单，总代理再汇报到企业总部，最后统计全国订单量并汇总到供应商下单生产，需要30~45天。而现在消费者越来越快的口味变更速度，使过长的加单补货周期越来越不适应竞争的需要，也导致了补货产品到达终端零售商手里往往已经过季或即将过季，不可避免地造成库存积压。

2011年年底，七匹狼全国分销系统上线后，要求全国代理商、加盟商统一使用该系统，将以往各自为政的代理商统一起来，一举解决了原有销售信息收集准确性差、时效性不强的问题。同时，辅以开放给代理商、门店和上游战略合作伙伴的数据分析平台 BI(business intelligence，商务智能)系统，让销售商提高其门店销售数据和库存的分析能力，不仅提高了终端经销商管理水平，更让精准的销售数据在体系内快速传递，这极大地提高了七匹狼管理决策水平和供应链的反应速度。

在 Oracle 零售系统、分销系统和数据分析平台的支持下，七匹狼可实时收集全国门店的零售数据，能随时掌握一线门店销售与库存情况。这样，各产品的销售情况不仅经销商代理商知道、七匹狼总部清楚，部分信息上游战略合作伙伴也能了解。当经销商下单后，可以清楚地得知订单状态——是在总部审批还是在工厂生产或是物流在途。而对七匹狼战略合作伙伴来说，则可以知道为他们提供原料或者 OEM(original equipment manufacture，原始设备生产商)产品的销售情况，就可按照预设的补货阈值与补货条件进行及时补货，保证供应链的高效与及时。这样上下游连在一起，以高效的信息流动，加快了各环节的决策速度，提升了供应链的反应灵敏度，让原本长达30~45天的加单周期大幅压缩至原来的1/2~1/3，也降低了高库存带来的资金积压占用的风险。

(资料来源：职业经理人俱乐部，http://www.execunet.cn/newsinfo.asp?id=83070)

【任务驱动】

(1) 七匹狼公司的供应链属于哪种物流战略？

(2) 敏捷的含义是什么？

(3) 以客户为中心的组织应做到哪几点？

【任务资讯】

一、物流企业战略类型

每个组织都会设计自己的物流战略，麦克·波特(Michael Porter)认为有两种基本战略：成本主导使同种产品或类似产品更便宜；产品差异生产使客户从别的供应商那里买不到该产品。

下面介绍几种主要的物流战略类型。

(一)精益物流战略

没有一个组织能完全避免物流这部分成本，因此最好的选择是让成本越低越好，合理的目标是将全部物流成本最小化，同时确保客户所能接受的服务水平，这种方法一般称为精益物流。精益物流战略的目标是用较少的资源来降低成本，如利用人力、空间、设备、时间等进行各种操作，有效组织材料的流动，杜绝浪费，设置最短的前置期，最终实现库存和成本最小化的目标。

早期的精益操作始于发动机工业，最初由丰田公司领导，此项工作主要致力于"精益制造"，效果非常好，于是又推广至其他领域，最终发展成为"精益企业"。具体可总结为以下五个主要原则。

(1) 价值策划。一种产品，使它的价值满足客户的需求。

(2) 价值流程。设计制造此产品的最佳方案。

(3) 价值流动。通过供应链管理使材料流动顺畅。

(4) 按需生产。只有客户需要时才会生产产品。

(5) 完美目标。不断提高，尽量实现精益运营。

第一个原则"价值策划"确立了目标，为如何追加最终客户产品的价值指明了方向。第二个原则"价值流程"，设计了制造此种产品的方案，并且对供应链提出了明确的要求。最后三个原则直接与供应链相关。第三个原则"价值流动"，给出了有效的物料流动标准，做到杜绝浪费，减少中止期、滞留期。第四个原则"按需生产"，表明了怎样克服困难来控制物料流动。第五个原则"完美目标"论述了管理要不断寻求改进，体现了管理优先的主题。一般认为，该原则应包括不断辨别和消除浪费等方面。

罗伯特·汤森(Robert Townsend)说："所有的组织至少浪费了50%的资源(包括人力、精力、空间和时间)。"在不断向前发展的同时，丰田公司发现了供应链中最容易发生浪费的六个问题。

(1) 质量太差，不能使内部客户或外部客户满意。

(2) 生产水平或能力低下，生产不出目前所需要的产品。

(3) 拥有不必要的、太复杂的或费时的操作过程。

(4) 操作开始或结束、设备维修等情况引起的停工时间。

(5) 在操作过程中，产品进行了不必要的、长期的移动。

(6) 库存太多，增加了成本。

精益战略的目的就是寻找消除浪费的途径，典型的方法是对目前的操作进行详细分析，取消不增加价值的操作，消除耽搁、简化过程、降低复杂性，通过高科技提高效率，寻找规模经济，在客户附近选址来节省运费，以此除去供应链中不必要的环节。

值得注意的一点是，低成本并不一定是精益操作。精益操作在使用较少资源的同时必须维持同等水平的客户服务，而不仅仅是单纯地使成本最小化。也有人认为，精益操作在汽车工业的大批量生产中取得了巨大成效，然而对于其他供应链来说，并不一定是这样，尤其是在变化和不确定的情况下，精益操作可能不会起作用，所以还有一种以敏捷为基础的灵活战略。

(二)敏捷战略

敏捷战略和精益战略是相对的，分别侧重于反应能力和效率，或称敏捷和精益。敏捷战略的支持者认为，精益操作过分地强调成本，而不能处理变化的、复杂的环境及日益激烈的竞争，或更复杂的客户需求。假如对一种产品的需求每周稳定为 100 单位，精益物流将除去一切不必要的开支，拥有配送 100 单位的足够能力，如果需求突然增加到 110 单位，精益物流就无计可施了。因为市场需求变化难以预测，物流战略应该更加灵活。

敏捷战略的目标是对不同或变化的环境迅速作出反应，向客户提供高品质、高质量的服务。敏捷有两个方面的含义：第一是反应的速度，敏捷的组织一直在对客户的需求进行检查，对变化迅速作出反应；第二是物流具有按照不同的客户需求而量身定做的能力。当然，客户服务有不同的方面，然而最应引起重视的是最终客户的满意度，即使有时需要付出较高的代价。

强调客户满意的组织是以客户为中心的，采用这种战略的原因是因为客户十分重要，没有客户，组织就没有销售收入、没有利润和业务。正如联合利华公司的迈克尔·佩里(Michael Perry)所说："要想保持竞争优势，就需要给客户提供完备的服务。"以客户为中心的组织：将重心放在客户的满意度上；为客户提供和组织联系的便利途径；明确客户到底要什么；设计能满足或超过这些需求的物流；对变化的客户需求作出灵活迅速的反应；由于优秀的质量及价值而获得好名声；进行售后服务，以便能够与客户、潜在客户、竞争对手保持联系。

拥有客户满意度的组织显然能够得到更多的"回头"业务。记住这样一个事实：吸引一个新客户花费的成本大约是维持老客户成本的五倍。对服务满意的主顾也能带来新的业务，他会把良好的服务向其他人介绍，同时要注意，对服务不满意的客户也能由于一次不愉快的经历而警告一批潜在客户。

(三)精益与敏捷战略

人们通常认为，精益与敏捷的目的是相互冲突的，一个是使成本最小化，把客户服务看作束缚，另一个则是提供最好的客户服务，把成本看成约束，这样就会产生明显的差异。事实上，这两种战略并没有清晰的界限。假如供应商能改进与客户间的 EDI(electronic data interchange，电子数据交换)联系，那么不仅能降低成本，同时也能改善客户服务，使客户服务更加精益和敏捷。同样，制造商通过网络销售材料、批发商通过网络销售商品都能变得更加精益和敏捷。这两种战略都把客户满意度和低成本作为主要目标，只是它们对实现这两个目标作了不同的描述。组织采取其中一种战略时与另一种战略也不冲突。艾文斯(Evans)和鲍威尔(Powell)论述了两种战略的使用方法并总结说："精益与敏捷相互之间并不排斥，它们有各自的优点，但是也有一定的局限性，特别是极端地只采取某一战略时。"

(四)战略联盟战略

战略联盟战略是指组织高度重视与供应链其他部分的密切合作，并制定与供应商和客户建立联盟的战略，此战略的目标是得到有效的供应链，所有的成员齐心协力，共享长期合作的成果。形成合作关系战略的一般原因包括需要更多的灵活性、更好的客户服务、降低成本、避免对设施的投资、引进组织内缺乏的专业技术等。在欧洲超过 1/4 的物流企业通常以长期合作的某种形式用于特定合同的供应商，合作关系常见于运输领域，其他合作领域包括仓储、进出口服务、材料存储和信息处理领域。

(五)其他战略

上文介绍了四个基础战略，当然还有其他几种战略。下面简单介绍一些常见的战略。

以时间为基础的战略被简单地认为其目标是保证更快地配送产品，这些战略的好处是较低的成本(在供应链中拥有较少的库存和较少的支出)、改进的现金流(尽快支付)、更少的风险(减少订货变化和废旧存货等)及较简单的操作(消除延误和不必要的存储)，虽然主要的假设是较快地配送带来更好的客户服务，但这也并不一定绝对正确。

1．时间压缩战略

基于时间的另一个重要战略是时间压缩战略，它与精益战略类似，但其重点是针对供应链中浪费的时间，它是以消除所有不能增加价值的时间为目标的。彼斯利(Beesley)说："特别是在英国的制造供应链中，至少 90%的工序时间是不能增加价值的。"

减少材料在供应链中花费的时间并得到好处有以下七种方法。

(1) 简化。使操作变得更加简单。

(2) 整合。改进信息以及材料流。

(3) 标准化。利用标准化的程序与材料。

(4) 并行操作。让不同的操作同时进行。

(5) 控制变化。确保高质量，避免浪费。

(6) 自动化。提高效率。

(7) 资源规划。消除"瓶颈"，确保材料的顺畅流动。

这些方法大部分是改进型、概括性的，而不是缩短时间的具体措施，从而使工作业绩可被一系列评价指标所接受。

2．环境保护战略

目前，越来越多的组织正在形成以环境保护为基础的战略。用天然材料设计产品对物流业也同样适用，即利用可重复使用的容器和再生材料设计产品。这也是其他组织采取类似环境保护战略的原因。

3．提高生产率战略

这种战略可使资源和设备得到最大可能的利用(如仓库)。仓库具有很高的固定成本，所以应该全力使用它们的仓储能力，把固定成本分摊到更多单位产品上，使资源的利用率增加，并使产品的配送成本降低。

4．价值增加战略

供应链由一系列活动组成，任何一个活动都会增加最终产品的价值。合理的战略能使组织增加尽可能多的价值，当然这里所说的价值是从客户的角度出发，组织也可通过增加时间和空间的使用，或对产品进行更多的加工来增加产品的价值。

5．多样化或专门化战略

战略的关键点在于物流提供的一系列服务。一些组织实行了多样化战略，能提供多种服务，尽可能使客户满意；有些组织实行专门的、种类不多的战略，但选择的是服务领域中最棒的服务，目标是为一小部分顾客提供独特的服务。

6．成长战略

物流的许多方面都能够产生规模经济，较大规模的运营可以带来较低的成本和更好的服务。有好多种途径都可以实现成长战略，例如，通过接管竞争对手的业务，扩大覆盖的地理区域，使物流活动多样化、材料类型多样化，或者增加市场的份额。

二、物流战略的制定

(一)物流战略制定的流程

物流规划回答了想要做什么、何时做和如何做的问题，物流系统的任何一个环节都要进行规划，并且要与整体物流规划过程中的其他组成部分相互协调。物流规划的流程，如图 2-1 所示。

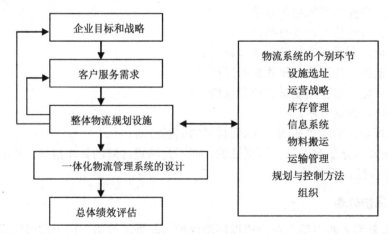

图 2-1　物流规划的流程

(二)物流战略制定应当遵循的基本原则

物流战略规划主要解决四个方面的问题，即客户服务目标、设施选址战略、库存决策战略和运输战略。在这里我们主要研究在制定战略时需注意的问题和总的制定原则。

1. 总成本的概念

在上文的分析中我们谈到了物流管理与其他部门会出现效益相互冲突的问题，其实在物流管理内部也存在同样的问题。如降低库存成本必然要求较高的运输费用，而降低运输费用则必然会使库存成本增加，同样，客户服务的改善通常也意味着运输、订单处理及库存费用的上升。在遇到这些问题的时候，就需要用到总成本的概念，也就是要平衡各项活动，从而使整体达到最优。

2. 个性化和多样化的概念

不要对所有的产品提供同样水平的客户服务，这是进行规划的一个基本原则。根据不同的客户服务要求、不同的产品特征、不同的销售水平等把各种产品分成不同的等级，进而确定不同的库存水平，选择不同的运输方式及线路等。

3. 延迟战略

这个战略的主要思想是在生产过程中尽可能地把能够使产品具有特性的工序往后推，最好能推到接到订单之后，这样就能够解决大规模生产与多样化需求之间的矛盾，降低物流成本，这一战略经常与标准化战略共同实施。

三、物流企业的战略实施

当物流企业战略制定以后，战略管理的重点就转向了战略实施和战略控制，这两者是交替进行的。也就是说，在战略实施中进行战略评价和控制及指导战略实施。可用于促进战略实施的方法有以下五种。

(一)指令型

这种方法说明了战略的地位，实际上是指导总经理如何运用经济分析和竞争分析去规划资源的分配，以达到物流企业的目标。由于这种模型具有极为正式的集中指导倾向，因此称为指令模型。

指令型阐明了传统的战略管理问题，即作为一个总经理应该如何制定一个指导日常工作决策的经营战略，实现长期的战略目标。在这一模型里，总经理起着"理性的行动者"的作用，并以权威的资格发出指令。这种模型假定物流企业在采取行动之前，就已经进行了大量分析，并且要求总经理拥有相当大的权力和相当准确的信息。这种设想一般只考虑经济合理性，但对计划实施的可能性缺乏考虑。

指令型由系统模型和增量方法两部分组成。在系统模型中，首先要确定组织目标，其次要提出可能满足目标的行动方案，再次要根据经济效益对这些方案进行评价，最后要从中选择一个方案并付诸实施。在增量方法中，主要是判断物流企业目前的战略，评估物流企业所面临的机会与威胁，并且计划修改目前的战略，以适应已经变化的物流企业环境。由此可以看出，这两个部分，在量的变化和分析范围上有着明显的区别，但它们都假定总经理领导物流企业朝着高层管理人员所定的目标去努力。

(二)转化型

这种方法直接解决战略实施的问题。该方法重点考虑如何运用组织结构、激励手段和控制系统去促进战略实施。由于这种方法常考虑采用新战略，因此称为转化模型。

转化型通过阐明"已经有了一个战略，现在该如何通过组织去实施这个战略"这一问题，发展了指令型。在这一模型中，总经理运用行为科学的方法把他的组织纳入到战略规划的轨道上。同时，总经理起着设计师的作用，设计行政管理系统，协调战略的实施，推动物流企业为实现规划目标而努力。

转化型是指令型的完善与补充，它强调的是战略实施问题。这一模型的前提条件是物流企业已掌握了前面所述的经济分析工具，并且为了增加战略实施成功的可能性，又在原有分析工具的基础上增加了三种行为科学的方法。

(1) 运用组织机构和参谋人员明确地传递物流企业优先考虑的事物，把注意力集中在所需要的领域之中。一般来讲，组织结构应表明那些能够实现战略的关键技能；而增加、调整或更换参谋人员可以使物流企业的方向更好地符合理想方向。

(2) 建立规划系统、效益评价以及激励补偿等机制，支持实施战略的行政管理系统。在实践中，首先可以通过调整现行的规划系统，产生出所需要的行为。例如，首先，物流企业可以通过调整和批准年度作业预算过程，支持战略所要求的资源配置决策；其次，物流企业用于衡量效益的信息系统可以把战略转化成短期目标，控制那些与战略相一致的过程；最后，物流企业把所需要的行为转化成明确的数量概念，使管理人员摆脱不可控制的风险，通过改变现行的激励补偿计划来刺激需要的行为。

(3) 运用文化调节的方法促进整个系统发生变化。为了更有效地实施战略，物流企业总经理可采用发展某些与战略有关的社团的方法来改变组织的文化。例如，物流企业谋求德高望重的人支持企业的决策，这都是改变物流企业文化的具体做法。

(三)合作型

这种方法的重点是高层管理的集体决策与战略制定过程。由于这一方法考虑对集体决策进行多方面的输入，同时认为战略的形成是集体协商的产物，因此称为合作模型。

合作型把战略决策范围扩大到物流企业高层管理集体之中，力图解决"如何使高层管理集体帮助制定和支持一系列完好的目标和战略"这一问题。在这个模型里，总经理调动高层管理人员的能动性，并用"头脑风暴法"使持有不同观点的经理为战略制定过程作出各自的贡献。假定有效的高层管理集体对目标结构和现实环境有着不同的认识，总经理则要博采众长，吸收各种认识的精华。同时，总经理要发挥协调者的作用，在决策人员之间建立一种相互补充的结构，促使他们吸收各种积极的思想建议。

从总体上看，合作型克服了前两个模型中存在的两个重大局限性，即总经理通过接近经营活动第一线的管理人员，以及听取众多人员的意见而换得大量信息，克服了指令型的信息准确性不足和认识局限性的问题。同时，总经理扩大参与决策的范围，解决指令型和转变型所遇到的战略问题，增加了战略实施成功的可能性。

值得注意的是，合作模型是具有不同观点，甚至是具有不同目的的参与者相互协商的产物，它的实现可能是以牺牲经济合理性为代价的。而指令型所确定的"理想"战略，转变型采用了"理想"的行政管理系统，在经济上与技术上可能是合理的。不过，这两种模型在简单稳定的环境下更为有效，而合作型更适合于复杂而又缺乏稳定性的环境。

从组织的观点来看，合作型的一个基本缺陷是它不能真正进行集体决策。道理很简单，物流企业的管理人员不能也不会放弃他们的集中控制。事实上，这个模型仍存在着思考者与执行者谁为上的区别，不可能真正吸收组织里全体人员的智慧。

(四)文化型

这种方法是要在整个组织里灌输一种适当的文化，使战略得以实施。在这里，低层次的管理人员参与了决定战略方向和方案的设计工作，而且高层管理人员反复向他们灌输一系列价值观念，影响他们的工作行为，因此这种方法称为文化模型。

文化型将合作模型的参与成分运用到组织的较低层次上，即从高层管理的集体参与转向全体人员的参与，试图解决"如何才能使整个组织支持既定的目标和战略"的战略问题。在这一模型中，总经理通过沟通和灌输物流企业的使命来指导物流企业组织，允许物流企业中每个人根据物流企业使命，参与制订自己的工作程序。这样，一旦战略计划形成，总经理便起着"指导者"的作用，鼓励每个决策者执行这一计划的具体细节。

文化型认为，今天的职工应能更充分地参与各个层次的决策管理，物流企业组织与其参与者存在着共同的目标，这就保证了战略实施既迅速而风险又较小，企业也就能比较平稳地发展。最为重要的是，当物流企业组织具有足够宽松的条件可以维持文化模型时，文化型可以更好地发挥作用，但是，文化型也有它的局限性。第一，这种模型假设物流企业的职工都是有学识的。第二，在各个层次达成一致决策的情况下，极为强烈的企业文化可能会掩盖物流企业中存在的其他问题，为此也要付出代价。第三，首次采用文化型的物流企业需要消耗时间和精力。在西方管理学中，有人曾对这种模型提出尖锐的批评，认为文化型不过是一种时髦产物，并没有真正解决指令型和转变型存在的谋略者与执行者之间的关系问题。

(五)增长型

这种模型运用委托代理形式考察战略，并且对将企业划分为"战略制定者"与"战略实施者"的传统观点提出新的挑战。这种方法可促使管理者在日常工作中不断寻求创新的机会，发挥物流企业内部的潜能，最终使物流企业获得增长。

增长型主要回答"如何激励管理人员制定与实施完美的战略"这一问题。在此，物流企业战略总是从基层经营单位自下而上产生，围绕着总经理的能力而展开物流企业战略制定的种种问题。它要探讨总经理是否有能力慎重地选择那些刺激革新的组织目标，以及是否有能力选择可以达到预期目的的计划备选方案和战略备选方案。这是一种微妙的平衡活动。如果总经理规定的范围太宽，可能会分散物流企业的注意力，甚至会由于下面提出的建议过多而造成总经理审查上的负担。但是如果规定的范围过窄，可能会压抑管理人员的创新精神，使其在提出建议时对于批准的可能性顾虑重重。因此，在这种模型里，战略实施就是要创造和维持良性平衡，即下层经营单位的"自主战略行为"和高层控制的"总经理对策"之间的平衡。

从实践来看，上述战略制定和实施的五种模型并不是相互排斥的。一个稳定的物流企业可能对于各种模型都感兴趣，但是各有侧重。值得一提的是五种模型不可能同时适用于所有的物流企业。运用这些模型的条件主要取决于物流企业多种经营的程度、发展变化的速度以及目前的文化状态。文化型和增长型对于多种经营程度不高的物流企业来讲可能更合适。指令型、转变型、合作型更侧重于战略制定。文化型和增长型则更多地考虑战略实施问题：文化型是在运用经过大量时间达成一致的决策后，迅速实施战略；增长型则是在各种战略方案被其支持者提出来时，物流企业战略已经处于实施过程中了。

【任务分析】

1. 七匹狼公司的供应链属于哪种物流战略？

参考信息：

该供应链属于敏捷物流战略。

2. 敏捷的含义是什么？

参考信息：

敏捷有两个方面的含义：第一是反应的速度，敏捷的组织一直在对客户的需求进行调查，对变化迅速作出反应；第二是物流具有按照不同的客户需求而量身定做的能力。

3. 以客户为中心的组织应做到哪几点？

参考信息：

将重心放在客户的满意度上；为客户提供和组织联系的便利途径；明确客户到底要什么；设计能满足或超过这些需求的物流；对变化的客户需求作出灵活迅速的反应；由于优秀的质量及价值而获得好名声；进行售后服务，以便能够与客户、潜在客户、竞争对手保持联系。

【任务实施】

该公司高层可运用哪些方法继续推进自己的物流战略？

参考信息：

该公司高层可运用指令型、转化型、合作型、文化型、增长型的方法。

【任务总结】

物流战略可以根据企业拥有的不同资源及企业的不同发展目标来确定，主要有精益战略、敏捷战略、精益与敏捷战略、战略联盟及其他战略。物流战略制定应遵循总成本原则、个性化和多样化原则、延迟战略原则。当物流企业战略制定以后，战略管理的重点就转向了战略实施和战略控制。可用于促进战略实施的方法有五种：指令型、转化型、合作型、文化型和增长型。

【任务实训】

实训2.2　沃尔玛精益物流战略

美国沃尔玛(Walmart)连锁店公司是美国最大的也是世界上最大的连锁零售商，2002年沃尔玛全球营业收入高达2198.12亿美元，荣登世界500强的冠军宝座。沃尔玛每十年上一个新台阶，最终在其第一家沃尔玛门店成立40年后，坐上了令世界无数企业仰慕的头把交椅。沃尔玛能够取得今日的成就，其中一个重要原因就是成功地实施了精益物流战略。

购货环节采取向工厂直接购货、统一购货和辅助供应商减少成本等方式来降低购货成本。

采用直接向工厂购货的方式。

很多商家采取的是代销的经营方式，以规避经营风险，沃尔玛却实施直接买断购货政策，而且对于货款结算采取固定时间决不拖延的做法。沃尔玛的平均应付期为29天，而竞争对手凯玛特则需45天。这种购货方式虽然使沃尔玛需要冒一定的风险，但供应商的利益却得到了保护，大大激发了供应商与沃尔玛建立业务联系的积极性，赢取了供应商的信赖，并同供应商建立起友好融洽的合作关系，从而保证了沃尔玛的最优惠进价，大大降低了购货成本。

存货环节采取建立高效运转配送中心的方式，以保持低成本存货。

配送中心的任务就是将供应商大量运达的商品配送至各分店。为提高效率，配送中心内部实行完全自动化，所有的货物都在激光传送带上运入和运出，效率非常高，平均每个配送中心可同时为30辆卡车装货，并可为送货的供应商提供135个车位。配送中心的高效运转使商品留在配送中心的时间很短，一般不会超过48小时。这种建立配送中心的方法，大大提高了库存周转率，缩短了商品储存时间，有效地避免了公司在正常库存条件下由各店铺设置仓库所付出的较高成本。在沃尔玛各店铺销售的商品中，87%左右的商品由配送中心提供，库存成本比正常情况降低了50%。

在运输环节，沃尔玛自身拥有车队，有效地降低了运输成本。

在整个物流链条中，运输环节是最昂贵的部分，如果运输车队省下的成本越多，那么整个物流链条节省的钱就会越多。为降低运输成本和提高效率，沃尔玛采取了自身建立车队的方法，并辅之全球定位的高科技管理手段，保证车队总是处在一种准确、高效、快速、满负荷的状态。沃尔玛各店铺从向总部订货到实现补货，仅需2天，而竞争对手则需要4~5天才能实现补货一次。据沃尔玛自己的统计，沃尔玛的商品运往商店的成本，即进货费用占商品总成本的比例只有3%，而竞争对手则需要4.5%~5%。这就保证了沃尔玛能以快速的服务和低廉的价格获得与竞争者同样的利润。

对日常经费管理环节进行严格控制。

沃尔玛对于日常费用的控制可谓达到了极点，在行业平均水平为5%的情况下，沃尔玛整个公司的管理费用仅占公司销售额的2%。为维持低成本的日常管理，沃尔玛在各个细小的环节上都实施节俭措施。如办公室不置昂贵的办公用品和豪华装饰，店铺装修尽量简洁，商品采用大包装，减少广告开支，鼓励员工为节省开支出谋划策等。

(资料来源：霍红. 物流师实用手册[M]. 北京：化学工业出版社，2010.)

1. 实训要求

(1) 简述精益物流战略的含义？

(2) 简述沃尔玛实施精益物流的主要措施是什么？

(3) 沃尔玛物流的启示是什么？

2. 考核标准

本实训的考核标准，如表 2-2 所示。

表 2-2　实训 2.2 的考核标准

目标准确	措施得当	表述清晰	书写工整	总分
40 分	40 分	10 分	10 分	100 分

【项目总结】

企业要想成功发展必须制定一个正确的战略作为指导，而正确的战略必须在适当的环境分析基础上制定。本项目讲授了物流战略环境分析的主要内容。战略的主要类型包括精益物流战略、敏捷战略、精益与敏捷战略、战略联盟战略；物流企业的战略实施主要包括指令型、转化型、合作型、文化型、增长型。

【项目测试】

一、填空题

1. 影响物流企业发展的宏观环境主要包括＿＿＿＿＿＿、＿＿＿＿＿＿、＿＿＿＿＿＿、＿＿＿＿＿＿、＿＿＿＿＿＿和＿＿＿＿＿＿。

2. 主要的物流战略包括＿＿＿＿＿＿、＿＿＿＿＿＿、＿＿＿＿＿＿和＿＿＿＿＿＿四种。

3. 物流战略制定应遵循的基本原则包括＿＿＿＿＿＿、＿＿＿＿＿＿和＿＿＿＿＿＿。

二、单选题

1. (　　)方法考虑对集体决策进行多方面的输入，同时认为战略的形成是集体协商的产物。

　　A. 合作型　　　　　B. 文化型　　　　C. 指令型　　　　D. 增长型

2. (　　)的目标是对不同或变化的环境迅速作出反应，向客户提供高品质、高质量的服务。

    A. 精益物流战略   B. 敏捷战略   C. 时间战略   D. 环保战略

3. (　　)重点考虑如何运用组织结构、激励手段和控制系统去促进战略实施。

    A. 合作型   B. 文化型   C. 转化型   D. 增长型

三、多选题

1. 物流企业战略实施的主要方法有(　　)。

    A. 指令型   B. 转化型   C. 合作型   D. 文化型

2. (　　)方法可以减少材料在供应链中花费的时间。

    A. 并行操作   B. 自动化   C. 资源规划   D. 增加库存

3. 精益物流战略的主要原则有(　　)。

    A. 价值策划   B. 价值流程   C. 按计划生产   D. 价值流动

四、判断题(对的画"√"，错的画"×")

1. 对于物流行业来说，目标市场的政治稳定性是其长期稳定发展的一个必要保证。

                                                  (　　)

2. 敏捷战略的含义就是对客户的需求进行检查，对变化迅速作出反应。   (　　)

3. 多样化战略的关键点在于选择的是服务领域中最棒的，目标是为大部分顾客提供独特的服务。   (　　)

五、简答题

1. 物流企业战略应具有哪些特征？

2. 影响物流发展的十大因素是什么？

项目三　物流企业文化管理

【项目描述】

美国《财富》杂志指出，没有强大的企业文化，没有卓越的企业价值观、企业精神和企业哲学信仰，再高明的企业经营战略也无法成功。成功的公司大都具有强有力的优秀企业文化，建设企业文化已被众多企业纳入管理日程中。对于现代物流企业来说，需要造就新型的、优秀的企业文化，以提高企业的整体管理水平。

【项目目标】

知识目标

(1) 了解企业文化的内容和功能。
(2) 掌握物流企业文化构建的基本方法。
(3) 了解企业形象设计(corporate identity，CI)的构成和策划。

技能目标

(1) 能识别物流企业的企业文化。
(2) 能进行物流企业的文化品牌分析。

【项目展开】

为了系统而直观地实现以上项目目标，现将该项目按照以下两个工作任务顺序展开。
(1) 企业文化建设。
(2) 物流企业文化与 CI。

任务一　企业文化建设

【任务描述】

顺丰速运企业文化建设

企业文化的构建主要分为三个层次，即企业精神文化、企业物流文化和企业制度文化，而企业文化的建设对于企业长远发展具有十分重要的意义。经过多年的建设，顺丰速运在企业内部已经初步形成了正确的价值观。价值观建设一直都是顺丰速运文化建设的核心，它不仅是企业全体员工的共同信念，还是顺丰速运为客户提供优良服务的保障之一。"知行合一"是顺丰速运价值观的一个重要方面，它要求员工不仅要了解公司的核心价值观究竟是什么，还要求员工能够通过自己的行动将公司的核心价值观表现出来。做到"知行合一"，最终形成企业独特的精神力量，成为企业凝聚力、竞争力和生命力的一部分。在核心价值观的引导之下，顺丰速运正确的处事态度已经逐渐渗透到每一名员工的心中，成为公司进一步前进不可或缺的力量。目前，顺丰速运的影响，还透过员工的言行举止传递给了客户，让公司的每一位客户都能感受到顺丰速运的是最好的办事态度。

除了已逐步建立的一套正确的核心价值观，顺丰速运还拥有力求成为最值得客户信任和尊敬的速递公司的美好愿景。公司一直坚持能够为每一位员工提供一份满意而且足以引以为傲的工作，与每一名员工共赢是顺丰速运最为重要的使命，所以在品牌效应、工作环境改善、高端设备、员工操作工具上都投入了巨大的资金，使公司的员工在同行业中有较大的优越感，从薪资上，也给出略高于同行业的薪酬体系。此外顺丰速运还致力于快速、安全、准确地传递客户的信任。多年以来，顺丰速运坚持在速度、安全、服务上保持良好的优势，更提出了员工满意、客户满意、社会满意的服务宗旨，其中客户满意是顺丰速运对待客户的承诺，以达到最高的客户满意度。在速度方面，顺丰速运不断优化班机线路，增加专机数量，以提高速度上的优势，确保每一票快件都以最快的速度到达客户手中，同时提高地面人员机动性，进而提高地面的中转速度。在安全方面，顺丰速运每天都会进行包装标准化培训，不断提高包装标准，并附加强大的系统查询功能，使快件在运输过程中能够及时被查询。在准确方面，顺丰速运采用的是门对门服务，确保每一票快件在运输的过程中都能够准确地送达客户手中。

顺丰速运致力于成为速运行业持续领先的公司，顺丰速运从第一个在民营速递业采用专机模式，到投资将近5亿元上线的手持终端，从培养属于自己公司的飞行员，到全网络服务质量的提升，顺丰速运在近10年的发展历程中，创造了一个又一个第一，也书写了一段又一段的传奇，在业务、速递、服务、质量等方面在行业中持续领先。同时顺丰速运致力于承担更多社会责任，从南方大学到汶川地震，从公司内部员工的关怀到对社会的责任，顺丰速运一直是一家对社会富有责任感的公司。在一次又一次国家需要支持的时候，顺丰速运都在第一时间尽到自己的责任，所以顺丰速运抱着对社会负责的理念，力争做一家有责任感的集团公司。

品牌理念的建设也是顺丰速运企业文化建设的一个重要内容。随着顺丰速运的业务不断拓展并走向国际的趋势，公司将积极拓展业务作为品牌理念之一。通过这一品牌理念，公司希望能够成为地区速递行业的领军品牌。为此，顺丰速运也在不断完善自身的速递网络，同时致力于公司人才队伍的建设。

持续的创新也是顺丰速递的另一主要品牌理念。为了能够正确履行这一理念，公司积极探索客户的实际需求，结合客户的实际需要来提供安全高效的速递服务，同时不断丰富公司的服务项目，以确保能够及时应对市场的各种变化。

顺丰速运在企业文化建设上从没有停止脚步，而是在不断地发现问题，解决问题，将文化建设推向更高的层次。顺丰速运将企业发展目标作为全体员工共同奋斗的方向。让全体员工更加明白公司的责任宗旨和未来的发展方向，即努力成为全国最大的速运品牌，实现全面标准化的经营。同时，努力成为速运市场的经营主体和责任主体，为国家、社会创造更多的价值，也为公司员工提供更好的福利待遇。企业文化建设的工作也都围绕着企业发展目标来开展，这也在无形之中增强了企业员工的责任感、使命感。顺丰速运的企业文化不仅得到了员工内心的认可，还得到了员工行为上的履行。无论是在员工的基本行为规范方面，还是在服务行为规范方面，员工都会自觉地去遵守。

对于企业管理来说，其管理的主要对象还是人，即使是对事的管理，最终还是要落实到对人的管理之上，所以顺丰速运构建一套科学有效的企业文化是必不可少的。

(资料来源：http://www.doc88.com/p-6148993557912.html)

【任务驱动】

(1) 什么是企业文化？

(2) 企业文化具有哪些特点？

(3) 企业文化建设的作用有哪些？

(4) 该企业主要通过哪些程序建设企业文化？

【任务资讯】

一、企业文化认知

(一)企业文化的含义

广义的企业文化，是指在一定的社会历史条件下，企业及其员工在生产经营中逐步形成的物质文化、制度文化、精神文化的总和。而狭义的企业文化是指企业在长期经营中逐渐形成的、并为企业员工自觉遵守和奉行的共同价值观念、经营哲学、企业精神、企业道德、团体意识、企业制度和企业形象的总和。其中，共同的价值观是企业文化的核心。

(二)企业文化的内涵

企业文化一般要经过长期的积累和沉淀，反映在企业的核心价值观、经营宗旨和制度等方面，其内容主要有以下七方面。

1. 价值观念

企业的价值观是指企业职工对企业存在的意义、经营目的、经营宗旨的价值评价和为之追求的整体化、差异化的群体意识。价值观是企业文化的核心，是企业全体职工共同遵循的价值准则，因此企业价值观决定着职工的行为取向，关系企业的生死存亡。只顾企业自身经济效益的价值观，就会偏离社会主义方向，不仅会损害国家和人民的利益，还会影响企业的形象；只顾眼前利益的价值观，就会急功近利，搞短期行为，使企业失去后劲，导致灭亡。如顺丰速递企业价值观——无处不在的质量表现，所有质量都是从基础与精神文化的质量开始的，"有品德"是全体顺丰人最基本的要求；而"有品德、有理想"是对顺丰管理人员更高的要求。"有品德"就是讲诚信；尊重人；团结协作；有服务精神；对个人、家庭、公司、客户、社会负责。"有理想"就是敢于承担；勇于创新；追求完美；营造公平的团队氛围。所有的顺丰员工以此要求自己，这也是企业发展的动力所在。

2. 经营哲学

经营哲学也称为企业哲学，是一个企业特有的从事生产经营和管理活动的方法论原则，是指导企业行为的基础。企业在激烈的市场竞争环境中，面临着各种矛盾和多种选择，所以要求企业建立一个科学的方法论来指导，有一套逻辑思维的程序来决定自己的行为，这就是经营哲学。例如，日本松下公司"讲求经济效益，重视生存的意志，事事谋求生存和发展"，这就是它的经营哲学。

3. 企业精神

企业精神是企业全体员工共同信守的基本信念、价值标准、道德规范、行为准则和精神风貌。对现代物流企业而言，企业精神常常被概括为服务理念、信条或口号，成为企业人的信仰并在实践中体现。企业精神通常用一些既富有哲理，又简洁明快的语言予以表达，便于职工铭记在心，时刻用于激励自己；也便于对外宣传，容易在人们脑海里形成印象，从而在社会上形成个性鲜明的企业形象。例如北京王府井百货大楼的"一团火"精神，就是用大楼人的光和热去照亮和温暖每一颗心，其实质就是奉献服务，这也是企业精神的体现。

4. 企业道德

企业道德是指调整本企业与其他企业之间、企业与顾客之间、企业内部职工之间关系的行为规范的总和。它是从伦理关系的角度，以善与恶、公与私、荣与辱、诚实与虚伪等道德范畴为标准来评价和规范企业。它与法律制度不同，不具有法律制度的强制性和约束力，而企业道德具有积极的示范效应和强烈的感染力，具有更广泛的适应性，是约束企业和职工行为的重要手段。例如中华老字号同仁堂药店之所以 300 多年长盛不衰，就在于它把中华民族优秀的传统美德融于企业的生产经营过程中，形成了具有行业特色的职业道德，即"济世养身、精益求精、童叟无欺、一视同仁"。

5. 企业形象

企业形象是被社会认同的企业文化的综合反映和外部表现，是企业产品、服务、人员的素质、公共关系、经营作风等在顾客和社会大众中的总体印象。由外部特征表现出来的企业形象称为表层形象，如招牌、门面、广告、商标、服饰、营业环境等，这些都给人以直观的感觉，容易形成印象；通过经营实力表现出来的形象称为深层形象，它是企业内部要素的集中体现，如人员素质、生产经营能力、管理水平、资本实力、产品质量等。例如北京西单商场以"诚实待人、诚心感人、诚信送人、诚恳让人"来树立全心全意为顾客服务的企业形象，而这种服务是建立在优美的购物环境、可靠的商品质量、实惠的价格基础上的，即以强大的物质基础和经营实力作为优质服务的保证，达到表层形象和深层形象的融合，赢得了广大顾客的信任。

6. 企业制度

企业制度是企业文化的重要组成部分，体现了对企业和员工行为的要求，是协调企业内部"人"之间的关系以及企业外部关系，推动企业"人"团结合作，调动各方面积极性的重要手段。企业制度作为职工行为规范的模式，使个人的活动得以合理进行，内外人际关系得以协调，员工的共同利益受到保护，从而使企业有序地组织起来，为实现企业目标而努力。

7. 团体意识

团体意识是企业内部凝聚力形成的重要心理因素。企业团体意识的形成使企业的每个职工把自己的工作和行为都看成是实现企业目标的一个组成部分，使他们对自己作为企业的成员而感到自豪，对企业的成绩产生荣誉感，从而把企业看成是自己利益的共同体和归属。因此，他们就会为实现企业的目标而努力奋斗，自觉地克服与实现企业目标不一致的行为。

(三)企业文化的内容

企业文化的内核是价值观，以这个内核为中心构筑起来的企业文化还有其他方面的内容。完整地说，企业文化的内容可分为以下三个层次。

1. 企业的物质文化 (表层文化)

它是企业文化中的最外层，也是企业深层文化的外显部分，指的是那些视之有形、闻之有声、触之有觉的文化形象。物流企业的表层文化具体包括：物流企业为客户提供的产品或服务等物质成果(如为制造商或经销商设计的物流方案)；企业的景观、员工的精神面貌、企业广告、产品包装设计等企业物质文化内容。

2. 企业的制度文化 (中层文化)

企业的制度文化是企业文化的中间层，指的是具有企业文化特色的各种规章制度、道德规范和职工行为准则的总和。这部分企业文化既不像表层文化那样直接外露，又不像深层文化那样隐藏在职工的头脑之中，需要人们调查了解，并通过一定的直观形象把握这种介于表层和深层之间的企业文化，主要体现在企业的规章制度、组织机构、企业内部和外部的人际交往等方面。例如，当某个物流企业的表层文化给人以处理问题快、办事效率高的印象时，人们对这种印象进一步调查了解，就会发现其组织机构方面的一些特点，如机构设置合理、人员精干高效、沟通渠道通畅等；再做进一步的调查了解，就会弄清该企业关于制度方面的一些重要指导思想，以及在市场经济和现代化大生产条件下，企业对于效率、效益、时间等问题的价值观念。物流企业的中层文化具体包括：企业领导体制、企业组织结构以及企业管理制度三个方面的内容。

3. 企业的精神文化 (深层文化)

企业精神文化或企业共有的价值观这是企业文化的核心层，是企业文化的最深层结构，也是企业物质文化、企业制度文化的升华，是企业文化中比较稳定的部分。企业的深层文化指的是企业在生产经营过程中，受一定的社会文化背景和意识形态影响而长期形成的一种精神成果和文化观念。它与企业表层文化截然不同，企业深层文化不是人们凭感觉器官就能直接体察到的，它是渗透在企业职工心灵之中的意识形态，包括理想信念、道德规范、价值取向、经营思想等，即共同持有的价值观。这部分内容是企业文化的核心，是企业的灵魂。例如，物流企业追求的目标是什么？是以企业获得最大限度的利润为最终目的，还是在谋求经济效益的同时也谋求社会效益，这就体现了不同的价值观。综上所述，以价值观为核心的企业深层文化，决定着企业以怎样的方式朝着什么方向运行。

(四)企业文化的特征

认识企业文化的特征，对于进一步理解企业文化的含义，指导塑造企业文化的实践，具有实际意义。企业文化主要有以下特征。

1. 隐形性

企业文化尽管有外显部分和内隐部分的差别，但其中所包含的共同理想、价值观念和行为准则作为一个群体心理定式及氛围存在于企业职工中，这三种力量相互融通、相互促进，形成了企业文化的优势，这是企业战胜困难、夺取战略胜利的无形资产。企业文化虽然是无形的，但却是通过企业中有形的载体表现出来的。没有职工、设备、产品、资金等有形载体，企业文化便不复存在。企业文化作用的发挥有赖于企业的物质基础，而物质优势的发挥又必须以企业文化为灵魂。只有企业的物质优势和文化优势最优组合，才能使企业永远立于不败之地。

2. 潜移性

企业文化作为一种意识形态，一种精神，它对职工行为的影响是潜移默化的。当一种正确的价值观被原来持有不同认识和追求的职工所接受，企业群体观念逐渐融为一体，它将会悄然无声地渗透到企业的各项工作和职工的各种活动之中。企业文化之所以对企业经营管理起作用，是依靠其对职工的熏陶、感染和引导，使职工产生对企业目标、行为准则及价值观念的认同感，进而自觉地按照企业的共同价值观念及行为准则去工作。当海尔每一位员工真正树立起"敬业报国、追求卓越"的海尔精神时，操作工人就会自觉地制造一流的产品，销售人员就会主动地提供一流的服务。所以，企业文化不像行政命令那样以外部的强制力量去左右人们的行为，而是"润物细无声"地作用于职工的心灵，指导着人们的行为。

3. 相对稳定性

企业文化是随着企业的诞生而产生的，具有一定的稳定性和连续性，能对企业职工的行为产生持续的影响，不会因为日常的细小经营环境的变化或个别人员的去留而发生变化。但是，企业文化也要随着企业内外经营环境的变化而不断充实和变革，封闭、僵化的企业文化形态最终会导致企业在竞争中失败。因此，在保持企业文化稳定性的同时，也要注意企业文化的灵活性。

4. 可塑性

从企业文化的形成与变化角度看，不是从企业成立就有的，而是在企业生产经营的实践中，通过企业领导者的大力提倡、推广和各级机构的共同推动，逐步塑造形成的。也正是由于企业文化的可塑性，企业才能在不同的社会制度、地区、民族等环境中生存，在具有不同风格的企业家的领导下展开，形成独具特色的企业文化。

5．传承性

企业文化可以传承以往文化中的各种因素，包括好的、不好的因素。所以，人们要对以往的企业文化加以鉴别，取其精华，去其糟粕，使优秀的、健康的成分继续发扬光大。例如，中西方文化各有特点，优秀的文化是人类共同的财富，是可以扩散的，对于吸收和借鉴其他国家和企业的优秀文化，实际上也是一种传承。

二、物流企业文化建设的作用与内容

(一)物流企业文化建设的作用

1．导向作用

通过企业文化影响和作用于企业中的员工个体、群体，使员工个体和群体的价值取向与企业的价值取向实现统一。它具体表现在两个方面：一是对企业成员个体的思想行为起导向作用；二是对企业整体的价值取向和行为起导向作用。

2．凝聚作用

企业文化的凝聚功能是指当某些价值观、行为准则被企业员工共同认可后，它就会形成一种无形的凝聚力，从各个方面把其成员聚合起来，从而产生巨大的向心力和凝聚力，当面临冲突和矛盾时，组织就可以自觉行动，实现自我控制和自我协调。

3．约束作用

作为一个组织，企业常常不得不制定出许多规章制度来保证生产的正常运行，但是，即使有了千万条规章制度，也很难规范每个职工的行为，而企业文化对企业员工的思想、心理和行为具有无形的约束和规范作用，可以此来弥补规章制度的不足。

4．激励作用

企业文化所塑造的企业价值观充分体现了对员工的尊重，把员工视为最重要的资源，良好的企业文化氛围可以促进员工树立远大的理想和抱负，增强员工的敬业精神，激发员工的工作主动性和创新的热情；同时，企业文化还可以与物质激励相结合，强化物质激励的效果，在物质激励制度的基础上，充分发挥文化激励的作用。

5．规范、协作作用

企业文化是一种无形的、精神上的力量，对全体员工形成一种超越制度规范的约束，表现为员工由内心的心理约束转化为自身的行为约束，并以此来引导员工自觉认同和遵守企业的各项规章制度。良好的企业文化也可以协调物流企业与客户之间的关系，对业务活动的开展起到润滑剂和催化剂的作用，同时还会促进企业管理现代化、规范化、企业可持续发展的实现。

(二)物流企业文化建设的内容

1．创新文化建设

在知识经济时代，物流企业文化作为物流企业竞争力非常重要的组成部分，随着市场环境的变化也应适应这种变化，因此，创新将成为物流企业的生命源泉。创新文化涵盖产品、质量、管理、服务和市场等各个方面，是企业经营活动的主导文化。

2. 学习文化建设

在知识经济条件下，最成功的企业将是一个"学习型的组织"。现代物流企业只有不断学习，才能善于创造、寻求及转换知识，并根据新的知识调整行为，才有可能面对竞争者始终保持企业的竞争优势。

3. 速度文化建设

物流企业的竞争开始逐渐地转化为速度的竞争，这就意味着对于物流企业而言"速度就是一切"。21世纪的竞争越来越表现为时间的竞争。物流企业在提供专业化综合服务时，不仅要充分考虑服务产品对客户需求的满足程度、积极地拓展营销渠道、扩大市场份额，更要提高运营效率。

4. 服务文化建设

物流企业本身就是服务型企业，物流企业服务主要是围绕客户所期望的服务和实践及质量展开的。物流服务的竞争已成为物流企业竞争的焦点。物流企业所提供的服务不仅要为客户节约成本、提高效益，而且还要为客户提供差异化服务，所以物流企业要妥善处理好企业、客户、用户、消费者之间的关系。

三、物流企业文化建设的程序

物流企业文化建设的过程主要包括以下程序。

(一)明确建设目标

在对企业文化的现状作出分析判断的基础上，确定企业文化的目标模式，并就企业价值体系、经营理念、道德规范等文化建设目标与目标实现的措施与方法进行规划设计。物流企业文化建设的主要目标是提升企业素质，维持企业长久发展。一个物流企业选择什么样的价值标准作为形成企业文化的基础，这是建设企业文化首先要解决的问题。

(二)做好宣传动员工作

物流企业文化建设必须依托有效的大力的文化宣传，在企业内形成一种浓烈的舆论气氛。利用各种宣传工具，如利用企业网站、企业杂志、录音录像、专栏板报等形式，并开展企业文化培训班、企业文化研讨会、企业精神宣讲等，让员工了解企业发展历程、取得的光辉成就，增强员工的集体主义意识和荣誉感。

(三)发挥领导带动作用

企业家精神在企业文化建设中的作用是十分重要的。企业文化建设，必须由企业领导者率先垂范，身先士卒。在企业文化形成过程中，高层管理者的价值取向、精神风貌，甚至言谈举止对企业文化建设具有重要的影响，所以，要塑造和维护企业的共同价值观，领导者本身应成为这种价值观的化身，并通过自己的行动向全体成员灌输企业倡导的价值观。《美国企业精神》的作者劳伦斯指出：当领导者正式宣告和亲身示范这些价值观时，新企业文化便会浮现。

(四)强化规范管理

企业文化的一个重要内涵就是企业制度文化。企业法规和企业经营制度影响和制约着企业文化发展的总趋势，同时也促使不同企业的企业文化朝着个性化的方向发展。因此，真正制约和影响企业文化差异性的原因，就是企业内部的管理制度，企业制度是企业文化的集中体现。员工做什么、怎么做，在企业的制度中都有规定。可以说，企业文化建设的过程，也是企业制度健全、规范、落实的过程；企业制度落实的过程，也就是企业文化建设的过程。

(五)树立典型模范

在具有优秀企业文化的企业中，最受人敬重的是那些集中体现了企业价值观的模范人物。这些模范人物使企业的价值观"人格化"，他们是企业员工学习的榜样，他们的行为常常被企业员工作为仿效的行为规范。美国卡莎博尼塔餐厅总裁比尔总结了成功的关键是：用规章制度和背诵价值准则来提倡一种价值观念体系是远远不够的，只有借助榜样的力量才能做到这一点。例如，大庆油田的王进喜就是最能代表其企业精神的榜样，成为向职工宣传"铁人精神"的生动范例。

(六)过程整合适应形势变化

物流企业文化建设还需要全过程整合，将企业文化建设贯穿于整个物流管理的全过程。从市场营销、客户服务、物流作业到企业环境，都要有意识地借助标识、员工仪表仪态、宣传栏等多种方式传播企业文化。物流企业文化也应随着内外部环境的变化而不断发展和完善，领导者要积极推进改革创新，员工也应转变观念。现代物流企业正处在一个新的发展环境，要引进新知识和新思想丰富和发展物流企业文化的内涵，促进物流企业的现代化发展。

【任务分析】

1. 什么是企业文化？

参考信息：

从狭义上讲，企业文化是指企业在长期经营过程中逐渐形成的，并为企业员工自觉遵守和奉行的共同价值观念、经营哲学、精神文明、道德伦理、行为规范的总和。其中，共同的价值观是企业文化的核心。

2. 企业文化具有哪些特点？

参考信息：

隐形性、潜移性、相对稳定性、可塑性、传承性。

3. 企业文化建设的作用有哪些?

参考信息:

导向作用、凝聚作用、约束作用、激励作用、规范协作作用。

4. 企业主要经过哪些程序来建设企业文化的?

参考信息:

树立明确的目标、统一的价值观,建立学习型组织,树立榜样,开创自已的期刊,有完善的规章制度。

【任务实施】

公司高层在下一步文化建设时应注意哪些问题?

参考信息:

广告宣传、适应新环境、扩大影响面、增强虚拟化管理。

【任务总结】

物流企业文化建设在企业发展中有着重要作用,物流企业文化建设的内容是创新文化建设、学习文化建设、速度文化建设、服务文化建设;物流企业文化的建设途径为确定目标、宣传动员、领导带动全员参与、规范管理、树立典型模范、过程整合适应形势变化。

【任务实训】

实训 3.1　沃尔玛企业文化分析

在沃尔玛陈设简单、空间窄小的会客室的墙壁上挂着一块玻璃镜框,上面写着事业成功的十大法则:①忠于你的事业;②视同事为伙伴,和员工分享利益;③激励你的同伴;④凡事与同事沟通;⑤感谢员工为公司做的每一件事;⑥庆祝每一次成功,失败亦保持乐观;⑦倾听同事的意见;⑧超越顾客的期望;⑨控制成本使其低于竞争对手;⑩逆流而上,放弃传统观念。这是山姆总结出来的,这十大法则不仅代表了沃尔玛成功的关键,也描述了山姆·沃尔顿是如何创建世界上最大的零售公司的。这十大法则成为企业每一个管理者和员工的基本行为准则。这独树一帜的企业文化,对维护沃尔玛的竞争力发挥着关键作用。

重视企业文化建设,强化"以人为本"的内部管理。山姆·沃尔顿曾经说过:"沃尔玛业务 75%是属于人力方面的,是那些非凡的员工肩负着关心顾客的使命。把员工视为最大的财富不仅是正确的,而且是自然的。沃尔玛事业成功的十大法则中,"人"处在核心位置,商业企业经营必然要涉及消费者、企业员工和企业管理者这三个方面,在沃尔玛,这三个基本原则得到了准确的定位。指导沃尔玛连锁公司的三个基本原则如下。

(1) 服务顾客在沃尔玛。深圳沃尔玛开业之初并无免费送货上门的服务项目,增加送货项目后,沃尔玛规定送货收费,否则便是对全体消费者的不公平,可此举没有得到消费者的理解,很快沃尔玛便改为免费送货。沃尔玛没有通过商品加价来抵补送货增加的开支,而是千方百计节约各项开支，一张办公用纸两面用是员工们的习惯；经营中，难免会出现沃尔玛的货架上没有顾客想买的商品这种情况，顾客并不挑剔，然而沃尔玛却将这类商品登记并和采购部联系进货，甚至指引顾客到其他商店去买，在与对手竞争和使顾客满意之间，沃尔玛选择后者；"三米微笑"使顾客有宾至如归的感觉，为使数百名员工都能做到微笑待客，沃尔玛开业前先从内部做起，总监对每位员工都报以微笑，微笑时上下牙露出八颗，而且要求员工对美方总监直呼其名，美方总监言传身教，缩短了和员工间的距离，员工由此得到感悟，微笑服务得以推广。围绕顾客需要的服务内容就这样不断得到充实、增加和改进。

(2) 公仆领导。沃尔玛的经理们被称为是公仆领导，因为他们的任务是支持而不是指使，是帮助同人在日常工作中取得成功，首席执行官与员工是教练与学员的关系，轻易不指责、不批评员工，对员工不是命令"你去干什么"，而是说"建议你如何做才更完善"。企业管理者对员工实行公仆领导，员工的主动性、凝聚力和团队精神大大增强。例如，沃尔玛的食品部设有专门卖日本寿司的柜台，为了吸引中国消费者，员工自己动手制作了彩色的脚丫形彩色布块，再配以"请跟我来"的话语，的确吸引不少顾客的注意和光顾。

(3) 尊重个人。沃尔玛规定对下属一律称"同事""同人"，而不称"雇员"。沃尔顿说："你关心你的同事，他们就会关心你。"沃尔玛认为其员工是与众不同的，员工在企业的第一线，了解顾客最直接，获取顾客的意见、需求信息最快，因此对改进企业的经营管理也最有发言权。为了加强企业与顾客、企业内部员工和领导的信息交流、理解沟通，公司积极鼓励员工参与管理和决策。沃尔玛的企业文化不仅是一个不断完善的系统，而且是一个开放的系统，为了使员工能直言进谏，沃尔玛推行"门户开放"政策，以营造"敞开心扉"的气氛。

(资料来源：百度文库，http://wenku.baidu.com/view/5e5b1532a32d7375a417807a.html)

1. 实训要求

(1) 沃尔玛连锁公司的基本原则是什么？

(2) 沃尔玛事业成功的十大法则的内容是什么？

(3) 沃尔玛为什么规定对下属一律称"同事""同人"，而不称"雇员"？

2. 考核标准

本实训的考核标准，如表3-1所示。

表3-1　实训3.1的考核标准

论述规范	答案准确	思路清晰	书写工整	总分
40分	40分	10分	10分	100分

任务二　物流企业文化与形象设计(CI)

【任务描述】

中国最大零担公路运输集团德邦物流标志 VI 形象设计

德邦物流是中国最大的零担公路运输集团，承载着中国运输网络优化引擎的品牌使命。品牌新标识由饱含力量与速度的"德邦"二字和一组蓄势待发的弓箭图形组合而成，粗重凌厉的笔锋展现了德邦锐意进取、注重品质的态度；蓄势待发的弓箭图形彰显了德邦随时候命、快速高效的服务理念；灰蓝和明黄色则代表了德邦沉稳的企业性格和充满活力的员工精神。无论是粗重凌厉的字体还是对比张扬的色彩选择，都在设计上严谨地体现了物流运输可靠安全、快速有效的行业属性；同时，以市场化的手法塑造品牌新的个性形象，表现其作为行业先驱优化引擎的品牌定位，如图 3-1～图 3-4 所示。

图 3-1　德邦店面标准化标识

图 3-2　德邦办公系统及运输车辆标识

图 3-3　德邦外包装标识

图 3-4　德邦办公环境标识

(资料来源：中国价值，http://www.chinavalue.net/BlogFeeds/3195_516289.aspx)

【任务驱动】

(1) CI 系统的组成包括哪三个部分？

(2) CI 与企业文化有哪些联系？

(3) CI 与企业文化的区别有哪些？

(4) 德邦 CI 建设中有哪些值得其他物流企业借鉴的地方？

【任务资讯】

一、现代物流企业的 CI

CI 是 corporate identity 的缩写，被翻译为：企业形象设计。企业形象是指消费者、社会公众以及企业内部员工和与企业相关的部门与单位对企业、企业行为、企业的各种活动及成果所给予的整体评价与一般认定。企业形象设计就是指企业为了树立良好的形象，是企业的各种个性特征能为公众接受和识别，而采取的一种塑造企业形象的手段。

CI 由理念识别(mind identity，MI)、行为识别(behaviour identity，BI)和视觉识别(visual identity，VI)三个要素构成。

1. 理念识别(mind identity，MI)

物流企业理念是在物流企业生产经营过程中所形成的带有哲理性的根本指导思想和基本观念，是指导物流企业经营活动的宗旨和指南。物流企业理念是 CI 的核心，也是 CI 运作的原动力和实施的基础。物流企业理念包括经营思想、企业精神、企业宗旨、经营方针等。物流是服务业的一个重要组成部分。物流企业的经营，既包括商品实体的管理，又包括物流服务的提供，应当以顾客(市场)需求为出发点，在满足顾客需求的同时，通过自身在其他方面的积极努力，创造市场需求、引导市场发育，促进有关商品流通经营的一切业务活动。物流企业导入形象设计战略，首先必须建立以顾客为导向，或者以顾客为中心的企业理念，只有摆正企业与顾客这一关系，并在这一基础上策划设计出正确的企业理念，才会得到社会公众(顾客)的认同、理解和支持，企业形象的塑造才能有坚实的基础。

2. 行为识别(behaviour identity，BI)

物流企业行为识别是企业理念的动态传播系统，也是社会公众对物流企业形象的动态识别依据。物流企业通过本企业行为展现、传递物流企业的理念，塑造物流企业形象。如果说 MI 是物流企业计划的内容，那么 BI 就是物流企业计划的实施行为或做法。BI 对外而言就是通过市场营销、服务产品开发、公共关系、公益活动等表达物流企业理念，从而取得大众及客户的识别和认同，树立物流企业良好形象；对内则是建立完善的组织、管理、教育培训、薪资福利制度、开发研究、工作环境、行为规范等，以增强企业内部凝聚力和向心力。

3. 视觉识别(visual identity，VI)

物流企业视觉识别是指将物流企业理念通过静态的、具体化的、视觉化的识别符号进行信息传达，使社会公众一目了然地掌握物流企业的形象信息，产生认同感，以达到识别的目的。通过物流企业视觉识别系统可以形成统一和独特的企业形象、传递物流企业独有的理念、构造物流企业的个性、开拓市场、对客户产生吸引力。视觉识别的设计包含如下原则：充分传达物流企业理念、人性原则、简洁抽象及动态原则，员工参与原则、法律制度原则、艺术性原则和个性原则等。

二、CI 与企业文化的联系

(一)内容的联系

从内容看，CI 可分为企业理念识别系统(MI)、企业行为识别系统(BI)和企业视觉识别系统(VI)三大部分。企业文化也可以由表及里地分为三个层次，即表层的物质文化、中层的制度文化和深层的精神文化。

1. MI 与企业精神文化

完整的企业识别系统的建立，首先必须依赖企业理念的确定。企业理念是 CI 系统操作的原动力和实施的基石。而企业精神文化在企业文化系统中也起着核心作用，它主导并决定着企业的制度文化和物质文化的变化和发展方向。企业文化精神是一股无形的力量，能对企业员工的精神面貌产生持久的作用，并通过制度文化的渠道，对企业员工的行为产生影响，以此来促进企业物质文化的发展。

2. BI 与企业制度文化

企业行为识别系统(BI)是 CI 的第二个构成要素。企业文化中的制度文化是指企业在生产经营活动过程中所形成的，与企业精神、价值观念等精神文化相适应的制度和组织机构。从一些成功的 CI 范例中，可以看到"行为识别"都是以一些企业制度作为保证的。

3. VI 与企业物质文化

企业视觉识别系统(VI)是视觉信息传递的各种形式的统一。视觉识别与企业物质文化也有许多联系。首先是产品。企业文化视野中的产品，不仅有使用价值，而且还有文化价值。产品上要有企业的标志、商标，而这些既是视觉识别的一部分，也是企业文化价值的创造。其次是企业容貌。企业容貌是企业文化的象征，它既是物质文化的一部分，也是视觉识别系统中体现企业个性化的标志。

(二)核心的联系

CI 和企业文化尽管各自都由不同的要素组成，但是它们的核心是一致的，那就是企业的价值观。企业价值观是一个企业对与其活动及有关的事物和行为根本性的评价和看法。它是以企业为主体的价值观，是企业全体员工共同享有的价值观。企业价值观在 CI 和企业文化中的核心地位，是由它对企业发展的作用和它与其他因素的关系决定的。

1. CI 和企业价值观

企业识别系统的本质是建立和显示自己区别于其他企业的独特个性。一个企业之所以区别于另一个企业，最主要的是企业的价值观。企业价值观从本质上反映了企业的特点与个性，使企业有了特殊的思维方式和行为方式，因而显示了自己独特的风格和面貌。在 CI 中，企业理念是原动力，行为识别与视觉识别都必须以企业理念为指导，并融入其中。而决定企业理念的就是企业价值观。企业价值观是 CI 的核心。企业理念是企业价值观在经营指导思想方面的反映。

2. 企业文化和企业价值观

企业价值观，同样也是企业文化的核心。

首先，企业价值观是企业中占主导地位的管理意识。它是企业生存的思想基础，也是企业发展的精神指南。其次，从企业文化的结构内容上看，企业价值观也是企业文化的核心。它与企业精神文化中的企业经营哲学、企业宗旨、企业伦理道德、企业风尚和企业精神等要素之间存在一种决定与被决定的关系，它在诸要素中处于指导和支配的地位。因此，企业价值观是企业精神的本质。

三、CI 与企业文化的区别

CI 与企业文化虽然有着很多内在的联系，但两者之间也存在区别，主要表现在以下三个方面。

(一)范畴不同

CI 作为一种塑造企业形象的策略，虽然与企业广告、公共关系等不同，是一种战略性系统工程，需要长期规划、逐步实施，但是它仍旧具有很强的操作性。所以，CI 属于管理实践的范畴。而企业文化是从一个全新的文化角度来思考和分析企业这一经济组织的运行，为企业经济行为注入文化的活力，从组织文化的角度把企业管理从技术上升为艺术，从经济层面上升到文化层面。可以说，企业文化使管理思想的发展产生了一场"革命"。企业文化强调管理的文化层面，重视企业价值观等企业精神力量所形成的文化优势，对企业管理有极大的指导作用，它属于管理理论的范畴。

(二)功能各异

CI 的功能是识别和传播。CI 的识别功能就是 CI 能够使企业将自己的企业理念，经由本身的行为和态度，透过整体的视觉设计，将它表现于可见的、具体的硬件上，借由视觉设计组织化、系统化的传达特点，起到识别企业、喜爱企业及其产品的作用。传播功能是指 BI 的动态传播和 VI 的静态传播，即通过企业员工和企业行为向外界传播企业理念、企业风格等经营信息。同时，通过众多的、统一的、具体化的 VI 基本要素和应用要素，向企业内外传播企业的经营理念和个性。CI 的识别功能和传播功能，尽管也对本企业内部员工起作用，但主要是针对外界广大消费者及社会公众的。因为 CI 的目的就是发挥独特的识别和传播功能，塑造企业的良好形象，使社会公众及消费者对企业产生一致的认同感和价值观，从而给企业带来更好的经营业绩。

企业文化的功能则不同。尽管也有对社会的辐射功能，但其主要是对企业内部员工的导向和规范功能。因为企业文化就是通过以企业价值观为核心的文化意识观念，说服、感染、诱导、约束企业员工，从根本上调动员工的积极性和创造性，以提高企业运转的整体效果。

(三)实施有别

CI 与企业文化都是具有战略性的系统工程,然而两者在实施上差别较大。CI 有比较严格的条件限制,并不是所有企业都有必要和有能力去实施。CI 强调全面导入、一次性投入。CI 中的三个子系统都必须严格按照统一的标准进行设计和控制,特别是 VI,它除了企业标志等基本要素外,还有一系列的应用要素,而且一经决定,就不能随意改变。因此要求实施 CI 的企业,其经营理念、产品和业务范围等必须相对稳定。另外,由于 CI 涉及企业所有的形象要素,如果部分实施、分段实施或中间导入,均会给设计、控制和管理带来困难。

而企业文化则不同。无论什么性质的企业,无论其规模大小、历史长短,都普遍存在着自己各自的企业文化。企业文化,强调的就是以现代的企业价值观为核心来改造企业原有的企业文化,因此,企业文化建设也可以叫作企业文化重塑,就是让所有的企业有意识地、自觉地构建起优秀的企业文化。优秀企业文化的重塑,主要靠企业领导人的表率作用和不断倡导,靠企业采用各种文化仪式不断进行宣传教育。企业文化致力于调动人的精神力量,所需资金投入较少,甚至可以白手起家。显然,这与实施 CI 是不同的。

总之,CI 和企业文化的实施,无论在必要性上,还是在可能性上都是有区别的。

四、物流企业 CI 的导入

现代社会的市场竞争已越来越激烈,物流企业也越来越认识到,要使企业立于不败之地,不仅需要先进的技术和高质量的产品,更需要一种该企业所独有的文化特征。企业作为一个组织,将自己的这种文化特征作为一种信息传递给员工、消费者及所在地区的居民,会促使他们形成对该企业的印象和评价,物流企业的形象也因此得以树立。

物流企业导入 CI,正是为了对所有宣传企业存在的媒体求得视觉传达的统一,并有效利用注册商标、企业标准字、企业标准色等要素,对广告宣传、产品包装以及物流企业的建筑物、车辆、信笺、票据等加以统一设计,由此树立企业的统一形象,从而使人们明确意识到该企业的存在。

一般来说,物流企业导入 CI 计划分为四个步骤。

(一)提出设想,研究物流企业的现状

该步骤包括两个阶段:基本设想阶段和把握现状阶段。基本设想大致由物流企业领导或员工们的建议而产生,CI 成功的关键不是设想的形式,而是动机的强弱,因此,由谁提出设想是十分重要的;把握现状阶段的工作是为了促使 CI 成功而进行的事先调查研究,调查时间大多在 6 个月以内,也有耗时 2 年的,但无论时间长短,都必须达到把握物流企业现状的目的。

(二)确立 MI 计划,实施 BI 计划

该步骤包括三个阶段:组建 CI 委员会阶段、计划立案阶段、向员工传播企业理念阶段。组成 CI 委员会的人数随具体单位和工作进程而异,一般为 4~10 人;计划立案首先要明确制订评价企业状态的基准,包括物流企业的知名度、在人们心目中的记忆程度、可信赖性、

一般的评价程度、印象好坏等；向员工传播物流企业理念是为了鼓励员工同心同德地为实现企业理念而工作，一般将物流企业理念概括成口号或谱成歌曲，便之通俗易懂，易于传播。

(三)确认 VI 计划

该步骤包括六个阶段：设计调查、委托设计、筛选、确定最终方案、细节加工及 CI 手册编辑阶段。设计调查的目的是为开拓新的企业视觉系统提供各种依据，与把握现状阶段的调查有所不同，设计调查的内容更实际、更具体；委托设计及目标形象确定之后，就可以进入标志等的设计制作阶段，接下来的工作应该做好设计制作的委托准备，一般来说，委托设计单位设计是最好的办法，因为设计单位可以组织很多的设计人员参加设计工作，提出多种有特色的方案；筛选阶段的工作是对众多设计方案依据既定的设计目标进行筛选；确定最终方案是从大量方案中筛选出几个方案后，由最高领导最终决定，但应防止由领导主观武断和主观片面性带来的误判；细节加工阶段是对最终确定的方案进行设计细节的加工；CI 手册编辑阶段则是将最终方案和各种物品的设计应用规则汇总成 CI 手册，CI 手册所表达的内容必须通俗易懂，不让人产生误解。

(四)对外宣传，全面启动

该步骤包括两个阶段：发布阶段和全面实施阶段。发布阶段一般选择在物流企业的创立纪念日等日子，同时要考虑对外的新闻性等因素；全面实施阶段是按照原先制订的计划，分阶段实施有关步骤，并将在实施过程中发生的具体情况及时向企业决策人及 CI 计划委员会汇报，以便调整有关的策略和做法。

五、物流企业 CI 的发表和传播

物流企业在发表 CI 时必须认真考虑发表的时机、对象手段。CI 的发表时机对公司具有重大影响。有的在 CI 确定后发表，有的在 CI 实施过程中或完成后发表。这些都可根据公司具体情况而定，但一定要选择好时机，否则将可能导致 CI 失效。CI 发表的对象包括对公司内部发表和对外界发表。内外发表顺序有：先内后外；先外后内；同时发表。这三种都各有效果，可根据具体情况而定。

对内发表有利于激发员工的热情，强化员工的决心，使员工自觉地执行各项计划。对内发表的主要内容包括：公司实施 CI 的进展、CI 的意义以及实施 CI 的原因、公司员工与CI 的关系和必要的心理准备、实施 CI 的过程(说明新的企业理念、关于新标志的说明)等。

对外发表可表明公司的决心和改变旧形象的意图，同时也会使内部员工感到自豪。对外发表要确定对外发表的意义、方针、媒体、手段等计划。

CI 发表的手段主要包括广告媒体和有关的策划活动这两种方式。

物流企业形象传播包括 VI 设计的应用和企业理念的传播。VI 设计的应用主要是将 VI设计的基本因素，如企业标志、企业标准字、企业标准色、企业造型、企业图案等运用于企业的应用视觉系统，如徽章、识别证、名片、信纸、信封、建筑物内外装饰、广告招牌、交通工具、包装用品、员工制服、出版物及大众传播识别等。企业理念的传播，主要是通过企业口号、企业歌曲以及企业文化等形态在企业内部、外部以宣传教育、公共关系活动、企业形象广告、社区活动、公益活动等方式进行传播。

【任务分析】

1. CI 系统的组成包括哪三个部分？

参考信息：

CI 系统由理念识别、行为识别和视觉识别系统构成。

2. CI 与企业文化有哪些联系？

参考信息：

CI 与企业文化的各方面都是相统一的，主要包括：MI 与企业精神文化、BI 与企业制度文化、VI 与企业物质文化、CI 和企业价值观、企业文化和企业价值观。

3. CI 与企业文化的区别有哪些？

参考信息：

CI 与企业文化的区别有范畴不同、功能各异和实施有别。

【任务实施】

该公司高层该如何应对 CI 系统建设不完善的问题？

参考信息：

改善企业建筑物特色，将企业标识印于员工服装及运输车辆上，加强广告宣传，增强视觉系统建设。

【任务总结】

CI 是一个庞大的体系，由理念识别、行为识别、视觉识别构成。CI 与企业文化既有联系又有区别，其内容及核心均有联系。区别主要体现在范畴不同、功能各异、实施有别三个方面。

一般来说，物流企业导入 CI 计划分为四个步骤：提出设想，研究物流企业的现状；确立 MI 计划；实施 BI 计划；确认 VI 计划；对外宣传，全面启动。

【任务实训】

实训 3.2　德邦物流企业文化建设

德邦物流是专业从事国内公路运输和航空运输代理服务的"AAAAA"级综合服务型物流企业。截至 2017 年 7 月，公司网点超过 10000 家，服务网络覆盖全国 34 个省级行政区，全国转运中心总面积超过 110 万平方米。目前，德邦正从国际快递、跨境电商、国际货代三大方向切入跨境市场，已开通韩国、日本、泰国等多条国际线路，全球员工人数超过 11

万名。德邦物流之所以能够健康快速地发展，除了离不开宏观经济的健康发展、领导的正确决策和员工的努力外，也离不开企业在发展的每一阶段所培育出的企业文化，正是企业文化给德邦注入了无比的活力，使德邦能在激烈的市场竞争中快速发展，并取得了骄人的成绩。在企业文化建设过程中提取了具有物流企业特色的精神文化，也完善了制度文化和物质文化。

1. 德邦物流公司精神文化建设

德邦物流的精神文化系统，称为德邦长青法则的核心。它是德邦物流公司的使命、愿景、核心价值观等企业文化核心的综合。它明确德邦的目标，规范并指导员工的行为，激发员工的聪明才智，为共创德邦物流的长青基业而努力。

德邦长青法则的使命：为中国提速。

企业愿景：成为中国人首选的国内物流运营商。

企业的核心价值观：成就客户，卓越运作，创新发展，长远视角，激情进取。

企业精神：德邦人要像发动机那样认真敬业、充满激情、团结协作、令行禁止。

企业作风：特别能吃苦，特别能团结，特别讲效率，特别会创新。

经营理念：以客为尊、助力成功、追求卓越、勇于争先。

管理理念：以人为本，人企双赢，适度竞争，严宽相济。

人才理念：竭尽全力挖掘人才。

德邦物流公司在精神文化建设方面取得了一定成绩，形成了具有物流企业特色和德邦自身特色的精神文化内容和框架，特别在日常管理中，十分强调物流企业文化的服务性和速度文化，重视客户价值的体现。

2. 德邦物流公司制度文化建设

正所谓"无以规矩，不能成方圆"，制度是企业流程能够规范落实的有力保证。严格、科学、规范的领导；组织结构的体现能够保证规范、高效的管理。作为快速发展的民营物流企业，德邦在发展过程中非常重视内部制度的建设，因为较早就开始重视和规范各项管理制度和流程，所以在快速发展中能较为有效地运作。德邦为规范内部管理，制订了部门管理手册，对日常工作进行管理，明确了部门职能、管理目标、岗位描述、工作流程图、考核标准和规章制度；制定了工作服务流程、服务礼仪和操作规范，将服务质量作为员工绩效评估的关键标准和指标，并建立相应的奖励机制，对员工给予肯定和奖励；通过培训提升员工服务意识和能力，增强客户服务的规范化和灵活性。

德邦坚持自家培养人才的理念。通过培训、竞聘、选拔和"1对1"的接班人培养，形成了一套包括选人、育人、用人、留人等人力资源制度、绩效考核制度、培训制度和特色的职业生涯发展规划制度、薪酬和福利制度。德邦的企业风俗和文化传统活动，如德邦月报《德邦人》资料发放、德邦物流党总支部围绕党各种活动、员工集体婚礼、中秋节替员工问候家属、年度十佳奖励、旅游活动、公司年会、亲子活动、运动会等各种集体娱乐活动。为了树立良好的企业形象，德邦积极参加公众公益活动如抗震救灾等。

3. 德邦物流公司物质文化建设

物质文化建设主要包括：与金蝶公司合作开发 ERP 系统，加快公司信息化建设速度，建立信息化管理平台，包括 OA 网络智能办公系统、EDI 电子数据交换平台、ERP 企业信息平台、德邦物流 TIS 物流信息网络管理平台等；德邦邀请专门的设计师设计不同岗位员工的统一工装；与营销专家合作定位和推广公司新的 VI 标识，包括车辆形象、店面形象等。德邦的车体广告、手机彩铃、店面装修等所有的对外宣传都努力向外界传达德邦安全、快速的信息；在物流现场采用德邦品牌 6S 管理，建立形象督导小组，定时发布形象监督公告。公司在日常运营中采用先进的物流设施，购用斯堪尼亚、沃尔沃、东风、依维柯等知名品牌车辆，使用全封闭厢式卡车运输，确保客户货物的安全。在全国 40 多个城市设有空运代理点，与全国所有机场保持良好合作关系，为客户的货物提供快捷便利的保障，这些都为客户的成功提供了强有力的支持。

德邦物流的文化建设提高了德邦公司的知名度和美誉度，打造出德邦的优势品牌。通过企业文化建设，形成了独特的管理方式、人才培养模式和市场响应能力，积累了企业的无形资产，提高了企业的核心竞争力。德邦伴随着企业飞速发展、规模不断扩大，企业文化理念系统不断深入，德邦物流的事业迸发出了前所未有的生机和活力，为企业竞争优势的持续提升提供了动力与支持。

(资料来源：http://www.doc88.com/p-1731949409495.html)

1. 实训要求

(1) 简述文化建设在德邦物流发展中的重要作用。

(2) 德邦物流文化发展的重要措施有哪些？

(3) 你能为该企业文化建设提供哪些建议？

2. 考核标准

本实训的考核标准，如表 3-2 所示。

表 3-2　实训 3.2 的考核标准

论述规范 40 分	答案准确 40 分	思路清晰 10 分	书写工整 10 分	总分 100 分

【项目总结】

企业文化是指企业在长期经营中逐渐形成的，并为企业员工自觉遵守和奉行的共同价值观、经营哲学、精神文明、道德伦理、行为规范的总和。从整体上说，企业文化可分为以下三个层次的内容：企业的表层文化(物质文化)、企业的中层文化(制度文化)和企业的深层文化(精神文化或企业共有的价值观)。物流企业文化建设具有强大的功能，主要包括导向功能、凝聚功能、约束功能、激励功能、辐射功能。物流企业文化建设的内容主要有服务文化建设、学习文化建设、速度文化建设、虚拟文化建设。

CI 是一个庞大的体系，由理念识别、行为识别、视觉识别构成。CI 与企业文化既有联系又有区别，通过物流企业理念的外化塑造企业形象，是客户认识物流企业最主要的途径，良好的物流企业文化可通过多种传达体系最终塑造出优秀的物流企业品牌。

【项目测试】

一、填空题

1. 企业文化包括_____、_____和_____三个层次。
2. 企业文化的特征主要有_____、_____、_____和_____。
3. 物流企业文化建设的功能主要有_____、_____、_____、_____和_____。

二、单选题

1. 企业识别系统的核心是( )。
   A. 理念识别　　B. 行为识别　　C. 视觉识别　　D. 文化识别
2. 企业制度文化与( )识别系统相对应。
   A. 理念识别　　B. 行为识别　　C. 视觉识别　　D. 文化识别
3. CI 和企业文化的核心是一致的，那就是企业的( )。
   A. 制度　　　　B. 文化建设　　C. 价值观　　　D. 服务宗旨

三、多选题

1. 物流企业文化建设的内容是( )。
   A. 服务文化建设　　　　　　B. 学习文化建设
   C. 速度文化建设　　　　　　D. 虚拟文化建设
2. 物流企业理念识别大体上可以从( )要素入手。
   A. 企业使命　　B. 经营哲学　　C. 行为基准　　D. 环境建设
3. CI 与企业文化的区别主要有( )。
   A. 核心不同　　B. 范畴不同　　C. 功能各异　　D. 实施有别

四、判断题(对的画"√"，错的画"×")

1. CI 的功能主要是对企业内部员工的导向和规范功能。　　　　( )
2. 企业文化对企业员工的思想、心理和行为具有无形的约束和规范作用。　( )
3. 企业的表层文化也就是企业的制度文化。　　　　　　　　( )

五、简答题

1. 企业文化的主要内容包括哪些？
2. 物流企业文化建设包括哪些环节？
3. 物流企业视觉识别系统主要包括哪些内容？

六、技能测试

百安居的成功源于高效的物流管理

1969年诞生于英国南安普敦市、拥有30多年成功经营管理经验的百安居主要经营厨具、洁具、灯具、电工电料、软装饰、五金工具、木材地板、园艺、家用电器等5万多种商品。1999年我国上海开设了百安居连锁店。在中国连锁经营协会评出的"家居、建材、家装"连锁企业排行榜中,百安居分别荣获了2002年、2003年总销售额以及单店平均销售额两项第一。

百安居在中国取得的佳绩离不开百安居高效的物流系统管理。目前百安居的商品配送交由第三方物流公司完成。由于物流企业直接代表百安居为客户服务,因此百安居采用公开招标、严格考核的方式确定物流企业。按照百安居的要求,物流企业必须制定出以下的管理制度:必须有充足的车辆,可以满足百安居不同销售时期的配送需要;准时送货上门,协助顾客签收、验货;送货后的客户回访率不得低于20%;配送的商品完好、对客户的服务态度良好。

训练任务

(1) 为满足百安居的要求,从现代物流企业的角度出发,你还能为现代物流企业制定哪些管理制度?

(2) 为赢得客户,你还能提出一些关于建设现代物流企业文化方面的措施吗?

项目四　物流企业决策与计划管理

【项目描述】

　　本项目主要讲解物流企业的决策管理和计划管理，分别针对目标物流企业面临的实际问题展开，并最终着眼于计划、决策的具体方法和具体问题的解决方式。

【项目目标】

知识目标

(1) 理解物流企业决策管理的含义和意义。

(2) 掌握物流企业决策的基本方法。

(3) 理解物流企业计划管理的含义和意义。

(4) 了解物流企业计划的划分方法和种类。

(5) 掌握物流企业计划制订的基本程序和方法。

技能目标

(1) 能进行物流企业的简单决策。

(2) 能评价物流企业所作的决策。

(3) 会选择合适的计划方法进行物流企业的计划管理。

(4) 能简单制订物流企业的计划。

【项目展开】

　　为了系统且直观地实现以上项目目标，现将该项目按照以下两个工作任务顺序展开。

(1) 物流企业决策管理。

(2) 物流企业计划管理。

任务一　物流企业决策管理

【任务描述】

"中铁现代物流"的企业运作经验

　　中铁现代物流科技股份有限公司(以下简称中铁现代物流)是具有深厚铁路背景的大型第三方物流企业，公司组建时间不长，但发展却很快。这完全依赖于公司所拥有的几大优势：人才、体制、战略和网络。公司在物流的运作和发展中总结了以下几方面的经验。

一、坚持以人为本，选拔培养物流人才

中铁现代物流的质量方针是：坚持以人为本、持续创新改进、超越客户期望、追求卓越发展，公司始终坚持以人为本、把人才培养放在公司发展的首要位置。

(一)坚持"高起点、高定位"的招聘原则

通过多年的努力，中铁现代物流已拥有一大批高学历、高素质、经验丰富的物流人才，经过严格的选拔和再培训，这些物流人才已成为中铁现代物流科技股份有限公司的人才中坚。此外，公司有针对性地向社会公开招聘了一批包括仓储、陆路运输、海运、航空货代、国际货代、物流方案策划和管理咨询等各个专业方向的优秀物流人才，其中不乏许多知识复合型人才。在公司总部，拥有硕士学位的员工占 40%，本科以上学历占 80%，高素质、高学历的复合型物流人才成为中铁现代物流快速发展的基石。

(二)加强在职员工的培训力度

公司在招聘优秀物流人才的同时，也注重加强对从业人员的管理和业务培训。公司专门设立专门人员负责培训系统的建立及实施，包括培训计划的制订、实施、跟踪和管理。为了加大培训力度，公司与北京交通大学物流研究所结成战略伙伴关系，委托交大物流所的专家和教授对公司的物流管理和业务人员进行物流培训，培养和提高员工的理论素质和实战技巧。

(三)建立良好的用人机制

中铁现代物流一直视员工为最宝贵的财富，公司尊重和重视人才。每年，公司都会和员工共同制订员工个人发展目标和发展计划，并尽力为他们创造良好的工作环境和实现价值的舞台。公司建立完善的考核和激励机制，奖励和选拔并提升表现突出的员工，而不受与工作表现无关因素的影响，这是他们尊重每一位员工所坚持的原则。

二、优化物流网络，发挥整体优势

在现代的市场经济环境中，物流企业要想做大做强，必须依靠现代化的网络，物流之道，网络为本。中铁现代物流根据企业的发展目标和既定方案，逐步建立起企业自己的资源网络、信息网络、管理网络、服务网络及决策网络，坚持网络化经营，发挥网络的整体优势。

(一)实体网络

中铁现代物流可利用的储运资源包括土地 560 万平方米，料场 176 万平方米，封闭式仓库 31 万平方米，专用线 125 条。经过一年的发展，公司在北京、上海、天津、广州、哈尔滨、大连、呼和浩特、洛阳、武汉、西安、成都、重庆、昆明等地建立了区域物流中心，指挥 436 个协作配送中心及作业部，依托 6.8 万千米的铁路网，与多家储运单位形成了业务联盟及以枢纽为核心、覆盖全国的物流网络体系。目前，公司通过网络化运作，与一些大型原材料、建材制造企业、大型家电和 IT 企业、大型零售商业连锁企业以及部分世界知名跨国公司签订了综合物流服务协议，建立了稳定的客户合作关系。

(二)资本合作网络

国内物流企业要加快发展并迅速赶上国际先进物流企业，必须借助于国内外资本市场，通过资本运作，广泛整合社会物流资源，培育现代物流企业所应有的核心竞争力，实现跨越式发展。公司积极与国际、国内知名企业展开合作，在控股子公司万博网迅、中铁物讯公司业务顺利开展的情况下，与日本伊藤忠商社合资成立了武汉中铁伊通物流有限公司，与南车集团二七车辆厂合资成立了中铁二七储运有限公司，与中铁特货、中远物流合资成立海南中远国铁物流有限公司，与宁夏恒力合作成立宁夏中铁恒力金属制品有限公司等。

(三)信息网络

物流网络化的基础是信息化，信息化使中铁现代物流高起点推进现代物流成为可能。中铁现代物流公司正式挂牌之前就与美国的 IBM、台湾络捷等国际知名信息技术企业合作，开发了一个大型的物流平台——中国铁路物流网，该网经过中国物流采购联合会评估，被认为其具有影响中国物流业进程 20 个大的系统的前五名的水平。这个平台(网)是公司实现现代含义的网络化的基础和平台。这一平台包含了物流配送系统、一般贸易系统、集采专供系统、安全/认证/支付系统四大模块，可以为物流和贸易业务提供从订单处理到实时查询到财务结算等全方位的服务。

(四)管理网络

通过网络手段使企业在业务、调度、财务、人事等方面达到科学、快速、有效管理的目的，实现企业管理的科学化、业务运作的电子化、资源管理的信息化。目前公司的一切管理活动，包括业务管理、资源调度、财务结算和人事管理等方面都可以通过中铁物流网提供的平台来实现。这个现代化的网络，最主要的优势还是资金结算网络化。经过实践证明，只有资金结算网络化才能保证公司的物流成本最低、运作价值最大。

(五)服务网络

通过网络实现对客户的服务，提供各种客户需要的增值服务，提高客户满意度。中铁现代物流运作网络中的任何点，都具有仓储、接发货、装卸、配送等物流各环节运作功能，都遵循严格统一的服务标准、操作规程、管理规范，并通过基于 Internet 的信息系统确保网络化的信息沟通，确保公司总部对网络的集中控制，确保面向客户一致的、一体化的、可跟踪的全过程服务。它从根本上改变了传统储运接货、发货、送货多头负责，出现问题相互推诿的被动局面，极大地提高了客户满意度。

中铁现代物流通过全国性的车辆调度与配载，整合资源，提高资源利用率，降低运作成本，为客户节省了物流费用。物流完善、覆盖全面的服务网络使公司成功地拓展了多家具有全国性营销网络的客户。

(六)决策网络

通过网络数据的汇总、统计、分析使企业决策层建立一条科学的决策途径。中铁现代物流对于决策制订有严格的管理规定，每一个决策都是相应的决策机构在科学分析的基础上作出的，尽可能地避免了个人盲目的决策行为。

打造并拥有网络，代表了企业的实力和能力。我国加入世贸组织后，生产物流、大规模分销及零售将极大地促进物流业的发展，中铁现代物流将依靠自身的物流网络，继续秉承客户至上的经营理念，以陆路运输服务、仓储保管及衍生金融服务、配送、流通加工、国际国内货代、代理进出口、电子商务服务、物流管理信息系统开发、物流一体化解决方案，为客户提供全程物流服务。

三、超越客户期望，推行品牌服务

中铁现代物流始终把客户的利益放在首位，不仅仅满足于符合客户的要求，而是提出了超越客户期望的理念，大力推广中铁现代物流的品牌服务。

(一)实施大客户战略，提高客户忠诚度

为了摆脱物流只能是简单地提供运输和仓储等单项或分段服务的狭隘观念，致力于为客户提供物流信息、库存管理、物流方案设计等增值服务以及完整的物流解决方案，中铁现代物流制定了大客户战略——为大型 IT 制造和分销商提供全国性物流配送中心的规划、建设和运行管理；为日用品、食品等快速消费品行业的跨国公司提供全国性干线物流、终端物流中心管理及店铺配送服务；作为某跨国连锁零销商的国内战略合作伙伴，为其提供国内业务扩展的物流配套服务。目前的主要客户包括圣戈班(中国)、施耐德电气、神州数码、佳通轮胎、农夫山泉、纳爱斯等，这些都是中铁现代物流依托铁路优势，建立起来的大客户伙伴关系。中铁现代物流将保持良好的客户关系视为双方合作成功的重要标志，他们对客户关系的处理始终围绕这一原则展开。

(二)优化顾客价值链，提供整体解决方案

一个企业的竞争力归根结底是通过对顾客价值链施加影响并在为顾客创造价值的过程中形成的。为顾客创造价值体现在两个方面：降低顾客成本和增加顾客效益。

中铁现代物流根据不同客户的特定要求，通过特定物流活动的计划、组织、协调与控制，为其专门设计并提供从仓储、装卸、搬运、理货到运输、配送及信息管理于一体的个性化定制物流服务。实现服务与客户运行的无缝链接，使客户在提高效率和降低成本上达到双赢。

(三)以技术创新为优势，提升客户服务水平

中铁现代物流通过将信息技术切入企业的业务流程来实现对企业各生产要素(车、仓、驾等)进行合理组合与高效利用，降低经营成本，大大提高了企业的业务预测和管理能力，通过"点、线、面"的立体式综合管理，实现了企业内部一体化和外部供应链的统一管理，有效地帮助企业提高服务素质，提升整体的物流服务水平。

(资料来源：http://info.clb.org.cn/anlitongjian/jingyingzhidao/2010-08-30/50778.html)

【任务驱动】

(1) 什么是决策？
(2) 中铁现代物流的企业决策中可以借鉴的经验有哪些？

【任务资讯】

一、物流企业决策的概念、依据和原则

(一)物流企业决策的概念

决策是人们针对需要解决的问题，系统地分析主、客观条件，确定未来行动的目标，提出各种可行性方案，并从中选择出最佳方案的管理活动。企业经营决策的正确与否，直

接影响员工的工作效率和企业的经济效益。

物流企业在其经营运作过程中，需要不断地对企业所处的内外环境进行分析，明确企业的发展目标，并提出实现目标的可行方案，作出能以最小成本、最大限度地实现目标的选择。这一系列过程，都是物流企业所作的决策。

因此，物流企业的决策，不仅是指物流企业的某一项单一决策，更是指其综合决策。它是物流企业在组织商品流通和提供服务过程中，对企业活动能够产生影响的重大问题，例如，对经营方向、经营目标、经营范围，以及销售、运输、存储、价格、服务等经营要素的合理组织所作出的一系列决策。

(二)物流企业决策的依据

在实现物流企业目标的过程中，管理者需要不断地作出各种决策，这些决策并非凭空想象，而是会受到诸如信息、决策者能力以及企业系统本身的制约。

1. 管理者掌握的决策信息有限

管理者在决策时离不开信息，信息的数量和质量直接影响决策水平。相同的信息，分析主体不同、分析标准不同、分析角度不同、具体情境不同，得出的结论也必然不一样。另外，管理者掌握的决策信息有限，并不是指可供选择的信息太少，而是指物流企业可供选择的信息太多，管理者可能无法清晰地掌握自己面临问题的准确性质，难以选择最有效的信息，或者无法确定可行的解决方法的范围以及每一种解决方法带来的结果，这都造成了决策信息的有限。

2. 管理者处于有限理性

在经济活动中，决策者在识别和发现问题中容易受知觉上偏差的影响，在对未来的状况作出判断时，直觉的运用往往多于逻辑分析方法的运用。受到决策时间、可利用资源、决策者自身知识水平、预见能力、设计能力等的限制，决策者即使充分了解和掌握了有关决策环境的信息情报，也只能做到尽量了解各种备选方案，而不可能做到全部了解，决策者选择的理性是相对的。

3. 物流企业系统自身的复杂性

物流企业的活动始于生产企业的原材料供应，是历经生产企业的生产制造活动，流通途中的运输、储存等环节，最终到达消费者手中的服务环节。活动范围横跨了生产、流通、消费三大领域。这一庞大范围，给物流企业系统带来了很大的困难，而且随着科学技术的进步、生产的发展、市场的扩大、物流技术的提高，物流系统的边界范围还将不断地向内深化，不断地向外扩张，物流企业系统愈加复杂。

(1) 物流企业系统主体复杂。物流企业系统是由人和形成劳动手段的设备、工具所组成。它表现为物流劳动者运用运输设备、搬运装卸机械、货物、仓库、港口、车站等设施，作用于商品的一系列经营活动。在这一系列的物流活动中，人作为系统的主体，最具复杂性。

(2) 物流企业系统客体复杂。物流企业系统拥有大量的商品，作为客体的商品大量化、多样化，带来了物流的复杂化。从物流商品上看，品种成千上万，数量极大；从事物流活动的人来看，需要数以百万计的庞大队伍；从资金占用上看，占用着大量的流动资金，从商品供应经营网点上看，网点遍及全国城乡各地。这些人力、物力、财力和资源的组织和合理利用，是一个非常复杂的问题。

(3) 物流企业系统信息复杂。在物流活动的全过程中，始终贯穿着大量的物流信息。物流系统要通过这些信息把各个子系统有机地联系起来，如何把信息收集、处理好，并使之指导物流活动，也是非常复杂的。

(三)物流企业决策的原则

决策原则是指决策者在决策过程中需要遵守的准则。这些准则反映了决策过程的客观规律和要求。物流企业决策原则主要有以下几点。

1. 信息准全原则

如前所述，物流企业管理者所掌握的决策信息有限，因此，在作出决策时，要尽量做到信息准全，即为决策收集的信息必须尽量准确全面地反映决策对象的内在规律与外部关系。决策是在人们实践的某个环节上出现了主观与客观、理想与现实、应有现象与实际现象之间的矛盾时才成为必要。这些矛盾被人们所认识，必须依据大量而准确的信息。同样问题的解决也必须建立在掌握大量准确信息的基础上。决策的过程实际上是一个信息的收集、加工和转换的过程。决策的科学性、准确性是和信息的数量、质量成正比的。因此信息准全原则是物流企业决策的首要原则，也是决策者进行科学决策的依据。

2. 切实可行原则

切实可行原则要求物流企业决策者所作出的决策在现有主客观条件下必须是现实可行的。任何决策都是为了实施，决策的实施需要一定的条件。只有符合物流企业所处主客观条件的要求，决策才是科学、可行的。物流企业决策的主客观条件主要有两个方面：一是实施决策所需要的人员、设施设备、资金支持和物流技术条件；二是实施决策所需要的环境条件，如国内外经济环境、国家或省市的政策及资金支持、企业所处的自然环境、外部公众对业务外包的心理接受程度等，这些因素会间接地影响目标的实现。因此，必须从实际出发，分析现有条件，预测企业发展过程中可能产生的种种变化，分析决策实施后在企业内外各方面产生的影响，经过科学论证，周密审定、评估，确定其可行性和优化程度，然后再进行抉择。

3. 科学民主原则

科学民主原则，即决策必须遵循科学的程序和规律，采用民主的方法进行。如前所述，决策者处于有限理性，因此，组织民主决策，让较多的人来参与决策过程，可以在一定程度上克服少数人决策的理性局限。现代决策大多是集体决策，决策集体良好的智能结构可使决策主体具有更强的决策能力。但是这种能力还只是潜在的，只有按照科学民主的原则，使决策集体每个人都充分发挥自己的聪明才智，才能显示出集体决策的优越性。民主决策的途径和方式有很多，这里主要强调两种：组织专家参与和组织下属参与。前者更多体现了决策的科学性，后者则体现了决策的民主性。民主决策能够积极吸纳群众参与决策，听取他们对决策问题的要求、愿望、意见和建议，使决策更符合群众的利益。

二、物流企业经营决策的类型

物流企业决策包括的内容很多，依据不同的分类参照标准可以相应地划分为不同的类型。

(一) 按决策时间不同划分

根据决策时间的不同，物流企业的决策可以分为长期决策和短期决策。

长期决策是指有关组织今后发展方向的长远性、全局性的重大决策，又称长期战略决策，如物流企业投资方向的选择、战略的部署。

短期决策是指为实现长期战略目标而采取的短期策略手段，又称短期战术决策，如物流企业的物资储备、资源配置、运输调配等。

(二)按决策人数不同划分

根据决策人数的不同，物流企业的决策可以分为集体决策和个人决策。

集体决策是指多个人一起作出的决策，如物流企业长期决策关乎企业的长远发展，必须由集体决策。

个体决策则是指单个人作出的决策，如某项配送计划的开展可以在大方针确定的情况下，由个人决策。

相对于个人决策，集体决策有一些优点：能更大范围地汇总信息；能拟订更多的备选方案；能得到更多的认同；能更好地沟通；能作出更好的决策等。但集体决策也存在一些缺点，如需要花费较多的时间、容易产生"从众现象"以及责任不明等。

(三)按决策起点不同划分

根据决策起点的不同，物流企业的决策可以分为初始决策和追踪决策。

初始决策是零起点决策，是在有关活动尚未进行、环境尚未受到影响的情况下进行的决策。一个新企业建立之初几乎所有的决策均属于初始决策，如某企业第一家配送中心的选址。

追踪决策是非零点决策，是随着初始决策的实施，在组织环境发生变化的情况下所进行的决策，是在初始决策的基础上对物流企业活动方向、内容或方式的重新调整，如物流企业所进行的业务重点的调整就会受到原来业务的影响。

(四)决策解决问题不同划分

赫伯特·西蒙先生根据问题的性质把决策分为程序化决策与非程序化决策。程序化决策涉及的是例行问题，而非程序化决策涉及的是例外问题。

例行问题是指那些日常的、重复出现的管理问题。例如，物流企业对遇到的一般服务投诉，都会有专门的制度规定，遇到投诉，工作人员只要按规定程序进行处理即可。例外问题则是指那些偶然发生的、新颖的、性质和结构不明的、具有重大影响的问题。例如，危险物品运输企业在提供运输服务过程中，遭遇重大安全事故，造成不良社会影响或极大经济损失时，就需要专门成立事故处理小组，拟定工作流程，专职处理善后工作。

(五)按决策条件不同划分

根据决策条件的不同，物流企业的决策可以分为确定型决策、不确定型决策和风险型决策。

确定型决策是指在确定可控的条件下进行的决策。在决策中，物流企业面临的每个方案都只有一个确定的结果，最终选择哪一个方案取决于对方案结果的直接比较。如物流企业的承运业务，可以用自有车辆，也可以进行业务二次外包，若服务质量不相上下，只需进行成本比较，就可以直接确定成本低的方案为最佳方案。

风险型决策是"随机决策"。在这种决策中，决策的结果有多种，决策者不知道会发生哪一种结果，但每种结果发生的概率已知。如物流企业进行配送中心建设，可以选择大规模、中等规模、小规模三种建设方案，但每种建设方案均会面临两种市场前景：好、不景气。对决策者而言，无论何种规模，配送中心建成后，市场前景究竟是好还是不景气，不得而知，但根据以往数据，市场前景的概率却能预测出来，这时，决策者进行的就是风险决策。

不确定型决策是指在不稳定条件下进行的决策。在不确定型决策中，决策者不知道会出现多少种结果，也不知道每种结果发生的概率如何。

三、物流企业经营决策的方法

(一)集体决策方法

集体决策又称团体决策，它能够比个人决策提供更加完整的信息。俗话说："三个臭皮匠，顶个诸葛亮。"集体将带来个人所不具备的多种经验和观点。集体拥有更多的信息，能比个人制订更多的方案，因而集体决策能产生更多的备选方案。当集体成员来自不同专业领域时，信息的数量和差异达到了最大。它提高了决策方案的可接受程度，因为人们很难达到一致接受解决方案，许多决策在作出最终选择后却以失败告终。但是如果让受到决策的影响和实施决策的人都参与决策过程，他们将更可能接受决策，并更可能鼓励其他人也接受。如前所述，物流企业重大方面的决策，基本上均为集体决策。

常见的集体决策方法有以下三点。

1. 头脑风暴法

头脑风暴法是将对解决某一问题有兴趣的人集合在一起，在完全不受约束的条件下，敞开思路，畅所欲言。

这种方法遵循五项原则：①对别人的建议不作任何评价，将相互讨论限制在最低限度内；②建议越多越好，参与者不需要考虑自己建议的质量，想到什么就说什么；③鼓励每个人独立思考，广开思路，想法越新颖越好；④可以补充和完善已有的建议以使它更具有说服力；⑤时间一般控制在1~2小时内，参加者以5~6人为宜。

物流公司确定宣传策略时，初始方案的决策一般用此方法。

2. 名义小组技术方法

这种方法要召集一些有知识的人，把要解决的问题的关键内容告诉他们，并请他们独立思考，要求每个人把自己的备选方案和意见写下来，然后按顺序陈述意见，再对所有方案进行投票，管理者最后仍有权决定是接受还是拒绝该方案。

3. 德尔菲法

德尔菲法又称专家意见法，是请专家背靠背对需要预测的问题提出建议，决策者将专家意见经过多次信息交换，逐步取得一致，得到最终方案的一种决策技术。

该方法分为五个步骤：①设法取得有关专家的合作；②把要解决的问题分别告诉专家，请他们单独发表自己的意见并对整体决策所需时间作出估计；③在第二步的基础上，管理者收集并综合反映专家们的意见，再把综合意见反馈给专家；④专家再次进行分析并发表意见；⑤反复多次进行上述步骤，最终形成代表专家组意见的方案。

运用该技术的关键是：①选择好专家，这主要取决于决策所涉及的问题和机会的性质；②决定适当的专家人数，一般 10～50 人较好；③拟定好意见征询表，意见征询表能够全面、准确而且精练地反映出将要征询的意见。

(二)有关活动方向的决策方法

1. 经营单位组合分析法——波士顿矩阵法

该方法最早是由波士顿咨询公司(BCG)于 1970 年提出的一种规划企业产品组合的方法，因其评估的有效性，逐渐被引入情报分析领域，扩大了评估对象的范围。

一个物流企业可能会有多项业务，利用波士顿矩阵可以分析这些业务的现状和地位。波士顿矩形阵图如图 4-1 所示。

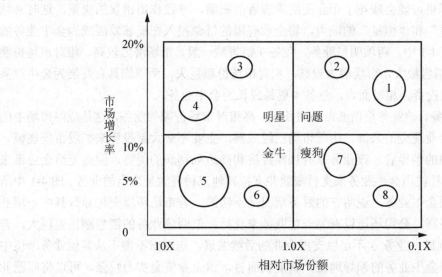

图 4-1　波士顿矩阵图

在图 4-1 中，纵坐标市场增长率表示该业务的销售量或销售额的年增长率，用数字 0～20%表示，并认为市场增长率超过 10%就是高速增长。横坐标的相对市场份额表示该业务相对于最大竞争对手的市场份额，用于衡量企业在相关市场上的实力。用数字 0.1(该企业销售量是最大竞争对手销售量的 10%)～10(该企业销售量是最大竞争对手销售量的 10 倍)表示，并以相对市场份额 1.0 为分界线。需要注意的是，这些数字范围可以在运用中根据实际情况的不同进行修改。

图 4-1 中的八个圆圈代表公司的八个业务单位，它们的位置表示这个业务的市场增长和相对市场份额的高低，面积的大小表示各业务的销售额大小。

1) 波士顿矩阵法将一个公司的业务分成四种类型：问题、明星、金牛和瘦狗

(1) 问题业务。该业务是指高市场增长率、低相对市场份额的业务。这往往是一个公司的新业务，为发展问题业务，公司必须增设厂房，增加设施设备和人员，以便跟上迅速发展的市场，并超过竞争对手，这些意味着大量的资金投入。"问题"非常贴切地描述了公司对待这类业务的态度，因为这时公司必须慎重回答"是否继续投资、发展该业务"这个问题。只有那些符合企业发展长远目标、具有资源优势、能够增强企业核心竞争能力的业务才能得到肯定的回答。图 4-1 中所示的公司有两项问题业务，是否全部投资发展，必须经过分析论证。图 4-1 中，业务 1 销售额较大，市场潜力较高，但相对市场份额不大；业务 2 销售额小，市场潜力极高，相对市场份额比竞争对手低。若企业资金雄厚，实力强劲，则两项业务可同时发展，若企业资金不足，发展受困，则需根据企业状况，只选择其中的一项，集中投资发展。

(2) 明星业务。该业务是指高市场增长率、高相对市场份额的业务，这是由问题业务继续投资发展起来的，可以视为高速增长市场中的领导者，它将成为公司未来的金牛业务。但这并不意味着明星业务一定可以给企业带来滚滚财源，因为市场还在高速增长，企业必须继续投资，以保持与市场同步增长，并击退竞争对手。企业没有明星业务，就失去了希望，但群星闪烁也可能会耀花了企业高层管理者的眼睛，导致作出错误的决策。这时必须具备识别"行星"和"恒星"的能力，将企业有限的资源投入在能够发展成为金牛业务的"恒星"上。图 4-1 中，两项明星业务，业务 3 销售额一般，市场潜力较高，相对市场份额较大，业务 4 销售额大，市场潜力较高，相对市场份额巨大，两项均具有发展为金牛业务的潜力，可继续投资，相对而言，业务 4 更易成长为金牛业务。

(3) 金牛业务。该业务是指低市场增长率、高相对市场份额的业务，这是成熟市场中的领导者，它是企业现金的来源。由于市场已经成熟，企业不必大量投资来扩展市场规模，同时作为市场中的领导者，该业务享有规模经济和高边际利润的优势，因而能给企业带来大量财源。企业往往用金牛业务来支付账款并支持其他三种需大量现金的业务。图 4-1 中所示的公司有两项金牛业务，说明它的财务状况是不错的，若市场环境变化导致其中一项业务的市场份额下降，公司还可以有另一项业务来支持，但两项业务的销售额相差巨大，若是业务 5 发生危机，业务 6 不足以支持企业的后续发展，这时就不得不从其他业务单位中抽回现金来维持金牛业务的领导地位。就现状而言，该企业资金实力较强，可以将问题业务中的两项业务同时推进。

(4) 瘦狗业务。该业务是指低市场增长率、低相对市场份额的业务。一般情况下，这类业务常常是微利甚至是亏损的。瘦狗业务存在的原因更多是由于感情上的因素，虽然一直微利经营，但就像人对养了多年的狗一样恋恋不舍而不忍放弃。其实，瘦狗业务通常要占用很多资源，如资金、管理部门的时间等，多数情况下是得不偿失的。图4-1中的公司有两项瘦狗业务，可以说，这是沉重的负担。作为企业，应该马上作出决定，果断舍弃。

2) 波士顿矩阵法的应用

在明确了各项业务单位在公司中的不同地位后，就需要进一步明确其战略目标。通常有四种战略目标分别适用于不同的业务。

(1) 发展。此目标的目的是扩大战略业务单位的市场份额，甚至不惜放弃近期收入来实现这一目标。这一战略特别适用于问题业务，如果它们要成为明星业务，其市场份额必须有较大增长。它主要针对有发展前途的问题业务和明星中的明星业务。

(2) 维持。此目标是要保持战略业务单位的市场份额。这一目标适用于强大的金牛业务，如果它们要继续产生大量的现金流量，其市场份额必须维持。它主要针对强大稳定的金牛业务。

(3) 收获。此目标在于增加战略业务单位的短期现金收入，而不考虑长期影响。这一战略适用于处境不佳的金牛业务，这种业务前景暗淡而又需要从它们身上获得大量现金收入。收获战略也适用于问题业务和瘦狗业务。

(4) 放弃。此目标在于出售或清理业务，以便把资源转移到更有利的领域。它适用于瘦狗业务和部分问题业务，这类业务常常拖公司盈利的后腿，如果没有非常站得住脚的理由来维持，就必须坚决放弃。

3) 波士顿矩阵法的局限性

波士顿矩阵法的应用产生了许多收益，它提高了管理人员分析和作出战略决策的能力，帮助他们以前瞻性的眼光看问题，更深刻地理解公司各项业务活动的联系，加强了业务单位和企业管理人员之间的沟通，及时调整公司的业务投资组合，收获或放弃萎缩业务，加强在更有发展前景的业务中的投资。

同时，也应该看到这种方法的局限性，如由于评分等级过于宽泛，可能会造成两项或多项不同的业务位于一个象限中；其次，由于评分等级带有折中性，使很多业务位于矩阵的中间区域，难以确定使用何种战略；同时，这种方法也难以同时顾及两项或多项业务的平衡。因此在使用这种方法时要尽量占有更多资料，审慎分析，避免因方法的缺陷造成决策的失误。

2. SWOT 分析法

SWOT 分析法又称态势分析法、TOWS 分析法。20 世纪 80 年代初由美国旧金山大学的管理学教授韦里克提出，是一种能够较客观而准确地分析和研究一个单位现实情况的方法，经常被用于企业战略制定、竞争对手分析等场合。SWOT 四个英文字母分别代表：优势 (strength)、劣势(weakness)、机会(opportunity)、威胁(threat)。

从整体上看，SWOT 可以分为两部分：第一部分为 SW，主要用来分析内部条件；第二部分为 OT，主要用来分析外部条件。利用这种方法可以找出对企业有利的、值得发扬的因素，以及对企业不利的、要避开的东西，发现存在的问题，找出解决办法，并明确以后的发展方向。根据这个分析，可以将问题按轻重缓急分类，明确哪些是目前急需解决的问题，哪些是可以稍微拖后一点儿的事情，哪些属于战略目标上的障碍，哪些属于战术上的问题，并将这些研究对象列举出来，依照矩阵形式排列，然后用系统分析的方法，把各种因素相互匹配起来加以分析，从中得出一系列相应的结论，而结论通常带有一定的决策性，有利于领导者和管理者作出较正确的决策和规划。

SWOT 分析法常常被用于制定集团发展战略和分析竞争对手情况，在战略决策分析中，它是最常用的方法之一。

进行 SWOT 分析时，主要有以下几个方面的内容。

1) 分析环境因素

优势，是物流企业的内部因素。具体包括：物流企业有利的竞争态势；充足的财政资金来源；良好的对外形象；先进的技术力量；应形成的规模经济；高水平的服务质量；市场份额；成本优势；广告攻势等。

劣势，也是企业的内部因素。具体包括：设施设备老化；管理混乱；缺少关键技术；研究开发落后；资金短缺；经营不善；竞争力差等。

机会，是企业的外部因素。具体包括：新服务项目；市场拓展；新客户需求；外国市场壁垒解除；竞争对手失误等。

威胁，也是企业的外部因素。具体包括：新竞争对手的出现；市场紧缩；行业政策的变化；经济衰退；客户偏好的改变；突发事件等。

SWOT 方法的优点在于考虑问题较为全面，是一种系统思维，而且可以把对问题的"诊断"和"开处方"紧密结合在一起，条理清楚，便于检验。

2) 构造 SWOT 矩阵

将调查得出的各种因素根据轻重缓急或影响程度等排序方式，构造 SWOT 矩阵。在此过程中，将那些对公司发展有直接的、重要的、大量的、迫切的、久远的影响因素优先排列出来，而将那些间接的、次要的、少许的、不急的、短暂的影响因素排列在后面，如图 4-2 所示。

	优势 S_1, S_2, S_3, …	劣势 W_1, W_2, W_3, …
机会 O_1, O_2, O_3, …		
威胁 T_1, T_2, T_3, …		

图 4-2　SWOT 矩阵

3) 具体分析，并制订行动计划

在完成环境因素分析和 SWOT 矩阵的构造后，便可以制订出相应的行动计划。制订计划的基本思路是：发挥优势因素，克服弱点因素，利用机会因素，化解威胁因素；考虑过去，立足当前，着眼未来。运用系统分析的综合分析方法，将排列与考虑的各种环境因素相互匹配加以组合，得出一系列公司未来发展的可选对策，如图 4-3 所示。

	优势 S_1，S_2，S_3，…	劣势 W_1，W_2，W_3，…
机会 O_1，O_2，O_3，…	措施①；措施②； 措施③；……	措施①；措施②； 措施③；……
威胁 T_1，T_2，T_3，…	措施①；措施②； 措施③；……	措施①；措施②； 措施③；……

图 4-3　构建完毕的 SWOT 矩阵

技能训练 1

对某物流企业的业务进行分析后，就形成了波士顿矩阵，如图 4-4 所示，试对该企业进行分析。

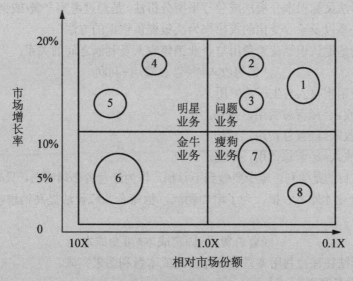

图 4-4　波士顿矩阵

分析：

(1) 图 4-4 中所示的公司有三项问题业务，业务 1 销售额较大，市场潜力较高，但相对市场份额不大；业务 2 销售额小，市场潜力极高，相对市场份额比竞争对手低；业务 3 销售额小，市场潜力较之于业务 2 低，相对市场份额比竞争对手低，很明显，企业不太可能对三项业务全部投资，必须经过分析，保留一项或者两项，进行集中投资发展。

(2) 图 4-4 中的两项明星业务，业务 4 销售额一般，市场潜力较高，相对市场份额较大；业务 5 销售额大，市场潜力较高，相对市场份额巨大，两项均具有发展为金牛业务的潜力，可继续投资，相对而言，业务 5 更易成长为金牛业务。

(3) 该公司只有一项金牛业务，虽然业务 6 销售额大，相对市场份额较大，但市场潜力不高，一旦遭遇困境，公司资金链断裂，公司将会陷入财务危机，也正是这个原因，公司需要果断地将问题业务进行选择，根据具体情况舍弃其中一项到两项，并将明星业务中的某一项拉入金牛区，以保证公司资金。

(4) 公司有两项瘦狗业务，可以说，这是沉重的负担。作为企业，应该马上作出决定，进行舍弃，决定舍弃的业务需要进行收获战略，即最大限度地对该业务进行利润压榨，然后舍弃。

(三)有关活动方案的决策方法

有关活动方案的决策方法，是对根据决策条件不同而形成的确定型决策、不确定型决策、风险型决策所采取的不同方法。

1. 确定型决策方法

在比较和选择活动方案时，如果未来情况只有一种并为管理者所知，则须采取确定型决策方法，该决策的主要方法是：本量利分析法。

本量利分析法又称保本分析法或盈亏平衡分析法，是通过考察产量(或销售量、出库量)、成本和利润的关系以及盈亏变化的规律来为决策提供依据的方法。

首先，要清楚地认识经营总费用与企业销售收入及利润之间的关系：

销售收入=经营总费用+利润

所以，比较销售收入与生产总费用。

● 销售收入>经营总费用，盈利。

● 销售收入<经营总费用，亏损。

● 销售收入=经营总费用，平衡。

企业的基本目的是盈利，至少要做到不亏损，作为经营者必须明白，只有销售收入≥经营总费用时，企业才能不亏损。为了增加利润，物流企业应设法提高销售收入，降低总费用支出。

经营总费用=固定成本+可变成本

本量利分析法往往会利用本量利计算公式或本量利图来完成。

1) 基本的本量利图

将成本、销量、利润的关系反映在直角坐标系中，即本量利图，因其能清晰地显示企业不盈利也不亏损时应达到的产销量，故又称为盈亏临界图或损益平衡图。用图示表达本量利的相互关系，不仅形象直观、一目了然，而且容易理解。

技能训练 2

一辆货车从甲地到乙地运输货物，每次运输活动的固定成本为 1000 元(包括燃油支出、过路费用等)，包装商品时，每件收费 10 元，单位变动成本 6 元，本次运输计划为 500 件，问预期利润是多少？盈亏平衡时的运输量为多少？

解： 图 4-5 是根据有关数据绘制的基本的本量利图。

很明显，预期利润为 1000 元，盈亏平衡时的运输量为 250 件。

基本的本量利图绘制步骤如下。

(1) 选定直角坐标系,以横轴表示数量,纵轴表示成本和销售收入的金额。

(2) 在纵轴上找出固定成本数值,以此点(0,固定成本值)为起点,绘制一条与横轴平行的固定成本线。

(3) 以点(0,固定成本值)为起点,以单位变动成本为斜率,绘制总成本线。

(4) 以坐标原点 0(0, 0)为起点,以单位变动成本为斜率,绘制变动成本线。

(5) 以坐标原点 0(0, 0)为起点,以单价为斜率,绘制销售收入线 S。

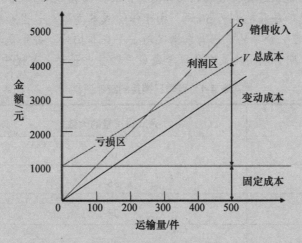

图 4-5　基本的本量利图

基本的本量利图表达的意义如下。

(1) 固定成本线与横轴之间的距离为固定成本值,它不因产量增减而变动。

(2) 总成本线与固定成本线之间的距离为变动成本,它随产量成正比。

(3) 总成本线与横轴之间的距离为总成本,它是固定成本与变动成本之和。

(4) 销售收入线与总成本线的交点,是盈亏临界点。

本例中,盈亏临界点在横轴上对应的销售量是 250 件,表明企业在此销售量下总收入与总成本相等,既没有利润,也不发生亏损。在此基础上,增加销售量,销售收入超过总成本,形成利润区;反之,形成亏损区。

2) 本量利计算公式法

本量利计算公式法,又称为代数法,是利用公式来确定保本数量的方法。

设 Q_0 为保本数量,P 为价格,F 为固定总成本,C_V 为单位可变成本。

$$Q_0 P = F + Q_0 C_V$$

故 $Q_0 = \dfrac{F}{P - C_V}$,

故 $Q_0 = 250$ 件。

2. 风险型决策方法

风险型决策常见的两种方法是:期望值法和决策树法。

1) 期望值法

所谓期望值,就是用概率加权计算的平均值。应用期望值法决策的结果并不能代表某事件的实际结果。

技能训练 3

某配送中心要按照配送数额来采购某种消暑产品,每箱成本为50元,配送给零售店的价格为100元,配送后每箱毛利为50元,由于保管成本高昂,若当天滞销,剩余产品将以每箱20元的价格处理。今年的市场需求情况与去年基本相同。去年夏季日销量的统计资料如表4-1所示,试用期望值法决策今年夏季每日采购多少箱时,配送中心获利最大?

表4-1 夏季日销量的统计资料

日销量(箱)	完成日销量的天数	概 率
100	18	0.2
110	36	0.4
120	27	0.3
130	9	0.1
总计	90	1.0

解:表4-2是根据有关数据填制的决策收益表。

表4-2 配送中心决策收益表

状态 \ 方案	日销售量				期望利润/元
	100	110	120	130	
	0.2	0.4	0.3	0.1	
100	5000	5000	5000	5000	5000
110	4700	5500	5500	5500	5340
120	4400	5200	6000	6000	5360
130	4100	4900	5700	6500	5140

(1) 根据去年的日销量情况,计算完成日销量的概率,并填表。

在采购100箱的情况下,无论市场需求为多少箱,都只能配送100箱,实现100箱×(100-50)元/箱=5000元的利润。

在采购110箱的情况下,若市场需求为100箱,则剩余10箱要处理,利润为5000元-[10×(50-20)]元/箱=4700元,若市场需求为110箱及以上,都只能配送110箱,实现5500元利润。其他情况类似推导。

(2) 计算每个方案的期望利润。

表 4-2 中期望利润就显示出了四种方案分别可能的获利:

① 日产 100 箱: 5000 元 × 0.2+5000 元 × 0.4+5000 元 × 0.3+5000 元 × 0.1=5000 元

② 日产 110 箱: 4700 元 × 0.2+5500 元 × 0.4+5500 元 × 0.3+5500 元 × 0.1=5340 元

③ 日产 120 箱: 4400 元 × 0.2+5200 元 × 0.4+6000 元 × 0.3+6000 元 × 0.1=5360 元

④ 日产 130 箱: 4100 元 × 0.2+4900 元 × 0.4+5700 元 × 0.3+6500 元 × 0.1=5140 元

可见, 在日产 120 箱的情况下, 可能受益最高, 故最佳采购方案为③。

2) 决策树法

决策树就是将决策过程各个阶段之间的结构绘制成一张树状图, 我们可以用图 4-6 来表示。

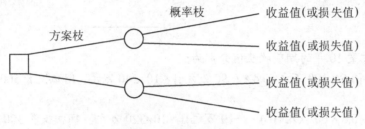

图 4-6 决策树示意

决策树一般都是自上而下生成的。每个决策或事件(即自然状态)都可能引出两个或多个事件, 导致不同的结果, 把这种决策分支画成图形很像一棵树的枝干, 故称决策树。

决策树由决策结点、机会(状态)结点与结点间的分枝连线组成。通常, 人们用方框表示决策结点, 用圆圈表示机会结点, 从决策结点引出的分枝连线称为方案枝, 表示决策者可作出的选择, 从机会结点引出的分枝连线称为概率枝, 表示机会结点所示事件发生的概率。

决策树法的解题步骤如下。

(1) 根据实际情况从左向右画出决策树。

(2) 从右向左进行计算, 计算每一阶段事件发生的期望值。需特别注意, 如果决策树所处理问题的计划期较长, 计算时应考虑资金的时间价值。

(3) 计算完毕后, 开始对决策树进行剪枝, 在每个决策结点删去除了最高期望值以外的其他所有分枝。

(4) 确定最优方案, 剪枝完毕, 未被剪枝的方案, 就是最佳方案。

技能训练 4

某物流企业打算在 A 市建立一个配送中心, 有以下方案可供选择: 第一, 建立大规模配送中心, 投资 500 万元, 市场好, 每年收益 100 万元, 市场不好则亏损 90 万元; 第二, 建立中规模配送中心, 投资 300 万元, 市场好, 每年收益 60 万元, 市场不好则亏损 10 万元; 第三, 建立小规模配送中心, 投资 100 万元, 市场好, 每年收益 40 万元, 市场不好则亏损 5 万元; 第四, 不建立配送中心。配送中心使用期 10 年。据对以往数据的分析, 市场前景好的概率是 0.6, 市场前景不好的概率是 0.4。请用决策树方法进行分析。

解:

(1) 根据有关数据绘制决策树。

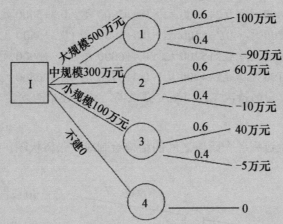

(2) 四种方案 10 年的期望收益值分别为:

EMV(大)=[0.6×100 万元+0.4×(−90 万元)]×10=240 万元,期初投资 500 万元,10 年亏损 260 万元;

EMV(中)=[0.6×60 万元+0.4×(−10 万元)]×10=320 万元,期初投资 300 万元,10 年盈利 20 万元;

EMV(小)=0.6×40 万元+0.4×(−5 万元)=220 万元,期初投资 100 万元,10 年盈利 120 万元;

EMV(不建厂)=0。

(3) 计算完毕后,开始对决策树进行剪枝。

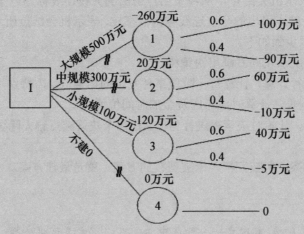

(4) 最优方案为第三个,应建立小规模配送中心。

3. 不确定型决策方法

不确定型决策方法是指决策人无法确定未来各种自然状态发生的概率的决策。

不确定型决策的主要方法有:等可能性法、保守法、冒险法、最小最大后悔值法和乐观系数法。

(1) 等可能性法，也称拉普拉斯决策准则。采用这种方法，是假定自然状态中任何一种发生的可能性是相同的，通过比较每个方案的损益平均值来进行方案的选择。在利润最大化目标下，选择平均利润最大的方案；在成本最小化目标下，选择平均成本最小的方案。

(2) 保守法，也称瓦尔德决策准则、小中取大的准则。决策者不知道各种自然状态中任何一种发生的概率，决策目标是避免最坏的结果，力求风险最小。运用保守法进行决策时，首先要确定每一可选方案的最小收益值；然后从这些方案的最小收益值中，选出一个最大值，与该最大值相对应的方案就是决策所选择的方案。

(3) 冒险法，也称赫威斯决策准则、大中取大的准则。决策者不知道各种自然状态中任何一种可能发生的概率，决策的目标是选最好的自然状态下确保获得最大可能的利润。冒险法在决策中的运用是：首先，确定每一可选方案的最大利润值；其次，在这些方案的最大利润中选出一个最大值，与该最大值相对应的那个可选方案便是决策选择的方案。由于根据这种准则决策也可能产生最大亏损的结果，因而又称之为冒险投机的准则。

(4) 最小最大后悔值法，也称萨凡奇决策准确性法则，决策者不知道各种自然状态中任何一种可能发生的概率，决策目标是确保避免较大的机会损失。运用最小最大后悔值法时，首先要将决策矩阵从利润矩阵转变为机会损失矩阵；其次确定每一可选方案的最大机会损失；最后，在这些方案的最大机会损失中，选出一个最小值，与该最小值对应的可选方案便是决策选择的方案。

(5) 乐观系数法，决策者确定一个乐观系数$\varepsilon(0.5, 1)$，运用乐观系数计算出各方案的乐观期望值，并选择期望值最大的方案。

技能训练 5

某物流企业拟进行采购活动，有三种新产品待选，估计销路和损益情况如表4-3所示，请分别用五种方法选择最优方案。

表4-3 三种产品损益表

状态	损益/万元		
	甲产品	乙产品	丙产品
销路好	40	90	30
销路一般	20	40	20
销路差	-10	-50	-4

解：

(1) 等可能性法：甲：(40万元+20万元-10万元)/3=16.6万元；乙：(90万元+40万元-50万元)/3=26.6万元；丙：(30万元+20万元-4万元)/3=15.3万元，故生产乙产品是最好方案。

(2) 保守法：从-10，-50，-4中看损失最小的方案，生产丙产品是最好方案。

(3) 冒险法：从40，90，30中看收益最大的方案，生产乙产品是最好方案。

(4) 最小最大后悔值法：先计算后悔值(每一产品的最大机会损失)。

状　态	最大机会损失/万元		
	甲产品	乙产品	丙产品
销路好	50	0	60
销路一般	20	0	20
销路差	6	46	0

甲产品的最大机会损失是 50 万元，乙产品的最大机会损失是 46 万元，丙产品的最大机会损失是 60 万元，比较之下，乙产品是最好方案。

(5) 乐观系数法：假设只有两种情况，销路好的乐观系数为 0.7，

则：甲产品的损益为：0.7×40 万元 -0.3×10 万元 $=25$ 万元；

乙产品的损益为：0.7×90 万元 -0.3×50 万元 $=48$ 万元；

丙产品的损益为：0.7×30 万元 -0.3×4 万元 $=19.8$ 万元。

比较之下，乙产品是最好方案。

可见，采用不同方法，所选方案不同。

状　态	损益/万元		
	甲　产　品	乙　产　品	丙　产　品
销路好	40	90	30
销路差	-10	-50	-4

【任务分析】

1. 什么是决策？

参考信息：

决策是人们针对需要解决的问题，系统地分析主客观条件，确定未来行动的目标，并提出各种可行性方案，从中选择出最佳方案的管理活动。

2. 中铁现代物流的企业决策中可以借鉴的经验有哪些？

参考信息：

(1) 对企业物流人才的培养力度大。

(2) 通过对市场深入细致的调查研究，对物流企业外部环境和内部条件都有充分了解。

(3) 坚持网络化经营，发挥各网络的整体优势。

(4) 中铁现代物流始终把客户的利益放在首位，不仅仅满足于符合客户的要求，而是提出了超越客户期望的理念，大力推广中铁现代物流的品牌服务。

【任务实施】

中铁现代物流的企业决策对你有何启迪？

参考信息：

(1) 物流企业要重视对人才的培养。

(2) 物流企业要在服务的观念、方式和品质等各方面进行创新。

(3) 物流企业要以客户为中心不断进行服务的创新。

(4) 我国物流企业需不断向国际企业看齐。

【任务总结】

物流企业决策，不仅是指物流企业的某一项单一决策，更是指综合决策。物流企业经营决策的类型主要包括：长期决策和短期决策；集体决策和个人决策；初始决策和追踪决策；程序化决策与非程序化决策；确定型决策、不确定型决策、风险型决策。物流企业进行决策的方法包括以下几种：①集体决策方法：头脑风暴法；名义小组技术方法；德尔菲法。②有关活动方向的决策方法：经营单位组合分析法——波士顿矩阵法；SWOT 分析法。③有关活动方案的决策方法：确定型决策方法；风险型决策方法，常见的两种方法是期望值法和决策树法；不确定型决策方法，主要方法有等可能性法、保守法、冒险法、最小最大后悔值法和乐观系数法。

【任务实训】

实训 4.1　小组讨论

提高决策的有效性是管理者所希望的。成为一个有效的决策者需要具备哪些条件？几个学生组成小组，讨论制定决策的经验。例如，买大件物品，选课，制订假期计划，是否去兼职等。分析决策过程的哪些情况导致了正确的决策，然后列举出你认为糟糕的决策，说明是什么导致了糟糕的结果。提炼出几条如何制定正确决策的建议，作为小组的意见与班里同学共享。

考核标准

本实训的考核标准，如表 4-4 所示。

表 4-4　实训 4.1 的考核标准

论述规范	答案准确	思路清晰	书写工整	总分
40 分	40 分	10 分	10 分	100 分

实训 4.2 给定资料数据进行决策

某运输企业制订了三项运输方案，估计业务需求和损益情况，如表 4-5 所示，请分别用五种方法选择最优方案。

表 4-5 三项运输方案损益表

状 态	损益/万元		
	甲方案	乙方案	丙方案
业务需求大	60	100	30
业务需求一般	20	50	210
业务需求差	-20	-40	-5

任务二　物流企业计划管理

【任务描述】

科宁公司的计划

科宁公司是美国创建最早的公司之一，主要经营玻璃品生产和加工。科宁公司成功制造了第一个电灯泡。科宁公司一直由其创始人科尼家族掌管，并一直以制造和加工玻璃为其重点。然而，科宁的这种经营战略也给他带来了许多问题：它的骨干部门——灯泡生产在 30 年前曾占领美国灯泡市场的 1/3，而今天却丧失了大部分市场；电视配件的生产也因面临剧烈的竞争而陷入困境。这两条主要产品线都无法再为公司获取利润。面对这种情况，公司既希望开辟新的市场，但又不愿意放弃其传统的玻璃生产和加工，因而，公司最高层领导制订了一个新的战略计划。

计划包括三个主要方面：第一，决定缩小类似灯泡和电视显像管这样低产的部门；第二，决定减少因市场周期性急剧变化而浮动的产品生产；第三，开辟具有挑战性又具有巨大潜在市场的产品。

第三方面又包括三个新的领域：第一领域是开辟光波导器生产——用于电话和电缆电视方面的光波导器和网络系统以及高级而复杂的医疗设备等，希望这方面的年销售量能达到 40 亿美元。第二领域是开辟生物工艺技术，这种技术在食品行业方面大有前途。第三领域是利用原来的优势，继续制造医疗用玻璃杯和试管等，并开拓电子医疗诊断设备，希望在这方面能带到全国同行业中第一或第二的地位。

科宁公司还有次一级的目标。例如，目前这个公司正在设计一条比较复杂的玻璃用具生产线，并想向不发达国家扩展业务。很明显，科宁在进行这一个雄心勃勃的发展计划。公司希望通过提高技术，提高效率，以获得更大利润。

(资料来源：百度文库，https://wenku.baidu.com/view/4d9690206c85ec3a87c2c5d1.html?re=view)

【任务驱动】

(1) 根据案例提供的材料，请概述科宁公司的战略计划和战术计划。

(2) 分别列出科宁公司的中期计划、短期计划。

【任务资讯】

一、物流企业计划的含义、类型和体系

(一)物流企业计划的含义

计划是管理者对决策所确定的组织在未来一定时期内的行动目标和方式在时间和空间的展开，是对企业要实现的目标，以及实现目标的方法、步骤、资源配置、时间安排等进行的进一步安排。计划是决策的延续，是为了实现决策所确定的目标而进行的具体行动安排。计划是企业管理的成果，没有企业管理也就没有计划产生。企业的计划职能就是指计划管理。

计划管理有广义和狭义之分。广义的计划管理，是指制订计划、执行计划和检查计划三个阶段的工作过程。狭义的计划管理，是指企业制订计划的过程，即管理者根据企业内部、外部的实际情况，权衡客观需要和主观可能，通过科学的预测，提出在未来一定时期内企业所需达到的具体目标及实现目标的方法。

物流企业管理活动时刻离不开计划，采购活动需要对供应商筛选、采购品种数量、采购时间安排等进行计划；运输需要对路线、运量、车辆安排等进行计划；仓储需要对出入库顺序、储位、器械、存量等进行计划……

物流企业计划具有以下特征。

1. 目标性，即计划工作为实现物流企业的目标服务

任何组织任何时候都必须具有生存的价值、存在的使命。决策活动为组织确立了存在的使命和目标，并且选择了实现方式。计划工作是对决策工作在时间和空间两个维度上进一步的展开和细化。所谓在时间维度上进一步展开和细化，是指计划工作把决策所确立的组织目标及其行动方式分解为不同时间段(如长期、中期、短期等)的目标及其行动安排；所谓在空间维度上进一步展开和细化，是指计划工作把决策所确立的组织目标及其行动方式分解为组织内不同层次(如高层、中层、基层等)、不同部门(如采购、人事、销售、财务等部门)、不同成员的目标及其行动安排。组织正是为了通过有意识的合作来完成群体的目标而生存的。因此，组织的各种计划及其各项计划工作都必须有助于完成组织的目标。在物流企业中一个计划的制订，其最终目标都是为了促使物流企业使命、总体目标和各个阶段目标的实现。具体地说，计划管理首先就是明确活动所围绕的目标；然后，使今后的行动集中于目标，并预测和确定哪些行动有利于实现目标，从而指导以后的行动朝着目标的方向迈进。没有计划和目标的行动是盲目的行动。

2. 首位性，即计划工作是物流企业管理活动的基础

在物流企业管理的各项职能活动中，计划是其他职能执行的基础。如果说决策工作确立了组织生存的使命和目标，描绘了组织的未来，那么计划工作是一座桥梁，它把我们所处的此岸和我们要去的彼岸连接起来，给组织提供了通向未来目标的明确道路，具有首位性。物流企业计划、组织、人力资源管理、领导和控制等活动，都是为了支持实现物流企业的目标。管理过程中的其他活动只有在计划管理确定了目标行动方案后才能进行。因此，计划职能在管理职能中居首要地位。此外，管理人员必须制订计划，以了解需要什么样的物流企业结构和什么样的人员，按照什么样的方法去领导下属和采取什么样的控制方法等。因此，要使所有其他管理职能发挥效用，必须首先安排计划。计划工作的目的就是使所有行动保持同一方向，以促使物流企业目标的实现。

3. 普遍性，即物流企业的所有管理人员都要做计划工作

计划管理涉及物流企业管理区域内的每一个层级、所有管理人员，从最高管理人员到第一线的基层管理人员都要制订计划，都需从事计划管理。由于各级管理人员的职责和权限不同，他们在工作中就有不同的计划。高层管理人员负责制订战略性计划，中层管理人员负责制订战术性计划或生产作业计划，基层管理人员则负责安排具体行动方案及部署实施。因此，授予下级某些制订计划的权力，有助于调动他们的积极性，可为顺利完成计划、实现目标奠定坚实的基础。

虽然计划工作的特点和广度，随着管理人员所处的部门、层级的不同而有所不同，但是计划工作是全体管理人员的一项职能。当然，计划工作的普遍性中蕴含着一定的秩序。这种秩序随着组织性质的不同而有所不同。最主要的秩序表现为计划工作的纵向层次性和横向协作性。虽然所有的管理人员都制订计划、做计划工作，但第一线的基层管理人员的工作计划不同于高层管理人员制订的战略计划。在高层管理人员计划组织总方向时，各级管理人员必须随后据此拟订他们的计划，从而保证实现组织的总目标。另外，实现物流企业的总目标不可能仅通过某一类型的活动就完成(如仅通过运输活动)，而需要各项活动相互协作和相互补充才可以完成。在高层管理计划组织总方向时，各层级的管理人员必须随后制订相互协作的计划。

4. 效率性，即计划工作要追求效率

计划管理要以较小的投入获得较为满意的计划成果。物流企业一般用计划对组织目标的贡献来衡量一个计划的效率。贡献是指扣除在制订和实施这个计划时所需要的费用和其他因素后，能得到的剩余。在计划所要完成的目标确定的情况下，也可以用制订和实施计划的成本及其他连带成本(如计划实施带来的损失、计划执行的风险等)来衡量效率。如果计划能得到最大剩余，或者如果计划按合理的代价实现目标，这样的计划是有效率的。也就是说，如果一个计划在实现的过程中付出了较高的代价，即使计划实现了目标，这个计划的效率也是很低的。如果一个计划按合理的代价实现了目标，那么这个计划就是有效率的。特别需要注意的是，在衡量代价时，不仅要用时间、金钱或者生产等来衡量，而且还要用个人和集体的满意程度来衡量。一项很好的计划，在实施过程中，由于方法不当，引起了

人们的不满情绪，这样的计划效率也是很低的。实现目标有许多途径，我们必须从中选择尽可能好的方法，以最低的费用取得预期的成果，取得更多人的支持和认可，保持较高的效率，避免不必要的损失。计划工作强调协调、强调节约，其重大安排都必须经过经济和技术的可行性分析，这样可以使企业付出的代价尽可能合算。

物流企业计划，是指制订能够预测未来而且能够在未来实现的目标和实现这一目标的具体行动方案。物流企业经营计划是按照经营决策所确定的方案，对企业的生产经营活动及其所需的各种资源，在时间上和空间上做统筹安排的工作。

(二)物流企业计划的类型

物流企业计划有以下几种分类方式。

1. 按计划所涵盖的时间期限划分

物流企业计划根据计划所涵盖的时间期限不同，可以分为长期计划、中期计划和短期计划。

传统的财务分析习惯用"短期"与"长期"来描述投资回报。短期通常指 1 年以内，长期则指 5 年以上。管理者一般采用相同的术语来描述计划。为了使我们的分类更清楚，我们将计划分为短期计划与长期计划，以及介于中间的中期计划。

在组织面临的变化程度以及组织承诺的未来时间长度已经确定的条件下，区分长期计划、中期计划与短期计划十分重要。组织的当前计划对未来的承诺影响越大，管理层使用的时间期限应该越长。

1) 长期计划

长期计划，通常也称为规划或战略计划，是指描述了组织在较长时期的发展方向和方针，绘制了组织长期发展蓝图的计划。它要决定企业总体战略目标，体现企业发展方向和企业基本政策、策略以及今后获取、使用分配资源的准则。其计划内容范围广泛；其特点属于重点及目标性质的规划，只含较粗略的大目标数字；其计划时间的长度，应取决于计划内容的复杂程度及性质。时间跨度一般在 5 年以上。由于计划期长，企业的外部环境和内部条件变化大，计划中确定的目标就不可能很准确，只能是一个预测的行动方案。

2) 中期计划

中期计划，也称发展计划，是对长期计划的细化和分解，较之于前者更具体。时间跨度一般为 1～5 年。

3) 短期计划

短期计划，也称年度计划、执行计划。它具体地规定了组织各个部门在目前的各个较短的时期阶段，特别是最近时段中的活动安排。它是最为详细的统筹安排，会涉及具体的目标数字和详尽的文字描述。时间跨度一般在 1 年以内。由于年度计划以自然年为计划期，时间不长，内外部条件的变化有较强的规律性，所以比较容易预测，因而确定的计划目标精度比较高，计划指标具体。它是物流企业组织商品流通活动的主要计划。

2. 按计划内容与职能划分

物流企业计划根据计划内容与职能划分的不同，可以分为商品流转计划、企业财务计划、劳动工资计划、基本建设计划、技术进步计划和员工培训计划。

1) 商品流转计划

商品流转计划是物流企业的基本计划,可对企业在计划期内商品流通的规模予以确定。它以商品出库计划为核心,包括入库计划和库存计划等,具体如图4-7所示。

图4-7 商品流转计划

商品出库计划是以市场需求为依据编制的,相当于一般流通企业的商品销售计划。出库计划指标包括出库量(相当于销售量)、出库额(销售额)、出库结构(包括产品结构和市场结构)、市场定位、市场占有率等。

商品入库计划是以商品出库计划为依据编制的,相当于一般流通企业的商品购进计划,是商品出库计划的资源保证。商品入库计划指标包括入库(购进)数量和金额、入库(购进)品种、入库(购进)时间和供货厂商等。

商品库存计划是为衔接商品入库和出库而制订的计划,是由商品出库规律、资源和运输条件所决定的。库存计划指标主要有库存量、库存金额、库存结构和库存控制策略等。

上述商品流转计划中的各项专业计划,如果是编制年度计划,则不需要分开编制,用一个流转计划包括相应的计划指标即可。但若编制更短期的计划(如季度、月度计划)时则应分开编制,而且要由相应的业务部门各自编制。

2) 企业财务计划

企业财务计划是反映企业资金流动和经济效益的综合性计划。它包括流动资金计划、商品流通费用计划和利润计划三部分。其中流动资金计划中的重点是现金计划。财务计划是以商品流转计划为依据编制的,对保证商品流转顺利进行所需的资金来源、商品流转所必须支出的费用、企业完成商品流转计划形成的盈利及分配予以规定,并为合理使用资金、降低费用、提高经济效益制定措施和对策。

财务计划的指标主要通过现金计划、预期损益表和预期资产负债表表示。因此,财务计划的编制主要是计算现金流量、确定贷款数额和借款时间、编制预期损益表和资产负债表。

3) 基本建设计划

基本建设计划是物流企业进行固定资产投资项目的建设计划。实现这一计划的目的通常是为了扩大经营规模或改善经营条件,如提高自动化程度、扩建仓库、改善员工的生活条件等。基本建设计划以企业发展目标和商品流转计划的需要为依据编制,编制时必须考虑自身的投资能力和投资效果。基本建设计划的指标主要有:建设项目、建设规模、投资额度和投资效果等。

4) 技术进步计划

技术进步计划是物流企业为提高其经营管理水平,将科学技术新成果推广应用于商品流通过程中,以提高流通生产率。技术进步计划的主要指标有:科技开发项目、科研经费、研究完成时间和功能贡献等。

5) 劳动工资计划

物流企业劳动工资计划是为了实现商品流转计划，而对企业所需工作人员和劳动报酬数额予以规定，并为在保证服务质量的前提下不断提高劳动生产率确定对策。劳动工资计划的主要指标有：职工人数、人员结构、工资总额和劳动效率等。

6) 员工培训计划

物流企业员工培训计划是企业为提高员工素质而进行的投资计划。员工培训计划的主要指标包括：培训方式、培训内容、培训人数、培训对象、培训时间、预期培训效果等。

3. 按计划的地位分类划分

物流企业各项计划所处的层次不同，其地位也不同。根据计划地位的不同，可将计划分为战略性计划和战术性计划。

1) 战略性计划

战略性计划是指应用于整个物流企业，为其较长时间内设立总体目标和寻求在环境中的地位的计划，具有整体性和长期性。战略性计划能够促使物流企业为实现目标而努力。当这些计划被筛选、细化之后，战术性计划的基础便形成了。

2) 战术性计划

战术性计划，有时也称作业计划。它规定了总体目标如何实现细节的目标。战术性计划一般是短期的。例如，一个物流企业的月度计划、周计划以及日计划大都是战术性计划。

战略性计划跨越的时间间隔较长，通常为 5 年或以上。它所覆盖的领域范围较战术性计划更广，涉及的细节也更少。此外，战略性计划还包括目标的正式化，而战术性计划则假设目标已经存在，进而描述怎样才能实现目标。

4. 按计划的详细程度划分

根据计划详细程度的不同，可将计划分为具体性计划和指导性计划。

1) 具体性计划

具体性计划具体明确地规定了目标，不存在模棱两可的情况。例如，企业财务计划，需要对利润额、运量、库存量等进行明确规定。

2) 指导性计划

指导性计划规定一些一般的方针和行动原则，给予行动者较大的自由处置权。例如，企业员工培训计划只对员工的智力投资额度、方式、项目做大致安排，不涉及十分明细的项目。

5. 按物流环境内容划分

根据物流环境内容的不同，可把计划分为运输计划、仓储计划和搬运装卸计划。

1) 运输计划

运输计划是对物资运输量和所需运输工具所编制的计划。它是合理组织物流运输的重要前提，对于节约运力、降低费用、促进运输管理合理化都具有重要意义。

2) 仓储计划

编制科学的仓储计划是安排仓储业务、保证进销业务正常开展的前提。

根据仓库业务活动的内容，仓储计划又包括以下几种。

(1) 物资出入库计划：其根据物资流转计划中规定的储存指标，结合仓库的吞吐储存能力来编制，它是仓库业务活动的主体计划，可指导仓库业务活动的开展，是编制仓储计划的关键。

(2) 仓位利用和物资保管保养计划：其根据仓库的实际情况和物资出入库的数量、质量状况，提出仓位、货架和堆码规划，以便充分利用仓库的储存能力。根据物资的不同特性，制订物资保养计划，如保养时间、措施等，以保证仓储物资的完好。

(3) 仓库设备、工具维修和技术计划：其根据库内设备、工具的使用情况，按照设备例行保养规定，有计划地安排设备、工具的维修保养，并根据仓库的发展规划和逐步实行仓库作业机械化、自动化的要求，提出技术革新计划。

3) 搬运装卸计划

搬运装卸计划是运输和仓储计划的重要补充。根据仓库的吞吐储存任务及各种作业定额编制。计划的编制是为了消除无效搬运、提高搬运灵活性、促进搬运装卸作业的合理化，保持物流的均衡顺畅。

上述是按照不同的标准划分物流企业计划的类型。

(三)物流企业计划体系

计划确定一个企业将来行动的目标和方式，常用定性描述和定量描述两种方式进行。定性描述用文字表示，将企业行动目标和方式条理化；定量描述则用数字表示，对其进行明确规定。定量描述一般用计划指标来进行。

1. 企业计划体系

(1) 目的或使命：其指明某一组织在社会上应起的作用、所处的地位，它决定组织的性质，决定此组织区别于彼组织的特点。

组织使命是组织在社会经济生活中所担当的角色和责任，是区别于其他组织而存在的理由，是开展活动的方向、原则和哲学。一旦使命被界定清楚，就可以开始考察组织的外部环境以确认自己的战略是否与外部环境相一致。如有着50多年历史的国有大型外贸运输企业、我国最大的国际货运代理企业、第三大船东——中国对外贸易运输(集团)总公司(简称中国外运)的使命描述：将中国外运建成大型物流企业集团。

(2) 目标：目的或使命要进一步具体到组织一定时期的目标和各部门的目标。它是组织所有活动的最终指向。例如，为实现中国外运使命，公司确定了物流营销体系建设目标、物流作业体系建设目标和物流仓储信息系统建设目标。

(3) 战略：战略是有关组织在未来很长一段时间内的全局性、长远性、根本性的谋划与方略。它通过一系列的主要目标和政策去传达组织希望成为什么样的情景。

(4) 政策：政策是指导或沟通决策思想的全面的陈述书或理解书。当然，并非所有的政策都可以通过"陈述"表达出来，更多时候，政策要通过管理者的行为来传达。

(5) 程序：程序是制订处理未来活动的一种必要方法的计划，它排列了完成行动所需的活动进程和时间安排。

(6) 规则：规则详细说明了必要的行动和非必要的行动。

规则不同于程序：①规则会明确行动但不说明行动的时间顺序；②可以把程序看作一系列的规则，但是一条规则并不一定是程序的组成部分。例如，"工作场所禁止吸烟"就是一条规则而不是程序。

(7) 方案(规划)：方案是一个综合性的计划，包括为实现目标而制定的政策、程序、规则、任务分配、要采取的步骤、要使用的资源及其他因素。方案可大可小。

(8) 预算：预算是一份用数字表示预期结果的报表。

很明显，上述体系构成中，一部分要靠定性描述完成，一部分要靠定量描述完成。计划指标就是定量描述的工具。

2. 物流企业计划指标体系

物流企业计划指标是在计划方案中以一定的数值表示的某个计划时期物流企业所要求达到的目标，如运量、利润率、资金周转速度、成本核算等。企业计划指标要求概念确切、严格、简明，物流企业各项指标之间应当相互配合，互相依存，形成一套科学的、完整的、主次分明的计划指标体系。

物流企业的经营计划指标体系，主要由以下几类指标构成。

1) 物流流量指标

它是对物流企业计划期内的商品流通量予以规定的指标，是衡量经营规模和工作量的指标，如商品入库量(进货量)、商品出库量、商品库存量和商品运量等。由于商品的种类很多，不同种类的商品其计量单位有时不同，为便于统计和比较，常用指标对应的价值量来表示商品流通量，如进货额、出库额、库存额和运输额等。

2) 物流服务质量指标

它规定物流企业在计划期内应达到的工作质量或服务质量水平，如人员沟通质量、缺货率、准时到货率和交货期质量等。人员沟通质量是指负责沟通的物流企业服务人员是否能通过与顾客的良好接触提供个性化的服务。缺货率是从数量上衡量满足客户订单要求的程度。准时到货率、交货期质量则是从时间维度上衡量物流服务质量。

3) 财务成果与经济效益指标

它表示物流企业在计划期内应实现的经营成果和对资源的利用程度，如利润额、利润率、费用水平、资金利润率、劳动生产率、固定资产总额、仓储面积和营业收入等。利润额是指物流企业在计划期内收支相抵后实际实现的盈亏额。仓储面积是指企业用于储存商品的场所或建筑物的面积(按建筑面积计算)，包括库房、货棚和货场的面积。

二、物流企业计划的编制

(一)物流企业计划编制的要求

1. 认真贯彻国家有关方针政策

贯彻落实国家物流企业发展计划方针政策，研究出现代物流企业的发展规划、监测分析相关产业的发展动态与趋势，编制物流企业的中长期发展计划和年度计划。

2. 进行充分的市场调查和预测

市场调查和预测是编制计划的基础。一方面，掌握环境变化，可使计划的制订具有充分的弹性，物流企业也能根据计划的执行情况和环境变化而定期修订，提高计划的环境适应性；另一方面，通过市场调查了解客户需求，物流企业可有针对性地提高客服水平，加强对客户的服务保证和对客户未来需求的承诺。

3. 分析企业内部各种数据资料，以及它们对企业产生的影响

物流企业制订计划时应充分考虑自身的优、劣势，扬长避短，发展有特色、有竞争能力的服务。

4. 注意进行长期、中期及年度计划任务的衔接

物流企业制订计划时应注意衔接企业长期、中期及年度计划。中期计划和年度计划的主要内容应与企业的长期计划基本相同，但因其计划期较短，计划指标比长期计划更为具体和详尽。

(二)物流企业计划编制方法

常见的物流企业计划编制的方法有：综合平衡法、比例法、动态关系法、滚动计划法和网络计划技术。

1. 综合平衡法

综合平衡法是物流企业计划编制的基本方法，是指从企业总体上反映和处理人力、物力、财力等各项基本资源与物流企业各部门之间、各环节(采购、存储、配送、运输等)之间的相互关系。

综合平衡是指物流企业整体的平衡，是物流企业经营活动中各个局部、各个环节、各种要素和各种指标之间的平衡。综合平衡就是利用这些局部关系的平衡来确定计划指标体系，使物流企业制订的计划指标具有科学性和可行性。

以商品流转计划的制订为例。

商品流转计划是反映物流企业经营规模的主要计划。商品流转计划的指标体系由入库指标、出库指标和库存指标三者构成，它们之间存在如下平衡关系：

$$计划入库量+期初库存量=计划期出库量+期末库存量$$

式中，期初库存量=当期实际库存量+在途商品(已购买，但尚未到库)+

$$报告期剩余时间内的预计入库量-预计出库量$$

可见，在物流企业商品流转计划中，出库指标是指标体系的核心，因为只有出库指标实现了，企业的经营规模才算达到了，企业的利润目标才有可能实现。因此，据上述平衡关系式，编制商品流转计划时，要以出库量来安排入库量和库存量。

出库量指标应通过市场预测、盈亏分析和内部经营能力的分析确定。企业内部经营能力分析实际也是内部经营要素与经营规模的一种平衡。这一平衡可使其制订未来的出库指标具有较好的可行性。

期末库存量根据库存控制的原理确定。根据库存控制原理，合理库存量与出库速率、进货周期、有关物流费用以及库存控制策略有关。出库速率在出库量指标已知的情况下，是可以测算出来的。进货周期和物流费用可由历史数据统计分析得到。然后按照一定的库存控制模型和控制策略可计算出经济订货批量和合理库存量。这里应该说明的是，库存控制模型求得的只是一个经济订货批量。在进货和出库规律一定的情况下，订货批量对库存量的大小起着决定性的作用。由于库存量随进货和出库活动的进行而不断变化，所以反映静止状态的合理库存量实际是不存在的，只能用最高库存量、最低库存量或平均库存量来表示。但由于一个企业经营的商品往往有很多品种，各种商品进货和销售的状态并非完全一致。因此，从总体上看，库存量的波动并不大，这就产生了一种静止的合理库存概念。我们可以将它理解为一种平均库存量。

根据以上分析，计划期的商品入库指标即可由上面所示的平衡关系式求得。

2. 比例法

比例法是以历史上形成的有关指标之间比较稳定的比例关系为基础，结合计划期内因素的变动情况来推算相关指标的一种计划编制方法。这种方法对于结构性计划指标体系中指标的确定，效果最佳。如编制商品品种结构计划时，通常使用这种方法。

其计算方法是：

某类商品计划出库额=计划期商品出库总额×某类商品占商品出库总额的比重

采用这种方法时应注意两点：一是历史上形成的比例关系要具有稳定性，若是忽高忽低，则不宜采用；二是对计划期影响因素的变化，要进行全面分析，以对历史上形成的比例进行恰当的调整。

3. 动态关系法

动态关系法是利用某种指标在历史上发展变化的一般规律，通过考虑计划期内的变化因素，确定计划指标的一种方法。计划指标的计算公式为

计划期某项指标=报告期该项指标完成数×(1+计划期该项指标增长比例)×100%

这一方法的关键是确定计划期内指标增长的比例。该比例由指标变化的规律性和计划期内影响因素的变化所决定。

上述三种计划编制方法，属于静态计划方法。它们的一致性表现为：①在计划编制出来以后，一般是保持不变的，只是在执行过程中发现问题后才作适当调整和控制；②新计划的编制是在前一项计划全部执行完毕之后才开始的。

但由于企业处在不断变化的环境之中，许多因素的变化在计划编制时是难以预料的，这就要求计划应有一定的灵活性，要能不断地进行修正，使其更加符合客观实际。滚动计划法就是应这种要求而产生的。

4. 滚动计划法

1) 滚动计划法的含义

作为一种动态的计划编制方法。滚动计划法在已编制计划的基础上，每经过一段固定的时期(如一年或一个季度，这段固定的时期被称为滚动期)便根据变化了的环境条件和计划的实际执行情况，从确保实现计划目标为出发点对原计划进行调整。每次调整时，保持原

计划期限不变，而将计划期顺序向前推进一个滚动期。

简言之，滚动计划法是按照"近细远粗"的原则制订一定时期内的计划，然后按照计划的执行情况和环境变化，调整和修订未来的计划，并逐期向后移动，把短期计划和中期计划结合起来的一种计划方法。

滚动计划法对保证计划的顺利完成具有十分重要的意义。由于企业所处环境及自身情况的变化，在计划进行过程中，经常出现实施偏离的情况。滚动计划法可不断地跟踪计划的执行过程，监测计划实施结果，以发现存在的问题，提高计划的可行性。

2) 滚动计划法的制订流程

滚动计划法采取"近细远粗"的原则，将计划期分成若干执行期(一般分成3~5个执行期)。制订计划时，由于距制订计划时间较远的执行期其环境因素难以准确测定，计划指标和行动措施只能比较粗略；距制订计划时间较近的执行期，影响因素比较容易掌握，计划方案则考虑得比较细致。随着滚动过程的不断进行，在一个计划期终了时，根据上期计划执行的结果和产生的条件，以及市场需求的变化，对原定计划进行必要的调整和修订，并将计划期顺序向前推进一期，如此不断滚动、不断延伸。

例如，某企业在2016年年底制订了2017—2021年的五年计划，如采用滚动计划法，到2017年年底，根据当年计划完成的实际情况和客观条件的变化，对原定的五年计划进行必要的调整，在此基础上再编制2018—2022年的五年计划，之后依次类推，如图4-8所示。

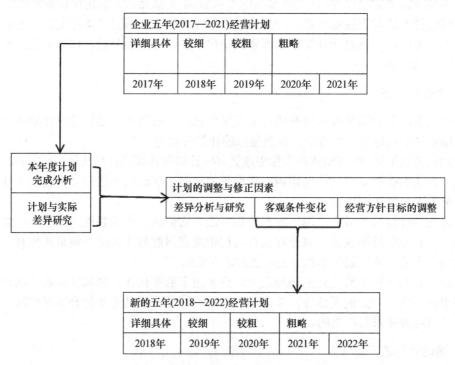

图 4-8　滚动计划法

可见，滚动式计划法能够根据变化了的组织环境及时调整和修正组织计划，体现了计划的动态适应性。而且，它可使中长期计划与年度计划紧紧地衔接起来。滚动计划法既可用于编制长期计划，也可用于编制年度、季度生产计划和月度生产作业计划。不同计划的滚动期不一样，一般长期计划按年滚动、年度计划按季滚动、月度计划按旬滚动等。

3) 滚动计划法的优点

第一，把计划期内各阶段以及下一个时期的预先安排有机地衔接起来，而且定期调整补充，从而从方法上解决了各阶段计划的衔接和符合实际的问题。

第二，较好地解决了计划的相对稳定性和实际情况的多变性这一矛盾，使计划更好地发挥其指导生产实际的作用。

第三，采用滚动计划法，可使企业的经营活动能够灵活地适应市场需求，把供需密切结合起来，从而有利于实现企业预期的目标。需要指出的是，滚动间隔期的选择，要适应企业的具体情况，如果滚动间隔期偏短，则计划调整较频繁，优点是有利于计划符合实际，缺点是降低了计划的严肃性。一般情况是，经营比较稳定、商品流转量大的物流企业宜采用较长的滚动间隔期，经营不太稳定、商品流转量小的物流企业则可考虑采用较短的间隔期。

采用滚动计划法，可以根据环境条件变化和实际完成情况，定期对计划进行修订，使企业始终有一个较为切合实际的长期计划作指导，并使长期计划能够始终与短期计划紧密地衔接在一起。

5. 网络计划技术

1) 网络计划技术概念

网络计划技术是以网络计划对任务的工作进度进行安排和控制，以保证实现预定目标的科学的计划管理技术。网络计划由两部分构成，即网络图和网络时间参数。由于网络计划技术能清楚而明确地表达各项工作内容之间的逻辑关系，易于发现计划实施中经常出现的时间冲突、资源冲突；同时网络图的编制可粗可细，可以随着计划进展的深入而不断细化；可以根据需要编制多级网络计划系统；随着技术的进步，已有相关的应用软件替代人工绘制网络计划图。因此，网络图在现代项目计划管理中得到了广泛而深入的应用。

网络计划技术是一种计划方法，特别适用于大型项目的计划安排。大型项目一般规模大、环节多，涉及大量的人力、物力和财力，建设周期长。如何合理地安排各方资源，使之在时间上紧密衔接，并合理调配人力、物力，在有限的资源条件下，用最短的时间、最少的费用按质完成项目，是人们追求的目标。

2) 网络图

网络图是用来表示一个计划项目中各个工作环节的前后时间顺序关系的图形，主要由圆圈和箭线组成，故称网络图。网络图由事件、工序、线路三部分构成。

事件：事件表示某个工序的开始或结束，在网络图中用○表示，为了表明先后顺序，会在○内标上数字 1，2，3…，即①、②、③…依次类推。

工序：工序是指一个需要消耗人力、物质和时间的实践过程，用箭头(→)加英文字母表示。也存在虚工序，虚工序指的是不需要消耗人力、物质和时间的实践过程，用虚箭头(‑‑►)表示。一般来说，完整的网络图会在工序箭线上方加注英文字母，表示其代表的具体工序，下方加注数字，表示该工序所消耗的时间或费用。

线路：线路表示从起始事件到终结事件的先后顺序，由一系列○和→表示。

3) 绘制网络图的规则

(1) 两个事件之间只有一个工序：网络图中，若出现几个并联工序，不允许直接连箭线，必须设置新的事项，并使用虚工序，如图 4-9、图 4-10 和图 4-11 所示。

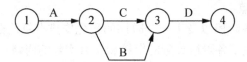

图 4-9　错误画法

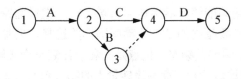

图 4-10　正确画法 1

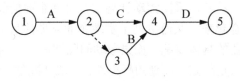

图 4-11　正确画法 2

(2) 非循环：网络图中，不能出现回路，即不允许出现返回到已走过的事项上去的工序，如图 4-12、图 4-13 所示。

图 4-12　错误画法(网络图表示时间顺序，时间不可逆)

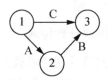

图 4-13　正确画法

(3) 一个起点，一个终点：网络图中，只能出现一个起点，一个终点，如图 4-14、图 4-15、图 4-16 和图 4-17 所示。

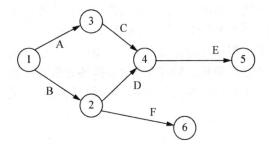

图 4-14　错误画法

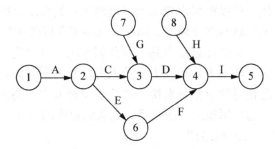

图 4-15　错误画法

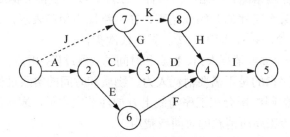

图 4-16　正确画法

(4) 一条线路只连接两个点：即不能从箭线的中间引出另一个箭线，如图 4-18 所示。

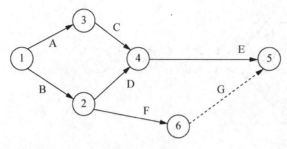

图 4-17　正确画法

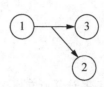

图 4-18　错误画法

4) 网络图的完成步骤

完成网络图需要两步。

第一步，绘制任务表，并确定每道工序的紧前、紧后工序(紧接这项工序之前、之后的工序)，以及每道工序所花费的时间或费用。

第二步，根据任务表绘图，并找到所有线路，计算出花费的时间或费用，最终确定关键线路(耗时最长或费用最高的线路)。关键线路是经不起耽搁的所有工序的组合。

技能训练 1

某物流中心打算扩建，公司必须决定扩建需要多长时间。主要事件和对完成每项活动所需时间的估计，如表 4-6 所示。

表 4-6　扩建主要事件及所需时间统计表

工序代码	工序项目	工序时间(单位：周)	紧前工序	紧后工序
A	项目报批	10	\	B
B	项目招标	12	A	CDE
C	一标段施工	14	B	F
D	二标段施工	6	B	F
E	三标段施工	3	B	F
F	设施设备安装	3	CDE	G
G	工程验收	1	F	H
H	投入使用	1	G	\

注：一般情况下，在任务表中，紧前、紧后工序只需出现其一即可，本例为明确其中关系，同时出现了。

可见，A 是第一个工序，H 是终结工序。据此可画出网络图。

根据任务表绘制网络图：

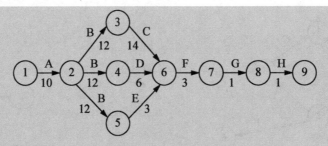

寻找并计算所有线路的时间或费用。

路径a，1→2→3→6→7→8→9，花费时间为：10周+12周+14周+3周+1周+1周=41周。

路径b，1→2→4→6→7→8→9，花费时间为：10周+12周+6周+3周+1周+1=33周。

路径c，1→2→5→6→7→8→9，花费时间为：10周+12周+3周+3周+1周+1=30周。

故关键路径是a，即由工序ABCFGH构成的线路，因其耗时最长。

当然，也可以借助虚工序，这样画网络图。

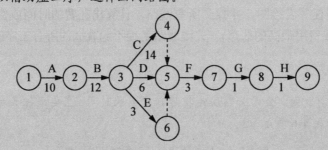

此时，寻找并计算所有线路的时间。

路径a，1→2→3→4→5→7→8→9，花费时间为：10周+12周+14周+0周+3周+1周+1周=41周。

路径b，1→2→3→5→7→8→9，花费时间为：10周+12周+6周+3周+1周+1周=33周。

路径c，1→2→3→6→5→7→8→9，花费时间为：10周+12周+3周+0周+3周+1周+1周=30周。

故关键路径仍是a，即由工序ABCFGH构成的线路，因其耗时最长。

无论网络图怎样画，关键路径总是不会发生变化的。

5) 网络时间参数的确定

在上例中，每道工序所花费的时间是已知的，但有时事件或费用未知，需要经过计算得出。这就涉及网络时间参数的确定。

一般来说，在绘制网络图时，会采用三时估计法，即将非肯定时间转化为肯定时间，把三时变为单一时间，其计算公式为

$$t_i = \frac{a_i + 4c_i + b_i}{6}$$

式中，t_i 为 i 工序的平均持续时间；

a_i 为 i 工序最短持续时间(也称乐观估计时间)；

b_i 为 i 工序最长持续时间(也称悲观估计时间)；

c_i 为 i 工序正常持续时间，可由施工定额估算。

其中，a_i 和 b_i 两项工序持续时间一般由统计方法进行估算。

技能训练2

某物流公司立体仓库建设的项目活动，任务表如表4-7所示。

请完成以下任务。

①计算工序所需时间；②画出网络图；③确定关键路径。

表4-7　立体仓库建设的项目活动任务表

工序代码	工序项目	紧前工序	工序时间(单位：周)			
			乐观估计时间 a_i	悲观估计时间 b_i	正常持续时间 c_i	工序时间
A	画图	\	2	7	4	
B	识别潜在客户	\	4	6	5	
C	为客户写计划书	A	3	5	4	
D	选承包商	A	1	3	2	
E	准备建筑许可	A	1	1	1	
F	获得许可	E	2	4	3	
G	施工	DF	10	14	12	
H	招商	BC	8	12	10	
I	客户进驻	GH	1	2.8	2	

解：

①计算工序所需时间：根据三时估计法 $t_i = \dfrac{a_i + 4c_i + b_i}{6}$，进行计算，如表4-8所示。

表4-8　根据三时估计法进行计算

工序代码	工序项目	紧前工序	工序时间(单位：周)			
			乐观估计时间 a_i	悲观估计时间 b_i	正常持续时间 c_i	工序时间
A	画图	\	2	7	4	4.2
B	识别潜在新客户	\	4	6	5	5
C	为客户写计划书	A	3	5	4	4

续表

工序代码	工序项目	紧前工序	工序时间(单位：周)			
			乐观估计时间 a_i	悲观估计时间 b_i	正常持续时间 c_i	工序时间
D	选承包商	A	1	3	2	2
E	准备建筑许可	A	1	1	1	1
F	获得许可	E	2	4	3	3
G	施工	DF	10	14	12	12
H	招商	BC	8	12	10	10
I	客户进驻	GH	1	2.8	2	1.9

② 画出网络图：

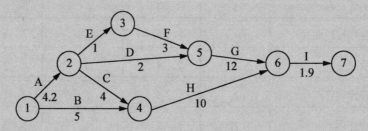

③ 确定关键路径：

计算网络图所有路线的时间。

路径a，1→2→3→5→6→7，花费时间为：4.2周+1周+3周+12周+1.9周=22.1周。

路径b，1→2→5→6→7，花费时间为：4.2周+2周+12周+1.9周=20.1周。

路径c，1→2→4→6→7，花费时间为：4.2周+4周+10周+1.9周=18.1周。

路径d，1→4→6→7，花费时间为：5周+10周+1.9周=16.9周。

故关键路径是a，即由工序AEFGI构成的线路，因其耗时最长。

(三)物流企业计划编制程序

物流企业计划编制方法由企业根据具体情况而定，但其编制程序却基本相同。

1. 洞察和审视计划的机会

在编制计划前，管理者必须审视企业所处环境带来的机会和挑战，如国家对物流行业、企业最新的方针政策，交通中的瓶颈效应，物流革新周期的缩短，顾客期望的提高，降低物流成本的压力，更强的服务竞争等。了解企业内部所具有的优势和劣势，如物流设备、物流设施、物流技术、信息处理能力、项目策划和推动能力、流程管理能力等，尤其要对现行系统的能力及缺陷作出广泛的评价。企业对自身有清晰的认识后，才能对机会进行实事求是的判断，这样，编制出的计划才有可行性和可靠性。

2. 确定物流企业计划目标

计划目标是计划方案的核心，确定目标是计划工作的主要任务。管理者必须确定整个企业的大目标和构成单位的每个小目标。既有长期的，又有短期的；既有整体的，又有局部的。当整个企业的目标成为一个等级层次系统，企业中所有成员的活动就可被目标协调起来。确定目标时必须考虑社会责任问题，可用社会责任目标来表示。如企业对用户的满足水平、服务质量和提供的社会就业机会等。

确定目标可能遇到的最大障碍有两个：一是多目标之间的协调；二是目标风险性的估计。多目标之间的协调是指相互矛盾的目标之间的协调。例如，企业经济效益目标与社会责任目标之间、数量目标与质量目标之间、企业整体目标与职工利益目标之间等经常是矛盾的，确定目标时应协调好这些矛盾。

3. 确定计划指标

根据市场分析和预测的结果，考虑企业内部可能的条件，运用各指标之间的相互关系计算出计划的主要指标，然后根据主要指标计算出其他指标，为拟订计划草案做好准备。

4. 拟订和选择可行性计划

拟订和选择可行性计划，就是确定备选计划并对其进行评估，从中找到合理的方案。合理的计划并不一定就是唯一的，可能会有两个甚至更多。一般情况下，编制计划时没有可供选择的合理计划的情况并不多见，也就是说，关键不在于增加方案的数量，而在于减少数量，提升质量。

5. 制订派生计划

派生计划是对基本计划的补充和完善，是在基本计划的基础之上编制的，是与基本计划密切联系的计划。

6. 制订预算，用预算使计划数字化

这就是用预算的工具将计划具体化，把可能抽象的文字描述变成简单明了的数字，来反映组织的收支、利润和资产负债等。

三、物流企业计划的执行与控制

为保证年度计划的实现，必须组织计划的执行与控制。

(一) 物流企业经营计划的执行

组织计划的执行，有两项最重要的工作。

(1) 把物流企业计划总目标层层落实下去，做到层层有对策有计划。

(2) 企业不断根据经营情况对计划执行情况进行修订和调整。

(二) 经营计划的控制

为保证计划的实施，必须在计划执行过程中加强控制，也就是按预定的目标、标准来控制和检查执行情况，一旦发现偏差，迅速予以解决。控制包括事前控制和事后控制。

为此，首先要制定各种科学的标准，如定额、限额、技术标准和计划指标等；其次要健全企业的信息反馈系统，加强信息管理。

【任务分析】

1. 根据案例提供的材料，请概述科宁公司的战略计划和战术计划。

参考信息：

战术计划，第一，缩小灯泡和电视显像管等低产量部门的生产；第二，减少因市场周期性急剧变化而浮动的产品的生产；第三，开辟既有挑战性又具有巨大潜在市场需求的产品。

战略计划，通过技术改造提高效率，获得更大利润。

2. 分别列出科宁公司的中期计划、短期计划

参考信息：

中期计划，既开辟新市场，又保持传统的玻璃生产和加工业。

短期计划，开辟光波导器的生产；开辟生物工艺技术；利用原来的优势，继续制造医疗用玻璃杯和试管等，并开拓电子医疗诊断设备；增加一条复杂的玻璃用具生产线，向不发达国家扩展业务。

【任务实施】

该公司高层该如何制订高效的计划？

参考信息：

(1) 该公司在制订计划时，应做好以下工作：分析国家方针、政策；进行充分的市场调研；进行足够的内部分析；长、中期计划与年度计划的有效衔接。

(2) 公司可根据自己的具体情况或根据制订计划的类型、特点选择方法。备选方法有：综合平衡法、比例法、动态关系法、滚动计划法和网络计划技术。

(3) 公司编制计划时，应遵循一定的程序。

(4) 计划编制完成后，更应该注重计划的执行和控制。

【任务总结】

物流企业计划就是物流企业按照决策所确定的管理目标、方案对其各项物流经营活动及所需各项资源从时间和空间上做出具体统筹安排。它主要包括：长期计划、中期计划和短期计划；商品流转计划、企业财务计划、劳动工资计划、基本建设计划、技术进步计划和职工培训计划；战略性计划、战术性计划；具体性计划和指导性计划；运输计划、仓储计划、搬运装卸计划。物流企业计划指标体系主要包括物流流量指标、物流服务质量指标、财务成果与经济效益指标。物流企业计划编制方法主要有：综合平衡法、比例法、动态关系法、滚动计划法和网络计划技术。

【任务实训】

实训 4.3 给定资料数据进行计划分析

已知某企业开展某项物流业务所需进行的工序顺序及最乐观、最悲观、最可能时间如表 4-9 所示。请应用网络计划技术计算该企业开展该业务必需的时间，并找到关键路线。

表 4-9 企业开展物流业务的项目活动任务表

工序代码	紧后工序	期望时间	乐观时间	最可能时间	保守时间
A	CDE		3	4	5
B	H		3	5	6
C	H		2	6	4
D	G		1	2	3
E	F		1	1	1
F	G		3	4	4
G	I		9	12	14
H	I		8	10	12
I	\		1	2	2

【项目总结】

本项目主要包括两项任务决策管理及计划管理。其中决策管理主要介绍了决策的依据和原则、决策的种类，重点应掌握决策的主要方法。计划管理主要介绍了计划的类型和体系、计划的编制方法及执行与控制方法。

【项目测试】

一、填空题

1. 波士顿矩阵法的四种目标分别是_____、_____、_____和_____。

2. 进行 SWOT 分析时，主要的分析内容有_____、_____和_____。

3. 按照计划所涵盖的时间期限，物流企业计划可分为_____、_____

和_____。

4. 按照地位,物流企业计划可分为_____和_____。

5. 按照计划的详细程度,物流企业计划可分为_____和_____。

二、单选题

1. (   )是据物资流转计划中规定的储存指标,结合仓库的吞吐储存能力来编制,它是仓库业务活动的主体计划,可指导仓库业务活动的开展,是编制仓储计划的关键。

    A. 物资出入库计划　　　　　　　　B. 仓位利用和物资保管保养计划

    C. 仓库设备、工具维修和技术计划　　D. 装卸搬运计划

2. (   )是利用某种指标在历史上发展变化的一般规律,通过考虑计划期内的变化因素,确定计划指标的一种方法。

    A. 综合平衡法　　　B. 比例法　　　　C.动态关系法　　　　D. 滚动计划法

3. 概率加权计算的平均值指的是(   )。

    A. 期望值　　　　　B. 概率之和　　　C. 决策值　　　　　D. 实际结果

三、多选题

1. 物流企业决策的原则有(   )。

    A. 信息准全原则　　　　　　　　　　B. 切实可靠原则

    C. 科学民主原则　　　　　　　　　　D. 真实有效原则

2. 按照决策时间不同,决策可分为(   )。

    A. 集体决策　　　B. 长期决策　　　C. 短期决策　　　　D. 个人决策

3. 按照决策解决的问题不同,决策可分为(   )。

    A. 程序化决策　　　B. 非程序化决策　　C. 不确定型决策　　D. 风险型决策

4. 常见的集体决策的方法有(   )。

    A. 头脑风暴法　　　B. 名义小组技术方法　C. 德尔菲法　　　　D. 公式法

5. SWOT 分析法又称为态势分析法,TOWS 分析法,SWOT 四个英文字母分别代表(   )。

    A. 优势　　　　　　B. 劣势　　　　　　C. 机会　　　　　　D. 威胁

四、判断题(对的画"√",错的画"×")

1. 波士顿矩阵法中的收购业务指的是低市场增长率、高相对市场份额的业务。　(   )

2. 从整体上看,SWOT 可以分为两部分:第一部分为 SW,主要用来分析内部条件;第二部分为 OT,主要用来分析外部条件。　　　　　　　　　　　　　　　(   )

3. 决策树一般都是从下往上生成的。每个决策或事件(即自然状态)都可能引出两个或多个事件,导致不同的结果,把这种决策分支画成图形很像一棵树的枝干,故称决策树。(   )

4. 财务成果与经济效益指标,它表示物流企业在计划期内应实现的经营成果和对资源的利用程度,如利润额、利润率、费用水平、资金利润率、劳动生产率、固定资产总额、仓储面积和营业收入等。　　　　　　　　　　　　　　　　　　　　(   )

五、简答题

1. 物流企业决策指的是什么?
2. 物流企业计划具有哪些特征?

六、技能测试

某物流企业拟进行采购活动,有三种新产品待选,估计销路和损益情况如表4-10所示,请分别用五种方法选择最优方案。

表4-10 三种产品损益表

状　态	损益/万元		
	甲 产 品	乙 产 品	丙 产 品
销路好	45	80	90
销路一般	30	50	40
销路差	-10	-40	-35

项目五　物流企业作业管理

【项目描述】

　　作业管理是物流企业管理的重要内容之一，传统的企业作业管理往往是以本企业的生产能力为中心展开的，缺乏与供应链上相邻企业之间的协调。而在供应链管理环境下的物流企业作业管理则需要运输管理、仓储管理等因素统一到一个整体上来，以使整个流程最优化。

　　本项目主要讲解物流企业作业管理的各项内容，分别针对目标物流企业面临的实际问题展开，并最终着眼于其运输管理、仓储管理并重点针对作业管理的实务操作展开讲解。

【项目目标】

知识目标

(1) 了解物流企业运输管理的基础知识。
(2) 掌握物流企业仓储管理的基本内容。

技能目标

(1) 掌握物流企业运输合理化的途径。
(2) 掌握物流企业仓储管理的基本流程。

【项目展开】

　　为了系统而直观地实现以上项目目标，现将该项目按照以下两个工作任务顺序展开。
(1) 运输管理。
(2) 仓储管理。

任务一　物流企业运输管理

【任务描述】

　　远通运输公司最近接到一项业务：从青岛港将一台重达 118 吨的大型火力发电机组运到河北邢台。正好该公司也有合适的承运车辆。

【任务驱动】

(1) 什么是运输？

(2) 什么是运输管理？

(3) 对该业务，运通公司有哪些运输方式可供选择？

(4) 你认为，对该公司来说，哪种方式最合适此次运输？为什么？

(5) 假如你是该公司负责运输业务的业务骨干，你认为在实施此项运输业务之前应该做哪些事情？

【任务资讯】

一、运输的含义与属性

(一)运输的含义

物流运输是指对货物的载运及输送活动。它是在不同空间地域范围间(如两个国家、两个城市、两个工厂或一个大企业内相距较远的两车间之间)进行，以实现空间效用为目的的物流活动。

2006年9月发布的中国国家标准《物流术语》对运输(transportation)的定义是：用专用运输设备将物品从一个地点向另一个地点运送。其中包括集货、分配、搬运、中转、装入、卸下、分散等一系列操作。

(二)运输的属性

运输是物流企业最常见的功能之一，也是流通领域最基础的活动，其连接着生产活动与消费活动，它具有以下基本属性。

1. 物质生产属性

马克思将运输称为"第四个物质生产部门"，视运输为生产过程的继续。马克思指出，运输既具有物质生产的共性，又有区别于一般物质生产的特性。他认为，运输是生产过程在流通过程内的继续，是特殊的生产或流通部门。运输能实现物品空间位置的改变。这种改变增加了物品的价值。而商品价值的增加，是物质生产应有的属性之一。

2. 社会属性

以运输线路、节点和运输工具所构成的运输业，是支撑国家经济、决定经济活力水平的前提，也是国家最主要的基础产业。作为运输业基础构成的公路、铁路、航线、车站、港口、码头、机场等基础设施具有一些不同于其他基础设施的特性，它们具有极强的社会属性：首先，国家用税收修建的交通设施，属于全社会共同拥有，共同使用，其受益者是每一个普通的社会成员与社会组织；其次，运输基础设施建设地域跨越性强，具有较长的建设周期，投资规模大，且由于技术特征的缘故，运输基础设施一旦建成，客观上就难以实现物质资本的转产与流动，因而运输基础设施投资极容易成为沉淀成本，这都要求其必须以国家投资的形式建设；运输基础设施，尤其是公路建设的级差收益很大。公路等级不同，提供相同服务时所产生的效益也不相同。正是这种特性决定了高等级公路的补偿形式可以采用区别于一般公路产品的补偿形式。

(三)运输的功能

运输虽然不创造新的物质产品，也不增加社会产品总量，不赋予产品以新的使用价值。但其能使生产继续下去，使社会再生产不断推进，通过所提供的空间转移服务，可实现两大功能：产品转移和短暂的产品储存。

1. 产品转移

物流企业的基本功能就是解决社会与消费之间在数量、质量、时间、空间上的矛盾，而运输主要负责空间矛盾的解决。无论物品处于什么形式，是材料、零部件、装配件、在制品，还是制成品；无论是在制造过程中将被移到下一阶段，还是实际上更接近最终的顾客，运输都是必不可少的。运输的主要功能就是利用时间、财务和环境资源，确实提高产品价值，实现产品的长距离移动。运输涉及利用时间资源，是因为产品在运输过程中是难以存取的。这种产品通常是指转移过程中的存货，是供应链战略和快速响应等业务所要考虑的一个因素。运输可以减少制造和配送中心的存货。运输要使用财务资源，是因为运输队所必需的内部开支。这些费用用于司机的劳动报酬、运输工具的运行费用，以及一般杂费和行政管理费用的分摊。运输的主要目的就是要以最低的时间、财务和环境资源成本，将产品从原产地转移到规定地点，而且产品损坏的费用也必须是最小的。

2. 短暂的产品储存

对产品进行暂时存放是一个特殊的运输功能。运输过程中，运输车辆临时作为储存设施存放转移途中的产品，这种储存时间极其短暂(可能是几天，也可能是十几个小时)，到达目的地后，产品又将重新转移，因此，在本质上，运输车辆可被视为一种临时储存设施。另外，在仓库有限的时候，利用运输车辆暂时存放也是一种可行的选择。

二、运输的分类

按照不同标准，运输可以进行不同的分类。

(一)按运输的范畴分类

按运输的范畴分类，运输可以分为干线运输、支线运输、二次运输和厂内运输。

1. 干线运输

干线运输(trunk transport)是指利用道路的主干线路，以及远洋运输的固定航线进行大批量、长距离的运输，是长距离运输的一种重要形式，主要表现为铁路运输。在我国，为了加强铁路的干线运输能力，从广州分别到佳木斯、乌鲁木齐、呼和浩特等地每天都有行包快递及货运专列开行。它们是相关地区进出货物的主要运力。

2. 支线运输

支线运输(branch transport)是相对于干线运输来说的，它是在干线运输的基础上，对干线运输起辅助作用的运输形式。支线运输作为运输干线与收发货地点之间的补充，主要承担运输供应链中从供应商到运输干线上的集结站点以及从干线上的集结点到配送站的运输任务。例如，京包—包兰—兰新线(北京—包头—兰州—乌鲁木齐)、京广线(北京—广州)是我国南北交通的最主要干线，与其相连的京津铁路、石太铁路(石家庄—太原)等相对来说可看作是其相对的支线(在北京和天津、石家庄和太原之间都有高速公路相连，它们也都可以被看作主干线的支线)。

3. 二次运输

二次运输是指经过干线与支线运输到站的货物，还需要再从车站运至仓库、工厂或集贸市场等指定交货地点的运输。二次运输是一种补充性的运输方式，路程短、运量小。干、支线运输到站后，需要将货物由车站运至指定交货地点，如仓库、加工厂、集贸市场等。由于该种运输形式是为了满足单个单位的需要，所以核算成本后，单个物品的运输成本将高于干、支线运输。

4. 厂内运输

厂内运输(equipment of transit in factory)，又称工业运输，是指工厂企业内部在生产过程中所进行的运输，是工矿企业整个生产活动的重要组成部分。即由于厂矿内部技术分工所形成的生产原材料、半成品、在制品与产品(有的还有某些设备与人员)，从企业内一个生产场所运往另一个场所的运输，以及为厂矿生产服务的厂外企业专用线的运输。

(二)按运输的协作程度分类

按运输的协作程度分类，运输可以分为一般运输和联合运输。

1. 一般运输

一般运输(general transport)主要是指在运输的全部过程中，单一地采用同种运输工具，或是孤立地采用不同种运输工具而在运输过程中没有形成有机协作整体的运输形式，如汽车运输、火车运输等。

2. 联合运输

联合运输(combined transport，联运)，是指使用两种或两种以上的运输方式，完成一项进出口货物运输任务的综合运输方式。常见的联运方式有：陆海联运、陆空联运、海空联运、路桥联运(海陆海)和国际多式联运。

国际多式联运(international multimodal transport)，是指按照多式联运合同，以至少两种不同的运输方式，由多式联运经营人将货物从一国境内接管货物的地点运至另一境内指定交付货物的地点的一种运输方式。

(三)按运输中途是否换载分类

按运输中途是否换载分类,运输可以分为直达直线运输和中转运输。

1. 直达直线运输

直达运输是指把商品从产地直接运达到要货单位的运输,中间不需要经过各级批发企业的仓库的运输。直线运输是指为了减少商品流通环节,采用最短运距的运输。直达运输与直线运输的合理性是一致的,通常合称为直达直线运输。

2. 中转运输

中转运输(traffic in transit transfer transport)是指商品销售部门把商品送到某一适销地点,再进行转运、换装或分运的工作。例如,发货地用地方管辖的船舶发运,路途中换装交通部所管辖的船舶运输,或火车整车到达后再用火车零担转运到目的地,都称为中转运输。

(四)按运输设备(方式)分类

按运输设备(方式)分类,运输可以分为公路运输、铁路运输、水路运输、航空运输和管道运输。

三、运输方式及选择

(一)运输方式

如前所述,按运输设备(方式)分类,运输可以分为公路运输、铁路运输、水路运输、航空运输和管道运输。

1. 公路运输

公路运输,是指以公路为运输线,利用汽车等陆路运输工具,做跨地区或跨国的移动,以完成货物位移的运输方式。它是对外贸易运输和国内货物流程的主要方式之一,既是独立的运输体系,也是车站、港口和机场物资集散的重要手段。

公路运输主要使用汽车,也使用其他车辆(如人、畜力车)在公路上进行货客运输,公路运输集散点多、面广,主要承担近距离、小批量的货运及铁路、水运优势难以发挥的短途运输。水运、铁路主要运输难以到达地区的长途、大批量货运。

公路运输最显著的运营特点是它的灵活性。其具体表现在:空间上的灵活性,可以实现门到门运输;时间上的灵活性,可以实现即时运输,即根据货主的需求随时启运;批量上的灵活性,公路运输的启运批量最小;运行条件的灵活性,公路运输的服务范围不仅在等级公路上,还可延伸等级外的公路,甚至许多乡村便道的辐射范围;且普通货物装卸对场地、设备没有专门的要求;服务上的灵活性,能够根据货主的具体要求提供有针对性的服务,最大限度地满足不同性质的货物运送需求。

由于公路运输有很强的灵活性,近年来,在有铁路、水运的地区,一些长途的大批量运输也开始使用公路运输。公路运输的主要优点是灵活性强，公路建设期短，投资较低，易于因地制宜，对收货站设施要求不高。可以采取"门到门"的运输形式，即从发货者门口直达收货者门口，而不需转运或反复装卸搬运。公路运输也可作为其他运输方式的衔接手段。公路运输的经济半径，一般在 500 千米以内。

其优点是：灵活性强，可以实现门对门的运输，运输速度快，物品损耗少。

其缺点是：运输能力低，受容积限制，成本高，劳动生产率低，不适合运输大宗物品，长距离运输费用较高，环境污染比其他运输方式严重得多。

公路运输主要适用于以下作业：近距离的独立运输作业；补充和衔接其他运输方式。当其他运输方式担负主要运输时，由汽车担负起点和终点处的短途集散运输，完成其他运输方式到达不了的地区的运输任务。

2. 铁路运输

铁路运输是利用铁路进行货物运输的方式，是利用铁路设施、设备运送旅客和货物的一种运输方式，在国际货运中的地位仅次于海洋运输。铁路运输与海洋运输相比，一般不易受气候条件的影响，可保障全年的正常运行，具有高度的连续性。铁路运输主要承担长距离、大数量的货运，在没有水运条件地区，几乎所有大批量货物都要依靠铁路，是在干线运输中起主力运输作用的运输形式。

铁路运输的优点是速度快，速度可达 80～120 千米/时；运输不太受自然条件限制，可提供全天候的运行；载运量大，可满足大量货物一次性高效率的长途运输要求；运行平稳，运输的安全性能高，遭受风险较小；运输能耗低，成本低。

其主要缺点是灵活性差，只能在固定线路上实现运输，需要以其他运输手段配合和衔接；设备和站台等限制使铁路运输的固定成本较高，建设周期较长，占地也多；由于设计能力是一定的，当市场运量在某一阶段急增时难以及时得到运输机会；铁路运输的固定成本很高，但变动成本相对较低，因而近距离的运费较高；长距离运输情况下，需要进行货车配车，其中途停留时间较长；铁路运输由于装卸次数较多，货物错损或事故通常也比其他运输方式多。此外，铁路运输还存在不能跨洋过海的缺点，使其应用在一定的程度上受到限制。

铁路运输经济里程一般在 500 千米以上。铁路运输最适合承担中长距离且运量大的货运任务。

铁路运输和公路运输都有整车运输、零担货运和集装箱运输三种常见形式。

1) 整车运输

整车运输(transportation of truck-load)是指托运一批次货物至少占用一节货车车皮(公路运输的一辆运货汽车或一次货物运输在 3 吨以上)进行铁路或公路运输。

2) 零担货运

零担货运(less-than-truck-load transport)是指当一批货物的重量或容积不满一辆货车时，可与其他几批甚至上百批货物共用一辆货车装运，叫零担货物运输。零担货运的营运组织形式有直达零担、中转零担和沿途零担三种。

3) 集装箱运输

集装箱运输(container transport)是指以集装箱这种大型容器为载体，将货物集合组装成集装单元，以便在现代流通领域内运用大型装卸机械和大型载运车辆进行装卸、搬运和完成运输任务，从而更好地实现货物"门到门"运输的一种新型、高效率和高效益的运输方式。这是使用铁路列车运送客货的一种运输方式。

3. 水路运输

水路运输是指利用船舶等浮运工具，在水域沿航线载运货物的一种运输方式。它是在干线运输中起主力作用的运输形式。

水路运输具有能耗省、成本低，尤其在运输大宗货物或散装货物时，采用专用的船舶运输，可以取得很好的技术经济效果；运输距离长，其连接被海洋所阻断的大陆，是发展国际贸易的强大支柱；与其他几种运输方式相比较，具有运量大等明显优势。

但水路运输受自然条件的限制与影响很大，即受海洋与河流的地理分布及其地质、地貌、水文与气象等条件和因素的制约与影响明显；而且对综合运输依赖性较大的河流与海洋的地理分布有相当大的局限性，水运航线无法在广大陆地上任意延伸。其主要缺点是：水陆运输受自然条件(港口、水位、季节和气候等)影响较大，一年中中断运输的时间较长；航行风险大，安全性能差；速度慢，时间长。

水路运输最适合承担运量大、距离长、对时间要求不太紧、运费负担能力相对较低的任务。在内河及沿海，水路运输也常作为小型运输工具使用，担任补充及衔接大批量干线运输的任务。

4. 航空运输

航空运输是利用飞机运送货物的现代化运输方式，常被看作其他运输方式不能运用时，用于紧急服务的一种极为保险的方式。近年来，世界各地灾难频发，采用航空运输的方式进行抢险救灾日趋普遍，航空货运量越来越大，航空运输也成为应急物流的主要形式之一，其地位日益提高。

航空运输主要使用飞机或其他航空器进行运输，其单位成本很高，最适合承担运量较少、距离大、对时间要求紧、运费负担能力较高的任务。主要运载的货物有两类：一类是价值高、运费承担能力很强的货物，如贵重设备的零部件、高档产品等；另一类是紧急需要的物资，如救灾抢险物资等。航空运输的主要优点是速度快，不受地形的限制。在火车、汽车都达不到的地区也可依靠航空运输，因而有其重要意义。

航空运输的主要优点是：直达性，速度快。因为空中较少受自然地理条件限制，运输航线一般取两点间的最短距离；安全性能高，随科技进步，飞机不断地进行技术革新，使其安全性能增强，事故发生率低，保险资费也相应较低；经济性良好，使用年限较长，包装要求低，因为空中航行的平稳性和自动着陆系统减少了货损的比率，可以降低对包装的要求。

其缺点是：受气候条件的限制，在一定程度上影响了运输的准确性和正常性；对航空设施要求高，建设成本高，维护费用高；运输能力小，运输能耗高；运输技术要求高，人员(飞行员、空勤人员等)培训费用高；运输成本相对于其他运输方式高，但对于致力于全球市场的厂商来说，当考虑库存和顾客服务问题时，空运也许是成本最为节约的运输模式。

5. 管道运输

管道运输是一种以管道输送流体货物的一种方式，而货物通常是液体和气体，是干线运输的特殊组成部分。它利用管道输送气体、液体和粉状固体，主要依靠物体在管道内顺着压力方向循序移动来实现运输目的，和其他运输方式的重要区别在于，管道设备是静止不动的。就液体与气体而言，凡是在化学上稳定的物质都可以用管道运送。因此，废水、泥浆、水甚至啤酒都可以用管道传送。另外，管道对于运送石油与天然气十分重要——有关公司多数会定期检查其管道，并用管道检测仪做清洁工作。有时候，气动管(pneumatic tube)也可以做类似工作，以压缩气体输送固体舱，而内里装着货物。管道运输石油产品比水路运输费用高，但仍然比铁路运输便宜。大部分管道被其所有者用来运输自有产品。

管道运输主要运输单向、定点、量大的流体及粉末状货物，目前，全球的管道承担着很大比例的能源物资运输，包括原油、成品油、天然气和煤浆等。

管道运输的主要优点是：货损少，由于采用密封设备，在运输过程中可避免货物散失、丢失等损失，也不存在其他运输设备本身在运输过程中消耗动力所形成的无效运输问题；运输量大，适合大且连续不断运送的物资；运输效率高，适合自动化管理，管道运输是一种连续工程，运输系统不存在空载行程，所以系统的运输效率高、建设周期短、建设费用低、运输费用低、耗能少、成本低、效益好。就石油的管道运输与铁路运输相比，交通运输协会的有关专家曾算过一笔账：沿成品油主要流向建设一条长 7000 千米的管道，它所产生的社会综合经济效益(仅降低运输成本、节省动力消耗、减少运输中的损耗三项)，每年就可以节约资金数十亿元。而且对于具有易燃特性的石油运输来说，管道运输更有着安全、密闭等特点，且安全可靠、运行稳定、不会受恶劣多变的气候条件影响；有利于环境保护，能较好地满足运输工程的绿色环保要求；对所运的商品来说损失的风险很小。

其缺点有：运输对象受到限制，承运的货物比较单一；灵活性差，不易随便扩展管道，管线往往被完全固定，服务的地理区域十分有限；设计量是个常量，所以与最高运输量之间协调的难度较大，且在运输量明显不足时，运输成本会显著增加；仅提供单向服务；运速较慢。

(二)运输方式的选择

物流企业在面对不同运输任务时，必须依照任务特性和客户要求等选择合适的运输方式。五种基本运输方式都有其特定的运输路线、运输工具、运输技术、经济特性及合理的使用范围，它们又可以组成不同的联合运输方式。在进行运输方式选择时，只有熟知各种运输方式的效能和特点，结合商品的特性、运输条件、市场需求等，才能合理地选择和使用各种运输方式，获取较好的运输绩效。

进行运输方式选择时，考虑因素主要有以下几个方面。

1. 运营成本

五种运输方式的运营成本不尽相同，如表 5-1 所示。

2. 商品特性

这是影响企业选择运输方式的重要因素。一般来讲，粮食、煤炭等大宗货物适宜选择水路运输；水果、蔬菜、鲜花等鲜活商品或电子产品、贵重物品以及季节性商品等适宜选择航空运输；石油、天然气、煤浆等适宜选择管道运输。

表 5-1　各种运输方式成本结构比较

运输方式	总成本=固定成本+可变成本	
	固定成本	可变成本
公路运输	低(车辆、站场建设)	较高(燃油、维修等)
铁路运输	较低(个别企业专用车辆)	较低
水路运输	高(船舶、装卸设备等)	低
航空运输	次高(飞机等设施设备)	高(燃油、维修等)
管道运输	最高(均为单向管道，有些专用)	最低

3. 运输速度和路程

运输速度的快慢、运输路程的远近决定了货物运送时间的长短。而在途运输货物犹如企业的库存商品，会形成资金占用成本。一般来讲，批量大、价值低、运距长的商品适宜选择水路或铁路运输；而批量小、价值高、运距长的商品适宜选择航空运输；批量小、距离近的适宜选择公路运输。

4. 运输的可达性

不同运输方式的运输可达性也有很大的差异，公路运输可实现"门到门"运输，可达性最强，其他依次是铁路运输、水路运输与航空运输。

5. 运输的一致性要求

一致性要求是指在若干次装运中履行某一特定的运次所需的时间与原定时间或与前次运输所需时间的一致性。它是运输可靠性的反映。近年来，托运方已把一致性看作高质量运输的最重要的特征。如果给定的一项运输服务第一次花费 2 天、第二次花费 6 天，这种意想不到的变化就会给下游企业造成严重的时间贻误问题。厂商一般首先要寻求实现运输的一致性，然后再提高交付速度。如果运输缺乏一致性，就需要安全储备存货、以防止预料不到的服务故障。运输一致性还会影响买卖双方承担的存货义务和有关风险。

6. 运输的可靠性要求

运输的可靠性属于运输服务的质量属性。就质量而言，关键是要衡量运输的可得性和一致性，这样才有可能确定总的运输服务质量是否达到所期望的服务目标。运输企业如要持续不断地满足顾客的期望，就要不断改善承诺。运输质量来之不易，它是详细计划、全面衡量和不断改善的产物。在顾客期望和顾客需求方面，基本的运输服务水平应该现实一点。运输企业必须意识到顾客的不同，所提供的服务就必须与之匹配。对于没有能力始终如一地满足不现实的、过高的服务目标必须取缔，因为对不现实的全方位服务轻易地作出承诺会极大地损害企业的信誉。

7. 运输费用的承受能力

企业开展商品运输工作，必然要支出一定的财力、物力和人力。各种运输工具的运用都要企业支出一定的费用。因此，企业进行运输决策时，要受其经济实力以及运输费用的制约。假如企业经济实力弱．就不可能使用运费高的运输工具(如航运)，也不能自设一套运输机构来进行商品的运输工作。

总体而言，无论何种企业、从事何种业务、规模如何，其运输工具的选择都是为企业最大限度地节约开支、增加收入服务的。

表 5-2 按各种营运特征的优劣进行评价，采用打分法。表 5-2 中各种营运特征的分值越高，效果越好。

表 5-2 各种运输方式营运特征比较

运输方式	公路运输	铁路运输	海洋运输	江河运输	航空运输	管道运输
运输能力	2	5	6	3	1	4
运价	3	5	6	4	1	2
运速	5	4	2	5	6	1
连续性	4	5	2	1	3	6
灵活性	6	4	2	2	5	1
可靠性	5	4	2	3	1	6

不同物流企业面临不同的客户要求和承受能力、不同的特性货物时，只需将每一种营运特性的权重加以调整，就可以找到合适的运输方式。

技能训练 1

某物流企业接到一项业务，将 500 吨散装原材料从兰州运往连云港，3 天内运到，客户希望用最省钱的方式，物流企业应该选择何种方式？

分析：

很明显，从兰州到连云港，水路基本不太现实，管道也不可能，对客户而言，航空运输更不现实，只有公路、铁路两项选择，就铁路而言，贯穿中国东、中、西部最主要的铁路干线陇海铁路是从江苏连云港通往甘肃兰州的铁路，全长 1 735 千米，全程约 23 小时，是唯一的选择。就公路而言，连霍高速连接江苏连云港和新疆霍尔果斯，全长 4 395 千米，途经 6 个省，目前有 41% 的部分为高速公路，其他为一级公路，是中国最长的横向快速陆上交通通道，从兰州至连云港 1 670 千米，公路运输大约 18 小时。

考虑货物为 500 吨散装原材料，公路运输要用到多辆货车，成本较高，故建议采用铁路运输方式。

四、物流企业运输作业及合理化管理

(一)运输管理的含义

运输管理是指对产品从生产者手中到中间商手中再至消费者手中的运送过程所进行的一切管理活动。其实质是对铁路、公路、水运、空运、管道五种运输方式的运行、发展和变化，进行有目的、有意识的控制与协调，实现运输目标的过程。它包括对运输方式的选择、运输作业管理和推进运输活动合理化等工作。

(二)运输作业管理

货物运输涉及货主及诸多服务提供商，并围绕着货物发出与到达、中转及途中作业展开，其中发出与到达作业和中转作业由港站计划部门进行安排与实施；途中作业则由承运人的计划管理部门安排，由司乘人员具体实施。运输货物的过程主要包括集货(组织货源货流)、办理货物承运并分配运输任务、货物保管、装卸、运送、途中作业、到达货票检查、卸车(船舶、飞机)、保管、分散(交付)等过程。此外，对运输活动进行监控也是运输作业管理必不可少的内容。

1．运输作业流程

1) 货物发运作业

承运人接受托运人的托运要求并安排车辆(船舶、飞机)、车次、组织装车、核算制票的工作共同构成货物发运工作。

在货物运输前，托运人首先须向运输企业或其代理提出货物托运申请并填写托运单，托运单也是运输企业的承运单。货物运单是运输合同，它规定了承运人、发货人和收货人在运输过程中的权利、义务和责任。承运人或其代理在受理货物运单时，应确认托运的货物是否符合规定的运输条件，确认无误后根据车(船舶、飞机)次情况指定进货日期或装车日期。

对进入货场的货物，承运人应按规定进行验收：检查货物品名、数量、重量是否与托运单相符，货物包装和标记是否符合规定的要求。一切无误后先将货物安放在堆场或仓库。船舶要根据配载计划，编制堆场积载图，再将货物按积载图固定堆放。

此外，货物在装运前，必须对运输工具进行技术检查和货运检查。在确认能保证货物完整时才可装货。装货时要力求充分利用运输工具的装载能力，并防止偏载、超载和倒塌等。装载完毕后，要严格检查货物的装载情况是否符合规定的技术要求，然后按规定对车辆和货舱施封。军用物资、集装箱货物在进场验收后；一般货物在装车、装船完毕后，需在运单上记载运班号或运输工具编号、货物的实装重量及货物状况等，并制作货票或出具收据。对公路运输而言，运输前还需要进行运输路线的实地考察，并到相应的交通管理部门办理审批手续等。

在水路、航空运输中，发货人面对的往往是实际承运人的代理。港口直接面对的是实际承运人或其代理，而不是托运人。港口只负责接受租用港口的实际承运人或其代理的货物，并按他们的指示在港口交接货物。

2) 途中作业

货物在运送途中发生的各项作业统称为途中作业。货物在运送过程中，不同运输方式之间或同一运输方式内部往往需要各种形式的内部交接，才能到达目的地港站交付收货人。货物在不同运输方式之间交接时的整理或换装，以及需要中转的货物在中转站的作业都是途中作业。为了保证货物运输的安全与完整，便于划清企业内部的运输责任，货物在运输途中如发生装卸、换装、保管等作业，交接时应按规定办理交接手续。

货物在运输途中，如发现货物超重、装载不当、货物泄漏或出现异状，以及运输工具技术状态不良，不能继续运行，或有可能危及运行安全时，由发现站或指定港站及时换装或整理，并做好记录工作。

对运输工具进行简单的检修，补给继续远航所需的燃料、水、冰、食品及其他所需物品是港站对货物在运输途中所进行的作业。

3) 到达作业

货物在到达站发生的各项货运作业统称为到达作业，包括货运票据交接、货物卸车、保管和交付等内容。

港站在接到运输工具到达及卸货内容的计划后，应进行卸载准备工作。运输工具到达港站界域外时应及时安排进港进站，并将运输工具送至卸货作业线。卸货前，港站应该认真核查运输工具、集装箱和货物的状态是否完好、如发现异状或有异议，要及时与同车(船舶、飞机)运行负责人做好货运记录。卸货时，应根据货物积载图将货物准确无误地卸下，并清点货物件数和衡量货物重量，核对货物标志和货物状态，如果发现货运事故，应编制货运记录。货运记录是分析事故责任和处理事故赔偿的重要依据。卸下的货物应按方便提取的原则，合理有序地堆码。

收货人或其代理人在港站领取货物时，应出具货票，并据此交换货物。

2. 运输监控

从生产地到消费者之间的运输成本一般是很大的，发达国家典型的物流系统中运输成本平均占销售收入的 1/3。因此，尽量减少运输开支并提供与费用相对应的服务水平是很重要的。

一般来说，物流监控系统对运输的监控有以下两个层次。

第一，整车或大批量的物料供应给大客户。供应给大客户的这些货物可以是包装或托盘化的，也可以是干散货或液体散货。运输方式可以是铁路、公路、水运或航空。

第二，从物流中心向客户的小批量支线运输。也可以采用所有的运输方式，物流监控系统应记录所有发运的货物、客户服务水平和发生的成本等。

(三)运输合理化

在物流系统中，运输通过转移物品的空间位置，创造了空间效用，是最重要的物流活动之一。运输合理化既是人们广泛关注的问题，也是实现运输系统优化的关键问题。因此，在物流企业管理时，实现运输系统合理化是一项基本的任务。

1. 合理运输的衡量标准

成本、速度和一致性，是影响运输合理化的重要因素，也是衡量运输活动是否合理的标准。

1) 运输成本

运输成本是指企业为货物运输所支付的所有款项，包括管理费用和维持运输中存货的有关费用。运输系统应该尽量把系统总成本降到最低程度，这意味着最低费用的运输并不总是导致最低的运输总成本，最低的运输总成本也并不意味着合理化的运输。

2) 运输速度

运输速度是指完成特定的运输所需的时间。

运输速度和成本的关系，主要表现在以下两个方面：首先，能够提供更快速服务的承运商实际要收取更高的运费；其次，运输服务越快，运输中的存货越少，无法利用的运输间隔时间就越短。因此，选择期望的运输方式时，关键问题就是如何平衡运输服务的速度和成本。

3) 运输一致性

运输一致性是指在若干次装运中履行某一次运输所需时间的一致性。

运输管理的目标是使最终的总运输成本达到最低，因此不能只考虑一个因素，要根据实际情况，综合考虑多个因素，才能取得较好的效果。在物流系统的设计中，必须准确地对待运输成本和服务水平之间的平衡，发掘并管理所期望的低成本、高质量的运输，是物流的一项最基本的任务。

2. 影响运输合理化的因素

影响运输合理化有外部因素，也有内部因素。影响运输合理化的外部因素主要有以下五个方面。

(1) 政府。由于运输对经济的影响，政府必须维持运输的高利率水平，期望建立稳定兼具效率的运输环境，以使经济持续增长。与其他商品活动相比，许多政府更多地干预了运输活动，如采取规章制度或经济政策等形式，限制承运人所能服务的市场或确定他们所能收取的价格来规范他们的行为；支持研究开发或提供诸如公路或航空交通控制系统之类的通行权来促进承运人发展运输。

(2) 资源分布状况。我国地大物博，资源丰富，但分布不平衡，这也在很大程度上影响了运输布局的合理性。如能源工业中的煤炭和石油，目前探明的储量都集中在西南、西北地区，而我国东南部省区的储量很小，但其工业产值却很大，这样就形成了我国煤炭、石油运输的总流向是"北煤南运""西煤东运""北油南运""东油西运"的格局。因此，资源的分布状况也会对运输活动产生较大的影响。

(3) 国民经济结构的变化。运输是生产过程的继续，它所运送的货物是工农业产品。因此，不仅工农业产品的增长速度成正比例地影响着货运量及其增长速度，而且工农产品结构，是运输合理化的重要环节。

(4) 运输网布局的变化。交通运输网络的线路和港站的地区分布及其运输能力直接影响着运输网络的辐射范围，从而影响货运量在地区上的分布与变化，如某地铁路网分布密度高于公路网分布密度，则铁路运量就大于公路运量，如果该地运输网布局合理，将会促进货运量的均衡分布，就可以促进运输的合理化。

(5) 运输决策的参与者。运输决策的参与者主要有托运人、承运人、收货人。他们有共同的目的，就是要在规定的时间内以最低的成本将货物从起始地转运到目的地。承运人作为中间人，期望以最低的成本完成所需的运输任务，同时获得最大的运输收入，并期望在提取和交付时间上富有灵活性，以便于能够使个别的装运整合成经济的批量运输。

影响运输合理化的内部因素也主要有以下五个方面。

(1) 运输距离。在运输时，运输时间、运输货损、运费、车辆或船舶周转等运输的若干技术经济指标，都与运距有一定的比例关系，运距长短是运输是否合理的一个最基本因素。缩短运距从宏观和微观来看都会带来好处。

（2）运输环节。每增加一次运输，不但会增加起运的运费和总运费，而且必须要增加运输的附属活动，如装卸、包装等，各项技术经济指标也会因此下降。所以，减少运输环节，尤其是减少同类运输工具的环节，对合理运输有促进作用。

（3）运输工具。各种运输工具都有其使用的优势领域，对运输工具进行优化选择，按运输工具的特点进行装卸运输作业，最大限度地发挥所用运输工具的作用，是运输合理化的重要环节。

（4）运输时间。运输是物流过程中需要花费较多时间的环节，尤其是远程运输。在全部物流时间中，运输时间占绝大部分，所以，运输时间的缩短对整个流通时间的缩短有决定性的作用。此外，运输时间短，有利于运输工具的加速周转，充分发挥运力的作用，有利于货主资金的周转，有利于运输线路通过能力的提高，对运输合理化有很大的贡献。

（5）运输费用。运费在全部物流费用中占很大比例，运费高低在很大程度上决定了整个物流系统的竞争能力。实际上，运输费用的降低，无论是对货主企业来讲还是对物流经营企业来讲，都是运输合理化的一个重要目标。运费的判断，也是各种合理化措施是否行之有效的最终判断依据之一。

3. 运输合理化的有效措施

（1）提高运输工具实载率。实载有两个含义：一是单车实际载重与运距的乘积和标定载重与行驶里程的乘积的比率。这一比率在安排单车、单船运输时，是作为判断装载合理与否的重要指标。二是车船的统计指标，即一定时期内车船实际完成的货物周转量(以 t·km 计)占车船载重吨位与行驶公里的乘积的百分比。在计算时，车船行驶的公里数，不但包括载货行驶里程，也包括空驶里程。

（2）减少动力投入，增加运输能力。这种合理化的要点是少投入、多产出，走高效益之路。运输的投入主要是能耗和基础设施的建设。在设施建设已定型和完成的情况下，尽量减少能源投入，这是少投入的核心。做到了这一点就能大大节约运费，降低单位货物的运输成本，达到合理化的目的。

（3）合理配置运输网络。运输网布局合理，将会促进货运量的均衡分布，可以促进运输的合理化。

（4）选择最佳运输方式。合适的运输方式能够最大限度地节约成本、创造价值。例如，短途运输，公路比铁路合适，长途运输则反之；国际贸易更多采用海运；急件为节约时间则采用航空运输。

（5）发展社会化运输体系，推进共同运输。运输社会化的含义是发展运输的大生产优势，实行专业分工、打破一家一户自成运输体系的状况。实行运输社会化，可以统一安排运输工具，避免对流、倒流、空驶、运力不当等多种不合理的形式发生。这样不但可以追求组织效益，还可以追求规模效益。社会化运输体系中，各种联运体系是其中水平较高的方式。联运方式能充分利用面向社会的各种运输系统，通过协议进行一票到底的运输，有效打破一家一户的小生产方式，受到了运输企业欢迎。

（6）开展中短距离铁路公路分流，运用"以公路代铁路"的运输。这一措施的要点，是在公路运输经济里程范围内，或者经过论证、超出通常平均经济里程范围，也尽量利用公路。这种运输合理化的表现主要有两点：一是对于比较紧张的铁路运输，用公路分流后，可以得到一定程度的缓解，从而加大这一区段的运输能力；二是充分利用公路"门到门"和中短途运输中速度快且灵活机动的优势，实现铁路运输服务难以达到的水平。

(7) 发展直达运输。直达运输是通过减少中转过载换载，从而提高运输速度，节省装卸费用，降低中转货损的运输方式。直达的优势，尤其是在一次运输批量和用户一次需求量达到了整车时表现突出。此外，在生产资料、生活资料运输中，通过直达建立稳定的产销关系和运输系统，也有利于提高运输的计划水平、技术水平和运输效率。特别需要一提的是，如同其他合理化措施一样，直达运输的合理性也是在一定条件下才会有所表现的，不能绝对认为直达一定优于中转，这要根据用户的要求，从物流总体出发作出综合判断。

(8) 配载运输。配载运输是充分利用运输工具的载重量和容积，合理安排装载的货物及载运方法以求得合理化的一种运输方式。配载运输也是提高运输工具实载率的一种有效形式。配载运输往往是轻重商品的混合配载，在以重质货物运输为主的情况下，同时搭载一些轻泡货物。例如，海运矿石、黄沙等重质货物，在仓面捎运木材、毛竹等；铁路运矿石、钢材等重物上面搭运轻泡农、副产品等。在基本不增加运力投入，基本不减少重质货物运输的情况下，解决了轻泡货的搭运，因而效果显著。

(9) "四就"直拨运输。"四就"直拨是减少中转环节，力求以最少的中转次数完成运输任务的一种形式。一般批量到站或到港的货物，首先要进批发部门或配送部门的仓库，然后再按程序分拨或销售给用户。这样一来，往往会出现不合理运输。"四就"直拨是由管理机构预先筹划，商品不入库，直接就厂或就站(码头)、就库、就车(船)将货物分送给用户。

(10) 发展特殊运输技术和运输工具。依靠科技进步是运输合理化的重要途径。例如，专用散装罐车，解决了粉状、液状物运输损耗大、安全性差等问题；袋鼠式车皮，大型半挂车解决了大型设备整体运输问题；集装箱高速直达加快了运输速度，增加了运输量等。这些都是通过先进的科学技术实现了合理化。

【任务分析】

1. 什么是运输？

参考信息：

运输是用专用运输设备将物品从一地点向另一地点运送。其中包括集货、分配、搬运、中转、装入、卸下和分散等一系列操作。

2. 什么是运输管理？

参考信息：

运输管理是指对产品从生产者手中到中间商手中再至消费者手中的运送过程所进行的一切管理活动。

3. 对该业务，运通公司有哪些运输方式可供选择？

参考信息：

按运输设备(方式)分类，运输可以分为公路运输、铁路运输、水路运输、航空运输和管道运输五种常见方式，也可以采用联运方式。对运通公司而言，此次运输任务，水路运输、航空运输和管道运输并不合适，只有公路运输、铁路运输可供选择。

4. 你认为，对该公司而言，哪种方式最适合此次运输？为什么？

参考信息：

此次运输，若选择公路运输，从青岛出发，经胶州湾高速、青兰高速、济莱高速、京福高速、308 国道、282 省道、邢临高速至邢台，全长 640 余千米，耗时 7 小时。若选择铁路运输，从青岛经济南、德州，到石家庄再至邢台，全长 750 余千米，不考虑中转候车等，耗时 7 小时。在综合考虑运营成本、商品特性、运输速度和路程，以及该公司有合适的承运车辆，公路运输时间有保障，且能实现"门到门"服务，最合适的运输方式应该是利用自有车辆进行公路运输。

【任务实施】

假如你是该公司负责运输业务的业务骨干，你认为在实施此项运输之前应该做哪些事情？

参考信息：

进行运输路线的实地考察；制订该项大件货物运输方案；到相应的交通管理部门办理审批手续。

【任务总结】

运输是用专用运输设备将物品从一地点向另一地点运送。其中包括集货、分配、搬运、中转、装入、卸下和分散等一系列操作。运输可以分为干线运输、支线运输、二次运输和厂内运输；一般运输和联合运输；直达运输和中转运输；公路运输、铁路运输、水路运输、航空运输和管道运输。运输方式的选择主要应考虑以下因素：运营成本、商品特性、运输速度与路程、运输可达性、一致性要求、可靠性要求和运输费用的承受能力。

【任务实训】

实训 5.1 海尔运输

海尔物流是海尔集团为了发展配送服务而建立的一套完备齐全、现代化的物流配送体系，海尔物流服务的主要对象分为两类：海尔集团内部的事业部和集团外部的第三方客户。海尔物流拥有 16 000 部货车，海尔物流通过分布在全国的服务网络，可视的、灵活的管理系统去帮助客户，并提高对客户的响应速度和及时配送速度。

(1) 订单聚集。海尔采用 SAPLES 物流执行系统，将运输管理、仓库管理以及订单管理系统高度一体化整合，使海尔能够将顾客订单转换成为可装运的品项，从而有机会去优化运输系统。

(2) 承运人管理和路径优化。海尔物流提供持续的一致的程序去管理费用和承运团队的关系，依靠对运输的优化而持续地更新海尔的运输费用折扣。

(3) 多形态的费率和执行系统。海尔物流具备各种形式的运输模式，包括了快递、整车、零担、空运、海运和铁路运输，并可按照客户的需求，应用各种先进的费率计算系统向客户提出建议。

(4) 行程执行。海尔物流应用海尔总结出来的一整套的建立在相互协商、不同服务功能的界定和其他商业标准的方法来计算运费。通过集中运输中心的设立，可以整合所有的承运者，选择合适的承运工具，大幅度地降低偏差和运输成本。

(5) 可视化管理。海尔物流的动态客户出货追踪系统可以对多点和多承运人进行监控，相关的客户可以从系统上直观地查询订单的执行状况甚至每个品种的信息。

(6) 运输线合并。海尔物流将不同来源的发货品项，在靠近交付地的中心进行合并，组合成完整的订单，最终作为一个单元送交到收货人手中。

(7) 持续移动。海尔物流可以根据客户的需要去提高承运的利用率，降低收费费率。

(8) 车队、集装箱和场地管理。许多客户都拥有自己的专有货车、集装箱和设施场地供自己的车队使用。海尔物流可以管理这些资源从而将其纳入海尔物流整体运输解决方案中。海尔的先进系统可以提供完整的车辆可视化管理。

(9) 国际贸易管理。海尔凭借在对出口文件、保税设施、守法、金融贸易、货物运输等方面的经验，能进行适当的处理。

(资料来源: http://doc.mbalib.com/view/2f259c72cfb5a72c97bb6ae73381c607.html)

1. 实训要求

请分析这些运输服务会给客户和海尔物流带来什么利益？

2. 考核标准

本实训的考核标准，如表 5-3 所示。

表 5-3　实训 5.1 的考核标准

分析深入 40 分	表达准确 40 分	步骤清晰 10 分	书写工整 10 分	总分 100 分

任务二　仓 储 管 理

【任务描述】

英迈公司的仓储管理

英迈国际作为一个世界 500 强企业其在仓储管理上的措施很值得我们去借鉴和学习。在一年的工作中英迈公司全部库房只丢了一根电缆。半年一次的盘库，由公证公司做第三方机构检验，前后统计结果只差几分钱。陈仓损坏率为千分之零点三。运作成本不到营业总额的 1%。这些都发生在全国拥有 15 个仓储中心，每天库存货品上千种，价值可达 5 亿元的英迈中国身上，他们是如何做到的呢？

1. 几个数字

一毛二分三：英迈库中所有的货品在摆放时，货品标签一律向外，而且没有一个倒置，这是在进货时就按操作规范统一摆放的，目的是为了出货和清点库存时查询方便。运作部曾经计算过，如果货品标签向内，以一个熟练的库房管理人员操作，将其恢复至标签向外，需要 8 分钟，这 8 分钟的人工成本就是一毛二分三。

3 公斤：英迈的每一个仓库中都有一本重达 3 公斤的行为规范指导，细到怎样检查销售单、怎样装货、怎样包装、怎样存档、每一步骤在系统上的页面是怎样的等，在这本指导上都有流程图，有文字说明，任何受过基础教育的员工都可以从规范指导中查询和了解每一个物流环节的操作规范，并遵照执行。在英迈的仓库中，只要有动作就有规范，操作流程清晰的观念为每一个员工所熟知。

5 分钟：统计和打印出英迈上海仓库或全国各个仓库的劳动力生产指标，包括人均收货多少钱，人均收货多少行(即多少单，其中人均每小时收到或发出多少行订单是仓储系统评估的一个重要指标)，只需要 5 分钟。在 Impulse 系统中，劳动力生产指标统计适时在线，随时可调出。而如果没有系统支持，这样的一个指标统计至少得一个月时间。

10 公分：仓库空间是经过精确设计和科学规划的，甚至货架之间的过道也是经过精确计算的，为了尽量增大库存可使用面积，只给运货叉车留出了 10 公分的空间，叉车司机的驾驶必须稳而又稳，尤其是在拐弯时，因此，英迈的叉车司机都要经过此方面的专业培训。

20 分钟：在日常操作中，仓库员工从接到订单到完成取货，规定时间为 20 分钟。因为仓库对每一个货位都标注了货号标志，并输入 Impulse 系统中，Impulse 系统会将发货产品自动生成产品货号，货号与仓库中的货位一一对应，所以，仓库员工在发货时就像邮递员寻找邮递对象的门牌号码一样方便快捷。

4 小时：一次，由于库房经理的网卡出现故障，无法使用 Impulse 系统，结果他在库房中寻找了 4 个小时，也没有找到他想找的网络工作站。依赖 IT 系统对库房进行高效管理，已经成为库房员工根深蒂固的观念。

1 个月：英迈的库房是根据中国市场的现状和生意的需求而建设的，投入要求恰如其分，目标清楚，能支持现有的生意模式并做好随时扩张的准备。每个地区的仓库经理都要求能够在 1 个月之内完成一个新增仓库的考察、配置与实施，这都是为了飞快地启动物流支持系统。在英迈的观念中，如果人没有准备，有钱也没用。

2. 几件小事

(1) 英迈库房中的很多记事本都是收集已打印一次的纸张装订而成，即使是各层经理也不例外。

(2) 所有进出库房都须严格按照流程进行，每一个环节的责任人都必须明确，违反操作流程，即使有总经理的签字也不可以。

(3) 货价上的货品号码标识用的都是磁条，采用的原因同样是因为节约成本，以往采用的是打印标识纸条，但因为进仓货品经常变化，占据货位的情况也不断改变，用纸条标识灵活性差，而且打印成本也很高，采用磁条后问题得到了根本性解决。

（4）英迈要求与其合作的所有货运公司在运输车辆的厢壁上必须安装薄木板，以避免因为板壁不平而使运输货品的包装出现损伤。

（5）在英迈的物流运作中，厂商的包装和特制胶带都不可再次使用，否则，视为侵害客户权益。因为包装和胶带代表着公司自身知识产权，这是法律问题。如有装卸损坏，必须运回原厂出钱请厂商再次包装。而如果由英迈自己包装的散件产品，全都统一采用印有其指定国内总代理怡通公司标识的胶带进行包装，以分清责任。

(资料来源：刘丹. 物流企业管理[M]. 北京：科学出版社，2015)

【任务驱动】

(1) 你认为英迈的运作优势来自哪里？

(2) 英迈公司的仓储管理有哪些地方值得我们学习？

【任务资讯】

一、仓储概述

(一)仓储与仓储管理的概念

仓储是现代物流运作不可或缺的一个重要环节，仓储时间及仓储成本在物流过程中占有相当比重。"仓储"就是"仓"和"储"两个字的组合，其中，"仓"就是指仓库，"储"就是储存的含义。

对仓储与仓储管理的理解，可以从以下几个方面进行。

1. 仓库

"仓"即为仓库，为存放物品的建筑物和场地，可以为房屋建筑、大型容器、洞穴或者特定的场地等，具有存放和保护物品的功能。

2. 仓储

"储"表示"储存"，表示收存以备使用，具有收存、保管、交付使用的意思，当适用有形物品时也称为储存。

仓储(warehousing)则为利用仓库存放、储存未即时使用的物品的行为。简言之，仓储就是在特定的场所储存物品的行为。

对仓储概念的理解要抓住以下要点：第一，满足客户的需求，保证储存货物的质量。确保生产、生活的连续性是仓储的使命之一。第二，当物品不能被即时消耗，需要专门的场所存放时形成了静态仓储。对仓库里的物品进行保管、控制、存取等作业活动，便产生了动态仓储。

3. 仓储管理

2006年9月发布的中国国家标准《物流术语》对仓储管理的定义是：对仓库及仓库内的物资所进行的管理，是仓储机构为了充分利用所具有的仓储资源提供高效的仓储服务所进行的计划、组织、控制和协调过程。

仓储管理的主要任务是利用市场经济手段获得最大的仓储资源的配置；以高效率为原则组织管理机构；不断以满足社会需要为原则开展商务活动；以同效率、低成本为原则组织仓储生产；以优质服务提升企业形象；通过制度化、科学化的先进手段不断提高管理水平；从技术到精神领域提高员工素质。

(二)仓储的类型

根据不同的标准，仓储可以划分为多种类型。

1. 按仓储经营主体分类：自营仓储、营业仓储、公共仓储和战略储备仓储

1) 自营仓储

自营仓储主要包括生产企业仓储和流通企业的仓储。生产企业为保障原材料供应、半成品及成品的保管需要而进行仓储保管，其储存的对象较为单一，以满足生产为原则。流通企业自营仓储则为流通企业所经营的商品进行仓储保管，其目的是支持销售。

自营仓储不具有经营独立性，仅仅是为企业的产品生产或商品经营活动服务，相对来说规模小、数量多、专业性强、仓储专业化程度低、设施简单。

2) 营业仓储

营业仓储是仓储经营人以其拥有的仓储设施，向社会提供仓储服务。仓储经营人与存货人通过订立仓储合同的方式建立仓储关系，并且依据合同约定提供仓储服务并收取仓储费。营业仓储面向社会，以经营为手段，实现经营利润最大化。与自营仓储相比，营业仓储的使用效率较高。

3) 公共仓储

公共仓储是公用事业的配套服务设施，为车站、码头提供仓储配套服务，其运作的主要目的是为了保证车站、码头等的货物作业和运输，具有内部服务的性质，处于从属地位。但对于存货人而言，公共仓储类似于营业仓储，只是不单独订立仓储合同，而是将仓储关系列在作业合同、运输合同之中。

4) 战略储备仓储

战略储备仓储是国家根据国防安全、社会稳定的需要，对战略物资进行储备。战略储备仓储特别重视储备品的安全性，且储备时间较长。所储备的物资主要有粮食、油料和有色金属等。

2. 按照仓储功能分类：生产仓储、流通仓储、中转仓储、保税仓储和加工型仓储

1) 生产仓储

生产仓储为生产领域服务，主要是用来保管生产企业生产加工的原材料、燃料、在制品和待销售的产成品，包括原材料仓储、在制品仓储和成品仓储。

2) 流通仓储

流通仓储为流通领域服务，专门储存和保管流通企业待销售的商品，包括批发仓储、零售仓储。

3) 中转仓储

中转仓储是衔接不同运输方式的仓储,主要设置在生产地和消费地之间的交通枢纽地,如港口、车站等。中转仓储具有货物大进大出的特性,储存期限短,注重货物的周转率。

4) 保税仓储

保税仓储是指使用海关核准的保税仓库存放保税货物的仓储行为。保税仓储所储存的对象是暂时进境但还需要复运出境的货物,或者是海关批准暂缓纳税的进口货物。保税仓储受海关的直接监控,虽然所储存的货物由存货人委托保管,但保管人要对海关负责,入库或出库单据均需由海关签署。

5) 加工型仓储

加工型仓储是商品保管和加工相结合的仓储活动。其主要职能是根据市场需要,对商品进行选择、分类、整理、更换等流通加工活动。

3. 按照仓储的保管条件分类:普通物品仓储、专用仓储和特殊物品仓储

1) 普通物品仓储

普通物品仓储是指不需要特殊条件的物品的仓储。其设备和库房建造都比较简单,使用范围较广。这类仓储具有一般性的保管场所和设施,常温保管,自然通风,无特殊功能。

2) 专用仓储

专用仓储是专门用来储存某一类(种)物品的仓储。一般由于物品本身的特殊性质,如对温、湿度的特殊要求,或易于对与之共同储存的物品产生不良影响,因此,要专库储存。例如,机电产品、食糖和烟草仓库等。

3) 特殊物品仓储

特殊物品仓储是在保管中有特殊要求和需要满足特殊条件的物品的仓储,如危险品、石油、冷藏物品等。这类仓储必须配备防火、防爆、防虫等专门设备,其建筑构造、安全设施都与一般仓库不同。例如,冷冻仓库、石油库、化学危险品仓库等。

4. 按照仓储物的处理方式分类:(保)管式仓储、(消)费式仓储

1) (保)管式仓储

(保)管式仓储也称为纯仓储,是以保管物原样保持不变的方式所进行的仓储。存货人将特定的物品交由保管人进行保管,到期保管人原物交还存货人。保管物除了所发生的自然损耗和自然减量外,数量、质量、件数不发生变化。(保)管式仓储又分为仓储物独立保管仓储和将同类仓储物混合在一起的混藏式仓储。

2) (消)费式仓储

(消)费式仓储是保管人在接受保管物时,同时接受保管物的所有权,保管人在仓储期间有权对仓储物行使所有权,在仓储期满后,保管人将相同种类、品种和数量的替代物交还给委托人所进行的仓储。(消)费式仓储特别适合保管期较短的如农产品、市场价格变化较大的商品长期存放。

(三)仓储的功能

仓储是企业物流系统中不可缺少的子系统。物流系统的整体目标是以最低成本提供令

客户满意的服务，而仓储系统在其中发挥着重要作用。仓储的价值主要体现在其具有的功能上。仓储常见的功能如下。

1．储存保管功能

储存保管功能是仓储最传统、最基本的功能。商品在流通领域中暂时的停滞过程，形成了商品储存。

2．配送加工功能

仓储也具有配送加工功能，例如，考虑颜色、大小、形状等因素，企业的一个产品线包括了数千种不同的产品，这些产品经常在不同工厂生产。企业可以根据客户要求，将产品在仓库中进行配套、组合、打包，然后运往全国各地。

3．调节货物运输能力的功能

仓库除了可满足客户订货的产品整合需求外，对于使用原材料或零配件的企业来说，从供应仓库将不同来源的原材料或零配件配套组合，整合运到工厂以满足需求也是很经济的。通过整合装运的安排，仓库接收来自一系列制造工厂指定送往某一顾客的材料，然后，把它们整合成单一的一票装运。它可以实现最低的运输费率，并减少在某一顾客的收货站台处发生堵塞的可能。该仓库可以把从制造商到仓库的内向转移和从仓库到顾客的外向转移都整合成更大的装运。所以，仓储也发挥着调节货物运输能力的功能。

4．搬运功能

搬运功能可以分为接收、转移或存放、用户订单分拣和配装等几种活动。

1) 接收活动

接收活动既包括运输承运商的卸货，也包括更新仓库中的库存记录，检查是否存在破损情况，以及根据订单和运输记录进行商品数量的确认。

2) 转移或存放活动

转移或存放活动包括将商品移动到仓库进行存储的物理移动，将商品搬运到进行特殊服务(如合并)的地方的移动，以及出厂运输的搬运。

3) 用户订单分拣活动

用户订单分拣活动可分为全面分拣、分批处理分拣、分区分拣和分拨分拣四类。

全面分拣是指一个订单分拣员全面负责一个订单，并负责订单从开始到结束的履行过程。分批处理分拣是指分拣员负责一批订单，负责分拣商品并将其送到站台，而后将它们在各订单间进行分配。分区分拣指将订单分拣员分派到各指定区域，挑选出订单指定通道中的商品，并将其传给下一个分拣员，依次进行来完成整个过程。分拨分拣是指按照一个指定特征划分运输。如同一个承运商，可以将所有订单划分为一组进行分拣，第二组分拣所有由邮局运送的订单，其他组可以根据其他承运商来划分。

4) 配装活动

配装活动既包括准备商品和将配齐的订单商品搬运到承运商的运输设备，并调整存货记录，检查发货订单，也包括替特定用户进行商品的分类和包装。如将商品放入箱、包或其他容器中，放在托盘上，进行包装并标记运输信息(原产地、目的地、发货人、收货人及包装内容)。

上述四项属于仓储的基本功能，即为了满足市场的基本储存需求所具有的基本的操作或行为。

5．信息传递功能

信息传递功能属于仓储的增值功能，即通过仓储高质量的作业和服务，使经营方或供应方获取除这一部分以外的利益。增值功能的典型表现方式包括：一是提高客户的满意度。当客户下达订单时，仓储活动能够迅速组织货物，并按要求及时送达，可提高客户对服务的满意度，从而增加潜在的销售量。二是信息的传递。

6．其他社会功能

仓储的社会功能主要应从三个方面理解：第一，时间调控功能。一般情况下，生产与消费之间会产生时间上的矛盾，通过储存可以克服货物产销在时间上的隔离(如冬季已经生产，但春季才上市的服装；再如，季节生产，但需全年消费的大米等)；第二，价格调整功能。生产和消费之间也会产生价格差。供过于求、供不应求都会对价格产生影响。通过仓储可以克服货物在产销量上的不平衡，达到调控价格的目的。第三，衔接商品流通的功能。商品仓储是商品流通的必要条件，为保证商品流通过程的连续进行，就必须有仓储活动。通过仓储，可以防范突发事件，保证商品的顺利流通。例如，可防止运输被延误、紧急订单等突发情况的发生。

二、仓储业务管理

(一)仓储运作的基本原则

1．面向通道

为使货物容易识别，出入库方便，容易在仓库内移动，标注货物的名称、存储标示的标志等要面对通道放置，以便于操作员能够简单识别。

2．先进先出

仓储货物会有保质期限的问题限制，货物的码放、货架上货物的朝向应该根据货物入库时间决定发货送出次序，先入先出，加快货物周转。这不仅符合会计上的谨慎原则，而且也可以防止货物因保管时期过长而发生变质损耗现象。例如，对于易变质、易破损、易腐败的物品以及对于机能易退化、老化的物品，应放在靠近出入口，易于作业的地方。

3．周转频率对应

依据货物出入库的不同频率确定货物的存放位置。周转率越大离进出口越近。进出频繁的货物放置在靠近仓库进出口的位置，流动性差的物品存放在距离出入口稍远的地方，季节性物品则应按照季节特性选择放置的场所。这样便于货物的搬运，提高物流效率。

4．商品同一原则

相同或相类似的货物存放在相同或相近的位置，以便员工的分拣操作，提高物流效率。

物品放置位置的远近程度，直接影响着出入库的效率和时间安排。

5．重量对应

重量对应是指根据货物的重量酌定存放的位置和保管的方法。较重的货物放置在地上或货架的底层，反之则应该放在货架的上层，需要人工搬运的大型物品码放在货架腰部以下的位置，轻型物品码放在腹部以上的位置，以方便搬运，提高效率，保证安全。另外，重量对应原则还指重不压轻。

6．形状对应

形状对应是指根据货物的形状确定货物存放的位置和保管方法。包装标准化的货物放在货架或托盘上保管，包装非标准化的货物根据形状进行保管。

7．标记明确

对保管货物的品种、数量及保管位置作明确详细的标记，便于作业人视觉识别，以利于货物的查找，提高上货和取货的速度，减少差错的发生。如利用颜色看板、表示符号等方式，能使操作一目了然。

8．分层堆放

选用货架等保管设备对货物进行分层堆放保管，尽量向高处码放，以有效利用库内容积，提高仓库利用率。为防止破损、保证安全，应当尽可能使用自动化货架等保管设备。

9．五五堆放

五五堆码是指以五为基本单位，堆码成各种总数为五的倍数的货垛。以五或五的倍数在固定区域内堆放货物，使货物五五成行、五五成方、五五成包、五五成堆、五五成层，堆放横竖对齐，上下垂直，过目知数，以方便货物的数量控制，清点盘存。

(二)仓储作业管理

仓储作业管理是指以存储、保管活动为中心，从仓库接收商品入库开始，到按需要把商品全部完好地发送出去的全过程。

仓储作业过程主要由入库作业、保管作业及出库作业组成。按其作业顺序可详细分为：接车、卸车、理货、检验、入库、储存、保管保养、装卸搬运、加工、包装和发运等作业环节。各个作业环节之间并不是孤立的，它们既相互联系又相互制约。

1．入库作业流程

入库作业是指从商品接运开始，到货物卸下、开箱理货，检查商品数量、质量，之后将有关进货信息进行处理等作业。

1) 进货的计划分析

进货计划的制订基础及依据是采购计划、进货因素及配合存储作业。

进货因素包括：进货对象及供应商的数量；商品种类及数量；进货车种及车辆台数；每车卸货和进货的时间；进货所需人员数；商品的形状和特征等。

配合存储作业就是做好进货作业与存储作业之间的衔接，包括入库物品的储位指派、存储物品的形式(托盘、箱等)及存货量的计算等。配合存储作业是根据预计到货的商品特性、体积、数量和到货时间等信息，确定好商品存储位置，合理安排人力及设备器材的准备工作。

进货计划的制订必须依据订单所反映的信息，掌握商品到达的时间、品类、数量及具体的到货方式，尽可能准确预测到货时间，以尽早作出卸货、储位、人力、物力等方面的计划和安排。

2) 商品接运与卸货

到达仓库的商品有一部分是由供应商直接运到仓库交货，其他商品则要经过铁路、公路、航舶和飞机等运输工具转运。凡经过交通运输部门转运的商品，均需经过仓库接运，才能入库验收。商品接运是商品进货作业的第一道作业环节，也是商品仓库直接与外部发生的经济联系。其主要职责是及时而准确地向交通运输部门提取入库商品，交通运输部门要求手续齐全，责任分明，避免将一些在运输过程中或运输前就已经损坏的商品带入仓库，为仓库验收工作创造有利条件。

3) 分类及标示

为保证仓库的物流作业准确而迅速进行，在进货作业中必须对商品进行清楚有效地分类编号。可以按商品的性质、存储地点、仓库分区情况对商品进行分类编号。

4) 查核进货信息——核对入库单证

到货商品通常具备下列单据或相关信息：采购订单、采购进货通知单，供应商开具的出仓单、发票及发货明细表等。有些商品还随货附有商品质量书、材质证明书、合格证、装箱单等。对由承运企业转运的货物，接运时还需审核运单，核对货物与单据反映的信息是否相符。若有差错，应填写记录，由送货人员或承运人签字证明，以便明确责任。

5) 商品验收

商品验收是按验收业务流程，核对凭证等规定的程序和手续，对入库商品进行规格、数量、质量和包装方面的检验。在对到库商品进行理货、分类后，根据有关单据和进货信息等凭证清点到货数量，确保入库商品数量准确，同时，通过目测或借助检验仪器对商品质量和包装情况进行检查，并填写验收单据和其他验收凭证等验收记录。对查出的问题及时进行处理，以保证入库商品在数量及质量方面的准确性，避免给企业造成损失。

6) 进货信息处理

按照进货作业流程，商品验收完毕后，即可通过搬运码放过程进入指定储位存储，进入存储作业环节。在此过程中，必须做好进货过程中相关信息的处理，进货作业信息是指示后续作业的基础，因此，掌握并处理好进货信息非常重要。首先须将所有进货入库单据进行归纳整理，详细记录验收情况，登记入库商品的存储位置。然后依据验收记录和到货信息，对库存商品保管账务进行处理，商品验收入库，库存账面数量与库存实物数量同时增加。

2. 保管作业

存货保管的具体步骤如下。

1) 商品编号

商品编码是将商品按其分类内容进行有序编排，并用简明文字、符号或数字来代替商品的名称、类别。通过对商品的编码可以应用计算机进行高效率管理并可实现整个仓储作业的标准化管理。商品编码应遵循以下原则。

(1) 唯一性。虽然被编码的商品可以有很多不同的名称，也可以按不同的方式对其进行描述，但在一个分类编码标准体系中，每个编码对象只有一个代码，即一个代码只代表一种商品。

(2) 简易性。代码结构应尽量简单，以便于记忆，同时也可减少代码处理中的差错，提高信息的处理效率。

(3) 扩充弹性。可为将来可能增加的商品留有扩充编号的余地。

(4) 充足性。所采用的文字、记号或数字应足够用来编号。

(5) 安全性。编码应具有安全性，应具有防止公司机密外泄的功能。

(6) 一贯性。每一种商品都由一种代码来表示，而且必须统一，具有连贯性。

(7) 计算机的易处理性。便于计算机处理是商品编码的重要原则，只有通过计算机进行处理，才能真正提高商品信息传递与处理的正确性，提高商品仓储作业流程的效率。

商品编码的方法很多，常见的有无含义编码和有含义编码两种方式。无含义编码通常可以采用流水顺序码来编排；有含义编码是在对商品进行分类的基础上，采用序列顺序码、层次码等编排。在仓库管理中可以采用以下六种编码方法进行编排。

(1) 流水编码方法。它又称顺序码和延伸式编码。编码方法是将阿拉伯数字或英文字母按顺序往下编排。流水编码的优点是代码简单，使用方便，易于延伸，对编码对象的顺序无任何特殊规定和要求。其缺点是代码本身不会给出任何有关商品的其他信息。流水编码多用于账号或发票编号。

(2) 分组编号法。这种编号方法是按商品特性分成多个数字组，每个数字组代表商品的一种特性。例如，第一组代表商品类别，第二组代表商品形状，第三组代表商品的供应商，第四组代表商品的尺寸，第五组代表商品的顾客等。分组编码方法代码结构简单，容量大，便于通过计算机管理，在仓库管理中使用较广。

例如，某仓库某种商品编码为075006110001，其编码意义可以描述为：类别07，形状5，供应商006，尺寸110，顾客001。对应该仓库的编码代码表07代表饮料，5代表圆瓶，006代表供应商是统一，110代表其尺寸规格为100mm×200mm×400mm，001代表该商品最终发给该市的百安超市。

(3) 数字分段法。这种方法把数字分段，每一段代表具有共同特性的一类商品。

例如，某仓库规定，商品编号由八个数字组成，并规定，第一段数字(前两位，以后类推)表示品项，第二段表示颜色，第三段表示规格，第四段表示材质，……，那么根据该仓库的编码代码表，编号为01010101的商品，就是白色5寸×10寸大小的纯棉毛巾。

(4) 后数位编码法。这种方法利用编号末尾数字，对同类商品进一步分类编码。

例如，某仓库规定，商品编码规则为???—??，查阅仓库的编码代码表，发现该仓库规定服饰编号为390，若为女装，其后数位为1，就是391，若为男装，其后数位为2，就是392。"—"后的数字，若为衬衫，为1，即391—1表示女士衬衫，392—1表示男士衬衫，最后一位数字，代表颜色，1代表白色，……，因此，若某商品编号为391—11，代表的是白色女士衬衫。

(5) 实际意义编码法。其根据商品的名称、重量、尺寸、分区、储位、保存期限等其他实际情况来对商品进行编码。应用实际意义进行编码的特点是能够通过商品编号迅速了解商品的内容及相关信息。

例如：FO4915B1，其实际意义的编码方法如表 5-4 所示。

表 5-4　实际意义的编码方法

编 码		含 义
FO4915B1	FO	表示 FOOD，食品类
	4915	表示 4×9×15，尺寸大小
	B	表示 B 区，商品存储区号
	1	表示第一排货架

(6) 暗示编码法。暗示编码法是用数字与文字组合编码，编码暗示了商品的内容和有关信息。暗示编码法容易记忆，又可防止商品信息外泄。

例如：BY005WB10，其暗示意义如表 5-5 所示。

表 5-5　暗示编码方法

属 性	商品名称	尺 寸	颜色与形式	供 应 商
编码	BY	005	WB	10
含义	表示自行车(bicycle)	表示大小型号为 5 号	表示白色(white)表示小孩型(baby)	表示供应商的代号

2) 堆码和苫垫

堆码和苫垫方法：重叠法、压缝法、俯仰相间法、纵横交错法、栽柱法、宝塔法、通风法、五五法等。

3) 商品保管

商品的日常保管分为两项工作：坚持在库检查(盘点)；加强仓库温湿度管理。

4) 盘点

盘点作业的程序，如图 5-1 所示。

盘点的主要目的是希望通过盘点来检查目前仓库中商品的出入库及保管状况，并由此发现和解决管理及作业中存在的问题，需要通过盘点了解的问题主要有：通过盘点，实际库存量与账面库存量的差异有多大？这些差异主要集中在哪些品种？这些差异会对公司的损益造成多大影响？平均每个品种的商品发生误差的次数情况如何？

通过对上述问题的分析和总结，找出在管理流程、管理方式、作业程序、人员素质等方面需要改进的地方，进而改善商品管理的现状，降低商品损耗，提高经营管理水平。

盘点评价指标如下。

$$盘点数量误差 = 实际库存数 - 账面库存数$$

$$盘点数量误差率 = \frac{盘点误差数量}{实际库存数}$$

$$盘点品种误差率=\frac{盘点误差品种数}{盘点实际品种数}$$

$$平均每件盘差品金额=\frac{盘点误差金额}{盘点误差量}$$

$$平均每品种盘差次数率=\frac{盘差次数}{盘差品种数}$$

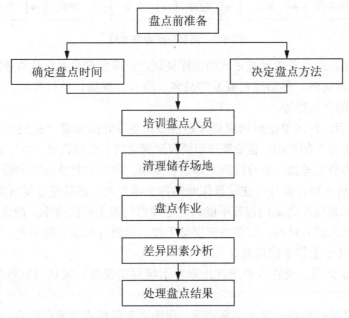

图 5-1　盘点作业流程图

3. 商品出库业务

仓储作业的最后一个步骤就是发货出库。仓库管理人员根据业务部门开出的商品出库凭证，进行物品的搬运和简易包装，然后发货。

1) 商品出库的要求和方式

商品出库要求做到"三不、三核、五检查"。"三不"，即未接单据不翻账，未经审核不备货，未经复核不出库；"三核"，即在发货时，要核实凭证、核对账卡、核对实物；"五检查"，即对单据和实物要进行品名检查、规格检查、包装检查、件数检查和重量检查。商品出库的形式主要有以下五种。

(1) 送货。仓库根据货主单位的商品调拨通知单，把商品交由运输部门或配送服务单位送达收货单位。

(2) 自提。由收货人或其代理人持商品调拨通知单直接到库提取，仓库凭单发货。自提具有"提单到库，随到随发"的特点。

(3) 过户。过户是一种就地划拨的形式，商品虽未出库，但是所有权已从原库存货户转移到新库存货户。仓库必须根据原存货单位开出的正式过户凭证，才能办理过户手续。

(4) 取样。货主单位出于对商品质量检验、样品陈列等需要，到仓库提取货样。仓库根据正式取样凭证才会发给样品，并做好账务记载。

(5) 转仓。货主单位为了业务方便或改变储存条件，需要将某批库存商品从甲库转移到乙库。仓库也必须根据货主单位开出的正式转仓单，办理转仓手续。

2) 商品出库业务流程

商品出库业务流程根据商品在库内的流向，或出库单的流转从而构成各业务环节的衔接。商品出库业务流程，如图 5-2 所示。

图 5-2　商品出库业务流程

(1) 核单备货。商品发放需有正式的出库凭证，仓库保管员必须认真核对出库凭证：首先要审核凭证的真实性，然后核对商品的品名、型号、规格、单价数量、收货单位等，再次审核出库凭证的有效期等。

审核凭证之后，按照单证所列项目开始备货。备货时应本着"先进先出、易霉易坏先出、接近有效期先出"的原则，备货完毕后要及时变动料卡余额数量，填写实发数量和日期。

(2) 复核。为防止差错，备货后应立即进行复核。出库的复核形式主要有专职复核、交叉复核和环环复核三种。此外，在发货作业的各个环节上，都贯穿着复核工作。

(3) 包装。如果出库商品的包装不能满足运输部门或用户的要求，应进行重新包装。

(4) 点交。商品经复核后，需要办理交接手续，当面将商品交接清楚。交接清楚后，提货人员应在出库凭证上签字或盖章。

(5) 登账。点交后，仓管人员应在出库单上填写实发数、发货日期等内容，并签字或盖章。

(6) 清理。其包括现场清理和档案清理。现场清理包括清理库存商品、库房、场地、设备等。档案清理是指对收发、保养、盈亏数量等情况进行整理。

三、库存管理

(一)库存管理策略

库存管理又称库存控制，是指对制造业或服务业生产、经营的产成品以及其他资源进行管理和控制，使其储备保持在经济合理的水平上。

库存的功能主要是维持销售的稳定、维持生产的稳定、平衡企业物流和平衡流动资金的占用。

(二)库存管理基本决策

1. 库存管理决策的内容

(1) 订货时间。考虑到订货提前期和交货提前期等问题，物流企业必须确定好采购时间与加工时间。

(2) 订货批量。考虑到库存成本、缺货成本等因素，企业必须对每次订货批量进行计算。

(3) 库存系统的维护决策。对以上决策，物流企业要保持统一的库存系统，要有统一的库存方式和方法。

2. 库存管理影响因素

影响库存管理的因素很多，归纳起来主要有以下几种。

(1) 需求性质。对于企业需求，必须首先明确需求是否确定、是否有规律，固定的需求对数量、时间的要求都很明确，企业容易早做准备；其次要明确需求是否独立，独立需求只针对相关需求，不受其他需求的影响，比较独立；最后要确定需求是否可替代，不可替代的需求必须提前做好存货准备，以免缺货，而可替代需求则可以通过替代品来避免缺货。

(2) 订货提前期。订货提前期是一个非常重要的影响因素。客户的提前期短或者是紧急订货，对库存的要求就比较高，反之，则低。

(3) 自制或外购。对生产企业而言，若零部件为自制，库存肯定相对要高，若为外购，则应将库存及其成本转移至供应商。

(4) 服务水平。服务水平主要以客户满意度以及及时交货率为衡量指标。客户满意度是对质量和数量的评价，而及时交货率则是对交货时间的评价。企业要提高及时交货率，注意避免缺货，保持一定库存可能是其中比较好的解决方式之一。

3. 库存费用构成

(1) 订购成本，即订货费用，包括了管理和行政成本，清点和计算定量、跟催订单等费用和开销。

(2) 持有成本，即保管成本，主要包括储存设备、整理、保险、窃盗、破损、老化、折旧、税务、资金的机会成本等。

(3) 设置(Setup)成本，即购置成本，是指变换产品线、购置物品所花的成本等。

(4) 缺料成本，即收益损失，主要是指客户流失，或延误的损失。

(5) 补货成本，其主要发生在处理紧急订单时的补货上。

(三)库存管理方法与方式

常见的库存管理方法有：ABC 管理法、CVA(critical value analysis)管理法、定量订货法和定期订货法。

1) ABC 管理法

ABC 管理法是根据在技术或经济方面的主要特征，进行分类排队，分清重点和一般，从而有区别地确定管理方式的一种分析方法。由于它把被分析的对象分成 A、B、C 三类，所以又称为 ABC 分析法。ABC 管理法大致可以分为以下六个步骤。

(1) 收集数据。针对不同的对象和分析内容，收集有关数据。

(2) 统计汇总。

(3) 编制 ABC 分析表。

(4) 按分析表进行分类。

(5) ABC 分析图。

(6) 确定重点的管理方式。

技能训练2

以库存管理为例，某仓库打算对库存商品用 ABC 管理法进行年销售额分析，分析过程如下。

分析：

第一，收集各个品目商品的年销售量，商品单价，每种库存物资的平均库存量，物资的出入库频度，平均库存时间等数据。了解那些资金占用较多的物资，以便实行重点保管和养护。

第二，对原始数据进行整理并按要求进行汇总计算，如计算销售额、品目数、累计品目数、累计品目百分数、累计销售额、累计销售百分比等。

第三，做 ABC 分类表。在总品目数不太多的情况下，可以用大排队的方法将全部品目逐个列表，顺序如下：将(1)中计算出的平均资产占用额顺序由高到低填入第六栏，以此栏为准，将物品名称填入第一栏，单价填入第四栏，平均库存填入第五栏，第二栏按照 1、2、3、…填入品目数累计，计算品目数累计百分数并填入第三栏，计算平均资金占用额(累计销售额)并填入第八栏。具体如表 5-6 所示。

表 5-6 分层的 ABC 分析表

2	5	6	3	4	1	8	7	9
物品名称	品目数累计	品目数累计百分数/%	单价/(元/千克)	平均库存/千克	平均资产占用额(销售额)/万元	平均资产占用额累计/万元	平均资金占用额累计百分数(累计销售额)/%	分类结果
一栏	二栏	三栏	四栏	五栏	六栏	七栏	八栏	九栏
	1	2.78	500.00	6 320	316 000	31 600	61.5	
	2	5.55	200.00	1 670	33 400	349 400	68.0	
	3	8.33	120.00	2 350	28 200	377 600	73.5	
	4	11.11	68.4	2 850	19 494	397 094	77.3	
	5	13.89	35.8	5 300	18 974	416 068	80.1	
	6	16.66	31.0	3 400	10 540	426 608	83.0	
	7	19.44	42.5	2 420	10 285	436 893	85.0	
	8	22.22	27.0	3 430	9 261	446 154	86.8	
	…	…						
	36	100.00					100.0	

请注意第六栏与第七栏的数量关系。

第四，按分析表进行分类。按上表，根据 ABC 分析表中的相关数据，绘 ABC 分析图。将平均资金占用额(将累计销售额为 60%～80%，而品目累计百分数为 5%～15% 的前若干品目定为 A 类；将平均资产占用额(销售额)为 20%～30%，品目累计百分数也为 20%～30% 的若干品目定为 B 类；将其余的品目定为 C 类，即累计销售额为 5%～15%，而品目累计百分数为 60%～80%。

第五，根据 ABC 分析表的结果，绘制 ABC 分析图。

最后，对 ABC 三类商品采取不同的管理策略，如表 5-7 所示。

其中，A 类物料是库存控制的重点，其品种较少，价格较高，并且多为生产(经营)关键、常用的物料。C 类物料库存品种多，但价值低或年需用量较少。B 类物料介于 A 类和 C 类物料之间。

表 5-7　ABC 分类管理策略

项　目	级　别		
	A	B	C
管理要点	投入较大力量精心管理，将库存压缩到最低水平	按经营方针调节库存水平	集中大量订货，以较高的库存来减少订货费用
订货方式	计算每种商品的订货量，按最优批量订货，采用定期订货的方式，每次订货量以补充目标库存水平为限	采用定量订货方式，当库存降到最低点时发出订货，订货量为经济批量	采用双堆法，用两个库位储存，一个库位的货发完了，就用另一个库位发货，并补充第一个库位的存货
库存控制方式	采用连续控制方式，随时检查库存情况，一旦库存量下降到一定水平(订货点)，就要及时订货	可采用一般(或定期)控制方式，并按经济订货批量进行订货	一般采用比较粗放的控制方式，也可以采用较大的订货批量或经济订货批量进行订货
库存量计算	依库存模式详细计算	一般	简单或不计算
安全存量	低	较大	很大
定额水平	按品种甚至规格控制	按品种大类控制	按总金额控制
统计方法	详细统计，按品种、规格规定统计项目	一般统计，按大类规定统计项目	按金额统计
检查方式	经常检查	一般检查	按年度或季度检查
控制程度	严格	一般	简单
进出记录	详细记录	一般	简单
存货检查频度	密集	一般	很低

2) CVA 管理法

ABC 管理法也有不足，因为 C 类物资往往得不到应有的重视。例如，经销鞋的企业会把鞋带列入 C 类物资，但是如果鞋带短缺将会严重影响鞋的销售；一家汽车制造厂商会把螺丝列入 C 类物资，但缺少一个螺丝往往会导致整个生产线的停工。因此，有些企业采用关键因素管理法，简称 CVA 管理法。CVA 管理法比 ABC 管理法有更强的目的性。

(1) CVA 管理法的基本思想是把物资按照其关键性分为四类。

① 最高优先级的物资。这类级别的物资是经营的关键性物资，不允许缺货。

② 较高优先级的物资，这类级别的物资是经营活动中的基础物资，但允许偶尔缺货。

③ 中等优先级的物资，这类级别的物资多属于比较重要的物资，允许合理范围内缺货。

④ 较低优先级的物资，这类级别的物资是经营中需要的物资，但可替代性高，允许缺货。

(2) CVA 管理法的库存种类及其管理策略，如表 5-8 所示。

表 5-8　CVA 管理法的库存种类及其管理策略

库存类型	特　点	管理措施
最高优先级	经营的关键性物资，或 A 类重点客户的存货	不允许缺货
较高优先级	经营活动中的基础物资，或 B 类重点客户的存货	允许偶尔缺货
中等优先级	比较重要的物资，或 C 类重点客户的存货	允许合理范围内缺货
较低优先级	经营中需要，但可替代的物资	允许缺货

3) 定量订货法和定期订货法

定量订货法和定期订货法也是库存管理常用的方法，在其他诸多课程中都有介绍，此处不再赘述。

【任务分析】

1. 你认为英迈的运作优势来自哪里？

参考信息：

来自规范科学的仓库运作流程，整个流程从仓库接收仓储任务开始，包括库场准备、接收、堆存、保管、交付等整个作业过程。仓库作业既有装卸、堆垛、搬运、分拣等操作过程，也有货物的储位安排、货物验收、单证记录、货物分拣等管理事务。此外，还有着商业活动的收费结算、货物交接等商务作业内容。恒新公司的配件出入库管理有以下优点。

(1) 出入库管理的程序优化。

(2) 严格按照程序进行出入库操作。

2. 英迈公司的仓储管理有哪些地方值得我们学习？

参考信息：

(1) 信息与产品标准化，对标签的摆放方式标准化。货品标签一律向外，而且没有一个倒置，这是在进货时就按操作规范统一摆放的，目的是为了出货和清点库存时查询方便。操作规范标准化——重达 3 千克的行为规范指导，在英迈的仓库中，只要有动作就有规范，操作流程清晰的观念为每一个员工所熟知。仓库空间经过精确设计和科学规划，甚至货架之间的过道也经过精确计算。为了尽量增大库存可使用面积，货号标志标准化，在日常操作中，仓库员工从接到订单到完成取货，规定时间为 20 分钟。因为仓库对每一个货位都标注了货号标志，号与仓库中的货位一一对应。投入准备标准化，英迈的库房是根据中国市场的现状和生意的需求而建设的，投入要求恰如其分，目标清楚，能支持现有的生意模式并做好随时扩张的准备。每个地区的仓库经理都要求能够在 1 个月之内完成一个新增仓库的考察、配置与实施。包装标准化，英迈要求与其合作的所有货运公司在运输车辆的厢壁上必须安装薄木板，以避免因为板壁不平而使运输货品的包装出现损伤。通过各种标准化过程，降低了各个方面的成本，同时缩短了物流运输所需的时间。

(2) 有效的成本控制，成本控制包括采购成本、运输成本、库存成本以及制造成本的控制等。除了通过数量与时间的标准化来控制成本，英迈公司内部也有各种措施。例如，员工自身的理念就是成本节约理念，英迈库房中的很多记事本都由收集已打印一次的纸张装订而成，即使是各层经理也不例外。

(3) 积极运用高科技，采用了先进的 Impulse 系统，还专门有一个部门负责物流管理，且整个物流管理过程已经高度电子化。其物流管理系统的核心是 Impulse。这个实时的在线系统之上建筑着各种管理工具，包括库存管理、后勤学工具、库房系统、ETA 跟踪、生产力管理、运费管理等。这个系统是英迈管好物流的基础，它遍布全球，使英迈全球的商品能统一调度、管理。在中国，英迈的地面网和卫星数据网覆盖了 15 个仓库。此外，英迈的客户服务中心(call center)也与该系统连接，这就形成了一个电子化的、高效的供货、订单反馈的物流体系。

(4) 人员的责任分工明确，一方面针对内部人员，所有进出库房都须严格按照流程进行，每一个环节的责任人都必须明确，违反操作流程，即使有总经理的签字也不可以。另一方面，针对客户，如果由英迈自己包装的散件产品，全都统一采用印有其指定国内总代理怡通公司标识的胶带进行包装，以分清责任。

(5) 以客户需求为中心的服务理念，在英迈的物流运作中，厂商的包装和特制胶带都不可再次使用，否则，视为侵害客户权益。英迈运作优势的获得并非看似那样的简单，而是对每一个操作细节不断改进，日积月累而成，从所有的操作流程来看，成本概念和以客户需求为中心的服务观念贯穿始终，这才是英迈竞争的核心所在。

【任务实施】

英迈公司的出入库管理还有哪些地方需要改进？

参考信息：

配件的出入库是仓库业务管理的重要阶段。入库是物资存储活动的开始，这一阶段主要包括接运、验收和办理入库手续等环节；而出库则是仓库业务的最后阶段，它的任务是把配件及时、迅速、准确地发放到使用对象中。因此，公司不仅要有严格的操作程序，还需运用先进的操作系统，尤其是信息技术，如条码技术、仓库管理信息系统等，从而进一步提高企业工作效率。他们还要做的就是进一步和全国物流行业的同仁继续合作，把中国物流专业化市场推向一个新的层面，把英迈的物流经验与同仁共享，共建具有中国特色的社会物流体系。

【任务总结】

仓储管理是对仓库及仓库内的物资所进行的管理，是仓储机构为了充分利用所具有的仓储资源，为企业提供高效的仓储服务所进行的计划、组织、控制和协调过程。

根据不同的标准，仓储可以划分为各种类型：①按仓储经营主体分类：自营仓储、营业仓储、公共仓储、战略储备仓储；②按照仓储功能分类：生产仓储、流通仓储、中转仓储、保税仓储、加工型仓储；③按照仓储的保管条件分类：普通物品仓储、专用仓储、特殊物品仓储；④按照仓储物的处理方式分类：管式仓储、费式仓储。

仓储的主要功能包括：储存保管功能、配送加工功能、调节货物运输能力的功能、搬运功能、信息传递功能、其他社会功能。

常见的库存管理方式有 VMI、CMI、JMI。

常见的库存管理方法有 ABC 管理法、CVA 管理法、定量订货法、定期订货法。

【任务实训】

实训 5.2 分析材料

某连锁企业对库存的 18 种商品进行了盘点，其商品名称、单价、平均库存数量、平均资金占用额等如表 5-9 所示，试用 ABC 管理法对以下商品进行管理。

表 5-9 某连锁企业的库存数据

物品名称	单价 /(元/千克)	平均库存 /千克	平均资产占用额 /万元	物品名称	单价 /(元/千克)	平均库存 /千克	平均资产占用额 /万元
A	22	2	4.4	J	22	10	22.0
B	2.3	20	4.6	K	16	10	16.0
C	24	2	4.8	L	4	8	3.2
D	3	40	12.0	M	4	7	2.8
E	14	20	28.0	N	40	8	32.0
F	30	40	120.0	O	3	60	18.0
G	2	20	4.0	P	10	7	7.0
H	10	3	3.0	Q	2	23	4.6
I	100	10	100.0	R	25	2	5.0

考核标准

本实训的考核标准，如表 5-10 所示。

表 5-10 实训 5.2 的考核标准

表述规范 40 分	计算准确 40 分	步骤清晰 10 分	书写工整 10 分	总分 100 分

【项目总结】

本项目主要讲述了物流企业运输管理、物流企业仓储管理、物流中心与配送中心管理三大内容。物流企业运输管理主要在掌握运输种类及其各自优缺点的基础上，合理进行运输方式的选择，并进行科学的管理；仓储管理主要掌握仓储的功能与作用，仓储科学管理的方法；物流中心的配送中心管理主要了解其内、外部结构及管理原则。

【项目测试】

一、填空题

1. 运输的两大属性是_____和_____。

2. 按照运输范畴，运输可以分为_____、_____、_____和_____四大类。

3. 按运输的协作程度分类，运输可以分为_____和_____。

4. _____、_____和_____是影响运输合理化的重要因素，也是衡量运输活动是否合理的标准。

5. 按照仓储的保管条件，仓储可以划分为：_____、_____和_____。

二、单选题

1. 公路运输的经济半径是( )。

    A. 300千米以内   B. 400千米以内

    C. 500千米以内   D. 600千米以内

2. ( )是衔接不同运输方式的仓储，主要设置在生产地和消费地之间的交通枢纽地，如港口、车站等。其具有货物大进大出的特性，储存期限短，注重货物的周转率。

    A. 生产仓储   B. 流通仓储   C. 中转仓储   D. 保税仓储

3. ( )是充分利用运输工具的载重量和容积，合理安排装载的货物及载运方法以求得合理化的一种运输方式。

    A. 直达运输   B. 配载运输   C. 中转运输   D. 集装箱运输

4. ( )是指从商品接运开始，把货物卸下、开箱理货，检查商品数量、质量，之后将有关进货信息进行处理等作业。

    A. 入库作业   B. 保管作业   C. 配送作业   D. 出库作业

5. 商品编码过程中，要求可为将来可能增加的商品留有扩充编号的余地体现的编码原则是( )。

    A. 唯一性   B. 简易性   C. 扩充弹性   D. 充足性

6. 货主单位为了业务方便或改变储存条件，需要将某批库存商品从甲库转移到乙库，指的是( )。

    A. 送货   B. 自提   C. 过户   D. 转仓

三、多选题

1. 运输的两大功能是( )。

    A. 产品转移   B. 产品保管   C. 短暂的产品储存   D. 产品加工

2. 下列属于仓储功能的有( )。

    A. 储存保管功能   B. 配送加工功能   C. 搬运功能   D. 信息传递功能

3. 进货计划的制订的基础及依据有( )。

    A. 采购计划   B. 进货因素   C. 配合存储作业   D. 信息加工

4. 商品出库要求做到"三不、三核、五检查",其中三核指的是( )。

    A. 核实凭证   B. 核对账卡   C. 核对实物   D. 核对合同

5. 影响库存管理的因素很多,归纳起来主要包括( )。

    A. 需求性质   B. 订货提前期   C. 自制或外购   D. 服务水平

6. 库存费用构成包括( )。

    A. 订购成本   B. 持有成本   C. 设置成本

    D. 缺料成本   E. 补货成本

四、判断题(对的画"√",错的画"×")

1. 对产品进行暂时存放是一个特殊的运输功能。   ( )

2. 公路运输最适合承担中长距离,且运量大的货运任务。   ( )

3. 铁路运输和公路运输都有整车运输、零担货运和集装箱运输三种常见形式。( )

4. 储存保管功能是仓储最传统、最基本的功能。商品在流通领域中暂时的停滞过程,形成了商品储存。   ( )

5. 依据货物出入库的不同频率来确定货物的存放位置,周转率越大离进出口越远。( )

五、简答题

1. 进行运输方式选择时,考虑的主要因素有哪些?

2. 运输合理化的有效措施有哪些?

3. 盘点作业的程序是什么?

六、技能测试

    某连锁企业对库存的18种商品进行了盘点,其商品名称、单价、平均库存数量、平均资金占用额等如表5-11所示,试用ABC管理法对以下商品进行管理。

表5-11　某连锁企业的库存数据

物品名称	单价/(元/千克)	平均库存/千克	平均资产占用额/万元	物品名称	单价/(元/千克)	平均库存/千克	平均资产占用额/万元
A	23	2	4.6	J	22	10	22.0
B	2.5	20	5.0	K	16	10	16.0
C	26	2	5.2	L	4	8	3.2
D	4	40	8.0	M	4	7	2.8
E	16	20	32.0	N	40	8	32.0
F	30	40	120.0	O	3	60	18.0
G	2.1	20	4.2	P	10	7	7.0
H	1000	3	300.0	Q	2	23	4.6
I	11	10	10.0	R	25	2	5.0

项目六　物流企业设施与设备管理

【项目描述】

本项目主要介绍物流企业的设施与设备管理，分别针对物流企业设施与设备的选择与评价，日常使用、维护与修理，以及设施与设备的改造与更新展开讲解。

【项目目标】

知识目标

(1) 理解物流企业设施与设备管理的含义和意义。

(2) 掌握物流企业设施与设备选择与评价的基本方法。

(3) 掌握物流企业设施与设备使用与维护的基本原则。

(4) 掌握物流企业设施与设备修理的基本内容及方式。

(5) 掌握设施与设备改造更新的方法。

技能目标

(1) 能对物流企业设施与设备进行简单评价。

(2) 能评价物流企业设施与设备的使用情况。

(3) 能选择合适的方法进行物流企业设施与设备的改造与更新。

【项目展开】

为了系统而直观地实现以上项目目标，现将该项目按照以下三个工作任务顺序展开。

(1) 物流企业设施与设备的选择与评价。

(2) 物流企业设施与设备的使用、维护与修理。

(3) 物流企业设施与设备的改造与更新。

任务一　物流企业设施与设备的选择和评价

【任务描述】

阳光书社关东物流中心

阳光书社是日本出版社图书流通业务代理行业中的大型企业，在全国拥有约56万平方米的图书保管和流通加工仓库，为各出版社保管和流通加工的图书达8000万册。该书社采用的联机网络信息系统和退货图书全自动改装线等均具有高度自动化水平，领先于同行业企业。他们引进的退货图书自动分类系统，已在茨城县稻敷郡关东物流中心正式启用。该自动分类系统是阳光书社与物流系统著名生产厂家东洋热力株式会社共同研究开发的新设备，吸收了同类设备之长，体现了低成本、高性能、操作简便等特点。

一、出版业界的"第三方物流"

阳光书社的主要业务，虽然可以用一句话概括，即"出版社图书管理和图书流通业务代行"，但这还不能具体体现该公司的业务实际，为此，还是让我们听听该公司关东物流中心所长本宫富土的说法："图书流通业过去分为四种类型，一是退货图书改装(精美装饰)业；二是图书运输业；三是图书保管业；四是废图书回收处理业。目前出现的图书流通代行业源于上述四类企业。"也就是说，许多企业开始仅从出版社那里承揽某一部分业务，后来服务的范围不断扩大和延伸，并且向专业化方向发展。阳光书社也不例外，开始从图书的改装业务起家，逐渐扩大到图书的库存保管、运输和图书物流业务管理。目前它是一个不隶属于任何出版社系列的独立企业。该公司在茨城县稻敷郡建立的大型物流据点，关东物流中心和筑波物流中心，负责10个仓库和事务所以及公司本部的图书物流业务，利用20多辆卡车搞运输和配送。通过计算机联机系统将各个出版社的图书库存管理和销售信息等连成信息网络，被称为"阳光网络系统"，其业务规模堪称世界第一。

该书社原来从事的传统图书改装业务，现在也引进了新设备，简化了作业程序，实现了自动化作业。这种图书改装业务的关键环节是掌握哪种书、何时、从何处退回，改装后的库存册数等数据。因为出版社需要依据这些数据决定图书的改装数量和再版数量，这也是出版社销售战略的重要组成部分；该书社目前已经能够利用联机网络和传真通信，每天向日本130家出版社提供退货图书及其库存信息。不仅如此，它还通过自己独创的程序，为出版社预测近几个月，哪种图书可能会销售多少册，建议退货图书中改装哪一种、改装多少册，为出版社最终决定图书的改装数量提供有力的判断依据，同时也充分发挥了专业出版流通企业的特长。

类似阳光书社这种不单单向客户提供运输和保管服务，而且同时又能利用本企业的信息管理系统和自动化作业机械设备，在保证为客户进行高度的精细流通加工的同时，作为经营伙伴，向客户提供具有经营战略意义的指导性建议方案，真正体现了出版界第三方物流企业的本来风格。

二、实现了高效率、低成本的目标

阳光书社一直比较重视提高效率，积极推进企业现代化。上述这种自动化图书改装线、信息通信系统以及各仓库使用手持终端进行出入库管理等做法，足以说明这一点。但是，过去有的环节仍然还是人海战术。如从各个代销店退货的图书，由于送来时是按价格分类的，所以，要在这里重新按图书名称进行分类整理仍需要大量的人手。

关东物流中心最近主要负责流通量相对较大的新书和丛书的加工处理，因为从两年前开始，一些新兴的大型出版社开始大批出版丛书，阳光书社在承接这类新版丛书的物流业务的同时，还大量处理退货图书。

提到退货，这似乎是一个人们不愿意听到的信息，然而，委托销售的图书在通常情况下，退货率都不低于40%，即便是畅销书也有20%～30%的退货比例。

过去，关东物流中心负责退货图书处理的人员，包括一名计算机操作员，共13人，每三个人为一组，即便是四个作业组拼命地工作也忙不过来。为此，该公司社长西浦善彦先生决定引进自动分类设备，并立即着手可行性分析和调研。结果，看了各地的分类设备后，发现本企业要求处理能力与预算费用有差距，于是便决定自行研制开发。后来经与东洋热力株式会社商洽，双方达成一致意见，一年后，与东洋热力株式会社共同设计制造的设备主体安装完毕，又经过现场试机、调试后正式启用。

只要将新书和丛书搬放在流水线上设定好，就能够按照书名和定价进行自动分类与堆码。同时，通过对条形码的自动读取，计算机会立即把退货图书的各种数据传送给出版社。

本系统投资额虽然只有约3000万日元，但却取得了良好的效益。过去，13名工作人员每日只能处理图书30 000册，现在9名工作人员每日可处理图书35 000～36 000册，实际相当于节省了5～6名劳动力。

(资料来源：http://www.chinawuliu.com.cn/xsyj/200407/20/131497.shtml)

【任务驱动】

(1) 企业物流设施与设备的选择要依据什么原则？

(2) 阳光书社的关东物流中心为什么要引进自动分类设备？

【任务资讯】

一、物流企业设施与设备的选择和评价基础

(一)设施与设备的概念及分类

1. 物流企业设施与设备的概念

物流企业设施与设备是指物流企业在进行物流作业活动、实现物流功能过程中所使用的各种基础设施、功能设施和物流机械装备的总称。

2. 物流企业设施与设备的分类

物流设施与设备是贯穿于物流企业工作系统全过程中各环节的技术支撑要素。它主要可以分为以下三类：物流基础设施、物流功能设施和物流机械装备。

1) 物流基础设施

物流基础设施是指从供应链角度上看，在整体服务功能和各个环节上，能够满足物流企业组织与管理需要的、具有综合或单一功能的场所或组织的统称。其具有公共设施的性质，多由政府投资建设，在整个物流系统中处于极高的战略地位。它主要包括公路、铁路、港口、机场、流通中心以及网络通信基础等。物流基础设施主要有三种类型。

(1) 物流网络结构中的枢纽点，指的是各种交通枢纽和国家物质储备基地，包括全国区域铁路枢纽、公路枢纽、航空枢纽港、水陆枢纽港，以及辐射全国的物流基地等。

(2) 物流网络结构中的运输线，指的是铁路、公路、航道、输送管道、航空线路等。

(3) 物流基础信息平台，由信息软件及硬件构成，主要功能是为企业提供基础信息服务，为企业信息交换和政府行业决策提供依据。

2) 物流功能设施

物流功能设施多为第三方物流企业所拥有，是完成物流功能性服务的基本手段，主要包括以下三种类型。

(1) 存放货物的节点，主要是指各种仓库和货栈，货物在这些节点停留时间较长，是储存性节点。

(2) 组织物质运动的节点，主要是指流通仓库、流通中心、配送中心、流通加工中心等，有暂存货物的功能，但主要作流通之用，是流通性节点。

(3) 物流载体，主要是指各类货物运载工具。

3) 物流机械装备

物流机械装备，是指物流企业拥有的各项物流活动所需的机械设备、器具等可供长期使用的实物形生产资料。根据其功能分类，主要有以下几种类型。

(1) 仓储设备，是指各种配送中心及仓库存取货物的必需设备，包括库房、货场、货架、货盘、托盘、分拣设施等。

(2) 起重设备，是指用于货物的升降、移动、搬运、装卸等作业的设备，包括各式起重机、装卸机、绞车、千斤顶、堆垛机、升降机等。

(3) 输送机械，是指按规定线路连续或间歇运送散粒状或成件货物的搬运设备，包括带式输送机、链式输送机、斗式提升机、辊道式输送机、气力输送机等。

(4) 流通加工设备，是指物品流通加工过程中用于切割和包装的机械，包括保鲜防腐加工设备、防潮设施、冷冻加工设备、商品捆扎包装设备等。

(5) 集装单元器具，是指承载物品的一种载体，可把各种物品组成一个便于储运的基础单元，主要指集装箱和托盘。

(6) 工业搬运车辆，是指工厂、码头、仓库中使用的叉车、跨运车、牵引车等。

(二)物流企业设施与设备管理的内容

物流设施与设备对物流企业各项工作的正常运行起着基础保障作用，必须加大管理力度。物流企业设施与设备管理就是指为使设施与设备寿命周期的费用达到最经济的程度，而将适用于物流设施及机器设备的工程技术和财务经营等其他职能综合起来考虑，从设施与设备的选择开始，直到报废为止所开展的一系列管理工作。其目的是为企业正常运作提供最优技术装备，把企业的物流活动建立在最佳物质技术基础之上。

物流企业设施与设备管理的任务是：根据技术先进、经济合理的原则，正确地进行选择，为企业提供最优的设施与设备支持；针对各种设施与设备的特点，合理使用，精心维护，并为正确使用而制订一系列有关的规章制度；在节省设施与设备管理和维修费用的条件下，保证其始终处于良好的技术状态；做好现有设施与设备的挖潜、革新、改造和更新工作，提高现代化水平；做好设备的日常管理工作。

物流企业设施与设备管理既包括了对设施与设备本身的静态管理，又包括了对其运作和使用过程的动态管理，前者偏重于对设施与设备的选购、评价、使用、保养、维护、更新和修理等，属于技术管理，后者则偏重于对其初始投资、计提折旧、改造维护费用的掌控等，属于经济管理。总体而言，对物流企业设施与设备进行管理的主要内容有以下几个方面。

(1) 正确选择和购进物流设施与设备。

(2) 合理使用和安排物流设施与设备。

(3) 做好设施与设备的日常维护工作。

(4) 建立合理的设备预防修理制度。

(5) 做好设备的验收、登记、保管、调拨、报废等工作。

(6) 有计划和重点地进行设施与设备的改造与更新工作。

二、物流企业设施与设备的选择原则和经济评价

(一)物流企业设施与设备的选择原则

物流企业设施与设备选择的总原则是技术上先进，经济上合理。

采用先进设施与设备的目的，并不是片面地追求技术上的先进，而是为了获得最大的经济效益。先进性应以物流作业需要为前提，以获得最大经济效益为目标。只有技术先进和经济合理两者一致时，先进的设施与设备才有发展的生命力。一般来说，技术先进和经济合理是统一的。这是因为，技术上先进往往表现为设备的生产效率高，能够保证作业质量，从而降低作业成本，达到经济合理的目的。但是，由于种种原因，有时两者的表现是矛盾的。例如，某台设备的效率比较高，但可能能源消耗量大，或者设备的零部件磨损快，这样从全面经济效益来衡量就不一定适宜。再如，某些先进设施与设备的自动化水平和生产效率都很高，适合大批量作业，在作业量还不够大的情况下使用，往往会负荷不足，而这类设备投资大，从经济效益的角度来看是不合算的，因此，这样的设施与设备是不可取的。通过以上分析可以看出，在选择机械设备时，必须全面考虑技术和经济要求。通常应考虑其生产性、节能性、耐用性、维修性、可靠性、成套性、灵活性、环保性、经济性等方面的情况。

具体而言，物流企业设施与设备的选择应考虑以下原则。

1. 生产性

生产性是指设施与设备的生产效率,如功率、行程、速度、库容等。物流企业设施与设备的选择要与企业物流流量、流速等相一致。一方面,在设备的主要技术参数、自动化程度、结构优化、环境保护、操作条件、现代新技术的应用等方面具有技术上的先进性,其生产效率能够满足物流作业的要求;另一方面,设施与设备在成效性方面能满足技术发展的要求,不会造成设施与设备的产能浪费。

2. 配套性

配套性是指物流设施与设备性能、物流作业环节与生产能力等方面相互配套与衔接的程度,即选用的物流设施与设备要符合物流作业对功能的需要,功能不宜过多或过少。配套性还表现为使设备寿命周期成本最低,通过对设备购置费、运行费、维修费、寿命周期、先进性等方面的综合权衡和详细分析,选择适用的设备。

3. 可靠性与安全性

可靠性是指设施与设备正常运转的稳定性、准确性、安全性与使用寿命的长短等。它是设备在规定的时间和条件下完成规定功能的能力。可靠性一定与安全性相联系,安全性指的是设备使用中保证人身和货物安全及对环境无害的能力。物流企业设施与设备的可靠性和安全性往往与经济性密切相关,设备安全装置的增加、故障率的下降一般以增加购置费和运行费用为代价,所以应综合考虑。

4. 灵活性

灵活性是指设施与设备在不同的工作环境下使用的适应程度。一般情况下,设施与设备的选择要尽可能实现一机多用,即一机同时适宜多种作业环境的连续作业,以减少作业环节,提高作业效率。

在选择设备和设施时,要充分考虑投资效果,设备和设施的投资费用要少,投资回收期要短,这样在经济上才是合理的。所以,物流企业选择设备应从技术和经济方面通盘考虑上述的各种因素,才能为企业提供最优的设备。

(二)物流企业设施与设备选择的经济评价

在选择和评价设施与设备时,除了要考虑上述因素外,还要考虑其经济效益。由于设施与设备的折旧费用和维修费用等均会直接计入物流企业的运营成本,因此,企业在选择时需要对设施与设备的投资和回报等作出经济评价。目前,比较常用的经济评价方法是投资回收期法、费用换算法等。

1. 投资回收期法

投资回收期法又称"投资返本年限法",是计算项目投产后在正常运作使用条件下的收益额和计提的折旧额、无形资产摊销额用来收回总投资所需的时间,与行业基准投资回收期对比来分析项目投资财务效益的一种静态分析法。其主要指标是投资回收期,指标所衡量的是收回初始投资速度的快慢。投资回收期的计算公式为

$$投资回收期 = \frac{设施与设备投资费用总额(元)}{采用该方案后年节约额(元/年)}$$

式中，采用该方案后年节约额(元/年)是指采用该方案所列设施与设备在提高劳动生产率、节约能源消耗、提高服务质量、增加资源回收和利用率、节省劳动力等方面的费用节约。

技能训练 1

某配送中心购进一台装卸设备，期初投资为 40 万元。该设备投入使用后由于装卸效率的提高，每年可节约装卸费用 5 万元，试问该设备的投资回收期是多少？

解：

根据投资回收期公式进行计算。

$$投资回收期 = \frac{设施与设备投资费用总额}{采用该方案后年节约额} = \frac{40万元}{5万元/年} = 8年$$

2. 费用换算法

资金有其时间价值，随着时间的推移，物流企业投资购买的设施与设备会产生各种费用，如折旧、维修等，为了更好地进行投资决策，企业就需要将每个方案期初的一次性投资和每年支出的各项费用合并进行计算，并换算成平均每年的总费用或设施与设备预计寿命周期的总费用，然后对方案进行比较分析和评价，选择最优方案。根据换算方法的不同，可以分为年费用比较法和现值法两种。

1) 年费用比较法

该方法是把设施与设备的原始投资费用，根据设施与设备的预计寿命周期，并按一定的年复利利率换算成相当于每年的费用支出，然后再加上每年的运营维持费得出不同设施与设备在寿命周期内平均每年支出的总费用，从中选择出总费用最低的设施与设备的方案为最优方案。

技能训练 2

某物流中心欲购置一台装卸搬运设备，现有两个型号 A、B 可供选择，型号 A 设备的购置价格为 80 万元，预计期末残值 5 万元，投产后平均每年的维持费用为 5 万元；型号 B 设备的购置价格为 100 万元，预计期末残值 10 万元，投产后平均每年的维持费用为 8 万元。两种型号设备的使用寿命预计均为 10 年，设基准收益率为 5%，两种型号设备的其他情况均相同。试根据以上资料用年费用比较法对两种型号的装卸搬运设备进行经济评价。

解：

根据资金时间的系数表可查出：资金回收系数为 0.129 5，等额年金现值系数为 0.079 5。

A 型号设备的平均年度总费用 = 80万元×0.129 5+5万元+5万元×0.079 5≈15.76万元

B 型号设备的平均年度总费用 = 100万元×0.129 5+8万元+10万元×0.079 5≈21.75万元

根据以上计算的结果可以得出结论：应选择 A 设备，采用 A 设备后每年可以节约设备费用 5.99 万元。

2) 现值法

该方法是把设施与设备在预计寿命周期内每年支付的维持费和残值，按现值系数换算成相当于设施与设备的初期费用，然后再和设施与设备的原始投资费用相加，进行总费用现值的比较。

技能训练 3

根据上例所给出的资料，试用现值法对两种型号的装卸设备进行经济评价。

解:

根据资金价值系数表可以查出：等额年金现值系数为 7.721 7，一次收付现值系数为 0.613 9。

A 型号设备寿命周期的费用现值 = 80万元 + 5万元 × 7.721 7 + 5万元 × 0.613 9 ≈ 121.68万元

B 型号设备寿命周期的费用现值 = 100万元 + 8万元 × 7.721 7 + 10万元 × 0.613 9 ≈ 167.91万元

根据上面计算的结果比较可知：应选择 A 型号设备，采用 A 型号的设备在设备整个寿命周期内可为企业节约费用现值为 46.23(即 167.91-121.68)万元。

三、物流设施与设备选择的工作流程

(一)了解设施与设备规划要求

物流企业设施与设备规划是根据物流企业经营发展总体规划和设施与设备结构现状制订的提高设施与设备结构合理化和机械化作业水平的指导性计划。

1. 物流企业设施与设备规划的内容

物流企业设施与设备规划主要包括以下内容。

(1) 设备更新计划。通过全部或部分更新来替代已到报废时间界限的设施与设备，以保障物流企业运作的正常进行。

(2) 设备现代化改造计划。通过提高物流设施与设备的现代化水平和自动化程度来提升物流企业的整体机械化水平。

(3) 新增设备计划。当现有设施与设备不能完全满足日常运作需要时，就需要制订新增计划来补充已有设施与设备。

2. 编制设施与设备规划的依据

(1) 企业发展需要。物流企业未来的发展需要是设施与设备规划的基础。

(2) 现有设备技术状况。物流企业现有设备能够适应企业发展，符合物流流量、流向则无须进行更新、新增或改造；否则，必须进行设施与设备规划。

(3) 安全、环保、节能要求。物流企业设施与设备规划必须符合安全、环保、节能要求，这是物流系统发展的基本要求，也是物流活动必须达到的目的。

(4) 新设备信息。只有掌握市场上的新设备信息，才能掌控设施与设备供应的最新情报，在设施与设备选择时，使企业处于主动地位。

(5) 企业资金。这是设施与设备选择的制约因素，企业资金充裕，就可以将规划的层次、技术参数等定得高一些；否则，就需要量入为出。

(二)收集资料并进行整理分析

物流企业设施与设备规划做好后，就需要搜集各方面的信息，以便为之后的评价及选择工作打好基础，此时，搜集并整理的信息资料主要有以下几种。

(1) 经济资料(特性、运量、作业能力、物流量等)。

(2) 技术资料(技术水平、发展趋势等)。

(3) 自然条件资料(仓库条件、地基基础、作业空间等)。

(三)拟定设备配置选择的初步方案

对同一货物、同一物流作业过程选用不同设备，按配置原则和作业要求经初步分析确定 2~3 个可行方案。

(四)技术经济评价和方案确定

采取一定的评价方法，对初步方案进行定性或定量分析，确定设备最佳配置方案。

(五)物流设施与设备选型的步骤

1. 预选

根据收集的货源情况进行分类汇编，筛选出可供选择的机型和厂家。

2. 细选

通过调查、联系和询问，详细了解设备的性能参数、反馈信息、供货情况、价格、售后服务等，选出 2~3 个厂家作为联系目标。

3. 选定

通过可行性论证，选出最优厂家作为第一方案，同时准备第二、第三方案，报主管部门批准或以招标确定。

【任务分析】

1. 企业物流设施与设备的选择要依据什么原则？

参考信息：

物流企业设施与设备选择的总原则是：技术上先进，经济上合理。此外，还应该遵循：①生产性；②配套性；③可靠性与安全性；④灵活性。

2. 阳光书社的关东物流中心为什么要引进自动分类设备？

参考信息：

阳光书社是日本出版社图书流通业务代理行业中的大型企业，是专门为图书出版业服务的第三方物流企业。因为，在过去，关东物流中心负责退货图书处理的人员即便拼命地工作也忙不过来。为了提高工作效率，该公司社长西浦善彦先生决定引进自动分类设备。阳光书社为了实现高效率、低成本运作一直比较重视提高效率，积极推进企业现代化，引进自动分类设备后，采用了自动化图书改装线、信息通信系统以及各仓库使用手持终端进行出入库管理等做法，大大提高了工作效率，降低了企业运营成本。

【任务实施】

举例说明物流容器单元化、集装化、标准化、通用化是怎样表现的?

参考信息:

采用统一的托盘和周转箱后，促使供货运输模式向单元化、标准化、集装化发展，极大地减少了倒库和分箱作业的次数，使"目视化"管理成为可能，极大地降低了库存、验收、清点、堆垛、抽检、出库等一系列存储作业的工作量，从而减少了人工成本。仓库内的 A 栋货物托盘保管货架，统一使用 1000mm×900mm 的本企业托盘，货架巷道狭长，布局密集，保管能力大，可存放图书约 1500 万册。

【任务总结】

物流设施与设备是贯穿于物流企业工作系统全过程中各环节的技术支撑要素。它主要可以分为以下三类: 物流基础设施、物流功能设施和物流机械装备。物流企业设施与设备管理的内容: ①正确选择和购进物流设施与设备; ②合理使用和安排物流设施与设备; ③做好设施与设备的日常维护工作; ④建立合理的设备预防修理制度; ⑤做好设备的验收、登记、保管、调拨、报废等工作; ⑥有计划和重点地进行设施与设备的改造与更新工作。物流企业设施与设备的选择原则: 技术上先进，经济上合理。物流企业设施与设备选择的经济评价方法主要有投资回收期法和费用换算法。

【任务实训】

实训 6.1　根据给定资料数据进行决策

某物流中心欲购置一台装卸搬运设备，现有两个型号 A、B 可供选择，型号 A 设备的购置价格为 100 万元，预计期末残值 15 万元，投产后平均每年的维持费用为 8 万元; 型号 B 设备的购置价格为 120 万元，预计期末残值 17 万元，投产后平均每年的维持费用为 13 万元。两种型号的设备的使用寿命预计均为 10 年，设基准收益率为 5%，两种型号设备的其他情况均相同。

1. 实训要求

(1) 试根据以上资料用年费用比较法对两种型号的装卸搬运设备进行经济评价。

(2) 根据实训 6.1 所给出的资料，试用现值法对两种型号的装卸设备进行经济评价。

2. 考核标准

本实训的考核标准，如表 6-1 所示。

表 6-1　实训 6.1 的考核标准

指标正确	计算准确	步骤清晰	书写工整	总分
40 分	40 分	10 分	10 分	100 分

任务二　物流企业设施与设备的使用、维护和修理

【任务描述】

大福经典案例——先进物流设备提升物流中心服务水平

一、配送拣选能力强大

爱川集装送货中心"是由日本全国农业合作联合会组成的"事业联合公司"面向送货上门服务的蔬菜果品集货和送货业务而建成的新的物流服务网点，位于神奈川县爱川町，于 2009 年 2 月开始投入运行。该中心可以完全实现温度管理，在保持果菜的高质量和新鲜度的同时，确保足够的工作空间，完善夜间收货体制及将来物流量增加的应对措施。在物流设备方面，装配了预先拣选和带自动补充机能的最新式"数字拣选系统"，达到了较高的处理能力也节省了人力，还加强了商品追踪的机能。

据介绍，该中心为两层结构。一层包括入货和出货区、带泥土的蔬菜(如土豆等)加工区、周转冷藏箱存放区以及包装箱处理室；二层为不带泥土的蔬菜加工区和集货区等。对于仓库内的温度，入库和泥土蔬菜加工区保持在摄氏 20～22℃，其他工作区保持在摄氏 15～17℃。仓库的运转期间是每个周日到周四。切整、小分拣以及装袋等加工作业是从早 9 点到傍晚 6 点。向"UCO-OP"的 37 处前端配送网点的出货，是从傍晚 6 点到第二天早上 5 点。

中心内的核心物流设备是 UCO-OP 初次采用的带临时预放台，且具有节拍输送机能的多订货式组合数字拣选系统(combination digital pick system，C-DPS)和自动货物补充系统。C-DPS 以六箱为一个区间单位进行搬送，在搬送的间歇之间货物放入冷藏箱，临时预放台上总能保有等待拣选的六批订货，从而保证了更加准确的装箱，并大幅度地减少了作业的等待时间。此外，凭借高速堆垛机的无人操作，以及向拣选"滚轮式货架"供给商品的自动补充系统，实现了快捷处理和节省占地空间，系统的精确可使补充作业简便，保证补充作业"零出错"，商品追踪准确无误。同时，采用滑块式分拣系统(JSUS)和码垛堆积机器人等，积极推进各个工作区的自动化，使货物从放入冷藏箱到出库全过程的各条流水线的员工人数均减少到 28 名(各减七名)，取得了节省人力的极好效果。

据统计，该中心 2008 年度高峰期处理货物能力为 4 200 万件，2012 年为 5 000 万件，

货物量呈现不断增加的态势。把蔬菜果品的"鲜嫩度"送上家门是中心的服务宗旨。新配送中心的设立,使公司在需求不断扩大的果菜送货上门服务方面,进一步提高了竞争力。"全农果菜中心"是 JA 全农的园艺直销业务于 2006 年独立出来设立的专业公司。拥有埼玉、神奈川、大阪等具备物流机能的三处销售网点,从事日本国产农产品的产地直销交易,供货给生协或超市。"UCO-OP"是旨在各个生协业务的共通化,而于 1990 年设立的公司。其背景是由 CO-OP、海员生协、CO-OP 神奈川、CO-OP 静冈、市民生协山梨、富士胶片生协等六个生活协同合作社组成,会员人数超过 177 万,规模之大全国屈指可数。如今,拥有 50 万户以上用户的"上门 CO-OP",保有 1800 种丰富的生鲜商品,对每周一次的订货,提供届时货到各个家门的服务。伴随双职工的增加和少子高龄化,以及近年对食品安全越来越严格的需求,方便和放心的"上门 CO-OP"的供给,具有逐年增高的趋势。其中,"水灵灵送货"服务(清早采摘的果菜在第二天的最短时间,保证"鲜嫩度"送货上门),已成为"上门 CO-OP"的主打服务项目。以往,集装送货业务是由东京的町田物流中心来承担,2001 年从"UCO-OP"承接业务的初期阶段,每年最高峰期也只达到 2 500 万件,而在 2007 年大约增加了 1.6 倍,突破了 4 000 万件。由于货物量的增加,使入库、加工的工作空间达到了极限。

二、大福物流设备,大幅提高处理量

2012 年日本全农果菜中心(总部设在埼玉县户田市)正式启用的新物流据点"神奈川中心"。"神奈川中心"位于神奈川县平塚市,是当前日本国内规模最大的果菜低温流通中心之一。新中心 24 小时不间断作业,全年无休。在加强库内温度与卫生管理的同时,不断提高保鲜功能。通过引进物流管理系统"WareNavi"、单元拣选式自动仓库等先端物流设备,强化了中心的物流处理能力。

据了解,全农果菜中心是日本全国农业合作联合会的园艺直销业务于 2006 年独立出来后设立的专业公司,主要从事日本国产农产品的产地直销贸易与超市配送服务,可以说架起了农户与超市、果菜市场之间的桥梁。据统计,2011 年日本全农果菜中心的销售总额高达 1 500 亿日元。

为了适应物流需求,全农果菜中心提高自动化程度已成燃眉之急。基于此,全农果菜中心筹划建设了神奈川物流中心,通过引进大福(集团)公司先进的物流设备,大幅提高仓库的自动化水平与使用效率。新中心建设总计投资 36 亿日元,占地 46 200 平方米,总作业面积达 39 100 平方米,分为暂存区、精拣区、包装加工区(装袋作业)等。除存放马铃薯等农作物的常温仓库与办公区域外,库内的温度保持 15～17℃恒温。新中心的建筑面积较原来扩大了 1.5 倍,暂存区面积得以保证,收出货效率得到大幅提高。同时,单元拣选式自动仓库与重型货架的使用,使中心整体的存储能力较原来提高了近三倍,单元拣选式自动仓库的使用,极大地提高了工作效率,减少了因人力造成的工作误差,单位面积仓库使用率更高效。此外,物流管理系统"WareNavi"与无线手持终端,操作简单、处理迅速、精度准确,极大地增强了产品的可追溯性,而简单的系统操作,即使初学者也能较快地掌握使用技巧。

最后,非即刻发货的农产品将被存入单元拣选式自动仓库,进行冷藏处理。新中心彻底统一的低温管理与包装加工区域的明确划分,不仅保证了农作物的品质,也极大地提高了自身的竞争力。据介绍,神奈川中心收货入库的高峰时间在 21 点至翌日 1 点之间;出库发货的高峰则有两个时段:23 点至 24 点,主要针对果菜交易中心,5 点至 6 点则主要面向零售超市发货。

包装好的农产品，将被装进托盘中平放在暂存区，之后将被运往出货区。商品将根据出货地区的不同被归类、装车，依次运往神奈川、静冈与东京西部地区。据神奈川中心营业开发部部长金井信吉介绍，神奈川中心当前的日均处理量为 600 余吨。到 2015 年，营销额争取突破 500 亿日元。他表示，作为流通商，今后将积极发挥冷链保鲜技术这一特长，争取为广大顾客提供更加新鲜的农产品。

(资料来源：http://www.doc88.com/p-7008041275925.html)

【任务驱动】

(1) 企业物流设施与设备的使用包括哪些内容？应该遵从哪些原则？

(2) 物流设施与设备正确合理使用的衡量指标有哪些？

(3) 企业物流设施与设备故障管理的措施有哪些?

【任务资讯】

一、物流企业设施与设备的使用

(一)物流设施与设备的使用管理

1. 物流设施与设备使用管理的含义

物流企业设施与设备使用管理是指对物流企业的设施与设备从采购到报废的全过程管理，包括设备组织管理、技术管理、安全管理、经济管理等内容。

(1) 设备组织管理主要是指对相关设施与设备操作人员的选拔、聘用和培训，有关设备日常管理制度和规范的制订，以及对设施与设备的管理监控、考核指标等方面的确定等工作。

(2) 技术管理主要是指对物流设施与设备进行的规划、研制、建设、安装、调试，以及合理使用、维护、检修、状态监控、技术诊断、配件检查、技术资料的统计与处理等工作。

(3) 安全管理是指对物流设施与设备进行的使用安全、安全检查、安全系数、性能、安全资料、制度制订等方面进行的日常管理工作。

(4) 经济管理包括对设施与设备进行的投资效益分析、资金筹措分析、资金使用监控、设施与设备统计、库存、年终盘点等资产管理等工作。

这四个方面的工作从不同重点保证了设施与设备的使用能够正常进行。

2. 物流设施与设备使用管理的基本要求

设备的正确、合理使用包括两个方面的含义：一是要防止对设备的滥用；二是要防止设备的闲置不用。只有充分地提高设备的利用率，正确合理地使用设备，才可以在节省费用的条件下，充分发挥设备的工作效率，延长设备的使用寿命，为提高企业的经济效益作出贡献。为此，设备的管理要符合以下基本要求。

(1) 为各类设备合理地安排生产任务。使用设备时，必须根据工作对象的特点，合理安排生产任务，避免人为的损失。这里包括两个方面的内容：一方面，要严禁设备超负荷运转，不要"小马拉大车"；另一方面也要避免"大马拉小车"，造成设备和能源的浪费。

(2) 切实做好工人操作设备的技术培训工作。工人在操作、驾驶、使用设备之前，必须学习有关设备的性能、结构和维护保养的知识，掌握操作技能和安全技术规程等必需的知识和技能，经考核合格后方准使用设备。在管理中，要严禁无证者操作或驾驶。

(3) 创造使用设备良好的工作条件和环境。例如，安装必要的防潮、防腐、保暖、降温等装置；在环境恶劣的条件下(如雨天、风天等)禁止作业。

(4) 针对设备的不同特点和要求，制定一套科学的规章制度。科学的规章制度包括安全操作规程、岗位责任制、定期检查维护规程等。在这些制度里，可具体规定各类设备的使用方法、操作和维护保养的要求，以及其他有关注意事项。

3. 影响设备正确使用的因素

(1) 操作方法。

(2) 工作规范——允许负荷、速度和连续工作时间等。

(3) 环境条件——温度、湿度、含尘量、振动等。

(二)物流设施与设备的正确合理使用

1. 物流设施与设备正确合理使用的衡量指标

物流企业是否正确合理使用其设施与设备，主要从以下三个方面衡量。

(1) 工作效率。设施与设备高效率的工作能保证其作业能力得到充分发挥。

(2) 经济性。经济性即设备在完成一定工作量的作业时所花费的成本，完成工作所需的运行成本越低，经济性越高。

(3) 故障率。设施与设备发生故障会造成物流企业经营停顿或滞后，降低故障率就是要保证设备经常处于完好的技术状态，延长其使用寿命。

2. 保证设施与设备正确合理使用的措施

(1) 做好设备的安装、调试工作。

(2) 严格按规程、使用方法等操作设备。设备操作规程规定了设备的正确使用方法和注意事项，以及对异常情况应采取的应急行动和报告制度。

(3) 实行设备使用的各级经济责任制。操作者按规程操作，按规定交接班，按规定进行维护保养。班组、车间、生产调度部门和企业领导都应对设备正确使用承担责任，不允许安排不符合设备规范和操作规程的工作。

(4) 合理安排设施与设备的经营运作任务。各设备的结构、性能、精度、使用范围不同，只有根据其技术特点安排工作任务，才能保证其正常运转。物流企业应根据其设施与设备的特点，合理安排任务。

(5) 严格使用程序管理。对重要设备采取定人定机、教育培训、操作考试和持证上岗、交接班制度，以及严肃处理设备事故等措施。定人定机就是要规定操作人员的基本工作和操作职责、工作权利、应知应会的内容、工作和操作具体标准和考核指标、检查方法和处理规则等。教育培训就是企业要对每个操作工实行严格和细致的操作规范和技术培训，经严格考核和上机检测合格后方可获得上机证明。持证上岗就是每个操作人员凭操作证上机操作。无证不得上机，更不得随便动用设备。

(6) 明确机器设备完好的具体标准和检测依据。一要确保设备运转正常，零部件齐全，安全防护设施完好无损；二要保证原材料、燃料、润滑油等消耗量正常，基本无漏水、漏油、漏气及漏电的现象发生。

(7) 创造使用设备良好的工作条件和环境，包括准时润油、安全操作、整齐完好、保持整洁和清洁。准时润油就是按时加油、换油，油质要符合要求；安全操作就是严格按照操作规程操作，特别是交接班时要注意监测是否有异常情况；整齐完好就是工具、工件、附件等摆放整齐，符合5S要求。

(8) 实行设备维护奖励制度，把提高使用者的积极性同物质奖励结合起来。

二、物流企业设施与设备的保养和维护

(一)物流企业设施与设备的保养和维护

1. 含义

物流企业设施与设备保养和维护是指通过擦拭、清扫、润滑、紧固、调整、防腐、检查等一系列方法对设施与设备进行护理，以维持和保护设备的性能和技术状况。维护保养有时也称为维护，或者称为保养。

2. 设施与设备的保养和维护的基本要求

物流企业设施与设备保养和维护的基本要求是：清洁、润滑、防腐和安全。

(1) 清洁是指各种物流设备内外要干净，做到无灰、无尘、整齐，保持良好的工作环境。

(2) 润滑是指设备要定时、定点、定量加油、换油，保证设备接触面正常润滑，保证运转畅通。

(3) 防腐是指要防止设备腐蚀，提高设备运行的可靠性和安全性。

(4) 安全是指设备的保护装置要齐全，各种装置不漏水、不漏油、不漏气、不漏电，保证安全，不出事故。

3. 设施与设备保养和维护的基础工作

物流企业的设施与设备在使用过程中，因为磨损，造成技术状态的变化，不可避免地会出现干摩擦、零件松动、声响异常等不正常现象，这是设备的隐患，如果不及时处理，就可能酿成严重的事故。因此，只有做好设备的保养和维护工作，及时地处理好技术状态变化引起的异常，随时改善设备的使用情况，才能保证设备的正常运转，延长其使用寿命。

设备的保养与维护主要应做好以下几个方面的工作。

(1) 设备操作人员要求达到"三懂、四会"。即物流企业要对设施与设备操作人员进行维护保养技术培训，使其达到"三懂、四会"：懂设备性能原理、懂岗位技术、懂作业流程，会操作、会维护、会调整、会排除故障。

(2) 加强对设备的日常保养和维护。设施与设备操作人员要严格执行企业保养和维护制度，按照清洁、润滑、防腐、安全的基本要求对设施与设备进行护理，以保护和维持设备的性能和技术状况。

(二)物流企业设施与设备的三级保养制度

物流企业设施与设备的保养和维护应建立三级保养制度,即日常保养、一级保养和二级保养。

1. 日常保养

日常保养是由操作人员每天对设备进行的保养工作。班前检查、擦拭、润滑设备的各个部位;操作过程中认真检查设备运转情况,定时、定点加油,紧固易松动的零部件,及时排除细小故障,并认真做好交接班记录;班后再次进行检查保养,检查是否漏水、漏油、漏电、漏气,检查防护、安全、保险装置是否可靠等。

日常保养是全部维护工作的基础,需要制度化、经常化进行。

2. 一级保养

一级保养是以操作人员为主,维修人员为辅,对设备进行局部和重点拆卸、检查、清洗、疏通有关油路、调整各部位配合间隙、紧固各部位等。

3. 二级保养

二级保养是以维修人员为主,有操作人员参加,对设备进行部分解体检查和修理,更换或修复磨损件,对润滑系统进行清洗、换油,对电气系统进行检查、修理、局部恢复精度等。

一级保养和二级保养合称为"定期保养"。定期保养由操作人员和保养人员参加,按规范每间隔一段时间进行,操作人员和保养人员按各自的分工完成,主要进行设施与设备的清洁;检查、调整、紧固各操纵、传动、连接机构的零部件;对各润滑点进行检查、注油或换油;调整检查安全装置,保证其灵活性;更换或修复磨损的零部件;按规范对主测试点进行检测,并做好记录。

定期保养是按一定的运行间隔制订的保养作业计划,具有强制性和全面性的特点,是设备状态维修的基础。

(三)物流企业设施与设备的磨损与故障

1. 物流企业设施与设备的磨损

根据产生磨损的原因不同,物流企业设施与设备的磨损可以分为有形磨损和无形磨损。

1) 有形磨损

有形磨损是设备实体上的磨损,又称物质磨损。设备在使用过程中,一方面生产出产品或提供了服务;另一方面随着设备和机器的运转也产生了磨损,降低了原有的性能,这是有形磨损。有形磨损是由于设备的使用或闲置产生的。

根据其产生的原因,有形磨损又可以分为两类:第一类有形磨损,是指由于运转过程中外力作用(摩擦、振动冲击和疲劳等)引起的设备实体磨损;第二类有形磨损,是指由于自然力的作用(生锈、腐蚀、老化等)引起的实体"磨损"。

按照是否可以消除,有形磨损还可分为可消除的有形磨损和不可消除的有形磨损。

2) 无形磨损

无形磨损是设备实体上看不见的磨损,又称精神磨损。由于科技进步、技术更新、同样用途和性能的设备价格明显降低,但性能和优越性却明显提高,使物流企业原有设施与设备无形中贬值,这就是无形磨损。引起设备无形磨损的原因有两种:其一是同型产品制造厂家成本降低,引起设备贬值;其二是新型同类产品的出现,使原设备陈旧、落后,提前报废。

2. 物流企业设施与设备的磨损程度

物流企业设施与设备随着使用时间的延长,会发生不同程度的磨损。其磨损程度主要有三种情况。

(1) 初级磨损。发生在设施与设备的初始使用阶段,设施与设备的各零部件在运作时发生的磨合,表现为设施与设备各部件之间表面上的高低不平以及脱氧层、氧化层被磨平等。此阶段设备快速磨损,时间短。

(2) 正常磨损。发生在设施与设备的频繁使用阶段,设施与设备的各零部件磨合完成,加之操作人员的日常保养和维护,零件的磨损随时间的增加而呈现出匀速、缓慢、平稳的特征。

(3) 严重磨损。发生在设施与设备的报废阶段,此时,设施与设备开始发生非正常的磨损和损坏,设备和机具经常停车,性能及生产效率明显降低,机件磨损严重。这是急剧磨损阶段,是磨损由量变到质变的过程。图 6-1 显示了物流企业设施与设备的磨损曲线。

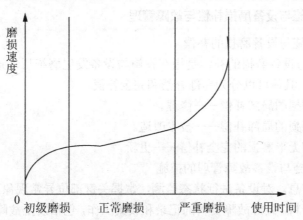

图 6-1　物流企业设施与设备磨损曲线图

3. 设备故障规律

随着物流企业设施与设备使用时间的延长,其磨损程度呈现出一定规律,其故障发生也呈现出一定的规律性。大致而言,物流企业设施与设备的故障发生也可以分为三个阶段。

(1) 初期故障期。此时期设施与设备故障率高,发生故障的主要原因是零部件设计缺陷、加工不良、制造质量不佳以及运输、安装的粗心、操作者不适应等。因此,要对设备进行严格筛选、认真检查、验收、试验,并及时调整。

(2) 偶发故障期。此阶段是设施与设备处于正常的运转时期,故障率低,基本为一常数。因为发生故障一般是由于操作者操作不当、维护不好所致,所以应加强管理、引导、培训和监督、检查，要有制度保障。

(3) 磨损故障期。在这一时期，设备零件已严重磨损或老化，进入了急剧磨损阶段，故障不断上升。为了避免进入高故障时区，应加强设备的检查、监测和计划维修，定期更换零部件，降低设备的淘汰率和淘汰速度。

物流企业一般用浴盆曲线显示其设施与设备的故障变化，如图6-2所示。

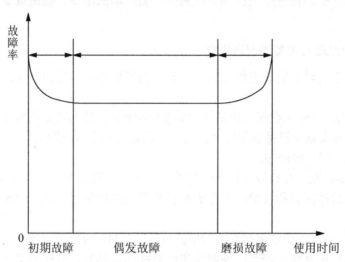

图6-2　物流企业设施与设备故障变化(浴盆曲线)

4. 物流企业设施与设备磨损补偿与故障管理

1) 物流企业设施与设备磨损的补偿

物流企业设施与设备磨损的补偿是指在设施与设备发生磨损后，通过不同措施，对机器磨损部分的弥补，具体可以分为局部补偿和完全补偿。

(1) 设备有形磨损的局部补偿——修理。

(2) 设备无形磨损的局部补偿——技术改造。

(3) 设备有形和无形磨损的完全补偿——更新。

2) 物流企业设施与设备故障管理的措施

(1) 掌握异常信息。对设备进行状态监测，掌握关键部位异常现象和故障征兆。

(2) 收集故障资料。做好故障资料的记录和收集工作，包括发生故障的设备编号、名称、型号、规格与故障发生的部位、原因；停机修理时间、修理内容与工艺措施；修复故障所用工艺装备、材料、主要更换件、经济损失等。

(3) 信息处理。对数据进行分析，找出故障原因，分析故障规律。

(4) 故障处理与信息反馈。修复故障，将信息反馈给主管和设计部门。

(四)物流企业设施与设备的维护与修理制度

1. 物流企业设施与设备的点检

1) 设施与设备点检的含义

"点"指的是设施与设备的关键部位或薄弱环节。设施与设备点检是指检查人员通过感官或运用检测工具和仪器对设施与设备进行检查，及时准确地获取技术状况或劣化信息，及时消除隐患的过程。

2) 设备点检类型

(1) 日常点检。日常点检是指由点检员所进行的常规点巡检，主要是利用感官检查关键部位的声响、振动、温度、油压等。

(2) 定期点检。点检员根据不同设施、设备的故障点，确定不同点检周期，按照周期对设施与设备进行检查。利用感官或专用仪器定期检查设备性能、缺陷、隐患、劣化程度，为设备大、小修方案提供依据。

(3) 专项点检。点检员对设施与设备的某一项关键部位或薄弱环节进行的专门内容的专门检查，主要利用专用仪器进行。

3) 设备点检的主要流程

(1) 确定检查点。检查点一般是设施与设备的关键部位或薄弱环节。

(2) 确定点检项目。即确定各检查点的具体检查内容。

(3) 制定点检的判断标准。根据制造厂家提供的技术资料和实践经验制定各检查项目的技术状态是否正常的判定标准。

(4) 确定检查周期。根据检查点在维持生产或安全方面的重要性和生产工艺的特点，并结合设备的维修经验，制定点检周期。

(5) 确定点检的方法和条件。根据点检的要求，确定各检查项目所采用的方法和作业条件。

(6) 确定检查人员。确定各类点检的操作人员和各种检查的负责人。

(7) 编制点检表。将各检查点、检查项目、检查周期、检查方法、检查判定标准以及规定的记录符号等制成固定表格，供点检人员检查时使用。

(8) 做好点检记录和分析。点检记录是分析设备状况、建立设备技术档案、编制设备检修计划的原始资料。

(9) 做好点检的管理工作，形成一个严密的设备点检管理网。

(10) 做好点检人员的培训工作。

2. 物流企业设施与设备的维修制度

物流企业设施与设备的维修制度主要包括三类：计划保养修理制度、计划预防修理制度和全员参与维修制度。

1) 计划保养修理制度

计划保养修理制度是保修并重的制度，是有计划地对设备进行分类保养和修理的维修制度，一般由三级保养和大修理组成。它明确规定了各种维护保养和修理的周期、内容和具体要求。

计划保养修理制度将操作和维修结合在一起，物流企业对交通设备及其工具均采用计划保修制。

2) 计划预防修理制度

计划预防修理制是一种以预防为主的制度，它以设备故障理论和磨损规律为依据，对设备有计划地进行预防性的维护、检查和修理。它具体包括日常维护、定期清洗、定期检查和计划修理。

3) 全员参与维修制度

全员参与维修制度强调全员、全过程和全效率。全员是指企业各部门的全体员工；全过程要求的是从规划、设计、制造、安装、使用、维修、改造直到报废等全过程；全效率是指要保证各环节有最高的效率和效益。

3. 物流企业设施与设备修理的类别

物流企业设施与设备的修理是指修复由于各种原因而损坏的设施与设备，使其功能得到恢复。设备的修理过程包括修复和更换已经磨损、腐蚀的零部件。

设备修理的类别一般可分为小修理、中修理和大修理三种。

(1) 小修理。它是指工作量最小的局部修理，属于维持性修理，其不对设备进行较全面的检查、清洗和调整，只结合所掌握的技术状态的信息进行局部拆卸、更换和修复部分失效零件，以保证设备正常的工作能力。

(2) 中修理。它是指对物流设备中性能已经劣化的结构进行针对性的局部修理，更换与修复设备的主要零件和数量较多的各种磨损零件，并校正设备的基准，以恢复和达到规定的精度、功率和其他的技术要求。

(3) 大修理。它是指工作量较大的全面修理。其需要把设施与设备全部拆解，修复基准件和不合格零件，更换部分磨损零部件，修理电气系统及整修外形等，以恢复设备原有的性能，延长设备的使用寿命。

【任务分析】

1. 企业物流设施与设备的使用包括哪些内容？应该遵从哪些原则？

参考信息：

企业物流设施与设备的使用管理是指对企业物流的设施与设备从采购到报废的全过程管理，包括设备组织管理、技术管理、安全管理、经济管理等内容。

设备的管理要符合以下基本要求：为各类设备合理地安排生产任务；切实做好工人操作设备的技术培训工作；创造使用设备良好的工作条件和环境；针对设备的不同特点和要求，制定一套科学的规章制度。

2. 物流设施与设备正确合理使用的衡量指标有哪些？

参考信息：

企业是否正确合理使用其物流设施与设备主要应从三个方面来衡量：工作效率、经济性、故障率。

3. 企业物流设施与设备故障管理的措施有哪些？

参考信息：

(1) 掌握异常信息。对设备进行状态监测，及时发现关键部位异常现象和故障征兆。

(2) 收集故障资料。做好故障资料的记录和收集工作，包括发生故障设备的编号、名称、型号、规格和故障发生的部位、原因；停机修理时间、修理内容与工艺措施；修复故障所用工艺装备、材料、主要更换件、经济损失等。

(3) 信息处理。对数据进行分析，找出故障原因，分析故障规律。

(4) 故障处理与信息反馈。修复故障，将信息反馈给主管和设计部门。

【任务实施】

爱川集装箱送货中心有哪些设施与设备？

参考信息：

(1) 中心内的核心物流设备是 UCO-OP 初次采用的带临时预放台，且具有节拍输送机能的多订货式组合数字拣选系统(C-DPS)和自动货物补充系统。

(2) 此外，凭借高速堆垛机的无人操作，以及向拣选"滚轮式货架"供给商品的自动补充系统，实现了快捷处理和节省占地空间，系统的精确性可使补充作业更简便，保证补充作业"零出错"，商品追踪准确无误。同时，采用滑块式分拣系统(JSUS)和码垛堆积机器人等，积极推进各个工作区的自动化，使货物从放入冷藏箱到出库全过程各条流水线的员工人数均减少到 28 名(各减 7 名)，取得了节省人力的极好效果。

(3) 通过引进物流管理系统"WareNavi"、单元拣选式自动仓库等先端物流设备，强化了中心的物流处理能力。

【任务总结】

物流设施与设备使用管理的基本要求：为各类设备合理地安排生产任务；切实做好工人操作设备的技术培训工作；创造使用设备良好的工作条件和环境；针对设备的不同特点和要求，制订一套科学的规章制度。物流设施与设备正确合理使用的衡量指标：工作效率、经济性、故障率。

保证设施与设备正确合理使用的措施：做好设备的安装、调试工作；严格按规程、使用方法等操作设备；实行设备使用的各级经济责任制；合理安排设施与设备的经营运作任务；严格使用程序管理，对重要设备采取定人定机、教育培训、操作考试和持证上岗、交接班制度，以及严肃处理设备事故等措施；明确机器设备完好的具体标准和检测依据；创造使用设备良好的工作条件和环境；实行设备维护奖励制度，把提高使用者的积极性同物质奖励结合起来。

物流企业设施与设备的三级保养制度：①日常保养；②一级保养；③二级保养。

【任务实训】

实训6.2　小组调研

组成 3 或 4 人的小组，到学校周边的物流企业或物流活动频繁的企业进行调研、考察，参观其设施与设备，了解各项管理制度，并指出其需要改进之处，然后小组内提出可行的完善方案，作为小组意见和其他小组分享。

1. 实训要求

(1) 组建小组。

(2) 制订调研方案。

(3) 实施调研。

(4) 撰写调研报告。

2. 考核标准

本实训的考核标准，如表 6-2 所示。

表 6-2　实训 6.2 的考核标准

图表规范	计算准确	步骤清晰	书写工整	总分
40 分	40 分	10 分	10 分	100 分

任务三　物流企业设施与设备的改造更新

【任务描述】

淮南矿业集团自动化立体仓库升级改造

淮南矿业集团(以下简称"淮矿")田集自动化立体仓库建于 21 世纪初，经过近十年的使用，机械部分磨损严重。另外，随着公司生产的发展，仓库的吞吐量已经满足不了实际需要。同时，原有的仓库管理系统的自动化程度不高，限制了公司管理水平的提升。经过深入研究，淮矿针对自动化立体仓库现存的问题，对硬件和软件分别进行了大修和升级改造，提高了系统的自动化水平，同时降低了工人的劳动强度。

田集自动化立体仓库系统是淮矿建成的第一个自动化立体仓库，主要用来存储企业生产和设备维护中使用的标准件以及一些矿山机械备件。其主要技术参数如下。

(1) 货架：组合横梁式，共 10 排，其中 8 排用于存放小托盘，2 排存放大托盘。

(2) 输送系统：10 台单入单出巷道输送机，每个巷道都是 2 台。

(3) 堆垛机：直道单立柱堆垛机 5 台，其中 4 台设计载荷为 500kg，1 台设计载荷 1000kg。

(4) 库位数：84×11 个 + 2×46×9 个 = 8220 个。

(5) 电气控制元器件：采用进口西门子控制模块和输入输出模块、倍加福光电开关、SEW 电机。

(6) 控制方式：堆垛机和输送系统独立控制，使用 485 串口通信和红外通信，通过监控服务器调度堆垛机和输送设备。

(7) 工作方式：堆垛机分维修、手动、单机半自动、联机全自动四种工作方式。输送设备分手动和联网全自动两种工作方式。在同一时间点，各台堆垛机和输送设备都可以分别使用不同的工作方式，即系统不要求要么全部自动，要么全部手动，允许一台手动，一台单机自动，一台联机自动。

一、系统状态分析及存在的问题

1. 机械、电气方面的问题

该系统运动部件磨损严重，如货叉、主动轮等。导致设备运行时晃动过大，系统经常报警，严重影响使用效率。

2. 仓库管理软件方面的问题

(1) 立体库管理系统的出入库管理包括常规出入库和寄售出入库两种方式。前者已通过同企业物资管理系统接口来接收出入库单据，后者则是物资管理系统和立体库管理系统分别制单，操作人员劳动强度增大了，也容易出现两边录入不一致的错误。

(2) 立体库拣选出库作业指令不支持批量下发，必须等待堆垛机开始执行一条拣选出库作业指令时，才能下发另一条同巷道内的拣选出库作业指令。这就需要一名专门的操作人员始终待在电脑边上，一个接着一个地下达拣选出库任务，不仅加大了操作人员的工作量，同时也降低了整套系统的效率。

(3) 立体库管理系统没有输入和显示物品"件装量"的功能。出库时，仓库保管员经常要用计算器计算应该拿取多少件。企业物资管理系统里也没有"件装量"的信息。

(4) 在一条出库作业指令完成后而整张单据还未处理完成前，不能修改实际出库数量。操作过程中，经常需要调整实际出库数量(为了满足整包装出库)。

(5) 原系统只能对仓储物资的正向流程实现部分跟踪管理，管理所需的一部分正向流程信息却不具备。而仓储物资的反向流程管理则完全不具备。

二、系统改进方案

根据自动化立体仓库存在的问题，经过深入了解、研究，淮矿对整个系统软、硬件进行了升级改进，取得了以下效果。

1. 机械、电气方面

经过对立体库主要设备的维修、保养，至少可以再正常使用 5 年以上。

2. 仓库管理软件方面

(1) 立体库管理系统已能自动接收企业物资管理系统下发的寄售物资出入库单据，因此，立体库操作人员就不再需要输入单据，全部从物资管理系统中直接自动读取过来。这样既能有效提高单据的准确率，更能提高出入库操作效率，减少出入库作业的等待时间。

(2) 修改立体库监控调度程序，允许 1 台堆垛机同时接收多条拣选出库作业指令，系统自动判定在拣选托盘已出库但未回库的情况下，下一个拣选出库作业指令自动暂停。等待上一个托盘回库后，立即自动执行下一个拣选出库作业。等待期间，如果发生新托盘的入库作业，则立即自动执行入库作业。这样一来，仓库保管员就可以一次全部下发所有的出库作业指令给控制系统，腾出更多时间去进行物品核对操作。

(3) 在系统入库的时候，允许输入入库物资的"件装量"信息。入库完成后，系统将"件装量"信息带入库存表中，方便以后盘点和出库。以后出库安排库位时，保管员能看到即将出库的托盘上每件物品的"件装量"和出库件数，无须手工单独记录或人脑记忆"件装量"。而且系统支持相同物资编号但不同供应商的"件装量"不同。系统会自动记忆之前输入的"件装量"，下次入库时，系统会自动带出最近一次输入的"件装量"，避免重复输入。

(4) 出库作业指令操作界面增加取消完成按钮。出库作业完成后，如果操作人员需要修改实际取用的物品数量，则先取消完成该出库作业指令，然后再双击修改。而且在修改操作界面上，可以方便地选择是否整件出库，避免保管员用计算器计算整件出库时对应的基本单位出库数量。

(5) 通过系统的升级，实现了仓储物资正反向物流的全程无缝管理，满足了集团在管理自动化和智能化方面的要求。

改进后取得的效果，通过对田集立体库仓储系统进行改进，淮矿不仅做到了资产的保值、增值，更提升了整个仓储管理水平。其具体表现如下。

(1) 通过对立体库仓储系统硬件(堆垛机、输送机等)的大修，改善了运行状态，延长了系统的生命周期。

(2) 通过对仓库管理软件的升级，提升了系统的自动化程度，降低了操作人员的工作量，提高了单据处理效率，同时也提高了立体库的吞吐量。在原操作人员由三人减少为两人的情况下，仓库日均货物处理量提高了近一倍；同时，实现了库内物资的物流正反向跟踪管理，提升了管理信息化和智能化水平，满足了企业快速、稳定发展的要求。

(资料来源：阿里巴巴资讯，http://info.china.alibaba.com/detail/6231368.html)

【任务驱动】

(1) 物流企业设施与设备的寿命周期分为哪几种情况？
(2) 技术改造的内容是什么？
(3) 设施与设备的更新对象是什么？

【任务资讯】

一、物流企业设施与设备的寿命周期

(一)物流企业设施与设备的寿命周期类型

物流企业设施与设备的寿命周期一般分为以下四种情况。

1. 物质寿命

物质寿命又称为自然寿命或物理寿命，是指设施与设备实体存在的时间长短，即设施与设备从投入使用到报废所经历的时间，它与设备的有形磨损有关。

2. 技术寿命

技术寿命是指从技术角度所确定的设施与设备最合理的使用年限，一般是从设施与设备开始使用到技术落后而被淘汰所经历的时间，取决于设备无形磨损的速度。考虑到设施与设备的先进性、技术更新和淘汰等因素，技术寿命一般低于设备的物质寿命。

3. 经济寿命

经济寿命是指按照设施与设备使用费用最经济来确定的使用期限，通常是指设备平均使用费用最低的年数。确定设备更新的时机一般以设施与设备的经济寿命为依据，从经济效益角度确定设施与设备最合理的使用年限。例如，有时设施与设备虽然仅使用一年，但综合其有形和无形磨损，其经济效益已十分低下，没有再继续使用的价值。

4. 折旧寿命

折旧寿命是指设施与设备的使用部门预计提取折旧费的时间年限，表示设备要在规定的折旧年限内折旧完毕。但折旧寿命的终止并不意味着设备使用寿命的终结，折旧寿命一般介于技术寿命与物质寿命或经济寿命之间。

(二)物流企业设施与设备的寿命周期费用

物流企业设施与设备的寿命周期费用指的是设施与设备在使用周期内的全部费用总和。在物流企业设施与设备寿命周期的不同阶段中，其费用支出不同。

1. 物流企业设施与设备寿命周期费用的构成

物流企业设施与设备的寿命周期费用包括购置费和维持费两部分。

(1) 购置费是指在购买和安装过程中的所有花费，包括调研、设计、购置、运输、安装调试等各项费用的总和。

(2) 维持费是指在设施与设备实际运行过程中所花费的运行费用和维修费用之和，计算公式为

$$设施与设备的寿命周期费用=购置费+维持费+拆除费-残值$$

2. 物流企业设施与设备寿命周期费用的变化

在物流企业设施与设备寿命周期的不同阶段，其费用支出不同，这种支出体现出一定的变化规律，如图 6-3 所示。

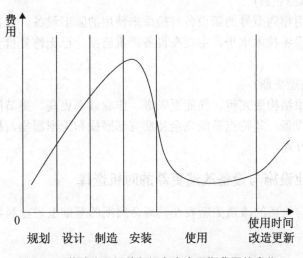

图 6-3　物流企业设施与设备寿命周期费用的变化

二、物流企业设施与设备改造更新的方式与时机选择

(一) 物流企业设施与设备改造更新的含义与方式

1. 物流企业设施与设备的改造

物流企业设施与设备的改造是指在原有设施与设备的基础上进行的以提高技术性能和经济效益为目的的改善活动。这种改善活动根据物流作业的需要，应用现代科技成果，改造现有设备局部结构，补偿设备的有形磨损和无形磨损，提高设备使用寿命和技术水平。

1) 技术改造的主要内容

(1) 改造和更新动力装置，提高设备技术性能和作业效率。

(2) 加装或改善节能装置，降低运行费用。

(3) 更新安全装置或改造原机结构，提高安全性和环保性。

(4) 加装必要装置，扩充功能，做到一机多用。

(5) 改造薄弱环节，提高可靠性和耐用性。

(6) 更换某些总成，统一机型，以利于维修和配件供应。

2) 设备技术改造时应注意的问题

(1) 从实际出发，充分考虑企业资源，选择改造项目。

(2) 保证技术上的可行性和经济上的合理性。

(3) 将当前利益与长远技术经济效益相结合。

(4) 技术改造过程中，要注意技术人员的培养。

2. 物流企业设施与设备的更新

物流企业设施与设备的更新是指以技术性能更完善、经济效益更显著的新设备代替原有的技术上不能继续使用或经济上不宜继续使用的旧设备。

设备更新有简单更新和技术更新两种方式。

1) 简单更新(原型更新)

简单更新是指用相同型号的新设备替换原来使用的陈旧设备。其特点是只能补偿有形磨损，不能提高原设备技术水平，主要在设备严重磨损、已无修复价值或无新型设备替代的情况下应用。

2) 技术更新(新型更新)

技术更新是指用结构更完善、性能更先进、作业效率更高、更节能省材的新型号设备替换原来使用的旧设备。其特点是能完全补偿有形磨损和无形磨损，提高设备技术水平，是设备更新的主要方式。

(二) 物流企业设施与设备改造更新的时机选择

物流企业设施与设备的改造更新要在其寿命周期的基础上进行科学的分析和论证，选择合适的时机完成。

1. 物流企业设施与设备改造更新的分析依据

物流企业设施与设备改造更新要从定性分析和定量分析两个方面进行分析和论证。定性分析应根据国家规定的机械报废条件进行，定量分析主要是利用效益原理，进行设施与设备更新后的经济效果比较。

1) 设施与设备更新对象的选择

(1) 役龄过长、技术经济性能差的物流机械设备。

(2) 大修次数过多或修理后技术状况仍不能恢复的机械设备。

(3) 先天性制造质量低劣的物流机械设备。

(4) 严重浪费能源的物流机械设备。

(5) 技术落后或相对陈旧的物流机械设备。

(6) 严重污染环境的物流机械设备。

2) 物流机械设备改造更新的经济论证

物流企业设施与设备改造更新决策最主要的依据是定量分析结果，即在取得相同收益时所花费的费用多少。

不同设备的服务寿命不同。通常用年费比较法进行比较分析，分析时要注意以下问题：第一，分析期限必须一致。第二，不考虑沉没成本。通常旧设备更新，在未到其折旧寿命期末，账面价值和转售价值之间存在差额，即存在沉没成本，也就是未收回的设备价值，再购买新设备，沉没成本是一种投资损失，但这一损失是过去决策造成的，不应记入本次决策之中。第三，旧设备应以目前可实现的价格与新设备的购置价格相比。在进行设备更新时，应首先根据市场的现行价格，考虑旧设备的剩余使用寿命，看看该状态下的设备在市场上可以卖多少或按多少价格购买获得；同样，新设备以现行价格购买，将二者进行比较分析。即要么都折算为改造更新期初的现值，要么都用改造更新期末的终值。

2. 设施与设备改造更新时间计算的方法

1) 低劣化系数法

物流设备在整个使用期间，随着其完成物流业务量的增加或使用时间的增长，其有形磨损会不断增加，由此引起其使用价值的降低，以及技术性能的不断下降，最终使设备出现低价值和粗劣化趋势。不仅如此，设备随着业务量的增加，还会出现相关运营费用的增加，如能源耗费、维修费、大修费等明显增长。

假设：①物流设备在整个使用期间，其运营费用每年都以一个固定的数值增加；②物流设备的残值是一次性的，即不随着使用时间的增加而减少，是一个固定的常数。

在同时满足上述两个条件的前提下，可以考虑用低劣化数值法来计算设备的经济寿命，并据此进行改造更新决策。

设物流设备在整个使用期间，其运营费用每年都以一个固定值增加，以 λ 代表，用 k 代表设备原始价值，则设施与设备的经济寿命，即最佳使用年限 T 的计算公式为

$$T=\sqrt{\frac{2k}{\lambda}}$$

技能训练 1

某物流企业购进一台新设备，初始投资为 8 000 元，设以后每年增加 1 000 元运营成本，试计算该设备的经济寿命。

解：

设施与设备的经济寿命周期 $T = \sqrt{\dfrac{2k}{\lambda}} = \sqrt{\dfrac{2 \times 8\,000 元}{1\,000 元/年}} = 4$ 年

2) 列表法

如果物流设备残值不能视为常数，即设备残值随着完成的物流作业量(或使用时间)的变化而变化，设备运行成本不与物流作业量(或使用时间)呈线性关系，且无规律可循，这时，可根据物流企业的记录或者根据同类设备的统计资料或者通过对设备将来实际运行情况的预测，用列表法来判断设备的经济寿命。

【任务分析】

1. **物流企业设施与设备的寿命周期分为哪几种情况？**

参考信息：

物流企业设施与设备的寿命周期一般分为四种：物质寿命、技术寿命、经济寿命、折旧寿命。

2. **技术改造的内容是什么？**

参考信息：

(1) 改造和更新动力装置，提高设备技术性能和作业效率。

(2) 加装或改善节能装置，降低运行费用。

(3) 更新安全装置或改造原机结构，提高安全性和环保性。

(4) 加装必要装置，扩充功能，做到一机多用。

(5) 改造薄弱环节，提高可靠性和耐用性。

(6) 更换某些总成，统一机型，以利于维修和配件供应。

3. **设施与设备的更新对象是什么？**

参考信息：

设施与设备改造更新主要针对以下对象进行。

(1) 役龄过长、技术经济性能差的物流机械设备。

(2) 大修次数过多或修理后技术状况仍不能恢复的机械设备。

(3) 先天性制造质量低劣的物流机械设备。

(4) 严重浪费能源的物流机械设备。

(5) 技术落后或相对陈旧的物流机械设备。

(6) 严重污染环境的物流机械设备。

【任务实施】

淮南矿业自动化立体仓库的设施与设备改造是如何完成的？

参考信息：

针对自动化立体仓库软件及硬件存在的问题，按现代物流业要求改造设施。对立体库的主要设备进行了维修和保养，保证其至少可以再正常使用 5 年以上。通过对仓库管理软件的升级，提升了系统的自动化程度，降低了操作人员的工作量，提高了单据处理效率，同时也提高了立体库的吞吐量，提升了管理信息化和智能化水平，满足了企业快速、稳定发展的需要。

【任务总结】

物流企业设施与设备的寿命周期可分为物质寿命、技术寿命、经济寿命、折旧寿命四种。

物流企业设施与设备改造是指在原有设施与设备基础上进行的以提高技术性能和经济效益为目的的改善活动。改造根据物流作业的需要，应用现代科技成果，改造现有设备局部结构，补偿设备的有形磨损和无形磨损，提高设备使用寿命和技术水平。

物流企业设施与设备的更新是指以技术性能更完善、经济效益更显著的新设备代替原有的技术上不能继续使用或经济上不宜继续使用的旧设备。

【任务实训】

实训 6.3　根据给定资料数据进行计算

某物流企业购进一台新设备，初始投资为 16 000 元，设以后每年增加 2 000 元运营成本。

1. 实训要求

这是计算题，因此，实训要求就是计算设备的经济寿命。

2. 考核标准

本实训的考核标准，如表 6-3 所示。

表 6-3　实训 6.3 的考核标准

图表规范	计算准确	步骤清晰	书写工整	总分
40 分	40 分	10 分	10 分	100 分

【项目总结】

本项目主要介绍了物流企业设施与设备的选择与评价，物流企业设施与设备的使用、维护与修理，物流企业设施与设备的改造更新三大任务。应重点掌握设施与设备的评价原则及方法、设备维护方法、设备改造更新的时机选择及方法。

【项目测试】

一、填空题

1. 物流基础设施的主要类型有_____、_____和_____。
2. 物流企业设施与设备的选择应考虑的原则是_____、_____、_____和_____。
3. 费用换算法根据换算方法的不同，可以分为_____和_____两种。
4. 根据产生磨损的原因不同，物流企业设施与设备的磨损可以分为_____和_____。

二、单选题

1. （　　）有暂存货物的功能，但主要做流通之用，是流通性节点。
   A. 存放货物的节点　　　　　　　B. 组织物质运动的节点
   C. 物流载体　　　　　　　　　　D. 配送节点

2. （　　）是用于货物的升降、移动、搬运、装卸等作业的设备，包括各式起重机、装卸机、绞车、千斤顶、堆垛机、升降机等。
   A. 仓储设备　　　　　　　　　　B. 起重设备
   C. 输送机械　　　　　　　　　　D. 流通加工设备

3. 对同一货物、同一物流作业过程选用不同设备，按配置原则和作业要求经初步分析确定（　　）可行方案。
   A. 1～2个　　　　B. 2～3个　　　　C. 3～4个　　　　D. 4～5个

4. （　　）主要是指对相关设施与设备操作人员的选拔、聘用和培训，有关设备日常管理制度和规范的制定，以及对设施与设备的管理监控、考核指标等方面的确定等工作。
   A. 设备组织管理　　B. 技术管理　　　C. 安全管理　　　D. 经济管理

5. （　　）是指各种物流设备内外要干净，做到无灰、无尘、整齐，保持良好的工作环境。
   A. 清洁　　　　　B. 润滑　　　　　C. 防腐　　　　　D. 安全

6. （　　）是以操作人员为主，维修人员为辅，对设备进行局部和重点拆卸、检查、清洗、疏通有关油路、调整各部位配合间隙、紧固各部位等工作。
   A. 日常保养　　　　B. 一级保养　　　　C. 二级保养　　　D. 定期保养

7. 发生在设施与设备的报废阶段，此时，设施与设备开始发生非正常的磨损和破坏，设备和机具经常停车，性能及生产效率明显降低，机件磨损严重的是（　　）。

  A. 初级磨损   B. 正常磨损   C. 严重磨损 D. 使用磨损

三、多选题

1. 物流设施与设备是贯穿于物流企业工作系统全过程各环节的技术支撑要素。它主要可以分为(　　)。

  A. 物流基础设施   B. 物流功能设施   C. 物流机械装备
  D. 物流设备使用   E. 物流设备规划

2. 物流企业设施与设备选择的总原则有(　　)。

  A. 技术上先进   B. 经济上合理   C. 大批量作业
  D. 物流合理化   E. 物流标准化

3. 比较常用的物流设施与设备经济评价方法有(　　)。

  A. 投资回收期法   B. 费用换算法   C. 效果投资法
  D. 年值法   E. 内部收益率法

4. 编制设施与设备规划的依据包括(　　)。

  A. 企业发展需要   B. 现有设备技术状况   C. 安全、环保、节能要求
  D. 新设备信息   E. 企业资金

5. 物流企业设施与设备规划做好后，就需要收集各方面的信息，以便为之后的评价及选择工作打好基础，此时，收集并整理的信息资料主要有(　　)。

  A. 经济资料   B. 技术资料   C. 自然条件资料
  D. 安全资料   E. 人员资料

6. 影响物流企业设施设备正确使用的因素有(　　)。

  A. 人员素质   B. 操作方法   C. 工作规范
  D. 环境条件   E. 维护设备

7. 物流企业设施与设备的维修制度主要包括(　　)。

  A. 计划保养修理制度 B. 计划预防修理制度 C. 全员参与维修制度
  D. 不定期保养制度   E. 返厂维修制度

8. 物流企业设施与设备的寿命周期类型包括(　　)。

  A. 物质寿命   B. 技术寿命   C. 经济寿命
  D. 折旧寿命   E. 使用寿命

9. 设施与设备改造更新时间计算的方法有(　　)。

  A. 低劣化系数法   B. 列表法   C. 鱼骨图法
  D. 误差分析法   E. 差分法

10. 设备修理的类别一般有(　　)。

  A. 日常修理   B. 小修   C. 全员修理
  D. 大修   E. 中修

四、判断题(对的画"√"，错的画"×")

1. 集装单元器具是承载物品的一种载体，可把各种物品组成一个便于储运的基础单元，主要指集装箱和托盘。   (　　)

2. 物流企业设施与设备管理既包括了对设施与设备本身的静态管理，又包括了对其运作和使用过程的动态管理。　　　　　　　　　　　　　　　　　　　　　（　　）

3. 生产性是指物流设施与设备性能、物流作业环节与生产能力等方面相互配套与衔接的程度，选用的物流设施与设备要符合物流作业对功能的需要，功能不宜过多或少。（　　）

4. 设施与设备发生故障会造成物流企业经营停顿或滞后，降低故障率就是要保证设备经常处于完好的技术状态，延长其使用寿命。　　　　　　　　　　　　　　　　（　　）

5. 安全操作就是严格按照操作规程操作，特别是交接班前要注意监测是否有异常情况。　　　　　　　　　　　　　　　　　　　　　　　　　　　　　　　　　　　（　　）

6. 不定期保养是按一定的运行间隔制订的保养作业计划，具有强制性和全面性的特点，是设备状态维修的基础。　　　　　　　　　　　　　　　　　　　　　　　　　　（　　）

7. 初期故障期时期设施与设备故障率高，发生故障的主要原因是零部件设计缺陷、加工不良、制造质量不佳以及运输、安装的粗心、操作者不适应等。　　　　　　　　（　　）

8. 物流企业设施与设备改造更新决策最主要的依据是定性分析结果，即在取得相同收益情况下所花费的费用多少。　　　　　　　　　　　　　　　　　　　　　　　　（　　）

9. 设备随着业务量的增加，还会出现相关运营费用的增加，如能源耗费、维修费、大修费等明显增长。　　　　　　　　　　　　　　　　　　　　　　　　　　　　　（　　）

10. 物流企业进行设施与设备更新改造要进行分析论证，主要从定性分析和定量分析两个方面进行。　　　　　　　　　　　　　　　　　　　　　　　　　　　　　　　（　　）

五、简答题

1. 简述物流企业设施与设备管理的任务。
2. 简述物流企业设施与设备规划的内容。
3. 简述物流设施与设备使用管理的基本要求。
4. 应该如何保证物流企业设施设备的合理使用？
5. 设备的保养与维护主要应做好哪几个方面的工作？
6. 物流企业的设备点检的流程是什么？
7. 设备技术改造时应注意的问题有哪些？

六、技能测试

1. 某配送中心购进一台装卸设备，期初投资80万元，该设备投入使用后由于装卸效率的提高，每年可节约装卸费用8万元，试问该设备的投资回收期是多少？

2. 某物流中心欲购置一台装卸搬运设备，现有A、B两个型号可供选择，型号A设备的购置价格为120万元，预计期末残值15万元，投产后平均每年的维持费用为7万元；型号B设备的购置价格为100万元，预计期末残值10万元，投产后平均每年的维持费用为8万元。两种型号的设备的使用寿命预计均为10年，设基准收益率为5%，两种型号设备的其他情况均相同。试根据以上资料用年费用比较法对两种型号的装卸搬运设备进行经济评价。

3. 根据上题所给出的资料，试用现值法对两种型号的装卸设备进行经济评价。

4. 某物流企业购进一台新设备，初始投资为18 000元，设以后每年增加1 000元运营成本，试计算该设备的经济寿命。

项目七　物流企业财务管理

【项目描述】

　　物流企业财务管理主要是指对物流企业资金的管理，其对象是资金的循环和周转，即资金运动，主要包括筹资活动、投资活动、分配活动。在此基础上对企业财务状况进行分析，主要包括盈利能力分析、偿债能力分析等。在实际工作中，物流企业财务管理被广泛用于企业筹资、投资及财务分析决策等工作中。

【项目目标】

知识目标

(1) 掌握资金时间价值的计算方法。

(2) 了解筹资方式及其优缺点。

(3) 掌握资金成本和资金结构的含义及构成。

(4) 掌握项目投资决策评价指标含义及计算方法。

(5) 熟悉利润分配的内容及顺序。

(6) 掌握财务分析的基本指标及基本方法。

技能目标

(1) 会正确预测企业筹资数额。

(2) 能正确计算资金成本，选择企业筹资方式。

(3) 能够根据投资项目的具体情况，选择适当的项目投资决策评价指标，并进行计算分析，作出投资决策。

(4) 能通过阅读财务报表获取企业财务信息。

(5) 能计算并分析基本的财务指标。

【项目展开】

　　为了系统而直观地实现以上项目目标，现将该项目按照以下三个工作任务顺序展开。

(1) 物流企业筹资管理。

(2) 物流企业投资管理。

(3) 物流企业财务分析。

任务一　　物流企业筹资管理

【任务描述】

东方物流有限公司筹资决策

王先生拥有一家自己的物流公司——东方物流有限公司，因业务量不断提高，企业前景良好。王先生心里感到由衷的高兴。2016 年实现营业额 3 000 万元，营业净利率为 10%，股利支付率为 40%。2016 年资产负债表如表 7-1 所示。

表 7-1　2016 年资产负债表　　　　　　　　单位：万元

资　　产		权　　益	
货币资金	1 000	应付账款	2 500
应收账款	2 000	应交税金	500
存货	3 000	长期负债	1 000
固定资产	5 500	实收资本	6 000
无形资产	500	留存收益	2 000
合计	12 000	合计	12 000

王先生的公司计划在 2017 年将营业额提高到 3 600 万元，营业净利率、股利支付率仍保持 2016 年的水平。要实现这一目标必须增加资金投入，扩大业务规模。

在测算资金需要量后(为计算方便，资金需要量假设为 1 500 万元)，通过调查王先生获得以下信息。

(1) 向银行借款，借款利率为 6%，手续费为 3‰。

(2) 溢价发行债券，面值 1 500 万元，发行价格为 1 580 万元，票面利率为 8%，期限为 10 年，每年支付一次利息，筹资费率 4%。

(3) 发行普通股，每股发行价格为 20 元，筹资费率为 6%，今年刚发行的股利为每股 1.5 元，以后每年递增 5%。

【任务驱动】

根据上述资料请解决如下问题。

(1) 2017 年，王先生需要筹集多少资金？

(2) 王先生可以通过哪些方式筹集资金？

(3) 筹集资金是要付出代价的，每种筹集方式的筹资成本是多少？

(4) 该企业应选择哪种筹资方式？为什么？

(5) 如果进行筹资组合，选择以下哪种结构最好？

A. 向银行借款 500 万元，发行债券 500 万元，发行股票 500 万元。

B. 向银行借款 200 万元，发行债券 400 万元，发行股票 900 万元。

C. 向银行借款 300 万元，发行债券 700 万元，发行股票 500 万元。

【任务资讯】

一、货币时间价值

(一) 货币时间价值的含义

货币时间价值是指货币经历一定时间的投资和再投资所增加的价值，也称为资金时间价值。

时间价值是资金在运用时客观存在的一个属性，是财务管理中必须考虑的重要因素。重视资金的时间价值可以促进资金的合理利用，加速资金周转。

(二) 货币时间价值的计算

货币时间价值的计算通常采用终值和现值的形式。终值又称将来值，是指现在一定量的现金在未来某一时点上的价值，俗称"本利和"，通常记作"F"。现值，是指未来某一时点上的一定量现金折合到现在的价值，俗称"本金"，通常记作"P"。

1. 单利与复利

根据利息计算方法的不同，可将其分为单利计息及复利计息两种方式。

1) 单利

单利是指仅就本金计算利息，利息不再生息的一种计算方法，即"本生利"。这是一种最简单的计算收、付款利息的方法。单利利息的计算公式为

$$I=P \cdot i \cdot n$$

式中：I——利息；

P——本金；

i——利率；

n——时间期数。

单利终值的计算公式为

$$F=P+P \cdot i \cdot n=P(1+i \cdot n)$$

现值的计算与终值的计算是互逆的，由终值计算现值的过程称为"折现"。单利现值的计算公式为

$$P=F/(1+n \cdot i)$$

2) 复利

复利是指每经过一个计息期，要将所生利息加入本金计入下一期利息的计算方法，逐期滚算，俗称"利滚利"。一般情况下，计息期通常指一年。

复利终值的计算公式为

$$F=P \cdot (1+i)^n$$

式中，$(1+i)^n$ 称为复利终值系数，用符号 $(F/P,i,n)$ 表示。

复利现值的计算公式为

$$P=F \cdot (1+i)^{-n}$$

式中，$(1+i)^{-n}$ 称为复利现值系数，用符号$(P/F,i,n)$表示。

为了计算方便，人们编制了"复利终值系数表"(见附表一)和"复利现值系数表" (见附表二)。财务管理中通常使用复利计息方法进行决策。

技能训练 1

大华公司将100万元投资于A项目，年报酬率为8%，则3年后能拿到多少钱?

解:

$F=100$ 万元$\times(1+8\%)^3$

$\quad=100$ 万元$\times(F/P,8\%,3)$

查1元复利终值表得: $(F/P,8\%,3)=1.2597$

$F=100$ 万元$\times1.2597$

$\quad=125.97$ 万元

技能训练 2

大华公司计划在3年后将100万元投资于A项目，银行利率为8%，则现在应存入银行多少钱?

解:

$P=100$ 万元$\times(1+8\%)^{-3}$

$\quad=100$ 万元$\times(F/P,8\%,3)$

查1元复利现值表得: $(P/F,8\%,3)=0.7938$

$F=100$ 万元$\times0.7938$

$\quad=79.38$ 万元

2. 年金终值和现值的计算

在现实的经济生活中，除了一次性收付款项外，还存在一定时期内多次收付的款项，如果每次收付的金额相等，则这样的系列款项就称为年金。简言之，年金是指一定时期内每次等额收付的系列款项，通常记作"A"。年金的形式多种多样，如折旧、租金、保险金、养老金、零存整取或整存零取的储蓄等，通常都采取年金的形式。年金按其每次收付发生的时点不同，可分为普通年金、先付年金、递延年金、永续年金等几种。

1) 普通年金

普通年金是从第一期起，在一定时间内每期期末发生的系列收付款项，又称为后付年金。普通年金时间价值有终值和现值两种。

(1) 普通年金终值。

已知各期普通年金(A)，求n期年金按复利计算的第n期本利和(F_n)就是普通年金终值。例如，零存整取的银行储蓄形式，每期相同的存款额为年金，到期取出的本利和即为年金终值。将各期金额的复利终值求和，就可以得到普通年金终值的公式为

$$F_n = A(1+i)^0 + A(1+i) + A(1+i)^2 + \cdots + A(1+i)^{n-1}$$

上式经过整理得到

$$F = A\frac{(1+i)^n - 1}{i} = A(F/A,i,n)$$

式中，$\dfrac{(1+i)^n - 1}{i}$——普通年金终值系数，可以用符号$(F/A,i,n)$来表示。

年金终值系数可以通过查阅"年金终值系数表"(见附表三)直接取得。

技能训练 3

甲公司每年年末在银行存入 8 000 元，计划 10 年后更新设备，若银行存款利率为 5%，到第 10 年年末公司用于更新设备的钱有多少？

解：

$$F = 8\,000元 \times \frac{(1+5\%)^{10} - 1}{5\%}$$

$$= 8\,000元 \times (F/A,5\%,10) = 8000元 \times 12.578 = 100\,624元$$

式中，$(F/A,5\%,10) = 12.578$ 查表求得。

可见，若甲公司每年年末存入 8 000 元，10 年可有 100 624 元资金用来更新设备。

(2) 普通年金现值。

已知各年普通年金(A)，求各期年金按复利计算的现值总和即为普通年金的现值(P)。例如，现在存入多少钱(年金现值)，刚好满足子女上大学未来连续 4 年的学费(年金)，就是求普通年金现值。将各年金额 A 的复利现值求和，就是普通年金现值公式，即

$$P = A(1+i)^{-1} + A(1+i)^{-2} + A(1+i)^{-3} + \cdots + A(1+i)^{-n}$$

求和，即可得

$$P = A\frac{1-(1+i)^{-n}}{i}$$

式中，$\dfrac{1-(1+i)^{-n}}{i}$——普通年金现值系数，可以用符号$(P/A,i,n)$来表示。

年金现值系数可以查阅"年金现值系数表"(见附表四)直接取得。

技能训练 4

某人最近准备购置一套新房，现看好了几家开发商的售房方案，其中之一是甲开发商出售的一套 100 平方米的住房，要求首期支付 10 万元，然后分 6 年每年年末支付 3 万元；如一次付清款项，市场价格是 2 000 元/平方米，请你代作一决策，采用哪一种方式支付购房款较为合算？

解：

根据题意，先计算 6 年内所支付款项的现值为

$P = 3 \times (P/A,6\%,6) = 3 \times 4.917\,3$ 万元 $= 14.791\,5$ 万元

付给甲开发商的全部资金现值为：10 万元 + 14.791 5 万元 = 24.791 5 万元

如果直接按每平方米 2 000 元购买，只需支付 100×2 000 元=20 万元。可见采用一次性付清房款比较合算。

技能训练5

某人拟在 5 年后还清 10 000 元的债务，从现在起每年年末等额存入银行一笔款项，假设银行的存款利率为 10%，则每年需要存入多少钱？

解：

根据题意可知：

10 000=$A(F/A,10\%,5)$

$(F/A,10\%,5)$=6.105 1 查表求得。

可得，A=10 000 元/6.105 1=1 637.97 元

2) 先付年金计算

先付年金是从第一期起，在一定时期内每期期初发生的等额收付款项，又称为即付年金。它与普通年金的区别仅在于付款的时点不同，所以先付年金的终值要比普通年金的终值多计算一期利息，其现值要比普通年金少折现一期。

先付年金终值与现值有自己独立的计算公式，但应用起来比较复杂。下面介绍一种简化的计算方式，这种计算方式应用起来非常方便。

(1) 先付年金终值。

先付年金终值的计算公式为

$$F = A\frac{(1+i)^n -1}{i}(1+i) = A(F/A,i,n)(1+i)$$

或

$$F = A[(F/A,i,n+1)-1]$$

技能训练6

甲物流公司营业部租用某间写字楼，每年年初支付租金 5 000 元，年利率为 6%，公司计划租赁 7 年，问 7 年后各期租金的本利总和是多少？

解：

根据题意可知：

$F=A×(F/A,6\%,7)×(1+6\%)$

  =5 000 元×8.393 8×1.06

  =44 487.14 元

式中，$(F/A,6\%,7)$=8.393 8 查表求得。

(2) 先付年金现值。

先付年金现值的计算公式为

$$P = A\frac{1-(1+i)^{-n}}{i}(1+i)$$
$$= A(P/A,i,n)(1+i)$$
$$= A[(P/A,i,n-1)+1]$$

技能训练 7

仍以技能训练 6 的资料为例。问 7 年租金的总现值是多少？

解：

根据公式计算过程如下：

$P=A\times(P/A,6\%,7)\times(1+6\%)$

　$=5\ 000\ \text{元}\times5.582\ 4\times1.06$

　$=29\ 586.76\ \text{元}$

式中，$(P/A,6\%,7)=5.582\ 4$ 查表求得。

3) 递延年金计算

递延年金是普通年金的一种特殊形式，其第一次收付款发生的时间不是在第 1 期，而是在第 2 期以后某一期末发生的普通年金。例如，前 m 期未发生资金收付，$m+1$ 期以后发生了 n 期普通年金，则称为递延 m 期的递延年金。

(1) 递延年金终值。

递延年金终值是指递延年金各年现金流量在其最后一年末的复利终值总和。递延年金终值的计算方法与普通年金终值的计算方法相同，其终值大小与前面的递延期无关，只是要注意期数。

(2) 递延年金现值。

根据递延年金的特点，递延年金现值有两种计算方法。

方法 1：对于递延 m 期的 n 期年金，计算其现值需分两步进行。第一步先计算 n 期普通年金第 m 期期末的现值；第二步将第 m 期期末的价值折现，计算到第 1 期期初的现值。其计算公式为

$$P = A(P/A,i,n)(P/F,i,m)$$

技能训练 8

某企业从第 4 年起每年年末存入银行 200 万元，连续存 4 年，假设银行利率为 6%，则该递延年金在第 1 年年初的现值为多少？

解：

根据题意可知：递延期 $m=3$，$n=4$。

第一步，计算 4 期普通年金在第 3 年年末的现值 P_3。

$P_3 = A(P/A,i,n) = 200\text{万元}\times(P/A,6\%,4) = 200\text{万元}\times3.465\ 1 = 693.02\ \text{万元}$

第二步，计算 4 期普通年金在第 1 年年初的现值 P_0。

$P_0 = P_3(P/F,i,m) = 693.02\text{万元}\times(P/F,6\%,3) = 693.02\text{万元}\times0.839\ 6 = 581.86\ \text{万元}$

式中，$(P/A,6\%,4)=3.465\ 1$ 查表求得；$(P/F,6\%,3)=0.839\ 6$ 查表求得。

方法2：对于递延 m 期的 n 期年金，计算其现值需要分三步骤进行。第一步先计算 $(m+n)$ 期年金现值；第二步计算 m 期年金现值；第三步将计算出的 $(m+n)$ 期年金现值减去 m 期年金现值，得出 n 期递延年金现值。其计算公式为

$$P_0=A(P/A,i,m+n)-A(P/A,i,m)$$

技能训练 9

仍以 $m=3$，$n=4$，$A=200$ 为例。递延年金计算过程如下。

第一步，计算全部时期共 7 期普通年金在第一年年初的现值 $P_{(m+n)}$。

$P_{(m+n)} = A(P/A,i,m+n) = 200元\times(P/A,6\%,7) = 200元\times5.5824 = 1\,116.48\,元$

第二步，计算递延期 3 期普通年金在第一年年初的现值 P_m。

$P_m = A(P/A,i,m) = 200元\times(P/A,6\%,3) = 200元\times2.673 = 534.6\,元$

第三步，计算 4 期递延年金在第一年年初的现值 P_n。

$P_n = A(P/A,i,m+n) - A(P/A,i,m) = 1\,116.48元 - 534.6元 = 581.88\,元$

式中，$(P/A,6\%,3)=2.673$ 查表求得。

上述两种方法计算的结果相差 0.02 元(即 581.88 元 -581.86 元)，属于近似计算的尾差。

4) 永续年金计算

永续年金是指无期限等额收付的特种年金，可视为期限趋于无穷的普通年金。永续年金在实际经济活动中很多，如优先股股利、永久债券的利息、永久性的奖励基金等。

由于永续年金持续期无限，没有终止时间，因此没有终值，只可以求其现值。永续年金可视为普通年金期限趋于无穷的特殊形式，其现值可以由普通年金现值公式的极限求得，其导出过程如下：

$$P = A\times\frac{1-(1+i)^{-n}}{i}$$

当 $n\to\infty$ 时，$(1+i)^{-n}\to0$，所以永续年金现值公式为

$$P = \frac{A}{i}$$

式中：P——永续年金现值；

A——每期收付金额；

i——利率(折现率)。

技能训练 10

某归国华侨想支持家乡建设，特地在祖籍所在的县中学设立奖学金。奖学金每年发放一次，奖励每年高考的文理科状元各 10 000 元。奖学金的基金保存在中国农业银行该县支行。银行一年的定期存款利率为 2%。问该华侨现在要在银行里存入多少钱才能支付这笔奖学金？

解：

由于每年都要取出 20 000 元来奖励文理科状元，因此，奖学金的性质是一项永续年金的现值计算问题，计算如下：

$$P = \frac{A}{i} = \frac{20\,000元}{2\%} = 1\,000\,000元$$

可见，该华侨现在要向银行存入 1 000 000 元作为基金，才可以保证这一奖学金成功地运行。

二、预测资金需要量

企业预测资金需要量的方法很多，但最常用的是销售百分比法。销售百分比法是一种常用的预测资金需要量的方法，它是指以未来销售收入变动的百分比为主要参数，考虑随销售变动的资产、负债项目及其他因素对资金需求的影响，从而预测未来需要追加的资金量的一种计算方法。

销售百分比法中企业需要追加资金量的基本计算公式为

$$\Delta F = K(A-L) - R$$

式中：ΔF——企业在预测年度从企业外部追加融资的数额。

K——预测年度销售收入相比基年增长的百分比。

A 表示随销售收入变动而成正比例变动的资产项目基期金额。资产项目与销售收入的关系一般可分为三种情况：第一种情况是随销售收入变动成正比例变动，如货币资金、应收账款、存货等流动资产项目，这些是公式中 A 的计量对象。第二种情况是与销售收入变动没有必然因果关系，如长期投资、无形资产等，这些项目不是 A 的计量对象。第三种情况是与销售收入关系有多种可能，如固定资产。假定基期固定资产的利用已经饱和，那么增加销售必须追加固定资产投资，且一般可以认为与销售增长成正比，应把基期固定资产净额计入 A 之内；假定基期固定资产的剩余生产能力足以满足销售增长的需要，则不必追加资金添置固定资产；在销售百分比法中，固定资金仅作上述第二种假定。

L 表示随销售收入变动而成正比例变动的负债项目基期金额。负债项目与销售收入的关系一般可分为两种情况：第一种情况是随销售收入变动成正比例变动，如应付账款、应交税金等流动负债项目，这些是公式中 L 的计量对象。第二种情况是与销售收入变动没有必然因果关系，如各种长期负债等，这些项目不是 L 的计量对象。L 在公式中前面取 "-" 号，是因为它能给企业带来可用资金。"资产是资金的占用，负债是资金的来源。"

R 表示预测年度增加的可以使用的留存收益，在销售净利率、股利支付率等确定的情况下计算得到。R 是企业内部形成的可用资金，可以作为向外界筹资的扣减数。

技能训练 11

某物流公司 2016 年 12 月 31 日的资产负债表如表 7-2 所示。已知该公司 2016 年的销售收入为 400 万元，现在还有生产能力，即增加收入不需要进行固定资产投资。假设资产、负债和权益项目将随着销售收入的变化而成正比例变化，并计算出变化项目占销售收入的百分比，获得表 7-3，经预测 2017 年的销售收入将增加到 500 万元。假定销售收入净利润率为 10%，留存收益为净利润的 20%。请测定该企业对外筹集的资金数额。

表7-2 2016年资产负债表   单位：万元

资　产		权　益	
现金	20	应付费用	20
应收账款	60	应付账款	40
存货	120	短期借款	30
固定资产	80	公司债券	30
		实收资本	150
		留存收益	10
合计	280	合计	280

表7-3 销售百分比表

资　产	占销售收入百分比/%	负债及所有者权益	占销售收入百分比/%
现金	5	应付费用	5
应收账款	15	应付账款	10
存货	30	短期借款	不变动
固定资产	不变动	公司债券	不变动
		实收资本	不变动
		留存收益	不变动
合计	50	合计	15

解：

步骤1：计算预测年度销售收入对于基年度增长的百分比 K 值。

$K=(500 \text{万元}-400 \text{万元})/400 \text{万元}=25\%$

步骤2：计算随销售收入变动而成正比例变动的资产项目基期金额 A 值。

$A=20 \text{万元}+60 \text{万元}+120 \text{万元}=200 \text{万元}$

步骤3：计算随销售收入变动而成正比例变动的负债项目基期金额 L 值。

$L=20 \text{万元}+40 \text{万元}=60 \text{万元}$

步骤4：计算预测年度增加的可以使用的留存收益 R 值。

$R=500 \text{万元}\times10\% \times 20\%=10 \text{万元}$

步骤5：计算需要追加的资金量 F 值。

$F=K(A-L)-R=25\% \times (200-60)\text{万元}-10 \text{万元}=25 \text{万元}$

因此，该公司2017年需向外界筹资25万元。

三、筹资方式

筹资方式是指企业取得资金的具体形式。企业取得资金的方式多种多样，如吸收直接投资、发行股票、发行债券、银行贷款、商业信用、租赁筹资等。

1. 吸收直接投资

直接投资是指物流企业在物流活动过程中，投资者或发起人直接投入企业的资金，这部分资金一经投入，便构成企业的资本金。吸引直接投资则是企业以协议形式吸引国家、其他企业、个人和外商等主体直接向物流企业投入资金，这种筹资方式是非股份制企业筹集权益资本的重要方式。

吸引直接投资的形式有吸引国家投资和吸引联营投资两种方式。吸引国家投资，主要是吸引国家以贷款形式对国有物流企业的投资。企业筹措国家贷款资金，主要是根据国家产业政策和投资政策及物流业发展的投资需要，向国家有关部门申请、获取国家财政贷款资金。

2. 发行股票

股票是股份有限公司为筹集自有资金而发行的有价证券，是持有人拥有公司股份的入股凭证，用来证明持股人在股份公司中拥有的所有权。发行股票能使大量社会游资得到集中和运用，并能把一部分消费资金转化为生产资金，它是物流企业筹集长期资金的一个重要途径。股票主要有优先股和普通股两种类型。

1) 优先股

优先股是企业为筹集资金而发行的一种混合型证券，兼有股票和债券的双重属性，在企业盈利和剩余财产分配上享有优先权的股票。优先股具有如下特点：第一，优先股的股息率是事先约定而且固定的，不随企业经营状况的变化而波动，并且公司对优先股的付息在普通股付息之前；第二，当公司破产清算时，优先股的索取权位于债券持有者之后和普通股之前；第三，优先股持有者不能参与公司的经营管理，且由于其股息是固定的，当公司经营景气时，不能像普通股那样获取高额利润；第四，与普通股一样列入权益资本，股息用税后净值发放，得不到免税优惠；第五，优先股发行费率和资金成本一般比普通股票低。

2) 普通股

普通股是指在公司的经营管理和盈利及财产的分配上享有普通权利的股份。普通股的基本特征有：第一，风险性。股票一经购买就不能退还本金，而且购买者能否获得预期收益，完全取决于公司的经营状况。第二，流动性。尽管股票持有者不能退股，但可以转让或作为抵押品。正是股票的这种流动性，才能促使社会资金的有效配置和高效利用。第三，决策性。普通股票的持有者有权参加股东大会，参与公司的经营管理决策。第四，股票交易价格和股票面值的不一致性。这种不一致性，可以给企业带来强大压力，迫使其提高经济效益；同时，也产生了社会公众的资本选择行为。

3. 发行债券

发行债券是指企业按照法定程序发行，约定在一定期限内还本付息的债券凭证，它代表债券持有者与企业的一种债务关系。企业发行债券一般不涉及企业资产所有权、经营权的权属，企业债权人对企业的资产和所有权没有控制权。企业债券的基本特征有以下几点。

(1) 期限性。各种公众债券在发行时都要明确规定归还期限和条件。

(2) 偿还性。企业债券到期必须还本付息，不同的公司债券有不同的偿还级别，如果公司破产清算，则按优先级别先后偿还。

(3) 风险性。企业经营总有风险，如果公司经营不稳定，风险较大，其债券的可靠性就较低，受损失的可能性也较大。

(4) 利息率。发行债券要事先规定好利息率，通常债券的利息率是固定的，与企业经营效果无关，无论经营如何都要按时、按固定利息率向债权人支付利息。

4. 银行贷款

银行贷款是指按一定的利率，在一定的期限内，把货币资金提供给需要者的一种经营活动。银行贷款筹资是指企业通过向银行借款以筹集所需要资金。贷款利率的大小随贷款对象、用途、期限的不同而不同，并且随着金融市场借贷资本的供求关系的变动而变动。企业向银行贷款，必须提出申请并提供详尽的可行性研究报告及财务报表。获准后在银行设立账户，用于贷款的取得、归还和结存核算。

5. 商业信用

商业信用是指企业之间的赊销赊购行为。它是企业在资金紧张的情况下，为保证生产经营活动的连续进行，采取延期支付购货款和预收销货款而获得短期资金的一种方式。采用这种方式，企业必须具有较好的商业信誉，同时，国家也应该加强引导和管理，避免引发企业间的三角债务。

6. 租赁筹资

租赁是指一种以一定费用借贷实物的经济行为，即企业依照契约规定通过向资产所有者定期支付一定量的费用，从而长期获得某项资产使用权的行为。现代租赁按其形态主要分为两大类：融资性租赁和经营性租赁。

融资性租赁是指承租方通过签订租赁合同获得资产的使用权，然后在资产的经济寿命期内按期支付租金。融资性租赁是一种典型的企业资金来源，属于完全转让租赁。

经营性租赁是不完全转让租赁，它的租赁期较短，出租方负责资产的保养与维修，费用按合同规定的支付方式由承租方负担。由于出租资产本身的经济寿命大于租赁合同的持续时间，因此，出租方在一次租赁期内获得的租金收入不能完全补偿购买该资产的投资。

企业筹资过程中，究竟通过哪种渠道，采用哪一种方式都必须根据企业自身情况来决定。

四、筹资成本的计算

(一) 单一筹资成本计算方法

资金成本包括用资费用和筹资费用两部分内容。

用资费用是指企业在生产经营、投资过程中因使用资金而付出的费用。如向股东支付的年股利、向债权人支付的年利息等，这是资金成本的主要组成部分，在资金使用期间会反复发生。

筹资费用是指企业在筹措资金过程中为获取资金而付出的费用。如向银行支付的借款手续费，因发行股票、债券而支付的发行费用等。筹资费用与年用资费用不同，它通常是在筹措资金时一次支付的，在用资过程中不再发生，因而可以视为对筹资额的一项扣除。

资金成本计算公式为

$$资金成本 = \frac{年用资费用}{筹资额 - 筹资费用}$$

1. 银行借款的资金成本

银行借款利息一般作为费用在税前开支，企业因支付利息加大了费用，少缴了一部分所得税，企业实际负担的利息成本应从利息支出中扣除应缴所得税税额。因此，其成本可用公式表示为

$$K_I = \frac{I(1-T)}{L(1-f)}$$

式中：K_I——银行借款成本；

I——银行借款年利息；

L——银行借款筹资总额；

T——所得税税率；

f——银行借款筹资费率。

技能训练 12

某物流公司从银行取得长期借款 200 万元，年利率 10%，期限 3 年，每年年末付息一次，筹资费率为 0.2%，所得税率为 25%。则其借款成本应为多少？

解：

根据题意可知：

$$K_I = \frac{200万元 \times 10\% \times (1-25\%)}{200万元 \times (1-0.2\%)} \times 100\% = 7.52\%$$

2. 债券的资金成本

债券成本主要是指债券利息和筹资费用。由于债券利息在税前支付，具有减税效应，债券利息的处理与银行借款相同。债券的筹资费用一般较高，这类费用主要包括发行债券的手续费、债券注册费、印刷费、上市费以及推销费等，用公式表示如下：

$$K_b = \frac{I(1-T)}{B_0(1-f)} = \frac{B_i(1-T)}{B_0(1-f)}$$

式中：K_b——债券成本；

I——债券每年支付的利息；

i——债券票面利息率；

B——债券面值；

B_0——债券筹资额；

T——所得税税率；

f——债券筹资费率。

技能训练 13

某物流公司发行一笔期限为 5 年的债券,面值为 100 万元,票面利率 10%,每年支付一次利息,发行费率为 3%,所得税率为 25%,债券按面值等价发行,则该债券成本应为多少?

解:

根据题意可知:

$$K_b = \frac{100万元 \times 10\% \times (1-25\%)}{100万元 \times (1-3\%)} \times 100\% = 7.73\%$$

技能训练 14

某物流公司发行一笔期限为 5 年的债券,面值为 100 万元,票面利率 10%,每年支付一次利息,发行费率为 3%,所得税率为 25%,债券发行价 200 万元,则该债券成本应为多少?

解:

根据题意可知:

$$K_b = \frac{100万元 \times 10\% \times (1-25\%)}{200万元 \times (1-3\%)} \times 100\% = 3.87\%$$

3. 优先股的资金成本

企业发行优先股,既要支付筹资费用,又要定期支付股利。它与债券不同的是股利是在税后支付,且没有固定到期日。企业破产时,优先股股东的求偿权居债权人之后,优先股股东的风险大于债券持有人的风险,因此,优先股的股利一般要大于债券的利息率。另外,优先股股利要从净利润中支付,不能抵减所得税,所以,优先股成本通常要高于债券成本,用公式表示为

$$K_p = \frac{D}{P_0(1-f)}$$

式中:K_p——优先股成本;

　　　D——优先股每年的股利;

　　　P_0——发行优先股总额;

　　　f——银行借款筹资费率。

技能训练 15

某物流企业按面值发行 300 万元的优先股,筹资费率为 4%,每年支付 12% 的股利,则优先股的成本应为多少?

解:

根据题意可知:

$$K_p = \frac{300万元 \times 12\%}{300万元 \times (1-4\%)} = 12.5\%$$

4. 普通股的资金成本

普通股成本的计算基本上与优先股相同。但是普通股的股利是不固定的，由于与优先股相比，普通股股东承担的风险比债权人和优先股股东大，因此，普通股股东要求的收益也较高，且通常要求逐年增长。

如果预期公司未来每期的股利相等，即企业实行固定股利政策，则普通股成本用公式表示如下：

$$K_s = \frac{D}{V_0(1-f)}$$

式中：K_s——普通股成本；

D——每年固定股利；

V_0——普通股总额；

f——银行借款筹资费率。

技能训练 16

某物流公司发行一批普通股，发行价 20 元，每股筹资费用 2 元，预计每年分派现金股利 2 元，则该企业普通股成本应为多少？

解：

根据题意可知：

$$K_s = \frac{2元}{20元 - 2元} \times 100\% = 11.11\%$$

如果公司的预期股利是不断增加的，假设年增长率固定为 g，则普通股成本用公式表示如下：

$$K_s = \frac{D_1}{V_0(1-f)} + g$$

式中：D_1——未来第一年的股利。

技能训练 17

某物流公司发行一批普通股，发行价 15 元，筹资费率为 20%，预计第一年分派现金股利 1.5 元，以后每年股利增长 2.5%，则该企业普通股成本应为多少？

解：

根据题意可知：

$$K_s = \frac{1.5元}{15元 \times (1-20\%)} \times 100\% + 2.5\% = 15\%$$

5. 留存收益的资金成本

留存收益是由企业税后利润形成的，包括盈余公积和未分配利润。一般企业都不会把全部收益以股利形式分给股东，因此，留存收益就成为企业资金的一种重要来源。从表面上看，留存收益并不像其他筹资方式那样直接从市场取得。但实际上，留存收益从最终归属上看属于普通股股东，普通股股东虽然没有以股利的形式取得这部分利益，但可以从股票价值的提高中得到补偿，等于股东对企业追加了投资。股东对一部分追加投资也应要求与已缴付的资本一样，有相同比率的报酬。留存收益的资金成本与普通股基本相同，唯一不同的是不存在筹资费用。其成本用公式表示为

$$K_e = \frac{D_1}{V_0} + g$$

式中：K_e 为留存收益成本。

其他符号含义与普通股成本计算公式相同。

(二) 最优资金结构的确定

资金结构是指各种资金的构成及其比例关系。资金结构是企业筹资决策的核心问题。企业采用各种方式筹集的资金，总的来看，可分为负债资金和自有资金两类。因此，资金结构决策主要是确定负债资金的比例，即确定负债资金在企业全部资金中所占的比重。

比较资金成本法的操作过程为：第一步，确定不同筹资方案的资金结构；第二步，计算不同方案的综合资金成本。

综合资金成本的计算公式为

$$K_W = \sum_{j=1}^{n} W_j K_j$$

式中：K_W——综合资金成本；

W_j——第 j 种资金占总资金的比重；

K_j——第 j 种资金的成本。

第三步，选择资金成本最低的资金组合，即最佳的资金结构。

将历史数据综合在一起，并计算出不同季节或时段(时段也可以用月、周)周期性变化的趋势，即每一时段的预测量占整个周期总量的比例，然后利用这个比例系数进行季节性预测。

技能训练 18

某物流公司拟投资 5 000 万元扩大经营规模，其中按面值发行债券 2 000 万元，票面利率为 10%，筹资费率为 2%；发行优先股 800 万元，股利率为 12%，筹资费率为 3%；发行普通股 2 200 万元，预计第一年股利率为 12%，以后每年增长 4%，所得税率为 25%。要求：计算该企业筹资的综合资金成本。

解：

根据题意可知：

债券成本 $= \dfrac{2\,000 万元 \times 10\% \times (1-25\%)}{2\,000 万元 \times (1-2\%)} = 7.65\%$

优先股成本 $= \dfrac{800 万元 \times 12\%}{800 万元 \times (1-3\%)} = 12.37\%$

$$普通股成本 = \frac{2\,200万元 \times 12\%}{2\,200万元} + 4\% = 16\%$$

$$综合资金成本 = \frac{2\,000万元}{5\,000万元} \times 7.65\% + \frac{800万元}{5\,000万元} \times 12.37\% + \frac{2\,200万元}{5\,000万元} \times 16\% = 12.08\%$$

【任务分析】

1. 2017 年，王先生需要筹集多少资金？

参考信息：

步骤 1：计算预测年度销售收入对于基年度增长的百分比 K 值。

$K = (3\,600 - 3\,000)$万元$/3\,000 = 20\%$

步骤 2：计算随销售收入变动而成正比例变动的资产项目基期金额 A 值。

$A = 1\,000$ 万元 $+ 2\,000$ 万元 $+ 3\,000$ 万元 $+ 5\,500$ 万元 $= 11\,500$ 万元

步骤 3：计算随销售收入变动而成正比例变动的负债项目基期金额 L 值。

$L = 2\,500$ 万元 $+ 500$ 万元 $= 3\,000$ 万元

步骤 4：计算预测年度增加的可以使用的留存收益 R 值。

$R = 3\,600$ 万元 $\times 10\% \times (1 - 40\%) = 216$ 万元

步骤 5：计算需要追加的资金量 F 值。

$F = K(A - L) - R = 20\% \times (11\,500 - 3\,000)$万元 $- 216$ 万元 $= 1\,484$ 万元

因此，该公司 2017 年需向外界筹资 1 484 万元。

2. 王先生可以通过哪些方式筹集资金？

参考信息：

(1) 吸收直接投资或发行股票等权益性筹资。

(2) 通过银行借款或发行债券等方式进行负债筹资。

(3) 商业信用。

3. 筹集资金是要付出代价的，每种筹集方式的筹资成本是多少？

参考信息：

步骤 1：计算银行借款的资金成本。

银行借款的资金成本 $= 1\,500$ 元 $\times 6\% \times (1 - 25\%)/1500$ 元 $\times (1 - 3‰) = 4.51\%$

步骤 2：计算发行债券的资金成本。

发行债券的资金成本 $= 1\,500$ 元 $\times 8\% \times (1 - 25\%)/1520$ 元 $\times (1 - 4\%) = 6.17\%$

步骤 3：计算发行股票的资金成本。

发行股票的资金成本 $= 1.5 \times (1 + 5\%)/20 \times (1 - 6\%) + 5\% = 12.4\%$

4. 该企业应选择哪种筹资方式？为什么？

参考信息：

该企业应选择银行借款方式筹资，因为其资金成本最低。

5. 如果进行筹资组合，选择以下哪种结构最好？

A. 向银行借款 500 万元，发行债券 500 万元，发行股票 500 万元。

B. 向银行借款 200 万元，发行债券 400 万元，发行股票 900 万元。

C. 向银行借款 300 万元，发行债券 700 万元，发行股票 500 万元。

参考信息：

A. $\dfrac{500万元}{1500万元} \times 4.51\% + \dfrac{500万元}{1500万元} \times 6.17\% + \dfrac{500万元}{1500万元} \times 12.4\% = 7.69\%$

B. $\dfrac{200万元}{1500万元} \times 4.51\% + \dfrac{400万元}{1500万元} \times 6.17\% + \dfrac{900万元}{1500万元} \times 12.4\% = 9.69\%$

C. $\dfrac{300万元}{1500万元} \times 4.51\% + \dfrac{700万元}{1500万元} \times 6.17\% + \dfrac{500万元}{1500万元} \times 12.4\% = 7.92\%$

应选择 A 组合，因为此种组合资金成本最低。

【任务实施】

该公司接下来的工作重点是什么？

参考信息：

以此资金结构组合为目标，兵分三路，联系获取银行借款，审查发行债券是否符合法律要求，并积极联系发行股票事宜。

【任务总结】

筹资是企业生存和发展的基本前提。筹资渠道是企业筹措资金的来源与通道，筹资方式是企业筹措资金所采用的具体形式。企业合理筹资的前提是科学的预测资金需要量。筹资的核心是取得综合资金成本最低的资金组合。

【任务实训】

实训 7.1 　根据给定资料数据进行筹资方案决策

光明公司原来的资本结构为债券和普通股各占 50%，债券和普通股的金额都是 1000 万元，债券的年利率为 8%，普通股每股面值 1 元，发行价格为 10 元，今年期望股利为 1 元/股，预计以后每年增加股利 4%。该企业所得税税率为 30%，假设发行的各种证券均无筹资费。该企业现拟增资 400 万元，以扩大生产经营规模，现有如下两个方案可供选择。

甲方案：增加发行 400 万元的债券，债券利率为 10%，预计普通股股利不变，但普通股市价降至 8 元/股。

乙方案：发行债券 200 万元，年利率为 8%，发行股票 20 万股，每股发行价 10 元，预计普通股股利不变。

要求：通过计算加权平均资金成本确定哪个方案最好。

1. 实训要求

(1) 确定甲方案综合资金成本。

(2) 确定乙方案综合资金成本。

(3) 筹资方案决策。

2. 考核标准

本实训的考核标准，如表 7-4 所示。

表 7-4 实训 7.1 的考核标准

结构比例计算准确 40 分	单项成本计算准确 40 分	综合成本计算准确 10 分	书写工整 10 分	总分 100 分

任务二　物流企业的投资管理

【任务描述】

华为物流公司购置设备决策

华为物流公司拟购置一台设备，价款为 240 000 元，使用 6 年，期满净残值为 12 000 元，直线法计提折旧。使用该设备每年为公司增加税后净利为 26 000 元。若公司的资金成本率为 14%，试评价该投资项目的财务可行性。

【任务驱动】

(1) 计算各年的现金净流量。
(2) 计算该项目的净现值。
(3) 计算该项目的现值指数。
(4) 计算评价该投资项目的财务可行性。

【任务资讯】

一、物流企业的投资种类

投资通常是指企业投入一定资金，以期望在未来取得收益的经济活动。根据不同的标准投资可以分为不同的种类。

(一)长期投资与短期投资

按照时间的长短，企业投资可以分为长期投资与短期投资两类。长期投资是指一年以上才能收回的投资，包括厂房、机器设备等固定资产投资，一部分长期占用的流动资产投资和超过一年以上的证券投资。长期投资中固定资产投资所占比重最大，所以有时长期投资又专指固定资产投资。短期投资是指一年以内能收回的投资，主要包括现金、有价证券、应收账款和存货等流动资产。短期投资一般又称为流动资产投资。

(二)直接投资与间接投资

按投资与企业生产经营的关系，可分为直接投资与间接投资。直接投资是指把资金直接用于生产经营性资产，以便获取利润的投资。例如，购置设备，购建厂房，开办商店等。间接投资又称证券投资，是指把资金投放于金融性资产，以便获取股利或者利息收入的投资。例如，购买政府公债，购买企业债券和公司股票等。

(三)确定型投资和风险型投资

按投资的风险程度，企业投资可分为确定型投资和风险型投资两类。确定型投资是指风险很小，投资收益可以比较准确地预期的投资，进行这类投资可不考虑风险问题。风险型投资是指投资风险比较大，投资收益很难准确地预期的投资，进行这种投资应考虑投资的风险，以便作出科学的决策。

(四)战术性投资与战略性投资

战术性投资是指对物流企业全局没有重大影响，只对局部产生影响的投资，如为提高配送准时率、改善工作环境等进行的投资。战术性投资所需资金较少、见效快、风险不大，一般由物流企业中级领导人提出，经高级领导人批准即可实施。战略性投资是指对物流企业全局有重大影响的投资，如企业转产投资、增加新产品投资等。战略性投资所需资金较多，回收时间长，风险大。一般由物流企业高层领导人提出，按严格的程序进行可行性研究。并报经董事会批准以后方能实施。

二、项目投资的现金流量及其估算

(一)现金流量的概念

现金流量是指一个投资项目在项目计算期内现金支出和现金收入数量的总称。"现金"是广义的现金，既包括各种货币资金，也包括与投资项目有关的非现金资产的变现价值。例如，一个投资项目需要的厂房、设备和存货的变现价值等。现金流量的计算以收付实现制为基础，因此，利用现金流量进行投资方案可行性分析比利用利润指标进行分析更加合理。

(二)现金流量的构成

现金流量包括三部分，即现金流入量、现金流出量和现金净流量。

1. 现金流入量

现金流入量(简称现金流入)是指投资项目实施后在项目计算期内引起的企业现金收入

的增加额，主要包括以下内容。

(1) 营业收入。营业收入是指项目投资后每年实现的全部销售收入和业务收入，但必须是实现的现金收入。为简化核算，假定销售收入和业务收入均为实现的现金收入。营业收入是项目经营期内主要的现金流入项目。

(2) 回收固定资产的余值。在项目终结点，与项目相关的固定资产经过报废清理或转让后会得到一笔现金收入，如残值的出售收入。同时，清理时还要支付清理费用，如清理人员的报酬。残值收入扣除清理费用后的净额是项目投资的一项现金收入。

(3) 回收垫支的流动资金。在项目终结点，原先投入周转的流动资金可以转化为现金，也是项目投资的一项现金收入，此项目现金收入只能发生在项目经营期终结点。

(4) 其他现金流入。其他现金流入是指除了上述现金流入外流入的现金，如与经营期收益有关的政府补贴。可根据按政策退还的增值税、按销量或工作量分期计算的定额补贴和财政补贴等予以估算。

2. 现金流出量

现金流出量(简称现金流出)是指投资项目实施后在项目计算期内引起的企业现金支出的增加额，主要包括以下内容。

(1) 建设投资。建设投资是指与形成生产经营能力有关的各种直接支出，包括固定资产投资、无形资产投资、开办费投资等，它是建设期内发生的主要现金流出。固定资产投资是所有类型的投资项目在建设期必然发生的现金流出量，包括固定资产的购置成本或建造成本、运输成本和安装成本等，也包括固定资产建设期内的资本化利息。这部分现金流出随着建设进度可能一次性投入，也可能分次投入。

(2) 垫支的流动资金。在完整的工业项目投资中，建设投资形成的生产经营能力要投入使用，还需要投入流动资金，主要是保证生产正常进行的必要的存货储备占用等，因此，企业还要追加一部分流动资金。这部分流动资金属于垫支的性质，当投资项目结束后，一般会如数收回。

(3) 经营成本。经营成本是指在经营期内为满足正常生产经营而需用现金支付的成本，又称为付现成本。经营成本是所有类型项目投资在生产经营期内都要发生的主要的现金流出量，它与融资方案无关。

付现成本=变动成本+付现的固定成本

=总成本-折旧额及摊销额

(4) 税金及附加。如项目投产后在生产经营期内应缴纳的消费税、土地增值税、资源税、城市维护建设税和教育费附加等。

(5) 维持运营成本。维护运营成本主要是指矿山、油田等行业为维持正常运营而在生产经营期内投入的固定资产投资。

(6) 调整所得税。前述营业收入和经营成本均未考虑所得税的税前收入与税前成本，当企业有所得税负担时，所得税费用也是投资项目的一项现金流出。

3. 现金净流量

现金净流量是指投资项目在项目计算期内现金流入量和现金流出量的差额。由于投资

项目的计算期超过 1 年，且资金在不同时间具有不同的价值，因此，计算现金净流量以年为单位。其计算公式为

$$现金净流量(NCF)=年现金流入量(CI)-年现金流出量(CO)$$

当流入量大于流出量时，净流量为正值；反之，净流量为负值。

(三)净现金流量的计算与确定

净现金流量(NCF)又称现金净流量，是指在项目计算期由每年现金流入量与同年现金流出量之间的差额所形成的序列指标，它是计算项目投资决策评价指标的重要依据。为简化净现金流量的计算，可以根据项目计算期不同阶段现金流入量和现金流出量的具体内容，直接计算出各阶段净现金流量，即可计算出建设期内净现金流量和经营期净现金流量。其计算公式为

$$某年净现金流量=该年现金流入量-该年现金流出量$$

净现金流量又包括所得税前净现金流量和所得税后净现金流量。其中，所得税前净现金流量不受融资方案和所得税政策变化的影响，是全面反映投资项目方案本身财务获利能力的基础数据；计算时，现金流出量的内容不包括调整所得税因素。所得税后净现金流量则将所得税视为现金流出，可用于评价在考虑融资条件下项目投资对企业价值所作的贡献。可以在所得税前净现金流量的基础上，直接扣除所得税调整求得。

净现金流量的简化计算公式如下。

$$建设期 NCF=-该年发生的原始投资额$$

生产经营期内所得税前 NCF=营业收入-经营成本+回收额-维持营运投资

$$=营业收入-(总成本-折旧额-摊销额)+回收额-维持营运投资$$

$$=息税前利润+折旧额+摊销额+回收额-维持营运投资$$

生产经营期内所得税后 NCF=营业收入-经营成本-所得税+回收额-维持营运投资

$$=营业收入-(总成本-折旧额-摊销额)-所得税+回收额-维持营运投资$$

$$=息税前利润+折旧额+摊销额-所得税+回收额-维持营运投资$$

$$=息税前利润×(1-所得税税率)+折旧额+摊销额+回收额-维持营运投资$$

技能训练 19

佳南物流公司一项目需要原始投资 1250 万元，其中固定资产投资 1000 万元，开办费投资 50 万元，流动资金投资 200 万元。建设期为 1 年，建设期发生与购建固定资产有关的资本化利息 100 万元。固定资产投资和开办费投资于建设起点投入，流动资金于完工时，即第 1 年年末投入。该项目寿命期 10 年，固定资产按直线法折旧，期满有 100 万元净残值；开办费于投产当年一次摊销完毕。从经营期第 1 年起连续 4 年每年归还借款利息 110 万元；流动资金于终结点一次回收。投产后每年获税前利润分别为 10 万元、110 万元、160 万元、210 万元、260 万元、300 万元、350 万元、400 万元、450 万元和 500 万元。公司适用的企业所得税率为 25%。要求：按简化公式计算项目各年所得税前后净现金流量。

解：

① 项目计算期 n=1 年+10 年=11 年

② 固定资产原值=1 000 万元+100 万元=1 100 万元

③ 固定资产年折旧=(1 100 万元−100 万元)/10=100 万元

终结点回收额=100 万元+200 万元=300 万元

④ 建设期净现金流量：

NCF_0=−(1 000+50)万元=−1050 万元

NCF_1=−200 万元

⑤ 经营期所得税前净现金流量：

NCF_2=10 万元+110 万元+100 万元+50 万元=270 万元

NCF_3=110 万元+110 万元+100 万元=320 万元

NCF_4=160 万元+110 万元+100 万元=370 万元

NCF_5=210 万元+110 万元+100 万元=420 万元

NCF_6=260 万元+100 万元=360 万元

NCF_7=300 万元+100 万元=400 万元

NCF_8=350 万元+100 万元=450 万元

NCF_9=400 万元+100 万元=500 万元

NCF_{10}=450 万元+100 万元=550 万元

NCF_{11}=500 万元+100 万元+100 万元+200 万元=900 万元

⑥经营期所得税后净现金流量：

NCF_2=(10+110)万元×(1−25%)+100 万元+50 万元=240 万元

NCF_3=(110+110)万元×(1−25%)+100 万元=265 万元

NCF_4=(160+110)万元×(1−25%)+100 万元=302.5 万元

NCF_5=(210+110)万元×(1−25%)+100 万元=340 万元

NCF_6=260 万元×(1−25%)+100 万元=295 万元

NCF_7=300 万元×(1−25%)+100 万元=325 万元

NCF_8=350 万元×(1−25%)+100 万元=362.5 万元

NCF_9=400 万元×(1−25%)+100 万元=400 万元

NCF_{10}=450 万元×(1−25%)+100 万元=437.5 万元

NCF_{11}=500 万元×(1−25%)+100 万元+100 万元+200 万元=775 万元

三、项目投资决策的评价指标及方法

(一)项目投资决策评价的主要指标及其类型

按其是否考虑货币资金时间价值，决策评价指标分为非贴现评价指标和贴现评价指标。非贴现评价指标是指在计算过程中不考虑货币时间价值因素的指标，又称为静态指标，包括投资利润率、投资回收期等。贴现评价指标是指在计算过程中充分考虑和利用货币资金时间价值因素的指标，又称为动态指标，包括净现值、净现值率、现值指数、内含报酬率等。

(二)非贴现的分析评价方法

1. 静态投资回收期法

投资回收期是指收回全部投资所需要的时间。一般而言,投资回收期越短,方案就越有利。其具体决策标准为:若投资方案回收期小于期望回收期,则投资方案可行;若投资方案回收期大于期望回收期,则投资方案不可行。如果有两个或两个以上的方案均可行的话,应选择回收期最短的方案。

投资回收期的计算可分为以下两种情况。

(1) 经营期年现金净流量相等时,其计算公式为

$$投资回收期 = \frac{投资额}{每年现金净流量}$$

(2) 经营期年现金净流量不相等时,需要计算逐年累计的现金净流量,然后用插入法计算出投资回收期。

技能训练 20

佳南物流公司一投资项目有甲、乙两个投资方案,投资总额均为100万元,全部用于购置新的设备,设备使用期均为5年,采用直线法计提折旧,无残值,其他有关资料如表7-5所示。要求计算甲、乙方案的静态投资回收期。

表 7-5 佳南物流公司投资项目现金流量表   单位:元

项目计算期	甲 方 案		乙 方 案	
	利 润	现金净流量(NCF)	利 润	现金净流量(NCF)
0		−1 000 000		−1 000 000
1	140 000	340 000	100 000	300 000
2	140 000	340 000	140 000	340 000
3	140 000	340 000	180 000	380 000
4	140 000	340 000	220 000	420 000
5	140 000	340 000	260 000	460 000
合计	700 000	700 000	900 000	900 000

解:

甲方案的静态投资回收期 $= \dfrac{1\,000\,000 元}{340\,000 元/年} \approx 2.94$ 年

列表计算乙方案的静态投资回收期,如表7-6所示。

从表7-6可看出,乙方案的静态投资回收期在第2年与第3年之间,用插入法可计算出:

乙方案投资回收期 $= 2$ 年 $+ \dfrac{(1\,000\,000 - 640\,000) 元}{(1\,020\,000 - 640\,000) 元/年} \approx 2.95$ 年

表 7-6　乙方案累计现金流量表　　　　　　　　　　单位：元

项目计算期	乙 方 案	
	现金净流量(NCF)	累计现金净流量
1	300 000	300 000
2	340 000	640 000
3	380 000	1 020 000
4	420 000	1 440 000
5	460 000	1 900 000

从计算结果来看，甲方案的投资回收期短于乙方案，所以甲方案优于乙方案。

静态投资回收期指标的优点在于易计算和理解。其主要缺点在于：一是没有考虑资金时间价值；二是只考虑了投资回收期内的现金净流量，没有考虑回收期满后的现金净流量。所以，它有一定的局限性，一般只能作为项目投资决策的次要指标使用。

2. 投资报酬率法

投资报酬率又称投资利润率，是指项目投资方案的年平均利润占平均投资额的比率。投资利润率的决策标准是：投资项目的投资报酬率越高越好，低于无风险投资报酬率的方案为不可行方案。

投资报酬率的计算公式为

$$投资报酬率 = \frac{年平均利润额}{年平均投资总额} \times 100\%$$

技能训练 21

根据技能训练 2 资料，计算甲、乙方案的投资报酬率。

解：

$$甲方案投资报酬率 = \frac{140\,000元/年}{1\,000\,000元/年} \times 100\% = 14\%$$

$$乙方案投资报酬率 = \frac{900\,000元/年 \div 5}{1\,000\,000元/年} \times 100\% = 18\%$$

从计算结果来看，乙方案的投资报酬率高于甲方案的投资报酬率，所以应选择乙方案。

投资报酬率指标具有简单、明了、易于掌握的优点。其主要缺点在于：第一，没有考虑资金时间价值因素，不能正确反映建设期长短及投资方式不同对项目的影响；第二，该指标的分子、分母其时间特征不一致，因而，在计算口径上可比性差；第三，该指标的计算无法直接利用净现金流量信息。

(三) 贴现的分析评价方法

1. 贴现回收期法

贴现回收期法又称动态回收期法，是指通过计算投资项目的贴现回收期(即动态投资回收期)来进行投资项目投资方案的可行性评价的方法。贴现回收期与前述的静态投资回收期相似，即收回全部投资所需要的时间。其区别在于贴现回收期是以贴现的现金净流量为计算基础。

其具体决策标准为：若投资方案回收期小于期望回收期，则投资方案可行；若投资方案回收期大于期望回收期，则投资方案不可行。如果有两个或两个以上的方案均可行的话，应选择回收期最短的方案。

贴现回收期的计算方法：首先计算各年现金流量的现值；然后计算逐年累计的现金净流量现值；最后用插入法计算出贴现回收期。

技能训练 22

根据技能训练2资料计算甲、乙两方案的贴现回收期(假定期望的投资报酬率为10%)。

解：

佳南物流公司甲方案各年现金流量，如表7-7所示，其贴现回收期计算过程如下。

表7-7 佳南物流公司投资项目甲方案贴现回收期计算表　　　　　单位：元

项目计算期	甲 方 案			
	现金净流量(NCF)	复利现值系数	现金净流量现值	现金净流量现值累计额
0	-1 000 000	1.000 0	-1 000 000	-1 000 000
1	340 000	0.909 1	309 094	-690 906
2	340 000	0.826 4	280 976	-409 930
3	340 000	0.751 3	255 442	-154 488
4	340 000	0.683 0	232 220	77 732
5	340 000	0.620 9	211 106	288 838
合计	700 000	—		288 838

由表7-7可知，甲方案的贴现回收期在第3年与第4年之间，用插入法可计算出：

$$甲方案贴现回收期 = 3年 + \frac{-154\ 488元}{(-154\ 488 - 77\ 732)元/年} = 3.67\ 年$$

佳南物流公司乙方案各年现金流量如表7-8所示，其贴现回收期计算过程如下。

表7-8 佳南物流公司投资项目乙方案贴现回收期计算表　　　　　单位：元

项目计算期	乙 方 案			
	现金净流量(NCF)	复利现值系数	现金净流量现值	现金净流量现值累计额
0	-1 000 000	1.000 0	-1 000 000	-1 000 000
1	300 000	0.909 1	272 730	-727 270
2	340 000	0.826 4	280 976	-446 294
3	380 000	0.751 3	285 494	-160 800
4	420 000	0.683 0	286 860	126 060
5	460 000	0.620 9	285 614	411 674
合计	900 000	—		411 674

由表 7-8 可知，乙方案的贴现回收期在第 3 年与第 4 年之间，用插入法可计算出：

$$乙方案贴现回收期=\frac{-160\,800元}{(-160\,800-126\,060)元/年}=3.56\,年$$

从计算结果来看，甲方案的贴现回收期长于乙方案，所以乙方案要优于甲方案。

2. 净现值法

净现值(NPV)是指在项目计算期内，按一定贴现率计算的各年现金净流量的现值之和。

净现值指标的决策标准是：若净现值为正数，说明该投资项目是可行的，多个方案评价时净现值越大的方案为最佳方案；反之，若净现值为负数，则投资项目不可行。

技能训练 23

根据技能训练 4 资料，假定贴现率为 10%，计算甲、乙方案的净现值。

解：

甲方案的净现值$(NPV_甲)$=340\,000 元 × $(P/A,10\%,5)$-1\,000\,000 元

　　　　　　　　=340\,000 元 × 3.790\,8-1\,000\,000 元=288\,872 元

288\,872 与技能训练 4 中表 7-7 中的 288\,838 有一定的误差，是因为技能训练 4 中使用复利现值系数计算，而技能训练 5 中使用年金现值系数计算造成的。

乙方案的净现值$(NPV_乙)$=300\,000 元 × 0.909\,1+340\,000 元 × 0.826\,4+380\,000 元 × 0.751\,3

　　　　　　　　+420\,000 元 × 0.683+460\,000 元 × 0.620\,9 - 1\,000\,000 元=411\,674 元

从计算结果来看，甲、乙方案的净现值均大于 0，但乙方案的净现值大于甲方案，所以乙方案要优于甲方案。

净现值指标是一个贴现的绝对值正指标，其优点在于：一是考虑了资金的时间价值，使方案的现金流入与现金流出具有可比性，增强了投资经济性的评价；二是考虑了项目计算期的全部净现金流量，体现了流动性与收益性的统一；三是考虑了投资风险性，因为贴现率的大小与风险大小有关，风险越大，贴现率就越高。其缺点在于：一是无法直接反映投资项目的实际收益率水平；二是各方案原始投资额不同时，不同方案的净现值实际上是不可比的。

3. 净现值率法

净现值率是投资项目的净现值占原始投资现值总额的百分比。

技能训练 24

根据技能训练 4、技能训练 5 的资料，分别计算甲、乙方案的净现值率。

解：

甲方案的净现值率=288\,872 元 ÷ 1\,000\,000 元=0.288\,9

乙方案的净现值率=411\,674 元 ÷ 1\,000\,000 元=0.411\,7

从计算结果来看，乙方案的净现值率大于甲方案，所以乙方案要优于甲方案。

净现值率是一个折现的相对量评价指标，其优点在于可以从动态的角度反映项目投资

的资金投入与净产出之间的关系，其缺点与净现值指标相似。

4. 现值指数法

现值指数也叫获利能力指数，是在整个项目计算期内的现金净流量的现值之和与投资额的现值之比。

其决策标准为：若现值指数大于或等于 1 时，该方案可行；否则，该方案不可行。若两个或两个以上投资方案的现值指数均大于 1，应选择现值指数最大的方案。

技能训练 25

根据技能训练 4、技能训练 5 的资料，计算甲、乙方案的现值指数。

解：

甲方案的现值指数=1 288 872 元÷1 000 000 元=1.288 9

乙方案的现值指数=1 411 674 元÷1 000 000 元=1.411 7

从计算结果来看，乙方案的现值指数大于甲方案，所以乙方案要优于甲方案。

利用现值指数指标对项目的财务可行性进行分析的优点在于：一是考虑了资金的时间价值；二是克服了净现值对于投资额不同时决策不合理的缺陷。但它和净现值一样，也无法直接反映投资项目的实际收益率。

5. 内含报酬率法

内含报酬率(IRR)是指投资回收额的现值与投资额现值相等时的贴现率，即能够使项目的净现值为零时的贴现率。内含报酬率反映了投资项目的实际报酬率。可利用下列公式计算出 IRR：

$$\sum_{t=0}^{n} \text{NCF}_t \times (P/F, \text{IRR}, n=0)$$

内含报酬率的计算必须采用逐步测试法。其计算步骤如下。

(1) 估计一个贴现率，用它来计算净现值。如果净现值为正数，说明方案的实际内含报酬率大于估计的贴现率，应提高贴现率再进行测试；如果净现值为负数，说明方案的实际内含报酬率小于估计的贴现率，应降低贴现率再进行测试。如此反复进行测试，直到寻找出使净现值由正到负或由负到正且接近于零的两个贴现率。

(2) 根据上述两个相邻的贴现率用插入法求出该方案的内含报酬率。应注意的是：由于逐步测试法是一种近似方法，因此，相邻的两个贴现率相差不能太大，否则误差会比较大。

技能训练 26

根据技能训练 2，计算乙方案的内含报酬率，其试算过程如表 7-9 所示。

表 7-9　乙方案内含报酬率计算表　　　　　　　　单位：元

项目计算期	现金净流量 (NCF)	20%		24%	
		复利现值系数	现　值	复利现值系数	现　值
0	−1 000 000	1	−1 000 000	1	1 000 000
1	300 000	0.833 3	249 990	0.806 5	241 950
2	340 000	0.694 4	236 096	0.650 4	221 136
3	380 000	0.578 5	219 830	0.524 5	199 310
4	420 000	0.482 3	202 566	0.423 0	177 660
5	460 000	0.401 9	184 874	0.341 1	156 906
净现值	—	—	93 356	—	−3 038

解：

说明乙方案的内含报酬率在 20%～24%，用插入法计算：

$$IRR = 20\% + \frac{(0-93\,356)元}{(-3\,038-93\,356)元}(24\%-20\%) = 23.87\%$$

内含报酬率是折现的相对量正指标，采用这一指标的决策标准为：若投资方案的内含报酬率大于资金成本(或期望报酬率)，则该方案为可行方案；若投资方案的内含报酬率小于资金成本(或期望报酬率)，则该方案为不可行方案；若两个或两个以上投资方案的内含报酬率均大于资金成本(或期望报酬率)，则取大者为优。

净现值、净现值率、现值指数和内含报酬率都是贴现的投资决策评价指标，它们之间有如下关系。

若净现值＞0，则净现值率＞0，现值指数＞1，内含报酬率＞资金成本(或期望报酬率)。

若净现值=0，则净现值率=0，现值指数=1，内含报酬率=资金成本(或期望报酬率)。

若净现值＜0，则净现值率＜0，现值指数＜1，内含报酬率＜资金成本(或期望报酬率)。

这些指标的计算结果都受到建设期和经营期的长短、投资金额及方式，以及各年现金净流量的影响。所不同的是净现值为绝对数指标，其余为相对数指标，计算净现值、净现值率和现值指数所依据的贴现率都是事先已知的，而内含报酬率的计算本身与贴现率的高低无关。

【任务分析】

1. 计算各年的现金净流量。

参考信息：

$NCF_0 = -240\,000$ 元

年折旧额=(240 000 元−12 000 元)÷6=38 000 元

$NCF_{1\sim5} = 26\,000$ 元+38 000 元=64 000 元

$NCF_6 = 64\,000$ 元+12 000 元=76 000 元

2. 计算该项目的净现值。

参考信息：

NPV=64 000 元×(P/A,14%,5)+76 000 元×(P/F,14%,6)−240 000 元=14 344(元)

3. 计算该项目的现值指数。

参考信息：

PI=NPVR+1=14 344 元/240 000 元+1=1.0598

4. 计算评价该投资项目的财务可行性。

参考信息：

因该项目净现值大于零，现值指数大于 1，所以该项目可行。

【任务实施】

根据任务分析计算结果深入进行项目建设方案设计。

参考信息：

设计方案主要包括：项目的建设规模与产品方案，工程选址，工艺技术方案和主要设备方案，主要材料和辅助材料，环境影响问题，项目建成投产及生产经营的组织机构与人力资源配置，项目进度计划，所需投资进行详细估算，融资分析，财务分析，国民经济评价，社会评价，项目的风险分析，不确定性分析，综合评价等。

【任务总结】

投资决策主要是在准确预测现金流量的基础上，通过一些指标的计算判断项目的可行性。这些指标主要包括非贴现指标和贴现指标两类，其中非贴现指标主要有静态投资回收期、投资报酬率；贴现指标主要有贴现投资回收期、净现值、净现值率、现值指数、内含报酬率等。

【任务实训】

实训 7.2　远大物流公司投资决策

远大物流公司拟购入一设备，现有甲、乙两个方案可供选择，甲方案需投资 20 000 元，期初一次投入。建设期为 1 年，需垫支流动资金 3 000 元，到期可全部收回。使用寿命为 4 年，采用直线法计提折旧，假设设备无残值，设备投入使用后每年营业收入 15 000 元，每年付现成本 3 000 元，乙方案需投资 20 000 元，采用直线法计提折旧，使用寿命为 5 年，5 年后设备无残值。5 年中每年的营业收入 11 000 元，付现成本第一年 4 000 元，以后逐年增加修理费 200 元，假设所得税率 40%。投资人要求的必要收益率为 10%。

1. 实训要求

(1) 计算两个方案的现金流量。

(2) 计算两个方案的差额净现值。

(3) 作出应采用哪个方案的决策。

2. 考核标准

本实训的考核标准，如表 7-10 所示。

表 7-10 实训 7.2 的考核标准

现金流量准确 40 分	差额流量准确 40 分	投资决策正确 10 分	书写工整 10 分	总分 100 分

任务三 物流企业财务分析

【任务描述】

中华物流公司财务分析

中华物流有限责任公司是一家食品制造商的物流企业，2016 年 12 月 31 日的资产负债表(简化报表)和 2016 年度的利润表分别如表 7-11 和表 7-12 所示。

表 7-11 中华物流公司 2016 年 12 月 31 日资产负债表   单位：万元

资　产	年初数	年末数	负债及所有者权益	年初数	年末数
流动资产：			流动负债：		
货币资金	250	362	短期借款	350	320
应收票据	120	183	应付票据	0	40
应收账款	650	790	应付账款	540	625
其他应收款	360	393	其他应付款	180	115
存货	1 020	1 472	应付工资	35	75
流动资产合计	2 400	3 200	应付福利费	75	65
长期投资	150	150	未交税金	20	40
固定资产原价	2 000	2 350	未付利润	0	0
减：累计折旧	600	880	流动负债合计	1 200	1 280
固定资产净值	1 400	1 470	长期负债合计	600	1 250
在建工程	200	650	实收资本	2 000	2 000
固定资产合计	1 600	2 120	资本公积	190	313
无形及其他资产合计	350	180	盈余公积	218	263
			未分配利润	292	394
			所有者权益合计	2 700	2 970
资产合计	4 500	5 500	负债及所有者权益合计	4 500	5 500

表 7-12　中华物流公司 2016 年度利润表　　　　　　　单位：万元

项　　目	上年实际数	本年实际数
物流营运收入	7 500	8 544
减：物流营运成本	6 600	7 476
物流营运费用	50	63
物流营运税金及附加	130	140
物流营运利润	720	865
加：其他业务利润	115	85
减：管理费用	324	378
财务费用	125	140
营业利润	386	432
加：投资收益	0	0
营业外收入	44	35
减：营业外支出	20	17
利润总额	410	450
减：所得税	140	153
净利润	270	297

　　该公司 2016 年其他财务数据如下：全年赊销净额为 5400 万元；全年利息支出为 150 万元；2016 年已向投资者分配利润 150 万元。

　　又已知有关财务指标的行业平均水平如下。

流动比率=2　　　　　　　　速动比率=1

资产负债率=50%　　　　　　已获利息倍数=3.5 倍

存货周转次数=5 次　　　　　应收账款周转次数=9 次

流动资产周转次数=2.5 次(注：按物流营运收入计算)

投资报酬率=10%(注："投资额"按平均资产总额计算)

所有者权益利润率=8%(注：按净利润和年末所有者权益计算)

营运利润率=12%(注：按物流营运利润计算)

资本保值增值率=108%

【任务驱动】

　　根据上述资料解决如下问题。

　　(1) 分别计算企业流动比率、速动比率、资产负债率和已获利息倍数。

　　(2) 分析说明企业偿债能力现状。

　　(3) 分别计算企业存货周转次数、应收账款周转次数和流动资产周转次数。

　　(4) 分析说明企业营运能力现状。

　　(5) 分别计算企业投资报酬率、所有者权益利润率、营运利润率和资本保值增值率。

　　(6) 分析说明企业获利能力的现状。

【任务资讯】

一、财务分析的内容

财务分析是以企业财务报告及其他相关资料为主要依据，对企业的财务状况和经营成果进行评价和剖析，反映企业在运营过程中的利弊得失和发展趋势，从而为改进企业财务管理工作和优化经济决策提供重要的财务信息。财务分析既是对已完成的财务活动的总结，又是财务预测的前提，在财务管理的循环中起着承上启下的作用。

财务分析主要有以下四方面内容。

(一) 偿债能力分析

利用企业的财务报告等会计资料，可以分析了解企业资产的流动性、负债水平以及债务支付能力，从而评价企业的财务状况和经营风险，帮助投资者、债权人和企业管理当局作出明确的投资决策和信贷决策。企业偿债能力强，则可以通过举债筹集资金以获得利益；反之，则易使企业陷入困境，甚至危及企业生存。

(二) 营运能力分析

资产管理水平直接影响企业的利润获取能力，体现企业的整体素质。通过对企业资产运作的分析，可以了解企业资产的保值和增值情况，以及资产的周转速度，为评价企业的管理水平提供依据。

(三) 获利能力分析

企业的主要目标之一就是获取利润，企业要生存和发展必须争取较高的利润。利润也是投资者取得投资收益，债权人收取本息的来源，经营者经营业绩和管理效益的集中表现。所以，企业各方十分关心企业的盈利能力，包括绝对利润数和相对获得水平。

(四) 发展能力分析

财务状况的趋势分析和综合分析主要是通过观察、考核企业经营规模、资本增值、支付能力、生产经营成果、财务成果的增长情况，全方位地对企业经营状况、财务状况及其发展趋势作出准确评价与判断，从而使企业不断提高经营管理水平，增强市场竞争实力。

二、财务分析的依据

财务分析的依据就是财务分析所需要的基本数据来源，财务分析就是对有关数据加工整理的过程。财务分析依据的资料主要包括两部分：一是企业内部形成的定额、计划和标准、日常会计和统计资料及定期编制的财务报告；二是从外部获取的行业数据，其他企业数据及竞争对手的数据，有关投资机构的分析报告等。但财务分析主要应以企业定期编制的财务报告为基础，其他资料为补充。

企业财务报告是反映企业财务状况和经营成果的书面文件。它主要包括资产负债表、利润表和现金流量表。

三、财务比率分析

(一) 偿债能力分析指标

1. 短期偿债能力分析指标

1) 流动比率

流动比率是企业全部流动资产与流动负债的比率，反映的是企业流动资产是流动负债的多少倍，表明企业每1元流动负债有多少流动资产作为偿还的保证。其计算公式为

$$流动比率=流动资产÷流动负债$$

不存在统一的、标准的流动比率数值。不同行业的流动比率，通常有明显差别。营业周期越短的行业，合理的流动比率越低。过去很长时期，人们认为生产型企业合理的最低流动比率是2。这是因为流动资产中变现能力最差的存货金额约占流动资产总额的一半，剩下的流动性较好的流动资产至少要等于流动负债，才能保证企业最低的短期偿债能力。这种认识一直未能从理论上证明。最近几十年，企业的经营方式和金融环境发生了很大变化，流动比率有降低的趋势，许多成功企业的流动比率都低于2。

如果流动比率比上年发生较大变动，或与行业平均值相比出现重大偏离，就应对构成流动比率的流动资产和流动负债各项目逐一进行分析，寻找形成差异的原因。为了考察流动资产的变现能力，有时还需要分析其周转率。

2) 速动比率

速动比率是速动资产与流动负债的比率。构成流动资产的各个项目的流动性有很大差别。其中的货币资金、交易性金融资产和各种应收、预付款项等，可以在较短的时间内变现，称之为速动资产。另外的流动资产，包括存货、待摊费用、一年内到期的非流动资产及其他流动资产等，称之为非速动资产。

非速动资产的变现时间和数量具有较大的不确定性。

(1) 存货的变现速度比应收款项要慢得多；部分存货可能已损失报废还没做处理，或者已抵押给某债权人，不能用于偿债；存货估价有多种方法，可能与变现金额相差悬殊。

(2) 待摊费用不能出售变现。

(3) 一年内到期的非流动资产和其他流动资产的数额有偶然性，不能代表正常的变现能力。其计算公式为

$$速动比率=速动资产÷流动负债=(流动资产-存货)÷流动负债$$

3) 现金比率

为了更加保守地分析企业的短期偿债能力，还可以使用现金比率。在速动资产中，流动性最强、可直接用于偿债的资产称为现金资产。现金资产包括货币资金和交易性金融资产。其计算公式为

$$现金比率=现金资产÷流动负债=(货币资金+交易性金融资产)÷流动负债$$

现金比率反映的是用现金资产可以偿还多大比重的流动负债。现金比率越高，说明企

业偿还流动负债时的现金支付能力越强。但是，从企业自身的经济利益角度考虑，现金比率并非越高越好，因为现金比率过高，表明企业流动资产中过多的资金处在获利能力较差的现金资产状态，企业的流动资产未能得到有效运用，资产的管理效率较低。一般认为，现金比率以适度为好，既要保证短期债务偿还的现金需要，又要尽可能降低过多持有现金的机会成本。

2. 长期偿债能力分析指标

1) 资产负债率

资产负债率是负债总额与资产总额的百分比，可用于衡量企业利用债权人提供的资金(包括流动负债)进行经营活动的能力，也可以反映企业在清算时债权人利益受保护的程度。其计算公式为

$$资产负债率=负债总额÷资产总额×100\%$$

资产负债率反映债权人权益占企业全部资本的比例，即企业负债经营的比例，它涉及债权人、股东和经营者三方的利益。他们的各自考虑是有所不同的，债权人最关心的是贷款的安全程度，即能否如期收回本金和利息，而资产负债率越低作为企业偿债保证的资产就越多，因此他们希望资产负债率越低越好，以降低贷款风险。股东所关心的则是全部资本利润率是否超过借入款项的利率，由于财务杠杆作用的存在，当前者大于后者时，扣除固定利息后股东所得的利润会增加，所以此时资产负债率越大越好，否则反之。而在企业管理者看来，举债越大风险越大，再筹资会越困难，然而不举债或少举债企业会显得畏缩不前，利用债务资金能力差而丧失了杠杆利益。恰当的做法是在利用资产负债率制订借款决策时，必须充分估计预期的利润和增加的风险，在二者之间权衡利害得失，作出正确决策。

2) 产权比率和权益乘数

产权比率和权益乘数是资产负债率的另外两种表现形式，它和资产负债率的性质一样，其计算公式为

$$产权比率=负债总额÷股东权益$$

$$权益乘数=总资产÷股东权益$$

产权比率表明 1 元股东权益借入的债务数额。权益乘数表明 1 元股东权益拥有的总资产。它们是两种常用的财务杠杆计量，可以反映特定情况下资产利润率和权益利润率之间的倍数关系。财务杠杆表明债务的多少，与偿债能力有关，并且可以表明权益净利率的风险，也与盈利能力有关。

3) 利息保障倍数

利息保障倍数是指企业经营业务收益与利息费用的比率，用以衡量企业偿付借款利息的能力，也叫已获利息倍数。其计算公式为

$$利息保障倍数=息税前利润÷利息费用$$

$$=(净利润+利息费用+所得税费用)÷利息费用$$

公式中的"息税前利润"是指利润表中未扣除利息费用和所得税之前的利润，因我国现行利润表中利息费用包含财务费用而未曾单列，外部报表使用者只能用利润总额和财务费用来估计；"利息费用"则是指本期发生的全部应付利息，包括计入固定资产成本的资本化利息。

4) 现金流量利息保障倍数

现金流量基础的利息保障倍数是指经营现金流量为利息费用的倍数。其计算公式为

现金流量利息保障倍数=经营现金流量÷利息费用

现金基础的利息保障倍数表明,1元的利息费用有多少倍的经营现金流量作保障。它比收益基础的利息保障倍数更可靠,因为实际用以支付利息的是现金,而不是收益。

(二) 营运能力分析指标

营运能力即资产的利用效率。营运能力主要体现在资产的周转上,从周转速度角度评价营运能力的指标主要包括流动资产周转率、固定资产周转率、总资产周转率、存货周转率、应收账款周转率。

1. 流动资产周转率

流动资产周转率是销售收入与流动资产平均余额的比率。它反映了全部流动资产的利用效率,也是评价营运能力的重要指标。流动资产周转率一般用周转次数表示,也可以用周转天数表示。其计算公式为

流动资产周转次数=销售收入÷流动资产平均余额

流动资产平均余额=(期初流动资产+期末流动资产)÷2

流动资产周转天数=365÷流动资产周转次数

流动资产周转率反映了公司流动资产的周转速度,是从公司全部资产中流动性最强的流动资产角度对公司资产的利用效率进行分析,以进一步揭示影响公司资产质量的主要因素。流动资产周转速度越快,利用效率越好,变现能力越强,质量越好。通常分析流动资产周转率应比较公司历年的数据并结合行业特点。但是,流动资产周转过快可能意味着公司的存货不足,会对销售造成不利影响。

通过对该指标的分析对比,一方面可以促进公司加强内部管理,充分利用其流动资产,如降低成本,调动暂时闲置的货币资金用于短期投资创造收益等;另一方面也可以促进公司采取措施扩大销售,提高流动资产的综合使用效率。

2. 固定资产周转率

固定资产周转率也称固定资产利用率,是企业销售收入与固定资产平均净值的比率。其计算公式为

固定资产周转次数=销售收入÷固定资产平均净值

固定资产平均净值=(期初固定资产净值+期末固定资产净值)÷2

这项比率只用于分析对厂房、设备等固定资产的利用效率,该比率越高,说明固定资产的利用率越高,管理水平越好。如果固定资产周转率与同行业平均水平相比偏低,说明企业的生产效率较低,可能会影响企业的获利能力。

3. 总资产周转率

一般用总资产周转率来评价总资产的营运水平。总资产周转率也称总资产利用率,是企业销售收入与资产平均总额的比率。其计算公式为

总资产周转次数=销售收入÷资产平均总额

总资产平均总额=(期初资产总额+期末资产总额)÷2

在销售利润率不变的条件下，周转的次数越多，形成的利润越多，所以它可以反映盈利能力。它也可以理解为 1 元资产投资所产生的销售额，产生的销售额越多，说明资产的使用和管理效率越高。习惯上，总资产周转次数又称为总资产周转率。也可以时间的长度来表示总资产周转率，称为总资产周转天数。其计算公式为

总资产周转天数=365÷(销售收入÷总资产)

总资产周转天数表示总资产周转一次所需要的时间。时间越短，总资产的使用效率越高，盈利性越好。

4. 存货周转率

存货周转率是销售成本与存货的比值，其计算公式为

存货周转次数=销售成本÷存货平均余额

存货周转天数=365÷(销售成本÷存货平均余额)

5. 应收账款周转率

应收账款周转率是销售收入与应收账款平均余额的比率。它有两种表示形式：应收账款周转次数、应收账款周转天数。其计算公式为

应收账款周转次数=销售收入÷应收账款平均余额

应收账款周转天数=365÷(销售收入÷应收账款平均余额)

(三) 获利能力分析指标

1. 销售毛利率

销售毛利率是毛利占销售收入的百分比，其中毛利是销售收入与销售成本的差额，其计算公式为

销售毛利率=[(销售收入-销售成本)÷销售收入]×100%

销售毛利率表示每 1 元销售收入扣除销售成本后，有多少钱剩余可用于各项期间费用和形成盈利。销售毛利率是企业销售净利率的最初基础和保障，没有足够大的毛利率便不可能有盈利。

2. 销售利润率

销售利润率是指净利润(在我国会计制度中即指税后利润)与销售收入的百分比，也称销售净利率。其计算公式为

销售利润率=净利润÷销售收入×100%

"销售收入"是利润表的第一行数字，"净利润"是利润表的最后一行数字，两者相除可以概括企业的全部经营成果。它表明1元销售收入与其成本费用之间可以"挤"出来的净利润。该比率越大则企业的盈利能力越强。

销售利润率又被称为"销售净利率"或简称"利润率"。通常，在"利润"前面没有加任何定语，就是指"销售净利润"；某个利润率，如果前面没有指明计算比率使用的分母，

则是指以销售收入为分母。

3. 成本费用利润率

成本费用净利率是净利润与成本费用总额的比率。其计算公式为

成本费用净利率=(净利润÷成本费用总额)×100%

式中，成本费用是企业为了取得利润而付出的代价，主要包括销售成本、销售费用、销售税金、管理费用、财务费用和所得税等。这一比率越高，说明企业为获得收益而付出的代价越小，企业获利能力越强。因此，通过这个比率不仅可以评价企业获利能力的高低，也可以评价企业对成本费用的控制能力和经营管理水平。

4. 总资产利润率

总资产利润率又称投资利润率，是指利润总额与总资产平均额的比率，它反映公司从1元受托资产(不管资金来源)中得到的净利润。其计算公式为

总资产利润率=(利润÷总资产平均额)×100%

5. 净资产收益率

净资产收益率也称所有者权益净利率，是净利润与股东权益的比率，它反映1元股东资本赚取的净收益，可以衡量企业的总体盈利能力。其计算公式为

权益净利率=(净利润÷股东权益)×100%

权益净利率的分母是股东的投入，分子是股东的所得。对于股权投资人来说，具有非常好的综合性，概括了企业的全部经营业绩和财务业绩。

6. 资本保值增值率

资本保值增值率是企业期末所有者权益与期初所有者权益的比率，它反映所有者投入企业资本的保值增值情况。其计算公式为

资本保值增值率=(期末所有者权益÷期初所有者权益)×100%

资本保值增值率的根本源泉是企业盈利，企业经营的盈亏是影响资本保值增值率变动的主要因素。因此，资本保值增值率的高低，不仅反映所有者投资的完整和保全程度，而且综合反映了企业盈利能力和盈利水平的高低。需要指出的是，除经营盈亏外，还有其他影响因素也起着重要作用，如增减资本、调整资本结构、剩余收益支付率的变动等。因此，在分析资本保值率时应尽量全面地考虑各主要影响因素。

(四) 发展能力分析指标

公司发展能力是公司核心竞争力、公司综合能力的体现。公司的财务状况、核心业务、经营能力、公司制度、人力资源、行业环境等因素对公司的发展能力有重要影响。下面我们主要介绍三个衡量企业发展能力的指标。

1. 营业增长率

营业(销售)增长率是指公司本年销售(营业)收入增长额同上年销售(营业)收入总额的比率。销售收入是公司规模、实力的具体体现，是公司综合实力的市场体现。销售增长是公

司市场扩大、市场占有率提高的结果，没有销售收入的增加公司很难做大做强。销售增长率是衡量公司经营状况和市场占有能力、预测公司经营业务拓展趋势的重要标志，也是公司扩张增量和存量资本的重要前提。不断增加的销售收入，是公司生存的基础和发展的条件。因此，销售增长率是评价公司成长状况和发展能力的重要指标。其计算公式为

销售增长率=(本年销售收入增长额÷上年销售收入总额)×100%

如果销售增长率小于零，则说明公司的产品或服务存在质量、价格、服务或销售等问题，市场份额萎缩。如果销售增长率等于零，说明本期销售收入保持与上期同等水平。如果销售增长率大于零，说明本期销售收入较上期有所提高。

2. 资本积累率

资本积累率是指企业本年所有者权益增长额同年初所有者权益的比率。资本积累率表示企业当年资本的积累能力，是评价企业发展潜力的重要指标。其计算公式为

资本积累率=(本年所有者权益增长额÷年初所有者权益)×100%

资本积累率是企业当年所有者权益的增长率，反映了企业所有者权益在当年的变动水平。体现了企业资本的积累情况，是企业发展强盛的标志，也是企业扩大再生产的源泉，展示了企业的发展潜力。同时，资本积累率反映了投资者投入企业资本的保全性和增长性，该指标越高，表明企业的资本积累越多，企业资本保全性越强，应付风险、持续发展的能力越大。该指标如为负值，表明企业资本受到侵蚀，所有者利益受到损害，应予以充分重视。

3. 总资产增长率

总资产增长率是公司本年总资产增长额同年初资产总额的比率。总资产增长率可以用来衡量公司本期资产规模的增长情况，以及评价公司经营规模总量上的扩张程度。其计算公式为

总资产增长率=本年总资产增长额÷年初资产总额×100%

总资产增长率指标是从公司资产总量扩张方面衡量公司的发展能力，表明公司规模增长水平对公司发展后劲的影响。该指标越高，表明公司当年资产经营规模扩张的速度越快。但利用该指标分析时，应注意资产规模扩张质与量的关系，以及公司的后续发展能力，避免资产的盲目扩张。

【任务分析】

1. 分别计算企业流动比率、速动比率、资产负债率、已获利息倍数。

参考信息：

流动比率=3200 元÷1280 元=2.5

速动比率=(3200 元-1472 元)÷1280 元=1.35

资产负债率=(1280 元+1250 元)÷5500 元×100%=46%

已获利息倍数=(450 元+150 元)÷150 元=4 倍

2. 分析说明企业偿债能力现状。

参考信息：

流动比率、速动比率均超过行业标准，资产负债率也低于行业平均水平，已获利息倍数高于行业平均水平，说明公司偿债能力较好，具有较好的财务状况。

3. 分别计算企业存货周转次数、应收账款周转次数、流动资产周转次数。

参考信息：

存货周转次数=7476÷[(1020+1472)÷2]=6(次)

应收账款周转次数=5400÷[(650+790)÷2]=7.5(次)

流动资产周转次数=8544÷[(2400+3200)÷2]=3.05(次)

4. 分析说明企业营运能力现状。

参考信息：

存货周转次数、流动资产周转次数均比行业平均水平高，但应收账款周转次数与行业平均水平相比有所下降，总体上讲，该公司的资金营运能力不错，但应收账款周转情况不尽如人意。

5. 分别计算企业投资报酬率、所有者权益利润率、营运利润率、资本保值增值率。

参考信息：

投资报酬率={(450+150)÷[(4500+5500)÷2]}×100%=12%

所有者权益利润率=(297÷2970)×100%=10%

营运利润率=(865÷8544)×100%=10.12%

资本保值增值率=(2970÷2700)×100%=110%

6. 分析说明企业获利能力现状。

参考信息：

企业的各项获利能力指标均比行业平均水平高，说明该企业获利能力较好。

【任务实施】

该公司该如何应对应收账款周转速度下降的问题？

参考信息：

查明应收账款周转速度下降的原因，采取积极收账政策，科学制定应收账款策略。

【任务总结】

财务报表全面反映了企业的财务状况、经营成果和现金流量情况，但是仅从财务报表上的数据还不能直接或全面说明企业的财务能力，特别是不能说明企业经营状况的好坏和经营成果的高低。本任务就是以财务报表为载体，根据公司财务数据计算出了相关的财务指标，并进一步利用这些财务指标对公司的偿债能力、盈利能力、营运能力、发展能力进行详细的分析。

【任务实训】

实训 7.3　根据给定资料数据进行财务指标分析

某公司 2016 年年初存货为 15 万元，年初资产总额为 140 万元。2016 年年末有关财务指标为：流动比率为 2.1，速动比率 1.1，现金流动负债比率 0.6，存货周转率 6 次，资产负债率 35%，长期负债 42 万元，资产总额 160 万元，流动资产由现金、应收账款、存货组成。该年销售收入 120 万元，发生管理费用 9 万元，利息费用 10 万元，所得税税率为 25%。

1. 实训要求

(1) 计算 2016 年年末的下列指标：①流动负债；②流动资产；③存货；④应收账款；⑤权益乘数；⑥产权比率。

(2) 计算 2016 年的下列指标：①销售成本；②已获利息倍数；③净利润；④销售净利率；⑤总资产周转率；⑥权益净利率。

2. 考核标准

实训 7.3 的考核标准，如表 7-13 所示。

表 7-13　实训 7.3 的考核标准

计算准确	步骤清晰	书写工整	总分
80 分	10 分	10 分	100 分

【项目总结】

物流企业财务管理是对物流企业资金的管理，其基本内容包括筹资管理、投资管理和财务分析等。资金时间价值是物流企业财务管理的基本概念，资金成本的计算以复利计息方式为主。筹资管理就是在合理预测资金需要量的基础上，找到资金成本最低的组合方式；筹集到的资金应投向合理项目，投资项目的评价方法主要包括非贴现指标及贴现指标两类，应针对项目所掌握的资料选择适当的方法进行投资决策；对企业生产经营情况进行财务分析有利于企业的进一步发展，通常分析内容主要包括偿债能力、营运能力、盈利能力及发展能力四个方面。

【项目测试】

一、单选题

1. 下列说法中，不正确的是(　　)。

　　A. 递延年金终值的计算方法与普通年金终值计算方法相同

    B. 递延年金无终值，只有现值

    C. 递延年金的第一次支付是发生在若干期以后的

    D. 递延年金终值大小与递延期无关

2. 下列项目中，( )称为普通年金。

    A. 即付年金　　　　B. 后付年金　　　C. 递延年金　　　D. 永续年金

3. 某人将 10 000 元存入银行，银行的年利率为 10%，按复利计算，则 5 年后此人可从银行取出( )元。

    A. 17 716　　　　　B. 15 386　　　　C. 16 105　　　　D. 14 641

4. 某人希望 5 年后用 20 000 元支付小孩的学费，若复利率为 12%，则现在要存入银行( )元。

    A. 12 000　　　　　B. 13 432　　　　C. 15 000　　　　D. 11 349

5. 有一项年金，前 3 年无流入，后 5 年每年年初流入 500 万元，假设年利率为 10%，其现值为( )万元。

    A. 1 994.59　　　　B. 1 565.68　　　C. 1 813.48　　　D. 1 423.21

6. 假设以 10%的年利率借得 30 000 元，投资于某个寿命为 10 年的项目，为使该投资项目成为有利的项目，每年至少应收回的现金数额为( )元。

    A. 6 000　　　　　B. 3 000　　　　C. 5 374　　　　D. 4 882

7. 从公司理财的角度来看，与长期借款筹资相比较，普通股筹资的优点是( )。

    A. 筹资速度快　　B. 筹资风险小　　C. 筹资成本小　　D. 筹资弹性大

8. 某公司拟发行 5 年期债券进行筹资，债券票面金额为 100 元，票面利率为 12%，而当时市场利率为 10%，那么，该公司债券发行价格应为( )元。

    A. 93.22　　　　　B. 100　　　　　C. 105.35　　　　D. 107.58

9. 下列指标的计算中，没有直接利用净现金流量的是( )。

    A. 内部收益率　　B. 投资利润率　C. 净现值率　　　D. 现值指数

10. 如果其他因素不变，一旦贴现率提高，则下列指标中其数值将会变小的是( )。

    A. 净现值　　　　B. 投资报酬率　C. 内部报酬率　　D. 静态投资回收期

二、多选题

1. 年金按其每次收付发生的时点不同，可分为( )。

    A. 普通年金　　　　B. 先付年金　　　C. 递延年金　　　D. 永续年金

2. 计算复利终值所必需的资料有( )。

    A. 利率　　　　　　B. 现值　　　　　C. 期数　　　　　D. 利息总数

3. 影响资金时间价值大小的因素主要包括( )。

    A. 资金额　　　　　B. 单利　　　　　C. 复利　　　　　D. 利率和期限

4. 筹集企业资金的渠道有( )。

    A. 国家资金　　　　B. 银行信贷资金　C. 民间资金　　　D. 银行借款

5. 资金筹集的方式有( )。

    A. 国家资金　　　　B. 银行信贷资金　C. 发行股票　　　D. 银行借款

6. 在下列个别资本成本中，需要考虑所得税因素的有(　　)。

　　A. 债券成本　　　B. 普通股成本　　C. 银行借款成本　D. 留存收益成本

7. 下列表述中，正确的有(　　)。

　　A. 净现值大于零时，说明该投资方案可行

　　B. 净现值为零时的贴现率即为内含报酬率

　　C. 净现值是特定方案未来现金流入现值与未来现金流出现值之间的差额

　　D. 净现值大于零时，现值指数小于1

8. 净现值法与现值指数法的共同之处在于(　　)。

　　A. 都是相对数指标，反映投资的效率

　　B. 都必须按预定的贴现率折算现金流量的现值

　　C. 都不能反映投资方案的实际投资收益率

　　D. 都没有考虑货币时间价值因素

9. 下列指标中，属于折现的相对量评价指标的有(　　)。

　　A. 净现值率　　　B. 现值指数　　　C. 投资利润率　　D. 内部收益率

10. 若建设期不为零，则建设期内各年的净现金流量可能会(　　)。

　　A. 等于1　　　　B. 大于1　　　　C. 小于0　　　　D. 等于0

三、判断题(对的画"√"，错的画"×")

1. 资金的时间价值是由时间创造的，因此，所有的货币都有时间价值。　　　　　(　　)

2. 先付年金与普通年金的区别仅在于计息时间的不同。　　　　　　　　　　　(　　)

3. 复利终值与现值成正比，与计息期数和利率成反比。　　　　　　　　　　　(　　)

4. 永续年金只有现值，而无终值。　　　　　　　　　　　　　　　　　　　　(　　)

5. 长期借款与长期债券相比具有利息节税的作用。　　　　　　　　　　　　　(　　)

6. 计算债券资本成本和普通股资本成本时，都需要考虑筹资费用。　　　　　　(　　)

7. 净现值指标综合考虑了货币的时间价值，并且从动态的角度反映了投资项目的实际收益率水平。　　　　　　　　　　　　　　　　　　　　　　　　　　　　　(　　)

8. 计算内含报酬率时，如果第一次取 $i=17\%$，计算的净现值>0，应再取 $i=16\%$ 再次进行测试。　　　　　　　　　　　　　　　　　　　　　　　　　　　　　　　　(　　)

9. 现金流量是以收付实现制为基础的。　　　　　　　　　　　　　　　　　　(　　)

四、简答题

1. 企业偿债能力分析中，短期偿债能力分析指标与长期偿债能力分析指标为什么会有所不同？

2. 企业盈利能力的分析都有哪些指标？这些指标有什么共同的特点？

3. 什么是净现值(NPV)？净现值指标的决策标准是什么？

4. 何谓内含报酬率？用内含报酬率评价项目可行的必要条件是什么？

5. 试对有关的投资决策指标进行对比和分析。

五、技能测试

某企业 2016 年年末产权比率为 0.8，流动资产占总资产的 40%。该企业资产负债表中的负债项目，如表 7-14 所示。

表 7-14　负债项目表

单位：万元

负债项目	金　额
流动负债：	
短期借款	2 000
应付账款	3 000
预收账款	2 500
其他应付款	4 500
一年内到期的长期负债	4 000
流动负债合计	16 000
非流动负债：	
长期借款	12 000
应付债券	20 000
非流动负债合计	32 000
负债合计	48 000

要求计算下列指标。

(1) 所有者权益总额。

(2) 流动资产和流动比率。

(3) 资产负债率。

(4) 根据计算结果分析企业的偿债能力情况。

项目八　物流企业人力资源管理

【项目描述】

物流企业人力资源管理是指对人力资源的取得、开发、保持和利用等方面所进行的计划、组织、指挥、控制和协调的活动。它主要是研究并解决组织中人与人关系的调整，人与事的配合，以充分开发人力资源，挖掘人的潜力，调动人的生产劳动积极性，提高工作效率，实现组织目标的理论、方法、工具和技术的总称。对于任何一种类型的现代企业来说，人力资源都是一种最宝贵的资源，是企业生产活动中最活跃、最具决定性的因素。如何合理开发和有效利用这种资源？下面我们将从人力资源的规划、人员招聘、人员录用和培训、绩效考评、薪酬管理、对员工的激励等角度回答这一问题。

【项目目标】

知识目标

(1) 了解人力资源规划的含义和功能。

(2) 掌握员工招聘的渠道。

(3) 了解绩效考评的含义、原则和内容。

(4) 掌握薪酬管理的内容。

(5) 了解培训的作用和内容。

(6) 掌握激励的理论、基本形式和程序，了解员工激励的技巧。

技能目标

(1) 掌握人员招聘、选拔录用的程序。

(2) 会编写人力资源规划和员工培训计划。

(3) 能独立完成关于人力资源管理方面的调查研究，并撰写相关报告。

【项目展开】

为了系统而直观地实现以上项目目标，现将该项目按照以下四个工作任务顺序展开。

(1) 物流企业人力资源规划。

(2) 物流企业员工的招聘、录用和培训。

(3) 物流企业的绩效考评和薪酬管理。

(4) 物流企业员工的激励。

任务一 物流企业人力资源规划

【任务描述】

东方物流有限公司该怎样进行人力资源规划?

小李几天前才调到东方物流有限公司的人力资源部当助理,刚到就接受了一项紧急的任务:要求他在10天内提交一份本公司未来5年的人力资源规划。虽然小李从事人力资源管理工作已经很多年,但面对桌上那一大堆文件、报表,不免一筹莫展。经过几天的整理和苦思,他觉得要编制好这个规划,必须考虑下列各项关键因素。

首先是本公司现状。公司共有生产与维修工人825人,行政和文秘等白领职员143人,基层与中层管理干部79人,技术人员38人,销售员23人。其次,据统计,近5年来职工的平均离职率为4%,没理由预计会有什么改变。不过,不同类别的职工的离职率并不一样,生产工人离职率高达8%,而技术人员和管理干部则只有3%。再者,按照既定的扩产计划,白领职员和销售员要新增10%~15%,工程技术人员要增加5%~6%,中、基层干部不增也不减,而生产与维修的蓝领工人要增加5%。有一点特殊情况要考虑:最近本地政府颁布了一项政策,要求当地企业招收新职工时,要优先照顾妇女和下岗职工。本公司一直未曾有意排斥妇女或下岗职工,只要他们来申请,就会按同一种标准进行选拔,并无歧视,但也未予以特殊照顾。如今的事实却是,销售员除一人是女的外全是男的;中、基层管理干部除两人是妇女外,其余也都是男的;工程师里只有三个是妇女;蓝领工人中约有11%妇女或下岗职工,而且都集中在最底层的劳动岗位上。

小李还有5天就得交出计划,其中包括各类干部和职工的人数、从外界招收的各类人员的人数以及如何贯彻市政府关于照顾妇女与下岗人员政策的计划。小李该怎样进行人力资源规划呢?

(资料来源:百度文库,http://wenku.baidu.com/view/006b0ac68bd63186bcebbcb4.html)

【任务驱动】

根据上述资料请解决如下问题。

(1) 小李在编制人力资源规划时要考虑哪些情况和因素?

(2) 小李在制订人力资源规划时应包括哪些主要内容?

(3) 在预测公司人力资源需求时,小李能采用哪些方法?

【任务资讯】

一、人力资源规划概述

(一)人力资源规划的定义及目标

人力资源规划,有时也叫作人力资源计划,是系统评价人力资源需求,从而拟定一套措施，使组织稳定地拥有一定质量和必要数量的人力，求得人员需求量和人员拥有量之间在组织未来发展过程中的相互匹配，以实现包括个人利益在内的组织目标的活动。通俗地讲，人力资源规划是指企业为实现其发展规划和发展目标，通过对企业未来所需人才的分析，制订的关于人员招聘、岗位配置、教育培训、人力资源开发的职能性计划。从本质上来说，人力资源规划就是根据企业眼前的需要和未来的目标，为企业提供培养合格人才的过程。随着企业对人才的逐渐重视，人力资源规划已成为企业人力资源管理的一项重要内容。

(二)人力资源规划的分类

人力资源规划按照不同的分类方法有不同的种类。按规划期时间的长短划分，人力资源规划可分为长期规划、中期规划与短期规划；按规划的层次划分，可分为战略规划、战术规划与作业规划；按规划的范围划分，又可分为总体规划、部门规划和项目规划等。

1. 长期规划、中期规划与短期规划

长期规划是指对企业进行的 3 年以上的人力资源需求制订的计划，是以企业长远发展战略为依据的。

中期规划是指对企业进行的1～3 年的人力资源需求制订的计划，是以企业中期发展战略为依据的。

短期规划是指对企业进行的 6 个月～1 年的人力需求制订的计划，是为了实现企业的短期目标。

2. 战略规划、战术规划与作业规划

1) 战略规划

战略规划要与企业经营发展战略相适应，目的在于为企业的长期发展提供人才支持和人才储备。它是企业所有人事决策和人事政策的纲领，对企业的人力资源管理活动具有指导作用。战略规划一般由公司的人力资源委员会或人力资源部制订，由于规划时间幅度比较大，所以，它只考虑人力资源方面的基本方向、目标和政策，对细节的规划要求较低。

2) 战术规划

战术规划的作用在于将战略规划中的目标和政策转变为具体的行动方案，它的依据是战略规划。由于战术规划的时间期限较短，相对于战略规划而言，其对社会经济变化趋势的把握较准确，目标方案更具体。战术层人力资源规划一般以年度为单位。

3) 作业规划

作业规划是对战术规划的进一步细化，它由一系列规章、制度、条例所组成。它具体包括人员招聘、审核、提升、调动、组织变革、培训与发展、工资与福利、劳工关系等。在人力资源的三个层次规划中，作业规划对细节要求最高。

3. 总体规划、部门规划与项目规划

1) 总体规划

总体规划是指有关规划期内人力资源管理和开发的总目标、总政策、实施步骤以及总

预算的安排，它是根据企业的战略规划制订的，是具有多个目标和多方面内容的计划。就其内容来说，它涉及企业人力资源管理活动的各个方面，如企业的人员招聘、培训、考核、激励、升迁，以及工资制度、岗位职位的设计等。这些方面互相联系、互相影响，为了充分发挥其作用，必须对它们进行整体规划、趋利避害。所以，总体规划在人力资源规划中具有重要的作用。

2) 部分规划

部门规划是企业各业务部门的人力资源计划，如技术部门的员工补充、培训、开发计划，销售部门的员工培训计划等。部门规划是在总体规划的基础上制订的，一般来说，它的制订由各职能部门自己完成，是总体规划中的一个子计划。

3) 项目规划

项目规划则是某项具体任务的规划，它是针对某项特定的人力资源管理活动而作出的规划，如员工的培训规划。

二、企业人力资源规划的制订

企业人力资源规划是影响企业发展的关键因素，因此，制订人力资源规划要建立在企业发展战略、对企业内外部环境充分分析的基础之上。

(一)人力资源规划的原则

人力资源规划作为企业对未来人力资源的开发计划，在制订时应遵循如下原则。

1. 前瞻性

人力资源规划必须要考虑企业内外环境的变化，要有前瞻性。企业的内部变化主要包括生产、销售、研发、人员流动以及企业发展战略的变化；外部变化包括市场供需、市场竞争、技术革新、宏观经济形式、国际经济形式的变化等。企业只有充分考虑到企业内外环境的变化，预先对可能出现的情况作出预测和风险分析，才能确保企业的平稳运行。

2. 科学性

适时、适量地提供企业所需人才，是企业人力资源规划的核心所在。好的人力资源规划应当对企业现有的人力资源作出全面、客观的分析，能够准确预测企业未来对各种人才的需求类型和数量，能够预测到社会人力资源的供求状况，从而为企业管理者提供科学的决策。如果规划的目标与实际状况相差甚远，人力资源规划也就失去了存在的意义。

(二)人力资源规划的内容

作为企业人力资源管理的重要组成部分，人力资源规划的主要内容有以下几个方面。

1. 招聘计划

根据对企业未来人才需求的预测，对所需人才的学历、专业、技能和人才需求数量作出的规划。根据企业经营目标的不同，招聘计划可以分为短期计划、中期计划和长期计划。

2. 培训计划

培训的目的在于提高企业现有员工的知识水平、技能水平，从而提高企业生产经营管理的水平，为企业将来的进一步发展储备人才。在制订培训规划时，必须根据企业的近期目标和中长期发展目标制订相应的短期、中长期培训计划，要根据企业人力资源的现状和未来对人力资源知识、能力的要求制订相应的培训规划。

3. 晋升计划

晋升计划实质上是组织晋升政策的一种表达方式，是根据企业的人员分布状况和层级结构，拟定人员的晋升政策。这是企业组织的一种重要职能，同时，还可以满足员工自我实现的需要，从而使企业和个人获得双赢。

4. 调配计划

企业内的人员在未来职位的分配，可以通过有计划的内部流动来实现，这种流动计划就是调配计划。它可以使员工获得不同职务的知识和经验，满足企业对员工素质的要求，解决企业中工作负荷不均等问题，满足员工对工作丰富化的要求。

5. 工资计划

为了确保未来的人工成本不超过合理的支付限度，工资规划也是必要的。未来的工资总额取决于组织内的员工是如何分布的，不同分布状况的成本是不同的。

(三)人力资源规划的制订

一般来说，企业人力资源规划的制订应遵循如下程序。

1. 盘点企业现有的人力资源

在制订人力资源规划之前，首先要弄清企业现有的人力资源状况，如员工的数量、职务结构、专业结构、工资水平以及每个员工的工作能力和工作绩效等，对企业现有人力资源客观、全面、科学的评估是制订科学合理的人力资源规划的基础和前提。

2. 预测企业未来对人才的需求

根据企业内外环境的变化，采用以定量分析为主、定性分析与定量分析相结合的方法对企业未来人才的需求进行预测，包括所需数量、专业、学历、职称以及到岗时间等。其准确程度直接决定了规划的效果和成败，是整个人力资源规划中最困难，同时也是最关键的工作。

3. 预测未来人力资源的供给

人力资源供给预测是人力资源规划的又一个关键环节，只有进行供给预测并把它与需求预测相比对之后，才能制订各种具体的规划。在预测企业未来的人力资源供给时，要考虑宏观经济发展形势和人才市场的供求状况，同时还要结合本行业的特点。人力资源的供给预测包括两部分：一是内部预测，即根据企业现有人力资源状况及其未来变动情况，预测企业未来的员工供给；二是外部预测，即根据外部环境的变化预测未来人才市场上的供给状况。与需求预测一样，人力资源的供给预测对人力资源规划的效果和成败影响重大。

4. 制订人力资源规划

企业人力资源规划的编制可以分为两类：一类是战略规划的编制，另一类是战术规划的编制。在制订战略规划时，必须考虑企业人力资源的外部环境和内部环境。前者包括国家关于人力资源的法律法规、国内外经济环境的变化、国家以及地方对于人力资源和人才的各种政策规定等；后者包括企业的管理状况、组织状况、经营状况和经营目标的变化等。战术规划的编制要以战略规划为依据，包括招聘计划、培训计划、考核计划和激励计划。无论是战略规划还是战术规划，在制订过程中都要遵循前瞻性和科学性的原则。

【任务分析】

1. 小李在编制人力资源规划时要考虑哪些情况和因素？

参考信息：

(1) 充分考虑内部、外部环境的变化。人力资源规划只有充分地考虑了内外环境的变化，才能适应需要，真正地做到为企业发展目标服务。内部变化主要是指销售的变化、开发的变化或者说企业发展战略的变化，还有公司员工的流动变化等；外部变化主要是指社会消费市场的变化、政府有关人力资源政策的变化、人才市场的变化等。为了更好地适应这些变化，在人力资源规划中应该对可能出现的情况和风险变化作出预测，最好能有面对风险的应对策略。

(2) 确保企业的人力资源保障。企业的人力资源保障问题是人力资源规划中应解决的核心问题。它包括人员的流入预测、流出预测、人员的内部流动预测、社会人力资源供给状况分析、人员流动的损益分析等。只有有效地保证了对企业的人力资源供给，才可能去进行更深层次的人力资源管理与开发。

(3) 使企业和员工都得到长期的利益。人力资源规划不仅是面向企业的计划，也是面向员工的计划。企业的发展和员工的发展是互相依托、互相促进的关系。如果只考虑企业的发展需要，而忽视了员工的发展，则会有损企业发展目标的达成。优秀的人力资源规划，一定是能够使企业每个员工获得长期利益的计划，一定是能够使企业和员工共同发展的计划。

2. 小李在制订人力资源规划时应包括哪些主要内容？

参考信息：

(1) 总计划。人力资源总规划陈述人力资源规划的总原则、总方针、总目标。

(2) 职务编制计划。职务编制计划陈述企业的组织结构、职务设置、职务描述和职务资格要求等内容。

(3) 人员配置计划。人员配置计划陈述企业每个职务的人员数量、人员的职务变动、职务人员空缺数量等。

(4) 人员需求计划。通过总计划、职务编制计划、人员配置计划可以得出人员需求计划。需求计划中应陈述需要的职务名称、人员数量、希望到岗时间等。

(5) 人员供给计划。人员供给计划是人员需求计划的对策性计划。它包括人员供给的方式、人员内部流动政策、人员外部流动政策、人员获取途径和获取实施计划等。

(6) 教育培训计划。它包括教育培训需求、培训内容、培训形式、培训考核等内容。

(7) 人力资源管理政策调整计划。计划中明确计划期内的人力资源政策的调整原因、调整步骤和调整范围等。

(8) 投资预算。上述各项计划的费用预算。

3. 在预测公司人力资源需求时，小李能采用哪些方法？

参考信息：

(1) 经验预测法。经验预测法是人力资源预测中最简单的方法，它适合较稳定的小型企业。经验预测法就是用以往的经验来推测未来的人员需求。不同的管理者的预测可能有偏差，但可以通过多人综合预测或查阅历史记录等方法提高预测的准确率。需要注意的是，经验预测法只适合一定时期内企业发展状况没有发生方向性变化的情况，对于新的职务或者工作方式发生变化的职务，该办法不适合。

(2) 现状规划法。现状规划法假定当前的职务设置和人员配置是恰当的，并没有职务空缺，所以不存在人员总数的扩充。人员的需求完全取决于人员的退休等情况的变化。所以，人力资源预测就相当于对人员退休等情况的预测。人员的退休是可以准确预测的，人员的离职包括人员的辞职、辞退、重病等情况是无法预测的，通过历史资料统计和分析对比，可以更准确地预测离职人数。现状规划法适合于中、短期的人力资源预测。

(3) 模型法。模型法是通过数学模型对真实情况进行实验的一种方法。模型法首先要收集自身和同行业其他企业的相关历史数据，通过数据分析建立数学模型，根据模型去确定销售额增长率和人员数量增长率之间的关系，这样就可以通过企业未来的计划销售增长率来预测人员数量增长。模型法适合于大、中型企业的中长期人力资源预测。

(4) 专家讨论法。专家讨论法适合技术型企业的长期人力资源预测。现代社会技术更新非常迅速，用传统的人力资源预测方法很难准确预计未来的技术人员的需求。相关领域的技术专家由于把握技术发展的趋势，所以更容易对该领域的技术人员状况作出预测。为了增加预测的可信度可以采用二次讨论法。在第一次讨论中，各专家独立拿出自己对技术发展的预测方案，管理人员将这些方案进行整理，编写成企业的技术发展方案。第二次讨论主要根据企业的技术发展方案来进行人力资源预测。

(5) 定员法。定员法适用于大型企业和历史久远的传统企业。由于企业的技术更新比较缓慢，企业发展思路非常稳定，所以，每个职务和人员编制也相对确定。这类企业的人力资源预测可以根据企业人力资源现状来推算出未来的人力资源状况。在实际应用中，有设备定员法、岗位定员法、比例定员法和效率定员法等几种方式。

(6) 自上而下法。自上而下法就是从企业组织结构的底层开始逐步进行预测的方法。具体方法是先确定企业组织结构中最底层的人员预测，然后将各个部门的预测层层向上汇总，最后定出企业人力资源总体预测。由于组织结构最底层的员工很难把握企业的发展战略和经营规划等，所以他们无法制订出中长期的人力资源预测。这种方法适合于短期人力资源预测。

【任务实施】

小李编写人力资源规划的具体步骤有哪些？

参考信息：

(1) 制订职务编写计划。根据企业发展规划，综合职务分析报告的内容，制订职务编写计划。编写计划陈述企业的组织结构、职务设置、职位描述和职务资格要求等内容。制订职务编写计划是描述企业未来的组织职能的规模和模式。

(2) 根据企业发展规划，结合企业人力资源盘点报告制订人员盘点计划。人员配置计划陈述了企业每个职务的人员数量、人员的职务变动、职务人员空缺数量等。制订配置计划的目的是描述企业未来的人员数量和素质构成。

(3) 预测人员需求。根据职务编制计划和人员配置计划，使用预测方法预测人员需求。人员需求中应陈述需求的职务名称、人员数量、希望到岗时间等。最好形成一个标明有员工数量、招聘成本、技能要求、工作类别，以及为完成组织目标所需的管理人员数量和层次的分列表。

(4) 确定人员供给计划。人员供给计划是人员需求的对策性计划。它包括人员供给的方式、人员内外部流动政策、人员获取途径和获取实施计划等。通过分析劳动力过去的人数、组织结构和构成以及人员流动、年龄变化和录用等资料，就可以预测出未来某个特定时刻的供给情况。预测结果勾画出组织现有人力资源状况以及未来在流动、退休、淘汰、升职以及其他相关方面的发展变化情况。

(5) 制订培训计划。为了提升企业现有员工的素质，适应企业发展的需要，对员工进行培训是非常重要的。培训计划中包括培训政策、培训需求、培训内容、培训形式、培训考核等内容。

(6) 制订人力资源管理政策调整计划。计划中明确计划内的人力资源政策的调整原因、调整步骤和调整范围等。其中包括招聘政策、绩效政策、薪酬与福利政策、激励政策、职业生涯政策、员工管理政策等。

(7) 编写人力资源部费用预算。其中主要包括招聘、培训、福利等费用的预算。

(8) 关键任务的风险分析及对策。每个企业在人力资源管理中都可能遇到风险，如招聘失败、新政策引起员工不满等，这些事件很可能会影响公司的正常运转，甚至会对公司造成致命的打击。风险分析就是通过风险识别、风险估计、风险驾驭、风险控制等一系列活动来防范风险的发生。

【任务总结】

人力资源规划是指企业为实现其发展规划和发展目标，通过对企业未来所需人才的分析，制订的关于人员招聘、岗位配置、教育培训、人力资源开发的职能性计划。做好人力资源规划可以及时有效地为企业提供所需人才，它是企业提高管理水平的重要措施，有利于控制企业的人工成本，为企业的人事决策提供科学的依据，并有助于调动员工的积极性。

【任务实训】

实训 8.1　编写工作说明书

某公司为人力资源部经理草拟了一份工作说明书，其主要内容如下。

(1) 负责公司的劳资管理，并按绩效考评情况实施奖罚。

(2) 负责统计、评估公司人力资源需求情况，制订人员招聘计划并按计划招聘公司员工。

(3) 按实际情况完善公司《员工工作绩效考核制度》。

(4) 负责向总经理提交人员鉴定、评价的结果。

(5) 负责管理人事档案。

(6) 负责本部门员工工作绩效考核。

(7) 负责完成总经理交办的其他任务。

该公司总经理认为这份工作说明书格式过于简单，内容不完整，描述不准确。

1. 实训要求

请为该公司人力资源部经理重新编写一份工作说明书。

2. 考核标准

本实训的考核标准，如表 8-1 所示。

表 8-1　实训 8.1 的考核标准

图表规范	条理清楚	步骤清晰	书写工整	总分
40 分	40 分	10 分	10 分	100 分

任务二　物流企业员工的招聘、录用和培训

【任务描述】

东方物流公司两次招聘为何都以失败告终？

东方物流公司是一家外资公司，主要从事国际货代业务。该公司所处行业为朝阳产业，薪水待遇高于其他传统行业。公司位于北京繁华商业区的著名写字楼，对白领女性具有很强的吸引力。总经理为外国人，在中国留过学，自认为对中国很了解。现因公司发展需要在 2012 年 3 月底从外部招聘新员工。公司在网上发布招聘信息后由总经理亲自筛选简历，总经理筛选的标准是：本科应届毕业生或者年轻的，最好有照片，看起来漂亮的，学校最好是名校。如果总经理有时间就由总经理直接面试，如果总经理没时间，HR 进行初步面试，总经理最终面试。新员工的工作岗位、职责、薪资、入职时间都由总经理决定。面试合格

后录用，没有入职前培训，直接进入工作岗位。不久，该公司录用了两名行政助理(女性)：张小姐，23 岁，专科就读于工商大学，后专升本就读于人民大学，2011 年 1 月到 12 月做过少儿剑桥英语教师一年；李小姐，21 岁，学历大专，就读于中央广播电视大学电子商务专业，在上学期间曾为两家单位工作，一个为大型超市，另一个为物流公司，职务分别为总经理助理和行政助理，曾参加封面女孩华北赛区复赛，形象气质均佳。然而，招聘结果却令人失望，具体情况如下。

张小姐入职的第二天就没来上班，没有来电话，上午公司打电话联系不到本人，经她弟弟解释，她不打算来公司上班了，具体原因没有说明。下午，她本人终于接电话，不肯来公司说明辞职原因。三天后又来公司，中间反复两次，最终决定不上班了。她的工作职责是负责前台接待。入职当天晚上公司举行了聚餐，她和同事谈得也挺愉快。她自述的辞职原因：工作内容和自己预期不一样，琐碎繁杂，觉得自己无法胜任前台工作。HR 对她的印象：内向，有想法，不甘于做琐碎、接待人的工作，对批评(即使是善意的)非常敏感。

李小姐工作十天后辞职，她的工作职责是负责前台接待、出纳、办公用品采购、公司证照办理与变更手续等。自述辞职原因：奶奶病故了，需要辞职在家照顾爷爷(但是当天身穿大红毛衣，化彩妆)。透露家里很有钱，家里没有人给人打工。HR 的印象：形象极好、思路清晰、沟通能力强，行政工作经验丰富。总经理印象：商务礼仪不好，经常是小孩姿态、撒娇的样子，需要进行商务礼仪的培训。

(资料来源：百度文库，http://wenku.baidu.com/view/6d79a228b4daa58da0114a67.html)

【任务驱动】

招聘行政助理连续两次失败，作为公司的总经理和 HR 觉得这不是偶然现象，在招聘行政助理方面肯定有重大问题。问题出在什么地方？

【任务资讯】

一、物流企业员工的招聘

(一)招聘概述

1. 员工招聘的概念

招聘是指企业为了满足企业发展对人才的需要，根据人力资源规划，通过一定的渠道和程序获得企业所需要的合格人才，并将其安排到相应岗位上的过程。招聘是现代企业管理过程中一项重要的、具体的、经常性的工作，是人力资源管理的基础和关键环节之一。

2. 影响企业招聘的因素

企业招聘的目的是发现和吸收符合企业需要的优秀人才，保证企业在需要时能够弥补人才缺口。但是吸收、招聘到满足企业要求的优秀员工并不是一件容易的事情，在很多情况下甚至是比较困难的。因为企业处于一个开放的环境中，企业的招聘活动要受到各种因素的影响。这些影响招聘的因素可以分为两大类，一类是企业的外部因素，另一类是企业的内部因素。

1）影响企业招聘的外部因素

影响企业招聘的外部因素主要有劳动力市场的供求状况、地理位置及地区经济发展水平、竞争对手的状况和国家的政策法规等。

（1）劳动力市场的供求状况。企业在招聘过程中能否找到合适的员工在很大程度上取决于劳动力市场的供求状况，因为劳动力市场的供求关系影响着招聘的数量和质量。一般来说，招聘岗位所需的技能要求越低，劳动力市场的供给就越充足，招聘工作相对容易；如果招聘岗位所需的能力和条件越高，劳动力市场的供给就越不充足，要吸引并招聘到这类人才就越困难。例如，TCL 集团招聘清洁工非常容易，但是要想招聘到像海尔总裁张瑞敏这样的优秀管理人才就很难。另外，企业所在的行业对招聘的影响也非常大。如果企业所处的行业是朝阳产业，则其招聘到理想员工的难度就比较大，反之则比较容易。如近些年 IT 业在全球的迅猛发展，出现了全球性 IT 人才的短缺，在这种背景下，企业的招聘难度就比较大。

（2）地理位置及地区经济发展水平。地理位置及地区经济发展水平对企业员工的招聘工作有着很大的影响。在交通便利、环境优良、经济发达的地区各类人才蜂拥而至，企业招聘工作相对容易；交通闭塞、环境恶劣、经济欠发达的地区不仅难以吸引优秀的外地人才，而且本地人才也纷纷外流，即便是企业的招聘条件非常优厚，也很难招到企业所需人才。例如，我国改革开放以来的"孔雀东南飞"现象，这些年来出现的北京、上海等中心城市的"人才黑洞"现象。

（3）竞争对手的状况。竞争对手的经济实力及其为员工提供的工作环境、生活条件和福利待遇对企业的招聘工作将产生直接的影响。如果竞争对手在薪酬待遇、工作环境、发展前景、企业文化等方面具有较强的优势，就会导致本企业在人才的竞争中处于劣势。例如，长期以来国有企业在用人机制、福利待遇等方面与国外企业和跨国公司相比一直处于劣势，不仅使国有企业在招聘人才的质量上无法与其相比，而且这些国外企业和跨国公司还从国有企业中吸引了大量的优秀人才，我们的国有企业沦为国外公司的人才摇篮。所以，企业在制订招聘计划时，要尽可能多地了解竞争对手的实力，以及他们的人力资源政策，这样才能在人才竞争中扬长避短。

（4）相关政策法规。在分析企业招聘的外部环境时，还有一个不可忽视的因素，即国家的相关政策和法规。在很多情况下，招聘工作会受到这方面因素的制约。例如，我国从 2008 年开始实施"适度从紧的货币政策"，这意味着国家将控制国内的固定生产投资，这在一定程度上影响企业的招聘需求；又如我国从 2008 年 1 月 1 日开始实施新的《劳动合同法》，这将增加企业的用工成本，迫使企业不得不放弃此前惯用的大量招聘、大量淘汰的招聘策略，对一些可招可不招的岗位，暂时可能会以内部挖潜的方式来解决。

2）影响企业招聘的内部因素

在影响企业招聘的内部诸因素中，最主要的就是企业的竞争实力和企业的人事政策。

（1）企业的竞争实力。这里所说的竞争实力，不仅包括企业的规模和经济实力，还包括企业的知名度。企业的竞争实力直接决定着企业在人才争夺战中的地位，竞争实力强的企业在招聘中对人才的吸引力显然要大于竞争实力弱的企业。所以，在人才市场上我们常常能看到这样一种现象：对高素质人才的吸引力，国外知名公司要大于普通公司，大公司要大于小公司，国有大型企业要大于中小民营企业。

(2) 企业的人事政策。企业的人事政策包括很多，比如薪酬制度、培训制度、激励制度、绩效考评制度、员工晋升制度和其他一些福利制度等，它们构成了企业的用人文化，是影响企业招聘工作的重要因素，尤其是其中的薪酬制度，直接决定了所招聘人才的质量。例如，IBM 中国公司除了向员工提供极具竞争力的薪金外，还制订了完善的福利计划，包括带薪假期、住房补助、进修资助、医疗及退休保障和各类保险计划等。上海贝尔有限公司建立了完善的员工培训体系，鼓励员工接受继续教育，如 MBA、硕士或博士学历教育，公司为员工负担学习费用。此外，公司还为员工购房买车提供无息贷款。这些用人政策使公司在人才市场上极具竞争力。

(二)招聘的种类

招聘活动根据招聘渠道的不同可以分为内部招聘和外部招聘。

1. 内部招聘

所谓内部招聘，是指从企业内部选拔所需人才。这种招聘方式的优点在于节省时间和成本；所招聘的人员对企业经营状况和企业文化熟悉，不需要磨合的过程便能融入企业之中。其缺点是所聘人员的思维方式、经营理念都深深地打着本企业的烙印，很难给企业带来技术、观念和方法上的创新。内部招聘方法主要有员工推荐、张榜公布和建立人才储备库。

1) 员工推荐

这是一种比较常见的内部选拔人才的方法。它是在人力资源部门将内部招聘办法和空缺的职位信息公布出来之后，公司员工可以毛遂自荐，也可以互相推荐。人力资源部门在收到相关人员的信息后，采取公开竞争的方式，选拔该岗位的人才。

2) 张榜公布

当企业出现岗位空缺时，可将空缺的职位和招聘告示张贴在内部公共布告栏上，吸引内部人员投标应聘。公开张榜的最大好处就是公平、透明，为每一个员工提供了职业发展和平等竞争的机会。

3) 建立内部人才储备库

内部招聘的另外一种方式，就是根据企业的人力资源信息系统建立企业自己的人才储备库。在库中记录了企业每一位在职员工的有关信息，包括其学历、专业、履历、奖惩、培训、工作绩效等方面的信息，并且这些信息随着员工的自身发展都得到不断更新。一旦组织出现岗位空缺时，通过人力资源信息系统保存的员工档案信息可以很快发现哪些员工可以满足空缺岗位的招聘要求。

2. 外部招聘

企业外部招聘主要有校园招聘、招聘会招聘、广告招聘、职业中介招聘、猎头公司招聘和网络招聘等几种形式。

1) 校园招聘

校园招聘是我国许多企业吸引优秀员工的主要途径之一。高校毕业生文化素质高、专业基础好，企业的选择余地大，并且参加校园招聘可以防止社会招聘中由于信息不对称造成的错招和发生道德风险等现象，所以，每年的大中专毕业生供需见面会一直被企业所青睐，是企业招聘所需专业技术人员和管理人员的主要渠道。

2) 招聘会招聘

招聘会是招聘的一种传统方式。随着人才交流市场的日益完善，招聘会呈现出向专业化方向发展的趋势。通过参加招聘会，企业的招聘人员不仅可以了解当前人力资源的素质和走向，还可以了解同行业其他企业的人事政策和人才需求情况。同时企业和应聘者可以实现面对面的交流，立即填补职位空缺。但这种招聘方式往往受到宣传力度的局限，应聘者的数量和质量难以保证，效果较差，要招聘到高质量的人才相对来说比较困难，并且受到校园招聘和网络招聘的影响，招聘会招聘的作用较之以前在减弱。

3) 广告招聘

广告招聘是借助广播、电视、杂志、网站等媒介招聘企业所需人才的一种方法，是企业对外招聘经常采用的一种方法。广告招聘的优势在于借助媒体传播范围广、影响大的特点，一方面可以很好地宣传企业的形象，另一方面招聘企业的选择范围大，能在最大范围内吸引人才来参加应聘。不过这种招聘方式的缺点是成本较高，招聘效果难以保证。

4) 职业中介招聘

随着人才的流动日益增多，相伴着产生了各种形式的职业中介机构，如人才交流中心、职业介绍所、劳动就业服务中心等。通过职业中介机构来招聘人才，企业可以很方便地从中介机构的人才资料库中查询条件基本相符的人员资料。这种方式具有针对性强、时间短、费用低廉等优点，但对于热门人才或高级人才效果不太理想。

5) 猎头公司招聘

猎头公司拥有专业的、广泛的人力资源网络，有的还建有储备人才库，可以快速找到企业所需人才，比较适合高级人才的招聘。对于企业急需的高级管理和技术人员，企业可以考虑与猎头公司合作。但由于猎头公司的收费较高，企业必须考虑自身的承受能力。

6) 网络招聘

随着信息技术的发展，网络招聘已经成为企业招聘的常用方式。所谓网络招聘，就是指企业在人才就业网站或者本企业的网站上发布招聘信息，应聘者将自己的应聘资料通过电子邮件投递到招聘单位，招聘单位经过筛选之后再对应聘者进行面试的一种招聘方式。有时这种招聘还可以和广告招聘结合起来，相互取长补短取得良好的效果。这种招聘与其他招聘方式相比最大的优点是成本低。

二、物流企业员工的录用

(一)人员录用决策

1. 录用决策的含义

录用决策是依照人员录用的原则，避免主观武断和不正之风的干扰，把选择阶段多种考核和测验结果组合起来，进行综合评价，从中择优确定录用名单。

2. 人员录用策略

一般来说，人员录用的主要策略有以下几个方面。

1) 多重淘汰式

多重淘汰式即每种测试方法都是淘汰性的，应聘者必须在每种测试中都达到一定水平，方能合格。该方法是将多种考核与测验项目依次实施，每次淘汰若干低分者。对全部考核项目全部通过者，再按最后面试或测验的实得分数，排出名次，择优确定录用名单。

2) 补偿式

补偿式即不同测试的成绩可以互为补充，最后根据应聘者在所有测试中的总成绩作出录用决策。如分别对应聘者进行笔试与面试选择，再按照规定的笔试与面试的权重比例，综合算出应聘者的总成绩，决定录用人选。

3) 结合式

在这种情况下，有些测试是淘汰性的，有些是可以互为补偿的，应聘者通过淘汰性的测试后，才能参加其他测试。

值得强调的是，人员选择环节中的所有方法都可用来选择潜在的雇员，但决定使用哪些选拔方法，一般要综合考虑时间限制、信息与工作的相关性以及费用等因素，对相对简单或无须特殊技能的工作采用一种方法就行了。例如，招聘打字员，根据应聘者打字测试的成绩一般就足以作出决定了。但是，对大部分岗位，通常需要采用几种方法。这时候的录用决策，就需要对所有选择方法组合使用。

3. 录用决策的标准

在全面了解所有应聘人员的情况后，人员录用的标准是衡量应聘者能否被组织选中的一个标尺。从理论上讲，它是以工作描述与工作说明书为依据而制定的录用标准，又称为因事择人。这应该是录用效果最佳的方法。但在现实中，它将随着招聘情况的不同而有所改变，有可能出现人选工作和人与工作双向选择的现象。

(1) 以人为标准。即从人的角度，按每人得分最高的一项给其安排职位。

(2) 以职位为标准。即从职位的角度出发，每样职位都挑选最好的人来做。

(3) 以双向选择为标准。由于单纯以人为标准和单纯以职位为标准，均有欠缺，因此结合使用这两种方法，即从职位和人双向选择的角度出发，合理配置人员。这样的结果有可能并不是最好的人去做每一项职位，也不是每个人都安排到其得分最高的职位上去，但因其平衡了两方面的因素，又是现实的，从总体的效率来看是最好的。

4. 作出录用决策的注意事项

(1) 使用全面衡量的方法。我们要录用的人员必然是符合单位需要的全面人才，因此必须根据单位和岗位的需要对不同的才能给予不同的权重，然后录用那些得分最高的应聘者。

(2) 尽量减少作出录用决策的人员。在决定录用人选时，必须坚持少而精的原则，选择那些直接负责考察应聘者工作表现的人，以及那些会与应聘者共事的人进行决策。如果参与的人太多，会增加录用决策的困难，造成争论不休或浪费时间和精力的后果。

(3) 不能求全责备。人没有十全十美的，在录用决策时也不要吹毛求疵、挑小毛病、总也不满意。我们必须分辨主要问题以及主要方面，分辨哪些能力对于完成这项工作是不可缺少的，这样才能录用到合适的人选。

(二)人员录用的程序和方法

人员录用是招聘的一个环节，主要涉及选择之后一系列有关录用的事宜，如决定录用人员、通知录用人员、试用合同的签订、人员的初始安排、试用、正式录用等内容。

1. 通知录用者

1) 公布录用名单

此阶段的任务是依照人员录用的原则，避免主观武断和不正之风的干扰，把选择阶段多种考核和测试结果组合起来，进行综合评价，从中择优确定录用名单。录取名单确定后，张榜公布，公开录用，以提高透明度。这样做的好处是，一方面接受社会监督，切实落实招聘政策；另一方面可防止招聘中的不正之风，也可纠正招聘过程中的弄虚作假。

2) 办理录用手续

单位招用人员，应向当地劳动人事行政主管部门办理录用手续，证明录用职工具有合法性，受到国家有关部门的承认，并且使招聘工作接受劳动人事部门的业务监督。单位办理招聘录用手续应向劳动行政主管部门报送人员登记表。填写内容包括职工姓名、年龄、性别、民族、籍贯、文化程度、政治面貌、个人简历、考核结果、单位同意录用手续等。

3) 通知应聘者

通知应聘者是录用工作的一个重要部分。通知无非有两种，一种是录用通知，另一种是辞谢通知。两种通知是完全不一样的，一个是给人带来好消息，另一个是给人带来坏消息。当然，写用通知相对更容易，因为无论如何措辞，这封信都是人们乐意读到的。而写辞谢信则相对比较难，因为无论如何措辞，读信人都很难高兴起来。

在通知被录用者方面，最重要的原则是及时。由于单位的官僚作风，录用通知哪怕晚发一天，都有可能损失单位重要的人力资源。因此录用决策一旦作出，就应该马上通知被录用者。在录用通知书中，应该讲清楚什么时候开始报到，在什么地点报到；应该附上如何抵达报到地点的详细说明和其他应该说明的信息。当然，还不要忘记欢迎新雇员加入单位。在通知中，让被录用的人知道他们的到来对于组织提高生产效率有很重要的意义。这对于被录用者是一个很好的吸引手段。对于被录用者，应该用相同的方法通知他们被录用了，不要有的人用电话通知，有的人用信函通知。公开和一致地对待所有被录用者，能够给人留下良好的印象。

2. 签订合同

1) 员工安排与试用

员工进入单位后，单位要为其安排合适的职位。一般来说，人员的职位均是按照招聘的要求和应聘者的应聘意愿来安排的。安置工作的原则是用人所长，人适其职，使人与事的多种差异因素得到最佳配合。

员工安排即人员试用的开始。试用是对人员的能力与潜力、个人品质与心理素质的进一步考核。一般试用期3~6个月。员工还要与单位签订相应的试用合同。员工试用合同是对人员与单位双方的约束与保障。试用合同应包括以下主要内容：试用的职位、试用的期限、员工在试用期的报酬与福利、员工在试用期应接受的培训、员工在试用期的工作绩效目标与应承担的义务和责任、员工在试用期应享受的权利、人员转正的条件、试用期单位解聘人员的条件与承担的义务和责任、员工辞职的条件与义务、员工试用期被延长的条件等。

2) 正式录用

员工的正式录用即我们通常所称的"转正"，是指试用期满，且试用合格的员工正式成为该单位成员的过程。员工能否被正式录用关键在于试用部门对其考核的结果如何，单位对试用员工应坚持公平、择优的原则进行录用。

正式录用过程中用人部门与人力资源部门应完成以下主要工作：员工试用期的考核鉴定；根据考核情况进行正式录用决策；与员工签订正式的雇用合同；给员工提供相应的待遇；制订员工发展计划；为员工提供必要的帮助与咨询服务等。根据《劳动法》的规定，与员工签订正式的雇用合同，符合国家政策，便于维护用人单位和被录用员工双方的合法权益。合同是单位与被聘者的契约，也是建立劳动关系的依据，更是当事人的行为准则。

三、物流企业员工的培训

(一)培训的概念

培训是指企业为了提高员工的工作能力，通过学习、进修、考察等方式，对企业现有员工在文化知识、专业技术、经营管理、企业文化等方面进行有计划的培养和训练，使其不断更新知识结构、增强工作能力、迅速适应经济社会等方面的变化。

(二)培训的内容

不同的企业由于经营特点的不同，培训的内容也大不相同。一般情况下，企业培训主要包括以下内容。

1. 知识培训

这是企业培训中的第一层次，通过组织员工听讲座或者集中学习某一课程，从而获得相应的知识。这种培训有利于提高企业员工的理论知识水平，更新观念、增强对新事物的认识能力，减少企业在引进新技术、新设备、新工艺及先进管理过程中的障碍和阻挠。但是，要系统、全面、深刻地掌握一门专业知识，则必须经过系统、艰苦的训练。虽然知识培训简单易行，但是其学习时间不长，学习过程的松散及考核过程的形式化，都会对其效果产生影响。

2. 技能培训

这是企业培训的第二个层次，其对象主要是生产过程中的技术人员和操作人员，同时也包括部分管理人员。这里所说的技能是指生产过程或企业管理活动中的实际操作能力，如机床设备的操作能力、计算机的操作能力等。招进新员工、采用新设备、引进新技术都不可避免地要进行技能培训，因为抽象的知识培训不可能立即适应具体的操作，无论企业的员工多么优秀，能力有多强，一般来说，都不可能不经培训就能立即操作得很好。

3. 经营管理培训

这种培训的对象主要是企业的中高级经营管理人员。根据受训对象和培训内容的不同，可以分为财务培训、营销培训、人事培训、质量管理培训等。

4. 素质培训

这种培训的对象主要是企业的普通员工、基层管理人员。素质较高的员工有正确的价值观、积极的态度、良好的思维习惯和较高的目标，这种品质对企业的发展非常重要。即使可能暂时缺乏知识和技能，但高素质的员工会为实现目标有效、主动地学习知识和技能。

5. 企业文化的培养

企业文化是企业在长期的经营过程中形成的在认知、行动、意志、情感、价值、目标等方面的一系列准则。通过企业文化激励和约束员工是企业管理的最高境界。它主要通过心理管理来优化员工的心智模式，对员工进行深层次的引导，强化员工的自我开发意识。优秀的企业文化能给员工带来舒适和谐的工作生活环境，能使员工产生强烈的内在需要和较高的期望目标，促使员工提高自身的素质和能力，从而提高企业的劳动生产效率，增强企业的市场竞争力，这无论是对组织还是对个人都是有益的。

(三)培训方案的制订

培训方案的制订一般应从以下几个环节着手。

1. 培训需求分析

培训活动需要投入一定的人力、物力和财力，有时需要投入的资金还相当大，因此，在进行培训前要进行需求分析，根据需求来指导培训方案的制订，做到有的放矢，不能单纯地为培训而培训。

培训需求分析要从企业、岗位、个人三个方面来进行。首先，培训计划要保证符合企业的整体目标与战略要求。通过预测本企业未来在市场结构、产品结构上可能发生的变化，从而决定哪些员工需要在哪些方面进行培训；其次，进行岗位分析，了解员工达到理想的工作绩效所必须掌握的技能和能力，当岗位职能高于员工能力时，则需要进行培训，达到员工的"职务"与"职能"相一致；最后，进行个人分析，将员工现有的水平与其预期水平进行比照，看两者之间是否存在差距，从而决定培训内容、对象和形式。

2. 培训目标的设置

培训目标的设置依赖于培训需求分析。通过需求分析，了解员工的知识和技能现状，以此来确定培训目标。只有确定了目标，才能确定培训对象、内容、时间、形式等具体内容，并在培训之后对照目标进行培训效果评估。一般来说，目标越具体，越具有可操作性，越有利于总体目标的实现。

3. 培训资源的选择

在确定了培训目标之后，就要选择培训资源。培训资源可分为内部资源和外部资源。内部资源是指企业自身拥有的能够用于培训的各种物质资源和智力资源，包括培训设备、培训场地和授课人员等；外部资源是指专业培训人员、学校、公开研讨会或学术讲座等。在众多的培训资源中，选择何种资源，最终要由培训内容及可利用的资源来决定。一般来讲，当培训的内容与企业经营活动联系非常紧密时，最好使用内部资源。例如，要进行生产操作人员的技能培训，可以挑选本企业技术精湛的员工进行示范和讲授。因为在现有技术水平和装备水平下，这种培训的效果是最好的，并且节约成本。如果不顾本企业的实际状况，邀请外来专家讲解最先进的生产工艺和技术，不仅在实践中用不上，而且还增加了培训的成本。

4. 培训方法的选择

培训的方法有多种，如讲授法、演示法、案例法、讨论法、视听法和角色扮演法等，各种培训方法都有其自身的优缺点，要根据培训的对象、内容和形式选择不同的培训方法。有时，为了提高培训质量、达到培训的目的，往往需要几种方法结合起来灵活使用。企业培训中最常用的是讲授法、演示法和案例法。

(1) 讲授法。讲授法是指讲授者通过课堂讲授系统地向受训者传授知识的一种方法，它是培训中最常用的一种方法。它有许多优点，如有利于受训者系统地接受理论知识，容易掌握和控制学习的进度，有利于加深理解难度大的内容，可以同时对许多人进行教育培训等。但是这种方法也有很多缺陷，表现为：讲授过程中互动性差，理论性强而实际操作性差，授课水平会受到多种因素的影响等。

(2) 演示法。演示法是运用实物或教学模型，通过示范使受训者掌握某种技能的一种培训方法，它多用于操作技能的培训。演示法有助于激发受训者的学习兴趣，使学员对所学内容印象深刻、学习效果好；缺点是适用的范围有限，演示装置移动不方便，不利于教学场所的变更，有时用于教学的实物或模型的费用较高。

(3) 案例法。案例法是指在培训中，通过分析和研究现有的案例，解释内容并推动内容的发展与完善的一种培训方法。它作为一种研究工具早就广泛应用于社会科学的调研工作中，但是它只是一种辅助性的培训方法，不能取代讲授法和演示法。案例法无论是在课堂教学还是培训中，都会受到学员的喜爱，这是因为它具有以下优点：教学内容生动，容易激发学员的学习兴趣；使受训者有身临其境的感觉，更能接近于实际问题的解决。其不足之处在于：案例缺乏普遍适用性，不一定能与本企业的实际很好吻合；案例数量有限，并不能保证每个问题都有相应的案例；案例无论多么真实，不可避免地存在失真性。

【任务分析】

招聘行政助理连续两次失败，作为公司的总经理和 HR 觉得这不是偶然现象，在招聘行政助理方面肯定有重大问题。问题出在什么地方？

参考信息：

通读以上案例我们认为，直接影响这次行政助理招聘的主要因素为公司的总经理、甄选方法和招聘流程。

　　总经理分析：在招聘过程中总经理干涉过多，没有充分授权给人力资源部门，包办了 HR 筛选简历的任务。其次，他不懂中国国情，自然就会让不适合的人被选进来，而适合的人才可能就被淘汰在筛选简历上了。对于这种低级别的员工招聘，应该把权力完全授予熟悉国情的 HR，他在这次事件上应该负主要责任。

　　甄选方法分析：在招聘行政助理时，公司没有根据行政助理这个岗位的任职资格制定结构化的甄选标准，而只是凭面试官的直觉进行甄选，这样就造成了招聘过程不科学。因为面试官会在面试过程中受到归类效应、晕轮效应、自我效应和个人偏见(地域、血缘、宗教信仰等)影响。案例中总经理就对相貌、毕业院校和是否应届带有明显偏见。没有考虑应聘的人是否和企业的文化、价值观念相吻合，是不是真正具备了工作需要的知识、能力、性格和态度。

　　招聘行政助理的流程分析：正常的招聘流程应该是公布招聘信息、初步面试、评价申请表和简历、选择测试、雇用面试、证明材料和背景材料核实、选择决策、体检、录用、入职前培训、入职。该公司在招聘过程中少了选择测试和入职前培训这两个重要步骤。

【任务实施】

根据任务材料分析提出东方物流公司招聘行政助理的具体补救措施。

参考信息：

　　公司通过选择测试基本上能测试出应聘者的性格特征和价值取向。如张小姐的性格内向，而且心态高、不踏实，不愿做琐碎繁杂的工作，与做前台需要的性格和心态相差甚远。这样盲目让她做前台工作造成了她的离职。通过测试同样能测出李小姐的价值观与企业文化不符，这样就能在测试阶段把她们淘汰，从而节省招聘的成本。

　　入职前的培训对加入公司的员工很重要。因为通过入职前的培训能够给新员工灌输公司的企业文化和价值观念，可以帮助新员工树立正确的工作态度，对工作有更深刻的认识。如果给张小姐和李小姐进行了系统的入职前培训，完全有可能改变她们本来的价值取向和对工作的态度，她们就有可能不会离职。

【任务总结】

　　招聘是指企业为了满足企业发展对人才的需要，根据人力资源的规划，通过一定的渠道和程序获得企业所需要的合格人才，并将其安排到相应岗位上的过程。招聘是现代企业管理过程中一项重要、具体、经常性的工作，是人力资源管理的基础和关键环节之一。

　　人员录用是依据选择的结果作出录用决策并进行安置的活动，包括决定录用人、通知录用人员、试用合同的签订、员工的试用、正式录用等内容。其中最关键的内容是作好录用决策。培训是指企业为了提高员工的工作能力，通过学习、进修、考察等方式，对企业现有员工在文化知识、专业技术、经营管理、企业文化等方面进行有计划的培养和训练，使其不断更新知识结构、增强工作能力、迅速适应经济社会等方面的变化。

【任务实训】

实训 8.2　企业培训计划的"5W1H"

任何企业在实施培训前都需要制订培训计划,不管是年度培训还是月度培训,或者是专项培训,培训计划在企业整个培训体系中都占有重要地位。我们如何用科学的方法来制订企业培训计划呢? 5W1H 就是规划企业培训计划架构及内容很好的方法。

所谓 5W1H,即要求我们明确:培训的目的是什么(Why),培训的对象是谁、由谁负责、讲师是谁(Who),培训内容是什么(What),培训的时间、期限(When),培训的场地、地点(Where),如何进行正常的教学(How)六个要素,这六个要素构成的内容就是组织企业培训的主要依据。

1. 实训要求

(1) 阅读上面的资料,对你制订和理解现代物流企业培训计划有什么启发?

(2) 培训计划对现代物流企业的整个培训体系有何重要作用?

2. 考核标准

本实训的考核标准,如表 8-2 所示。

表 8-2　实训 8.2 的考核标准

表述清晰	计算准确	步骤清晰	书写工整	总分
40 分	40 分	10 分	10 分	100 分

任务三　物流企业的绩效考核和薪酬管理

【任务描述】

东方物流公司绩效考核

李某是东方物流公司生产部门主管,该部门有 20 多名员工,其中既有生产人员又有管理人员。该部门的考核方法采用的是排序法,每年对员工考评一次,然后据此考核结果确定年终奖金及来年的晋升和培训事宜。其具体做法是:实施 360 度考核,由部门主管和员工根据员工的实际表现相互打分,最高分为 100 分。其中,上级打分占 30%,同事占 70%。在考评时,20 多个人互相打分,以此确定员工的位置。李某平时很少与员工就工作中的问题进行交流,只是到了年度奖金分配时,才对所属员工进行打分排序。并将打分结果留作其他事项使用。

(资料来源: 百度文库,http://wenku.baidu.com/view/a7bdd3c5d5bbfd0a79567384.html)

【任务驱动】

根据上述资料请解决如下问题。

(1) 该部门的考核方法是否科学？为什么？

(2) 该部门在考核中存在哪些问题？

【任务资讯】

一、绩效考核

(一)绩效考核的含义和作用

1. 绩效考核的含义

所谓绩效考核，是指对员工在工作过程中表现出来的工作业绩、工作能力、工作态度以及个人品德等进行评价，并以此作为判断员工是否与岗位相称的标准。作为一种激励机制，考核分为两种：一种是个人的绩效考核，即人力资源部门对员工个人在一定时期内的工作能力和工作完成情况的评价；另一种是部门的业绩考核，即人力资源部门或企业高层管理人员对企业的各级组织、部门进行的考核，其考核指标与个人考评指标存在一定差异。

2. 绩效考核的作用

绩效考核是企业对员工作出评价的主要依据，在对员工的聘用、任免和培训的过程中发挥着重要的作用。

(1) 绩效考核是人员聘用的依据。根据事先确定的考核标准，对员工个人的工作能力、工作业绩、工作态度和人品道德的评价结果是企业决定员工聘用与否的关键因素。只要考核标准是科学合理的，考核过程是公正客观的，那么对员工个人的绩效考核完全可以作为决定其去留的唯一标准。

(2) 绩效考核是职务升降的依据。科学、公正、客观的个人绩效考核结果不仅是决定其去留的标准，而且也是企业员工职务升降的标准。决定职务升降的基本依据是岗位工作说明书，该说明书描述了岗位的职责、性质、任职的条件、任职合格与否的标准等，据此与考核结果对照，决定员工的升迁、平调或降职。

(3) 绩效考核是人员培训的依据。通过个人绩效考核，可以准确地把握企业员工在工作中的薄弱环节，并以此有针对性地制订切实可行的培训计划，既可以提高培训的效率，又可以节约企业的人力、物力和财力，达到事半功倍的效果。

(4) 绩效考核是确定劳动报酬的依据。劳动报酬是激励员工的主要手段，而确定劳动报酬的依据就是绩效考核的结果，因为它反映了员工的工作能力和工作业绩。根据考核结果，如果其工作能力表现突出，则有可能得到升迁。根据按岗取酬的原则，员工的报酬会随之增加。即使没有得到升迁，那么凭借其优异的工作成绩同样会增加劳动报酬。因此根据绩效确定薪酬，或者依据薪酬衡量绩效，可以使薪酬设计不断完善，更加符合企业运营的需要。

(5) 绩效考核是人员激励的手段。通过将员工聘用、职务升降、培训发展、劳动薪酬与绩效考核结合，有利于充分调动员工的工作积极性与创造性，有利于企业的健康发展，同时对员工本人，也有利于建立不断自我激励的心理模式。

(二)绩效考核的原则

1. 公开原则

考核的结果应对本人公开，这既是保证考核民主的重要手段，也是实现激励目标的手段。这样做，一方面可以使被考核者了解自己的优点和成绩，从而在以后的工作中再接再厉；或者了解自己的缺点和不足，以便在工作中改进和完善。另一方面将考核结果对本人公开，有助于防止、纠正考核中可能出现的偏见以及种种误差，以保证考核结果的公正与合理。

2. 公正原则

公平是确立和推行绩效考核制度的前提。如果做不到公平，考核也就失去了其应有的作用。坚持公平的原则，就是要保证对相同岗位被考核人员的考核标准是唯一的，不应该出现双重标准。对不同岗位的被考核者，应以各自的岗位说明书和岗位工作标准为依据。另外，在考核开始之前，考核程序和考核标准都应当有明确的规定，而且在考评中应当严格遵守这些规定。同时，考评标准、考评程序和考评人员的组成及基本情况都应当在企业内对全体职工公开，使企业的全体人员对考评过程进行监督，这样才能保证员工对考评结果产生信任感。

3. 客观原则

考评一定要建立在客观事实的基础上。在考核过程中，考核人员应本着实事求是的精神，以考核标准为依据，客观、全面地考察和评价被考核人员，以工作业绩等数据为基础，用事实说话，摒弃个人的主观偏见，防止感情用事。要做到把被考评者与岗位标准或工作标准相比较，而不是在被考评者之间比较。

(三)绩效考核的内容

一般来说，绩效考核主要是对企业员工在德、能、勤、绩四个方面进行考察。"德"就是人品道德，"能"是工作能力，"勤"是工作态度，"绩"是工作业绩。

1. 人品道德

人品道德的考核是绩效考核的一项重要内容。员工道德素质的高低，不仅能影响企业员工团队的团结与合作，而且还能给企业带来正面或负面作用。企业员工良好的道德品质能够在社会上给企业带来良好的声誉和口碑；相反，道德品质恶劣的员工会给企业的社会形象造成不好的影响。

2. 工作能力

工作能力是指员工在具体工作中表现出来的知识、经验和技巧的综合，包括和工作相关的常识和专业知识，工作所需要的技术、技能和技巧，工作中表现出来的理解力、判断力、创造力，特殊工作所要求的体力等。与业绩不同，能力是内在的，不容易衡量和比较。因此，对工作能力的考核很难有一个客观的标准，它需要通过考核人员及被考核人员周围同事的感性认识来作出判断。

3. 工作态度

工作态度考核是指对员工的工作热情和工作积极性进行的考核。现实中，工作态度对员工的工作业绩影响非常大。如果某个员工能力一般，但是其工作的热情高、积极性高，这就可以弥补其能力上的不足，同样能作出优异的成绩。相反，如果工作态度不端正，即使能力出众，其工作业绩也不一定出色。所以通过对工作态度的考核，可以鼓励员工发挥工作热情，提高工作积极性，从而达到提高绩效的目的。

4. 工作业绩

工作业绩是指员工在本职工作中所取得的成绩或者成果。例如，一定时期内的销量或销售额就是营销人员的工作业绩；研发的新产品、发明的新工艺和新技术就是技术人员的工作业绩。工作业绩的考核是员工考核中最重要的一个指标，它从工作的数量、质量和效率三个方面对员工进行评价。这个评价过程不仅要说明各级员工的工作完成情况，还要通过评价结果指导员工有计划地改进工作，以达到企业发展的目的。

(四)绩效考核的方法

绩效考核的方法有很多种，比如有相对评价法、绝对评价法，前者可以分为序列比较法、相对比较法；后者可以分为目标管理法、关键指标法和等级考核法等。此外，还有行为差别测评法、要素评语法、行为观察量表法、叙事量表法等很多种。为了保证考核结果的公正、合理、客观，绩效考核要尽量采取定量考核的办法。

1. 序列比较法

序列比较法是按员工考核成绩的好坏进行排序、比较的一种考核方法。在考核之前，首先要拟定考核项目并将其模块化；其次就每个模块内的内容对被考核人进行评定，将相同职务的所有员工在同一考核模块中进行比较并排出序列；最后把每个人考核项目的序数相加，得出各自的分数和排序总名次，分数越低排名就越靠前。

2. 相对比较法

相对比较法是先对员工进行两两比较，然后按照总分进行排名的一种考核方法。在对两名员工比较之后，相对较好的员工记"1"，相对较差的员工记"0"。在对所有的员工比较完毕后，将每个人的得分相加，总分越高，考核成绩越好。这种方法只能用于小企业对员工的考核。在大中型企业中，由于人员数目多，对员工进行两两比较的工作量非常大，所以不适合。

3. 目标管理法

目标管理法考核是先将组织的整体目标逐级分解直至个人目标，最后根据被考核人完成工作目标的情况来进行测评的一种考核方式。由于考核往往是在年终之际进行,所以在进行目标考核之前,就应该明确需要完成的工作内容、时间期限、考核的标准等,这一般是在年初就确定了。在工作期限结束时,考核人根据被考核人的工作状况及原先制订的考核标准来进行考核。

4. 关键指标法

关键指标法是以企业年度目标为依据,通过对不同岗位工作内容的分析,确定每个岗位绩效考核的关键性指标,以此作为对员工考核的主要依据。在采用关键指标法进行考核时,除了一些关键指标,还应当配合以非关键性指标,这样考核出来的结果才能全面、客观。

5. 等级考核法

等级考核法是根据工作分析,将被考核岗位的工作内容划分为互相独立的几个模块,在每个模块中用明确的语言描述完成该模块工作需要达到的标准。同时,将标准分为优、良、中、合格、不合格几个等级,考核人根据被考核人的实际工作表现,对每个模块的完成情况进行考核。总成绩便为该员工的考核成绩。

二、薪酬管理

(一)薪酬管理的概述

1. 薪酬管理的定义

薪酬管理是指企业根据其员工所提供的服务来确定他们应当得到的报酬总额以及报酬结构和报酬形式的一个过程。在这个过程中,企业就薪酬水平、薪酬结构、特殊员工群体的薪酬作出决策。同时,作为一种持续的管理过程,企业还要持续不断地调整、改善薪酬计划,拟定薪酬预算,就薪酬管理问题与员工进行沟通。

2. 薪酬管理的特征

薪酬管理比起人力资源管理中的其他工作而言,有一定的特殊性,具体表现在以下三个方面。

(1) 敏感性。薪酬管理是企业人力资源管理中除人事安排之外最敏感的部分,因为薪酬牵扯到公司每一位员工的切身利益。薪酬不仅能够起到激励的作用,而且还可能起到消极的作用。因为当薪酬发放不合理时,就会挫伤员工的积极性,薪酬管理对企业来说,具有非常重要的意义。另外,薪酬是员工在公司工作能力和水平的直接体现,员工往往通过薪酬水平来衡量自己在公司中的地位。所以,薪酬问题对每一位员工都很敏感。

(2) 特权性。薪酬管理是企业员工参与程度最少的人力资源管理工作,它几乎是公司法定代表人的特权,这种特权性在民营企业中表现尤为明显。在这类企业中,薪酬形式、薪酬结构、薪酬水平的高低全部由企业老板决定,人力资源部门只是按照既定的薪酬管理制度对企业员工的薪酬进行日常管理。薪酬管理之所以具有这种特征,是因为如果企业员工参与薪酬管理会增加公司的内部矛盾,影响企业的运行效率。所以,员工对公司薪酬管理的过程几乎一无所知。

(3) 特殊性。由于薪酬水平、薪酬结构不仅取决于行业水平和行业特色，而且还取决于企业自身的实力，所以不同的公司在薪酬制度方面差别很大。另外，由于薪酬本身就有很多不同的类型，如岗位工资型、技能工资型、工龄工资型、绩效工资型等，所以不同公司之间的薪酬制度几乎没有参考性。

3. 薪酬管理的内容

不同的企业由于薪酬制度不同，所以薪酬管理也不尽相同。一般来说，一个企业的薪酬管理有以下内容。

1) 薪酬水平的管理

薪酬水平是指企业所有在编人员年薪的平均数，它决定了企业薪酬的外部竞争力。影响企业薪酬水平的主要因素包括行业的薪酬水平、竞争对手的薪酬水平、企业的支付能力和薪酬制度、社会生活成本指数以及在集体谈判情况下工会的力量等。薪酬水平的管理是指对企业总的薪酬水平、不同部门岗位的薪酬水平的确定和调整，它要满足内部一致性和外部竞争性的要求，并根据员工的工作绩效、工作能力和行为态度对薪酬水平进行动态调整，包括确定管理团队、技术团队和营销团队的薪酬水平，确定稀缺人才的薪酬水平等。

2) 薪酬结构的管理

薪酬结构是指企业内部不同的岗位薪酬之间的相互关系，是由企业的纵向薪级与横向薪档组成的薪酬矩阵。薪酬结构的管理包括正确划分合理的薪级和薪档、确定合理的级差和等差、确定合理的工资带宽等，它涉及的是薪酬的内部一致性问题。企业薪酬结构实际反映了企业对于职位重要性以及职位价值的看法。薪酬结构的合理与否往往会对员工的流动率和工作积极性产生重大影响。一般来说，企业往往通过正式或非正式的岗位评价来保证薪酬结构的公平性和合理性。现代企业往往存在若干不同的员工群体，这些群体或以管理层次来划分，或以职能类型来划分。对不同类型的员工在薪酬方面区别对待，无论对企业还是对员工都是有利的。通常情况下，销售人员、研发人员、高层管理人员都可以被视为特殊员工群体。

3) 薪酬体系的管理

企业计薪可以用企业员工花在工作上的时间来计算(计时工资)，或用效率来衡量(计件工资)或者二者兼有。这种由不同计薪方式组成的体系就是薪酬体系。目前，国际上比较通行的体系包括职位薪酬体系、技能薪酬体系以及能力薪酬体系。薪酬体系管理的主要任务是确定企业的基本薪酬以什么为基础。例如，职位薪酬体系就是指企业在确定员工的基本薪酬水平时所依据的是员工所在的岗位，技能薪酬体系和能力薪酬体系依据的是员工所掌握的技能水平以及员工所具备的能力或任职资格。一般来说，一个好的薪酬体系应该由职位薪酬体系、技能薪酬体系以及能力薪酬体系三部分组成。

(二)薪酬设计的原则

薪酬作为企业管理中最敏感的因素之一，它的合理与否会产生非常大的影响。所以，在薪酬设计的过程中必须坚持以下原则。

1. 补偿性原则

薪酬首先要能补偿员工恢复工作精力所必需的衣、食、住、行费用，能补偿员工为获得工作能力以及身体发育所先行付出的费用。这一原则体现了薪酬设计中所包含的道德和法律的约束。

2. 公平性原则

公平是薪酬设计的基础，只有在员工认为薪酬设计是公平的前提下，薪酬才可能对员工产生激励作用。这就要求在薪酬设计时全面考虑员工的绩效、责任、能力以及劳动强度等因素，同时考虑外部竞争性、内部一致性要求，以保证企业薪酬对内公平、对外具有竞争性。

3. 透明性原则

这一原则是公平性原则的补充，也就是说一种薪酬制度只有透明，它在员工心目中才具有公平性。如果薪酬方案不公开、透明，在员工中难免产生猜忌，从而影响其工作积极性、主动性，造成工作效率的降低和员工队伍的不团结。

4. 激励性原则

对企业来说，通过薪酬来强化员工的责任心、激励员工的工作积极性和提高工作效率是最常用的方法，也是企业留住人才最主要的方法。一个科学合理的薪酬系统对员工的激励作用是最持久也是最有效的。所以在薪酬设计时，薪酬水平、薪酬结构和奖惩办法必须体现出对员工的激励作用。

5. 竞争性原则

在激烈的市场竞争中，企业要想获得竞争优势，必须制订出一套非常具有吸引力和竞争力的薪酬体系来吸引优秀人才。如果企业制订的薪酬太低，那么在与其他企业的人才竞争中必然处于劣势地位，甚至本企业的优秀人才也会流失。所以，在薪酬设计时必须贯彻竞争性原则，设计出的薪酬要有吸引力。

6. 经济性原则

经济性原则是指在薪酬设计时要考虑投入与产出效益。既要保证薪酬的竞争力，又不会给企业带来难以承受的负担。从这一点来看，经济原则与竞争原则和激励原则是相互对立和矛盾的。虽然如此，在薪酬设计时必须考虑到这两方面，要找到二者之间的最佳均衡点。

【任务分析】

1. 该部门的考核方法是否科学？为什么？

参考信息：
当然不科学，因为考核方法、考核指标等存在很严重的问题。

2. 该部门在考核中存在哪些问题？

参考信息：
考核的时候没有考虑 KPI 完成的情况，同事打分占比过高，直接导致的结果就是人浮于事，大家一年到头只顾着搞好关系不用做事了。

【任务实施】

如果由你来设计东方物流公司考核事项，你会从哪些方面提出你的建议？

参考信息：

上级打分占 70%，以 KPI 完成情况为标准，同事打分占 30%，以对同事工作的支持及其他部分提供的服务为标准。评估每季度进行一次，年终综合四次评估的结果以确定奖金分配及其他事项。排序法可行，但要规定排在末位的会有什么惩罚，或者更换或者再培训等。

【任务总结】

绩效考核是对员工在工作过程中表现出来的工作业绩、工作能力、工作态度以及个人品德等进行评价，并以此作为判断员工是否与岗位相称的标准。作为一种激励机制，考核分为两种：一种是个人的绩效考核，即人力资源部门对员工个人在一定时期内的工作能力和工作完成情况的评价；另一种是部门的业绩考核，即人力资源部门或企业高层管理人员对企业的各级组织、部门进行的考核，其考核指标与个人考评指标存在一定差异。薪酬管理是指企业根据其员工所提供的服务来确定他们应当得到的报酬总额以及报酬结构和报酬形式的一个过程。在这个过程中，企业就薪酬水平、薪酬结构、特殊员工群体的薪酬作出决策。同时，作为一种持续的管理过程，企业还要持续不断地调整改善薪酬计划，拟定薪酬预算，就薪酬管理问题与员工进行沟通。

【任务实训】

实训 8.3 企业绩效指标的"SMART"原则

SMART 是 Specific(具体的)、Measurable(可度量的)、Attainable(可实现的)、Realistic(现实的)、Time-bound(有时限的)的简称。"具体的"，是指绩效要切中特定的工作目标，不是粗略笼统的，应适当细化，并且随境况的变化而改变的；"可度量的"，是指绩效指标应是数量化的或是行为化的，并且验证这些指标的数据库信息是可以获得的；"可实现的"，是指绩效指标的设计是现实的，通过努力可以实现，应避免过高或过低的目标；"现实的"，是指绩效指标不是虚无的，而是实实在在的，是可以证明和观察得到的，而非假设的；"有时限的"，是指在绩效指标中要使用一定的时间单位，即设定完成这些绩效指标的期限，这也是关注效率的一种表现。

1. 实训要求

(1) 说明现代物流企业员工薪酬与福利管理的有关内容。

(2) 如何围绕"SMART"原则来确定绩效考评指标？

2. 考核标准

本实训的考核标准，如表 8-3 所示。

表8-3　实训8.3的考核标准

表述清晰	计算准确	步骤清晰	书写工整	总分
40 分	40 分	10 分	10 分	100 分

任务四　物流企业员工的激励

【任务描述】

山花煤矿激励风波

　　山花煤矿是一个年产 120 万吨原煤的中型矿井。该矿现有职工 5 136 人，其中，管理干部 458 人，占全矿职工的 8.9%。今年全矿职工在矿井领导的带领下，团结一心，努力奋斗，取得了生产和安全的大丰收。特别是在安全方面，100 万吨原煤生产死亡率降到了 2 人以下，一跃跻身于同行业的先进行列。为此，上级主管部门特拨下 15 万元奖金，奖励该矿在安全与生产中作出贡献的广大干部和职工。

　　在这 15 万元奖金的分配过程中，该矿袁军矿长代表矿行政召集下属五位副矿长和工资科长、财务科长、人事科长和相关科室的领导开了一个"分配安全奖金"会议。袁矿长首先在会上发言，他说："我矿受到上级的表彰是与全矿上下广大干部和职工群众的齐心协力、团结奋斗分不开的。奖金分配上嘛，应该大家都有份，但是不能搞平均主义，因为每个人的贡献有大有小，我看工人和干部就该拉开距离，如工人只是保证自身安全，他们的安全工作面不大。而干部不但要保证自身安全，还要负责一个班组、区、队，或一个矿的安全工作，特别是我们这些头头还在局里押了风险抵押金，立了军令状，不但要负经济责任，同时，又要负法律责任。为此在奖金分配上不能搞平均，应该按责任大小、贡献多少拉开档次。如果奖金分配不公，就会打击干部和工人的工作积极性。为了防止干好干坏一个样，干多干少一个样的现象，我认为这次分奖金应该拉开几个档次，我和财务科长初步商量了一个分配方案，算是抛砖引玉吧！请大家讨论一下，下面就请王科长向大家介绍一下具体方案。"王科长说："奖金总额是 15 万元，要想各方面都照顾到是不可能的，只能定出个大致的档次，主要分五个档次，矿长 550 元，副矿长 500 元，科长 400 元，一般管理人员 200 元，工人一律 5 元。这样分下来，全矿处级干部 13 人，科级干部 130 人及各类管理人员 307 人，职工 4 678 人，刚好分均。"袁矿长接着说："就这五个档次，大家发表一下意见。"

　　过了一会儿，主管生产的冯副矿长说："我原则上同意这个分配方案，这样虽能鼓励大家努力工作，只是工人这个档次 5 元太少了，并且不论什么工种都是 5 元，这不太平均了吗？我们既然反对平均主义，就要工人与干部都不能搞平均主义，最好把工人的奖金也拉开档次，否则工人的积极性怕是要受到影响，不利于今后工作任务的完成。"安检科陈科长心里想：我具体主管安全，责任不比你矿长小，奖金倒要少 150 元，与其他科长拿同档次奖金，这不是太不公平了吗？于是便开了腔："要说安全工作，全矿大大小小几百条巷道我都熟悉，天天都在和安全打交道，处理安全事故每次都到现场，但有些人一年没下几天井，安全工作不沾边，奖金反倒不少，我建议多来一个档次，六个档次。"陈科长的发言马上引起了人事科长、财务科长等人的不满，于是大家你一言我一句地说开了。最后袁矿长做了总结性发言，他说："今天这个会大家讨论得很热烈，意见各不一致，为了统一思想，我把大家的意见归纳为两条：第一是怕工人闹意见影响生产；第二，多拉开些档次。要说闹意见，不论怎样分都会有人闹意见，比如有些与安全工作无关的人，我们一视同仁的给点儿，按理说照顾到了全矿职工，就会使意见相对小一些，要说影响生产，我们现在实行的岗位责任制，多劳多得，不劳就不该得，至于多拉档次，我看就不必了，多拉一个档次，就会多一层意见，像安检科陈科长这样的个别特殊情况，我们可以在其他方面进行弥补，这个方案我看今天就这么定了，请财务科尽快把奖金发下去，散会。"

奖金发下后全矿显得风平浪静，但几天后矿里的安全事故就接连不断地发生，先是运输区运转队的人车跳轨，接着三采区割煤机电机被烧，随后就是开拓区冒顶两人受伤。袁矿长坐不住了，亲自组织带领工作组到各工队追查事故起因，首先追查人车跳轨事故，机车司机说钉道工钉的道钉松动，巡检维修不细心。而钉道工说是司机开得太快，造成了跳道，追来查去大家最终说出了心里话，他们说，"我们拿的安全奖少，没那份安全责任，干部拿的奖金多，让他们干吧。"还有一些工人说："我受伤，就是为了不让当官的拿安全奖。"一段时间矿里的安全事故仍然在不断地发生，最终矿行政虽然采取了一些措施，进行了多方面的调整工作，总算把安全事故压下去了，山花矿区从前那种人人讲安全、个个守规程的景象不见了。

(资料来源：道客巴巴，http://www.doc88.com/p-60623427212.html)

【任务驱动】

根据上述资料请解决如下问题。

(1) 你认为袁矿长是否抓住了激励的本质？

(2) 袁矿长应该怎样达到激励的目的？

(3) 本案例应该使用什么样的激励原则？

(4) 请你帮袁矿长分析一下造成案例中非良性结果的原因。

【任务资讯】

一、员工激励的概念

激励是指企业根据员工的特点，通过有计划、有目的的措施，营造具有刺激作用的外部环境，引起员工的内在心理变化，使之产生企业所期望的行为。激励是人力资源管理的重要内容。美国企业巨子艾柯卡称：企业管理无非就是调动员工的积极性。而调动员工积极性正是员工激励的主要职能。

一般来说，企业的每个员工总是由某种需要、欲望或期望而激发自己的内在动力，这种动力驱使他为这种需要、欲望或期望的实现而做出努力，这就是行为表现。当实现某一目标后，他就会自觉或不自觉地衡量自己为实现这个目标所进行的努力是否值得。因此，又可以说，绝大多数员工总是把自己努力的过程看作获得某种报酬的过程。如果他的努力能得到相应合理而公平的报酬，他的满意程度就会增加，就有利于巩固或强化他的这种努力，并会促使他继续保持或在今后更加努力，向着更高的需要、欲望或期望冲刺。一个员工的需要、欲望或期望以及他在工作中的行为表现形成了一个持续往返的激励过程。这个过程如图8-1所示。

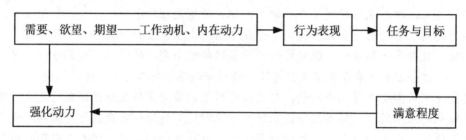

图8-1　激励过程图

二、员工激励的基本形式

(一)物质激励与精神激励

物质激励是指对员工的物质需要予以满足，如发奖金、加薪等；精神激励是指对员工的精神需要予以满足，如表扬、授予称号等。物质需要是人类的第一需要，它是人们从事一切社会活动的基本动因，物质利益关系是人类社会中最根本的关系。所以，物质激励是激励的主要形式。然而，人毕竟是社会动物，不仅有物质需要，还有精神上的追求。在物质需要得到一定程度的满足后，精神需要就会变成主要需要。每个人都有自尊心与荣誉感，满足这些需要，能更持久有效地激发人的动机。

物质激励与精神激励是两种不同内容的激励形式。它们相辅相成，缺一不可。随着人们生活水平的提高，低层次的需要逐渐得到满足，高层次的需要日渐强烈，因而，注重精神激励将成为员工激励的主要特点。

(二)正激励与负激励

正激励是从鼓励的角度出发，当一个人的行为表现符合组织期望的方向时，通过奖赏的方式来支持和强化这种行为，以达到调动工作积极性的目的。例如，我们期望员工按时上下班，于是，对按时上下班的员工进行表扬、发勤勉奖等，以此调动员工按时上下班的积极性。负激励是从抑制的角度出发，当一个人的行为与组织期望的方向不一致时，组织将对其采取惩罚措施，以杜绝类似行为的发生。例如，我们不希望员工迟到早退，于是，对迟到早退者进行惩罚，员工为了避免惩罚对自己的危害，就会坚持按时上下班。

正激励与负激励是两种性质相反的激励手段，不仅直接作用于被激励的人，而且还会产生示范效应，影响周围的人，形成正面或反面的典型。一般来说，正激励对实现企业的组织目标效果要好于负激励，长期经受负激励将导致员工情绪低落，工作积极性减退，自信心消磨，能力受到抑制，工作绩效差。

(三)内激励与外激励

1. 内激励

内激励是指通过启发诱导的方式，培养人的自觉意识，形成某种观念，在这种观念的支配下，人们产生动机，发生组织所期望的行为。当人们的自觉性提高之后，行为就会变得积极主动，无须外界干涉、督促。内激励多是通过思想教育，让员工在传统中学习，逐渐将组织所欣赏的道德意识变为自律的标准。例如，对员工进行精神熏陶，培养员工的集体荣誉感、责任感、成就感，使员工在上述观念的引导下勤奋工作。内激励需要对人的思想意识发生影响，因而比较缓慢，但内激励一旦发生作用，则持续长久，激励质量高。

2. 外激励

外激励是指采取外部措施，奖励组织所欢迎的行为，惩罚组织所反对的行为，以鼓励员工按组织所期望的方向努力工作。外激励多以规章制度、奖惩措施的面目出现，表现出某种强迫性。外激励通过外界诱导或约束影响人的行为，也可以对人的思想意识产生影响。长期的外激励可以帮助人们树立某种观念，产生内激励效应。例如，坚持奖励按时出勤的员工会使人们形成遵守纪律光荣、违反纪律可耻的观念，从而提高遵守纪律的自觉性。

三、员工激励的程序

人的行为具有以下特征：是自发的，外力不能发动、但是能影响的行为；有原因、有目的，因为人具有理性；具有持久性，目的未达到，就不会终止；可以改变，具有可塑性。正是因为人的行为具备这些特征，才产生了激励的可能。由于人的动机性行为总是围绕着满足需求的欲望进行，于是一种没有得到满足的需求就成了激励的起点。没有得到满足的需求会造成个人内心紧张，导致其采取某种行为以满足需求来解除或减轻这种紧张程度。由于这一活动是针对某一目的的，目的达到时，需求满足，激励过程也告完成。

针对人的上述行为特征，组织采取激励措施一般应该按照以下程序去做。

(一)了解员工的需要

了解员工的需要结构、需要强度和满足需要的方法，这是进行有效激励的前提。

(二)分析环境条件

分析企业的环境条件和企业可以采取的激励手段，计算激励需要付出的成本和可以带来的收益。

(三)制定激励措施

根据分析的结果，制定详细的激励措施，交由有关部门掌握实施，激发员工产生需要，采取行动。

(四)评估员工绩效

由人力资源管理部门对有关项目进行考核，评估员工的绩效，以此作为奖惩的依据。

(五)兑现奖惩

对绩效优秀的员工予以表彰或奖励，激励其再接再厉；对劣绩员工进行负激励，促进其改变态度、方法，提高业绩。

四、员工激励的技巧

(一)报酬激励——学会花钱

报酬激励是一种物质激励手段。增加员工报酬可以采用多种方式：提薪、发奖金、改进员工福利水平或直接发给员工商品。应该注意，报酬激励的对象不同，激励措施的力度也不一样。同等水平的物质报酬，对收入低的员工刺激更为明显；收入较高的员工对微薄的报酬应激程度很弱。相对于奖金来说，提薪的激励效果要强一些，但提薪后，员工的应激性会减退，奖金则可以经常发挥作用。

(二)荣誉激励——给人赞美

人人都有自尊心、荣誉感。马斯洛将荣誉、尊重的需要列为人类的第四层心理需要。荣誉激励就是给优秀员工以表彰、光荣称号、各种荣誉，以满足员工心理需求，达到激励的目的。荣誉激励成本低廉，但效果却很好。越是知识丰富、层次高的员工，对荣誉激励的应激程度越强。高明的管理者都不会漠视员工的荣誉感。

(三)成就激励——利用天性

成就需要作为一种基本需求是许多动机行为的基础，人类天然地具备克服障碍，运用权力尽可能好、尽可能快地解决困难的倾向。有时候，任务本身就能激励员工，因为人的天性中，有一种征服欲，人们面对挑战，总能激发起斗志，焕发潜能，调动各种力量去争取胜利。胜利的标志就是完成任务，实现预定目标。

(四)上进激励——点燃希望

上进激励是组织采取措施，满足员工的上进欲望，让员工觉得自己由于付出了某种努力而一直在进步，从而激励员工的士气，引起员工对未来的憧憬，由此焕发工作热情，努力为企业工作。大多数人总是希望能掌握更大的权力，指挥更多的人，拥有更高的地位、职称。企业人力资源管理部门应该充分重视员工的这种需要，用晋升、提级、培训等手段对员工进行激励，以达到企业的目的。

(五)激励强化——善于重复

当某种行为受到的外界鼓励得到强化时，这种行为倾向于重复出现。也就是说当某种行为每出现一次，就受到一次鼓励时，这种行为便会重复下去。企业的管理者对企业组织所期望的员工行为应不断地予以激励，激励措施每隔一段时间应进行一定的调整，激励方式、激励内容和激励程度也应该有所变化，以防员工对激励措施麻木。对企业特别关心、特别鼓励的行为，应该强化激励行为，提高激励频度，引起员工的关注。

(六)团体激励——驾驭集体

企业内有许多亚组织，这些亚组织就是一个个团体。利用团体之间的差异，采取措施，激发企业内团体之间的竞争，将会提高团体的工作绩效，如开展班组竞赛、车间、科室之间的集体竞赛。此外，企业中常常存在一些自发形成的小团体，这些小团体形成的基础是共同的兴趣、志愿、观念、地缘关系等。小团体的行为表现出很强的一致性，因而，将小团体的行为引向有利于实现组织目标的方向非常重要，这对企业的管理者来说是门学问。

(七)挫折激励——消除阻碍

挫折是个体从事有目的的活动时，在环境中遇到阻碍或干扰，致使其动机不能获得满足时的情绪状态。任何人在力求满足需要的活动过程中，都可能会遭遇挫折。企业的人力资源管理部门在进行激励活动时务必要看到挫折对一个人的影响，激励员工在挫折面前不低头，坚持正确的行为。

【任务分析】

1. 你认为袁矿长是否抓住了激励的本质？

参考信息：

在此案例中，山花煤矿获得了安全奖金 15 万元，此时，激励工作的本质就是如何分配这 15 万元奖金。

2. 袁矿长怎么做才能达到激励的目的？

参考信息：

所有的管理工作都应该围绕着一定的目的而展开，如果不明确目的，就会让管理变得无头绪，得不到预期的效果。特别是激励工作，更应该以基本目标为核心，有机地运用资源，以合理的预算获取最大的效果。而在此案例中的管理目标如下。

(1) 奖励在过去生产经营过程中，在安全方面作出贡献的个人或是集体。

(2) 以点带面，促进全矿上下更加铭记安全原则，事事以安全为重，把过去的良好作风发扬光大，从而进一步提升矿业的安全生产。

3. 本案例应该使用什么样的激励原则？

参考信息：

在管理方面，奖惩历来是激励员工最有效而且最直接的管理工具，但奖惩同时也是一把双刃剑，运用不当，会产生适得其反的效果。为了保证奖惩能达到正确的激励效果，一般来说，奖励应遵从以下普遍原则。

(1) 奖励不应该提倡平均主义，应该以奖励突出个人为主，树立起标杆，以激励其他的员工向标杆学习。

(2) 小奖不如无奖，如果奖励过轻，达不到让员工关注的程度，员工不但不会感受到激励，反而会让员工失望，容易挫伤员工的士气。

(3) 除了物质奖励外，更应该注重精神奖励，没有附加精神奖励的奖励，容易让员工唯物质论价值，从而失去了奖励的最初意义。

(4) 不管是物质奖励还是精神奖励，奖励一定要及时。

4. 请你帮袁矿长分析一下造成案例中非良性结果的原因。

参考信息：

过去，由于山花煤矿的矿区管理人员身先士卒，上下一心，人人讲安全，个个守规章，所以安全事故率非常低。但由于奖金分配事件，打破了这一"平衡"，拉开了工人与领导的"心理距离"，造成工人认为自己辛苦劳动，获取较高收益的只是上层少数领导，心态极为不平衡。因此，产生怠工现象，甚至故意制造事故来表示抗议。同时，此次奖励方案中，实行平均主义，力求奖励人人有份，一方面，无法突出优秀的标杆，另一方面，也让奖励金额变得很小，到最后，所有员工并不认为这是一次奖励，而更多从"福利"的角度去认识、分析和评价，不仅失去了奖励的意义，更因"平均主义"而造成心理的不公平感。

【任务实施】

如果你是袁矿长，你打算如何科学有效地进行激励？

参考信息：

(1) 此次奖励，应严格以"安全"为主题，所有奖项的设置与评选，只能以"安全"为依据，至于在其他方面优秀的个人和部门，可以放到年终表彰等其他场合去实现。

(2) 建立获奖个人、单位评判标准的奖项，并依照此标准挑选在安全生产方面有突出表现的个人与部门，如"十大安全生产先锋模范代表"等，树立有先进事迹的标杆。

(3) 由部门推选申报先进人物，虽然不一定是人人获奖，但部门的推选对员工也是一种认可和激励。

(4) 召开安全生产大会或是全矿的宣传主题活动，向所有员工传播矿业获得安全奖的好消息，激励人心，进一步强调安全意识；并在大会或是宣传月中，及时表彰评选出的优秀人物，通报他们的优秀典型事迹，激发全矿员工向他们学习，迎头赶上。

(5) 树立安全生产文化，将此次评选的安全奖项设置成为常规奖项，除这一次特别奖励外，可以在年度优秀评选中设置这一奖项，巩固员工的安全意识。

(6) 树立安全生产主题纪念雕像，进一步彰显本矿获得安全奖的荣誉，让所有员工都能因自己为安全付出的努力产生自豪感，同时，也鞭策员工在安全问题上不能掉以轻心，全矿上下一心，为保住本矿的荣誉而继续努力。

【任务总结】

激励是指企业根据员工的特点，通过有计划、有目的的措施，营造具有刺激作用的外部环境，引起员工的内在心理变化，使之产生企业所期望的行为。激励是人力资源管理的重要内容。激励的最根本目的，就是要善于正确激发员工的工作动机，调动他们工作的积极性和创造性，使他们在实现组织目标的同时满足自身的需要，提高他们的满意程度，进而把他们的积极性和创造性继续保持和发扬下去。

【任务实训】

实训 8.4　海尔集团的激励机制分析

海尔集团的总裁张瑞敏曾向记者介绍了海尔集团的激励机制。一是"三工并存，动态转换"。三工即优秀工人、合格工人、试用员工。用工改革的思路是，"三工并存，动态转换"，干得好可以成为优秀工人；干得不好，随时可能转为合格工人甚至试用员工。在社会保障机制尚不完善的现状下，这种做法比较有效地解块了"铁饭碗"问题，使企业不断激发出新的活力。同时对在岗干部进行控制，对干部每月进行考评，考评档次上分表扬与批评，表扬得1分，批评减1分，年底两者相抵，达到-3分者就要淘汰，沉浮升迁。制度使干部在多个岗位上轮岗锻炼，全面增长其才能，根据轮岗表现决定升迁。二是实行定额淘汰。即每年必须有一定比例的人员被淘汰，以保持企业的活力。原则是，充分发挥每个人潜在的能量，让每个人每天都能感受到来自内部竞争和市场竞争的压力，又能够将压力转化为竞争的动力，这是企业持续稳定发展的秘诀。三是富有特色的分配制度。薪酬是重要的调节杠杆，起着重要导向作用。薪酬原则是，对内具有公开性，对外具有竞争性。高素质、高技能获得高报酬，人才的价值在分配中得到体现。员工的薪酬体系，不仅是单纯的货币工资，还包括住房、排忧解难等其他隐性收入。四是注重精神激励。物质激励绝非唯一的手段，而如何不陷入这个误区、不断开发员工的潜能，是企业高速度发展的关键。海尔不断探索各种精神激励措施，如以员工名字命名的小发明("启明焊枪""云燕镜子""晓玲扳手"等)、招标攻关、设立荣誉奖励(最高奖为"海尔奖"，这是对人才最权威的奖励，由总裁签发)、开展全员性合理化建议活动(专门设立了"合理化建议奖")等，以此来激发员工的工作责任感和创造力。五是强化培训，创造学习机会。海尔为各类人员设计了不同的升迁途径，使员工一进入企业就知道该向哪个方向发展，怎样才能获得成功。为此，海尔为员工创造各种学习机会，进行以市场为目标的各种形式的培训，以提升员工的能力和素质。

1. 实训要求

(1) 海尔的激励机制中哪些方面体现了你所学过的激励理论？请逐一加以分析。

(2) 以海尔集团的激励机制为案例分析在企业中建立激励机制的作用及如何设立激励机制。

2．考核标准

本实训的考核标准，如表 8-4 所示。

表 8-4　实训 8.4 的考核标准

表述清晰 40 分	计算准确 40 分	步骤清晰 10 分	书写工整 10 分	总分 100 分

【项目总结】

物流企业人力资源规划又称为人力资源计划，是企业的人才招聘、选拔和使用计划。根据不同的划分标准，它有不同的分类，编制人力资源规划时必须遵循前瞻性和准确性的原则。招聘是根据人力资源规划，选拔人才的过程。在招聘时，必须遵循公开、透明、竞争的原则。根据招聘手段的不同，招聘有许多种类型。培训指企业为适应业务及培育人才的需要，用学习、进修、考察等方式，对企业现有员工进行有计划的培养和训练，其内容主要有知识培训、技能培训、经营管理培训、素质培训和企业文化培训等。绩效考核是对员工在工作过程中表现出来的工作业绩、工作能力、工作态度以及个人品德等进行的评价，在考核时应遵循公开、公正、客观的原则，采取相对评价法和绝对评价法。激励是指企业根据员工的特点，通过有计划、有目的的措施，营造具有刺激作用的外部环境，引起员工的内在心理变化，使之产生企业所期望的行为。激励是人力资源管理的重要内容。激励的最根本目的，就是要善于正确激发员工的工作动机，调动他们工作的积极性和创造性，使他们在实现组织目标的同时满足自身的需要，提高他们的满意程度，进而把他们的积极性和创造性继续保持和发扬下去。

【项目测试】

一、填空题

1．人力资源规划作为企业对未来人力资源的开发计划，在制订时应遵循_____和_____原则。

2．企业内部招聘的形式主要有_____、_____和_____三大类。

3．一般来说，人员录用的主要策略有_____、_____和_____。

4．企业培训中最常用的方法有_____、_____和_____。

5．常见的绩效考核的方法有_____、_____、_____、_____和_____。

二、单选题

1. 现代人力资源管理以(　　)为中心。
   A. 信息　　　　B. 资本　　　　　C. 知识　　　　D. 人

2. 人力资源规划的首要任务是(　　)。
   A. 人力资源需求预测　　　　　　B. 人力资源供给预测
   C. 核查现有人力资源　　　　　　D. 确定企业发展目标

3. 适当拉开员工之间的薪酬差距,体现了薪酬管理的(　　)。
   A. 竞争力原则　　B. 公平性原则　　C. 激励性原则　　D. 合理性原则

4. 绩效考核中的"勤"是指(　　)。
   A. 工作能力　　B. 工作态度　　　C. 人品道德　　　D. 工作业绩

5. 马斯洛认为人的第四层次需要是(　　)。
   A. 安全需要　　B. 归属需要　　　C. 受人尊重需要　D. 自我实现需要

三、多选题

1. 人力资源规划按规划的层次可划分为(　　)。
   A. 战略规划　　B. 战术规划　　　C. 作业规划　　　D. 项目规划

2. 企业外部招聘的形式主要有(　　)。
   A. 张榜公布　　B. 校园招聘　　　C. 广告招聘　　　D. 网络招聘

3. 绩效考核应遵循的原则有(　　)。
   A. 公开原则　　B. 主观原则　　　C. 公正原则　　　D. 客观原则

4. 一般情况下,企业培训主要包括(　　)内容。
   A. 知识培训　　B. 技能培训　　　C. 经营管理培训　　D. 素质培训

5. 员工激励的理论主要有(　　)。
   A. 泰勒的工资制理论　　　　　　B. 马斯洛的需要层次理论
   C. 赫兹伯格的双因素理论　　　　D. 弗鲁姆的期望理论

四、判断题(对的画"√",错的画"×")

1. 人力资源规划又称人力资源计划,它是各项具体人力资源管理活动的起点和依据,直接影响着企业整体人力资源管理的效率。　　　　　　　　　　　　　(　　)

2. 现代人力资源管理是人力资源获取、整合、保持、激励、控制调整和开发的过程。　　　　　　　　　　　　　　　　　　　　　　　　　　　　　(　　)

3. 现代人力资源管理以人力资源管理的事务性工作为中心。　　　　(　　)

4. 人力资源选拔,应当遵循平等、双向选择和择优录用的原则。　　(　　)

5. 人力资源供给包括内部供给和外部供给。　　　　　　　　　　　(　　)

6. "能者为师"是选择培训教师的基本原则。这里的"能者"指的是有能力的专家、学者。　　　　　　　　　　　　　　　　　　　　　　　　　　　　　(　　)

7. 企业中不管是什么岗位,奖金分配原则应该都是一样的,这样才有利于企业员工之间的关系融洽。　　　　　　　　　　　　　　　　　　　　　　　　(　　)

8. 企业薪酬是企业员工为企业提供劳动而得到的各种货币和实物报酬的总和。(　　)

五、简答题

1. 什么是人力资源规划？进行人力资源规划具有什么意义？
2. 人力资源招聘的原则有哪些？招聘渠道有哪些？
3. 企业对人力资源进行绩效考评的内容有哪些？
4. 企业进行薪酬管理的内容有哪些？
5. 什么是激励？员工激励有哪些技巧？

六、技能测试

关于我国物流企业人力资源管理的调查

1. 技能测试目标

(1) 检验学生对知识的掌握。

(2) 培养学生调查设计的能力。

(3) 培养学生理论联系实际的能力。

(4) 培养学生解决实际问题的能力。

2. 技能测试内容

调查目的：调查某物流企业人力资源管理的情况，分析存在的问题，结合所学知识提出切实可行的改进措施。

实训内容：针对上述目的，设计出调查方案和程序。

3. 技能测试要求

(1) 调查资料要详细具体，避免空洞、缺乏针对性。

(2) 注意使用恰当的调查方法。

(3) 调查分析要深刻，改进措施要可行。

(4) 将调查结果以论文的形式上交老师。

4. 技能测试组织

(1) 教师组织学生到一家物流企业调研。

(2) 每组学生为一个单元，记录所了解到的该企业的人力资源管理模式。

(3) 教师组织学生到另一家物流企业调研。

(4) 每组学生为一个单元，记录所了解到的该企业的人力资源管理模式。

(5) 以小组为单元整理调研记录，总结出上述两个企业人力资源管理模式的异同点，对中国物流企业人力资源管理模式作出总结，并进行书面调查总结。

5. 技能测试考核

每位学生的成绩由两部分组成：调查实施成绩(40%)，论文成绩(60%)。

项目九　物流企业信息管理

【项目描述】

物流企业信息系统是指以采集、处理和提供物流信息服务为目标的系统，即可以采集、输入、处理数据，可以存储、管理、控制物流信息，可以向使用者提供物流信息，辅助决策，使其实现预定的目标。本项目将从物流企业信息系统的建设以及物流企业信息管理综合效益分析等方面给大家介绍物流信息系统对现代物流企业的重要性。

【项目目标】

知识目标

(1) 了解物流企业管理信息系统的概念、特点和作用。

(2) 掌握物流企业管理信息系统建设的原则。

(3) 熟悉物流企业管理信息系统建设的一般过程。

(4) 掌握物流企业信息管理经济效益分析的内涵。

(5) 熟悉管理信息系统的成本及其测定方法。

(6) 掌握管理信息系统收益及其测定方法。

技能目标

(1) 会正确测定物流企业管理信息系统的成本。

(2) 能正确计算物流企业管理信息系统的收益。

(3) 能设计出物流企业信息系统经济效益评价指标体系。

(4) 能撰写出物流信息系统在企业物流中的应用等相关调查报告。

【项目展开】

为了系统而直观地实现以上项目目标，现将该项目按照以下两个工作任务顺序展开。

(1) 物流企业管理信息系统的建设。

(2) 物流企业信息管理综合效益分析。

任务一　物流企业管理信息系统的建设

【任务描述】

FedEx 的物流管理信息系统

总部位于美国田纳西州的 FedEx 是全球规模最大的快递公司。该公司的员工数量超过 14.5 万，拥有 648 架货运飞机、4.45 万辆货运汽车、4.35 万个送货点。FedEx 的物流网络覆盖了全球绝大多数国家和地区，在全球 366 个大小机场拥有航权。该公司营运的主要特点是充分利用并发挥电子信息与网络化技术的优势，公司在全球范围内使用统一的 FedEx 物流管理软件，拥有 Powerships、FedEx Ships 及 InterNetShips 三个信息系统。其中投入使用的 Powerships 系统超过 10 万套，FedEx Ships 及 InterNetShips 系统则超过 100 万套。该公司通过这些信息系统与全球上百万名客户保持密切的联系。每天的货运量约为 2 650 万磅，平均每天处理的货件量超过 330 万件，平均处理通信次数达 50 万次/天，平均电子传输量达 6 300 万份/天，24～48 小时为客户提供户到户送货服务并保证准时的清关服务。

【任务驱动】

通过上述案例，分析物流管理信息系统对企业具有什么样的作用？

【任务资讯】

一、物流管理信息系统概述

(一)物流管理信息系统的概念

物流管理信息系统是随着计算机技术和现代物流理念的发展而发展的。计算机信息处理方式从功能上经历了电子数据处理系统、管理信息系统和决策支持系统三个阶段。在第一阶段，物流信息管理主要限于产品的销售以及库存的管理。第二阶段，管理信息系统不仅用于企业内部的各组织及部门，还可以通过计算机网络把分散在不同地区的计算机互连，如通过互联网与企业的供应商、客户建立数据联系，将供应商和客户也作为企业的一种资源进行管理，形成企业资源规划系统(ERP)。第三阶段是在管理信息系统的基础上发展起来的，以管理信息系统所产生的信息为基础，应用模型或其他方法和手段(如数据仓库技术、商业智能等)实现辅助决策和预测功能。

物流管理信息系统是计算机管理信息系统在物流领域的应用。广义的物流管理信息系统应包括物流过程各个领域的信息系统，如运输、仓储、装卸、流通加工等业务系统和财务、客户关系等管理系统，是一个由计算机、应用软件及其他高科技设备通过全球通信网络连接起来的纵横交错的、立体的、动态的系统。狭义的物流管理信息系统只是管理信息系统在某一涉及物流的企业中的应用，即某一企业用于管理物流的系统。综合有关物流、物流管理、信息和管理信息系统的定义，可以给出如下物流管理信息系统的基本定义：以采集、处理和提供物流信息服务为目标的系统，即可以采集、输入、处理数据，可以存储、管理、控制物流信息，可以向使用者报告物流信息，辅助决策，使其实现预定的目标。

(二)物流管理信息系统的特征

优秀的物流管理信息系统不仅能够降低企业运营成本、提高运营效率和提高客户服务水平，还能够使物流企业在使用管理信息系统的过程中，不断丰富和积累物流管理知识，提高物流企业的整体管理水平。企业选择物流管理信息系统，与其说是一种信息技术选择，不如说是一种企业管理模式和市场竞争战略的选择。优秀的物流管理信息系统应具有以下特性。

1. 精确性

物流管理信息系统必须精确反映当前物流服务状况，以衡量物流服务水平的高低。精确性可以解释为物流系统报告与技术或实际状况相吻合的程度。平稳的物流作业要求实际的数据与物流管理信息系统报告相吻合的精确性最好在 99%以上。当实际数据与物流信息系统报告存在误差时，就要采取相应的措施来适应或者改变这种不确定性。

2. 及时性

及时性是指一系列物流活动发生时与该活动在物流管理信息系统可见时的一致程度，物流管理信息系统必须能够提供即时的、最快速的管理信息反馈。例如，如果在某些情况下，系统要花费几个小时甚至几天才能将一个新的订单看作一个新的需求，那么这种订单会使企业计划的有效性降低。此外，尽管一些生产企业存在着连续的产品流，但如果物流企业管理信息系统是按每小时、每工班甚至每天进行更新，则不能保证信息系统的及时性。显然，实时更新更具有及时性，实时更新往往会增加记账工作量，因此，编制条形码、采用扫描技术和物流 EDI 有助于及时有效地记录数据，全球卫星定位技术 GPS 也有助于提高物流管理信息系统的及时性。

3. 灵活性

物流管理信息系统必须具有灵活反应能力，以满足系统用户和客户的需求。物流管理信息系统通过信息技术手段为客户提供其所需要的数据，如票据汇总、实时查询、成本综合分析、市场销售汇总及分析等，一个灵活的物流管理信息系统必须适应这一要求，以满足未来企业客户的各项信息需求。

4. 集成性

集成性是指物流管理信息系统将各个物流环节联系在一起，为物流企业进行集成化的信息处理工作提供平台。物流管理信息系统的各个子系统的设计一般都应遵循统一的标准和规范，便于系统内部实行信息共享。系统模块化设计更有助于系统集成性的提高。

(三)物流管理信息系统的作用

物流管理信息系统整合了传统物流的功能性业务，如仓储、运输、配送等内容，采用供应链管理理念，达到满足客户需求、与客户建立起长期稳固合作关系的目的。以信息网络技术为支撑的物流信息系统，可优化供应链、降低流通成本、增加产业附加值、实现管理创新。

1. 物流管理信息系统的应用有利于提高物流效率

物流系统是一个复杂、庞大的系统，其中又可分为很多的子系统，同时各系统交织在一起，相互联系紧密。现代物流管理理念和市场需求都要求物流企业必须具备较强的资源整合和协调能力，能将物流过程中的仓储、运输、装卸、搬运、流通加工、信息处理等作业环节有机地整合起来，使各部分作业协调一致。物流管理信息系统充分利用其信息处理速度快、准度高的优势，提高物流系统的各作业环节、各子系统的信息化水平，促使整个物流系统的运作合理化，提高整个物流系统的运行效率。例如，按传统物流作业模式，货物到达仓库之前，物流企业接收到货物将要到达的信息，业务负责人打电话通知仓库保管员，该保管员通知装卸作业负责人，该负责人再通知相关的装卸工人准备卸货，这种"串行"的信息传递过程不仅浪费时间，而且效率低下。通过物流管理信息系统，物流企业可以提前很长时间得知货物预入库信息，可以方便地对任务进行分解，以工单的形式同时传达到任务涉及的各部分作业负责人处，由从前的"串行"模式变为"并行"模式，配之以短信提醒等现代技术手段，达到提高物流运作效率的目的。

2. 物流管理信息系统的应用有利于降低成本

物流经常被称作"经济领域的黑暗大陆"和"物流冰山"，企业往往注意不到物流过程中信息的变化性和不透明性会为企业带来多么大的损失，物流运作的不合理性将为企业带来更大的财务负担。对于物流企业来说，一个优秀的管理信息系统可使物流成本和费用的实际使用情况更容易被掌握，能给予物流活动足够的信息支持，增强信息的准确性，从而使物流活动更经济，有效降低物流成本。例如，仓储管理信息系统利用先进的库存优化算法，对货物的进出顺序、货位安排、产品预警等信息做优化处理，合理安排货物仓储管理流程，避免货物不必要的流动和资源浪费；运输管理信息系统可以利用 GPS 等信息技术，通过路径选择等功能优化运输路径，降低运输成本；物流管理信息系统还可以改善工作条件，减轻信息处理人员的劳动强度，节约企业成本。

3. 物流管理信息系统的应用有利于提升物流服务能力

物流管理信息系统通过信息技术的广泛应用，将整个生产、流通、消费环节有效地整合成为一体，打破传统意义上的地域限制、时区限制，扩大物流服务范围，为客户提供更优质的服务。由于信息的及时、全面获取与加工，供需双方可以充分地交互和共享信息，使物流服务更准确、客户满意度更高；同时，可以有更多顾客自我服务功能，顾客可以决定何时、何地、以何种方式获得定制的物流服务；另外在提供物流服务的同时，还可以为顾客提供信息、资金等方面的增值服务。物流管理信息系统对于提升物流服务能力的作用还包括缩短从接受订货到发货的时间；使库存适量化；提高搬运作业效率和运输效率；使接受订货和发出订货更为省力；提高订单处理的精度，防止发货、配送出现差错；有效调整需求和供给；对物流作业进行追踪；提供信息咨询。

4. **物流管理信息系统的应用有利于促进和实现供应链管理**

供应链管理是一种集成的管理思想和方法，供应链上的各个企业作为一个不可分割的整体，相互之间分担采购、生产、分销和销售的职能，成为一个协调发展的有机体。如果没有完善的信息交互、协同机制，信息不能共享，整条供应链上的节点还是彼此独立的"信息孤岛"，不能成为完整的链条。物流管理信息系统的应用进一步弱化了供应链上物流企业与客户企业间的界限，建立起一种跨企业的协作机制，共同追求和分享市场份额。物流企业与客户企业通过信息平台和网络服务进行商务合作，合理调配双方资源，有助于提升供应链运转效率和竞争力。

二、物流企业管理信息系统的建设

信息作为经济发展的重要战略资源已成为社会生产力的重要因素。随着信息网络化技术的发展，物流企业管理信息网络化得到了进一步实现，物流企业正以崭新的模块化方式进行要素重组，建立完善的 CIO 组织与物流企业管理信息系统信息化网络体系，使管理信息化成为推动物流企业和社会经济发展的重要因素之一。所以说，物流管理信息系统不仅仅是一个技术系统，而且是一个人机系统、管理网络化系统和社会系统。

(一)物流企业管理信息系统建设原则

现有开发的物流企业内部的管理信息系统或单项子系统，由于种种原因，离用户的最终目标还有一定距离。目前，物流企业的计算机应用基本集中在财务管理和文字处理方面，企业级管理信息系统应用面小，应用效果不理想。纵观物流企业管理信息系统建设中的经验与教训，我们在管理信息系统建设中应把握以下几个方面的原则。

1. 明确管理信息系统的建设目标

管理信息系统是一个"由人、计算机等组成的能进行信息的收集、传送、存储、加工、维护和使用的系统"。管理信息系统的技术与知识结构由三大要素支撑，即系统工程方法、定量化管理分析方法和信息处理及计算机应用技术。

目前，我国许多物流企业都搞过计算机应用开发，但真正收到成效的并不多。有些物流企业不清楚管理信息系统建设的目标，赶时髦或仓促上马，忽视基础建设，使建成的系统基本是手工过程的计算机模拟，从而导致应用层次不清，归纳提高不足，不能真正发挥管理信息系统的作用。另外，由于许多物流企业管理方式比较落后，在系统化管理过程中缺乏科学性，无法针对现行管理体制制订出科学的、规范的、可行的管理信息系统建设目标。

管理信息系统的建设必须与物流企业管理体制相结合。在一个陈旧、混乱的管理体制下是不能很好地建设和应用管理信息系统的，应在对现行管理体制充分研究和分析的基础上，归纳出适合计算机处理的业务流程，实现业务流程的优化和计算机化，从而使业务处理产生质的飞跃，并进一步推动管理体制的改革。在管理信息系统的建设过程中，为便于实现，在做好详细的系统规划的基础上，应有一个切实可行的系统目标。系统目标可以分阶段实现，在实现的每一步都应进行系统分析与设计、管理基础规范化和必要的数据准备等方面的工作。系统的目标应是现实可行的,并充分考虑物流企业的特点和管理上的侧重,既不可简单模拟,也不可贪大求全。

2. 统一规划,分步实施

管理信息系统是介于数据处理和决策支持之间的中间层次,但在某些子系统中没有严格界限,包括决策支持的功能。方便、灵活、实用的管理信息系统是未来信息高速公路建设的基础。由于建设规模大,制约因素多,系统建设一步到位是不现实的,应当遵从循序渐进的原则,在统一规划的前提下,合理地划分出系统的实施步骤,逐步建设。从国内外管理信息系统建设的经验来看,管理信息系统是在不断完善的管理体制中不断发展的,在不断满足实际需要中不断改进和发展的,在需求和技术进步相互作用下逐步提高的。

3. 加强基础建设,把握好系统应用层面

物流企业的信息技术基础环境(包括信息收集、汇总、整理、分析、流通、存储的过程和系统应用制度等)是管理信息系统建设的基础。

管理信息系统是管理模式的计算机实现,管理信息系统的建设过程是物流企业管理机制改革和完善的过程。要想使计算机管理深入到管理过程中,就必须摒弃传统习惯,使管理人员分析、吸收新的科学管理方法和先进的管理手段,同时建立推动计算机应用的规章制度,如数据录入制度、系统安全保障制度、系统业务处理规定等。还要建立规范的管理制度模式,坚持技术上的先进性,不能简单地模拟手工管理,这就涉及所谓企业再造工程。这项工作是管理信息系统建设的重要基础,需在总体上把握。

(二)物流企业管理信息系统的功能和建设过程

1. 管理信息系统建设的一般过程

管理信息系统的建设是一项系统性相当强的工作,其建设过程涉及人、财、物等资源的合理组织、调度和使用,涉及组织管理工作的改进及工作模式的变迁。对于任何一个项目,都有一个从问题的提出、论证到问题的分析、方案的设计,直到方案的实施和评价的过程,管理信息系统的建设也有其一般过程,如图 9-1 所示。

图 9-1　物流企业管理信息系统建设的一般过程

从图 9-1 中可以看出,系统建设是一个动态的概念。系统建设的上一步骤的输出作为下一步骤的输入,同时此输出又作为前面步骤的动态反馈。系统就是在这种运动过程中进行动态调整,不断提高和完善的。

2. 管理信息的系统功能和业务功能

在管理信息系统建设过程中,应充分体现其系统功能与业务功能,建立完善的管理信

息系统的功能子系统和业务子系统，如图 9-2 所示。

MIS 系统功能

主要功能 子系统	典型应用
市场	销售预报，销售计划，销售分析，顾客分析
物流控制	购货计划与控制，库存控制，物料分配与运输
人事	人员需求计划，人员素质分析，工资管理
财务	财务分析，成本分析，资金需求计划，利润核算
信息管理	信息系统规划，开发实施方案，经济效益分析
战略管理	战略规划，资源配置

数据库系统

数据库管理系统
数据仓库

MIS 系统功能

业务系统	应用与说明
业务过程管理	统计，核算，记录，订货，运输，票据处理
运行控制	制订业务过程时间表与报告表
管理控制	确定预算与资源配置
战略规划	确定战略目标，战略计划

图 9-2　系统和业务功能

　　管理信息系统的指导思想应满足物流企业深化改革、走向市场、提高经济效益的总体需求，从而实现优化系统资源配置与开发、强化系统软件集成，扩大系统功能，推出系统间资源共享等目标，为物流企业实现集约化经营，提高经济效益服务。随着信息时代的到来，对我国物流企业的信息管理提出更高的技术要求，如管理信息网络集约化、数据管理与处理标准化、系统管理通用化与智能化、系统集成商品化等。

【任务分析】

通过上述案例，分析物流管理信息系统对企业具有什么样的作用？

参考信息：

(1) 物流管理信息系统的应用有利于提高物流效率。

(2) 物流管理信息系统的应用有利于降低成本。

(3) 物流管理信息系统的应用有利于提升物流服务能力。

(4) 物流管理信息系统的应用有利于促进和实现供应链管理。

【任务实施】

我们应该向 FedEx 学习物流管理信息系统建设的哪些原则?

参考信息:

(1) 明确管理信息系统的建设目标。

(2) 统一规划,分步实施。

(3) 加强基础建设,把握好系统应用层面。

【任务总结】

物流企业管理信息系统的建设是一项系统性相当强的工作,其建设过程涉及人、财、物等资源的合理组织、调度和使用,涉及组织管理工作的改进及工作模式的变迁。物流企业管理信息系统建设的指导思想是应满足物流企业深化改革、走向市场、提高经济效益的总体需求,从而实现优化系统资源配置与开发、强化系统软件集成,扩大系统功能,推出系统间资源共享等目标,为物流企业实现集约化经营和提高经济效益服务。

【任务实训】

实训 9.1 高效物流信息系统:海尔的生命线

海尔作为世界著名的跨国家电企业,它的产品每天要通过全球 5.8 万个营销网点,销往世界 160 多个国家和地区,每月采购 26 万种物料、制造 1 万多种产品,每月接到 6 万个销售订单。对于海尔集团来说,高效率的现代物流信息系统就是企业内部运作的生命线,为此,海尔开始了与 SAP 公司的合作。根据海尔的实际情况,SAP 公司先与其合作伙伴 EDS 为海尔物流本部完成了家用空调事业部的物料管理(MM)模块和仓库管理(WM)模块的硬件实施。2000 年 3 月开始为海尔设计实施基于协同化电子商务解决方案 mySAP.com 的电子采购平台(BBP)项目。经过双方七个月的艰苦工作,使 mySAP.com 系统下的物料管理(MM)、生产计划与控制(PP)、财务管理(FI)和电子采购平台(BBP)正式上线运营。至此,海尔的后台企业资源计划(ERP)系统已经覆盖了整个集团原材料的集中采购、原材料库存及立体仓库的管理与 19 个事业部 PP 模块中的生产计划、事业部生产线上工位的原材料配送、事业部成品下线的原材料消耗以及物流本部零部件采购公司的财务等业务,构建了海尔集团的内部供应链。由于海尔物流管理系统的成功实施和完善,构建和理顺了企业内部的供应链,为海尔集团带来了显著的经济效益:采购成本大幅降低,为订单信息流的增值提供支持。实施和完善后的海尔物流管理系统,可以用"一流三网"来概括:"一流"是指以订单信息流为中心;"三网"分别是全球供应链资源网络、全球用户资源网络和计算机信息网络。围绕订单信息流这一中心,将海尔遍布全球的分支机构整合在统一的物流平台上,从而使供应商和客户、企业内部信息网络这"三网"同时开始运行,同步运动,为订单信息流的增值提供支持。"一流三网"的同步模式实现了四个目标:为订单而采购,消灭库存;通过整合内部资源、优化外部资源,使原来的 2 336 家供应商优化到了 840 家,建立了更加强大的全球供应链网络,有力地保障了海尔产品的质量和交货期;实现了三个即时(JIT),即 JIT 采购、

JIT 配送和 JIT 分拨物流的同步流程；实现了与用户的零距离。目前，海尔 100%的采购订单由网上下达，使采购周期由原来的平均十天降低到三天；网上支付已达到总支付额的 20%。通过以上分析可以发现，物流信息系统在海尔集团取得了很大的成功，这方面的成功案例还有很多，比如沃尔玛、联想集团的物流信息系统等。因此，大力推广物流信息系统是可行的。

1. 实训要求

(1) 物流信息系统的实施对海尔集团的生产经营有什么好处？

(2) 海尔集团的物流信息系统包括哪些子系统？

2. 考核标准

本实训的考核标准，如表 9-1 所示。

表 9-1　实训 9.1 的考核标准

表述完整	计算准确	有创新性	书写工整	总分
40 分	40 分	10 分	10 分	100 分

任务二　物流企业信息管理经济效益分析

【任务描述】

安吉物流信息系统

安吉物流已经发展成为国内最大、国际领先的第三方汽车物流供应商，2015 年实现销售收入 171 亿元，位列国内物流行业第 13 位、汽车物流行业第一位。在多年的发展历程中，安吉物流不断挑战自我，实践创新，形成了整车物流、零部件物流、口岸物流、航运物流、国际物流及信息技术六大业务板块。通过引进先进物流技术，打造智能可视系统，为客户提供一体化、技术化、网络化、透明化的汽车物流供应链服务。2015 年运输商品车超过 665.05 万辆，一次运输总计公里数 512 337 万公里，市场占有率 31.51%。"十二五"期间，安吉物流调整运力结构，大力发展集约化、绿色环保的运输方式。在全国建设了一批物流枢纽、汽车滚装码头以及汽车专用站台，形成了以十大分区为依托的全国综合性物流网络，并以此为基础，搭建了公共物流服务平台。同时通过合资合作建设海外网络，发展国际经营能力。

"IT 系统支撑下的物流服务商，能给客户提供更好的服务，让他们觉得我们确实比只简单提供仓库和车辆资源的物流企业有价值。"安吉物流信息技术部经理李雷说。在安吉的整车物流时代，IT 就已成为其核心竞争力之一。它之所以敢于挑战汽车零部件物流，强势的 IT 支撑是让决策层最终下定决心的后盾。

在满足客户差异化需求的同时，李雷还利用 IT 系统中的物流信息，给整车厂提供更深层次的数据服务。这一由IT系统产生的"副产品"成为安吉天地追求差异化竞争的核心竞争力之一。"整车厂都非常渴望能够获取第一手数据，如未调度订单、在途商品、未结算订单、运输公司负荷情况、运输工具使用情况、质损订单、库存状况等信息。今后，我们将在这些数据的基础上，做深层次的数据挖掘。这块市场的前景很好。"目前，已经有五六家整车厂对安吉天地的物流管理模式非常感兴趣，吸引他们的正是安吉天地的供应链信息服务。对此，李雷是乐在心中——IT系统不仅支持了公司的业务延展，还能带来直接效益。

(资料来源：百度文库，http://wenku.baidu.com/view/60782cbaf121dd36a32d8267.html)

【任务驱动】

通过上述案例，分析对物流管理信息系统进行经济效益评价的意义。

【任务资讯】

信息系统是一个人——机系统，它由人、硬件、软件和数据资源组成，目的是及时、正确地收集、加工、存储、传递和提供信息，实现组织中各项活动的管理、调节和控制。信息系统是对组织中各种信息(如原材料、资金等)的流向进行描述，适时地提供给相关部门，以利于不同部门对管理的需求，满足不同部门决策的需要，包括信息传输和信息处理两方面。

管理信息系统经济效益是管理信息系统带来的货币成果与为此所付出的资源费用的比值(或差值)。在具体分析管理信息系统经济效益时，一般应从管理信息系统成本及管理信息系统收益两个方面来测定其经济效益状况，进而提出明确的建设、开发、运行、管理系统的措施、手段。

一、管理信息系统的成本及其测定

管理信息系统的建设、开发、维护呈现周期性特点，为了保证系统的功能，必须保证其开发、运行、维护费用，以促进企业生产、经营活动的持续运转。一般而言，管理信息系统的成本由下列四项构成。

(一)硬件成本

硬件成本是指购置计算机系统(包括服务器、通信设备、终端设备等)的一次性购置费用或租赁费用。这些设备按固定资产形式管理，以折旧的方式摊入成本。这种分摊以各应用部门对硬件资源占用的情况进行分配，它包括对主机外部存储器、通信设施和线路的占用，以及对终端和其他外部设备的占用等。设备折旧的期限按照计算机的估计寿命来确定。

在具体计算管理信息系统硬件成本时，可利用结构化方法完成系统硬件成本的测算，根据系统不同阶段、不同部门对硬件功能的要求，分别测算系统各不同部分的硬件成本，再采用自下而上、逐级汇总的方法，得到系统硬件总成本。

(二)软件成本

软件成本包括外购软件和自行开发软件所需的费用。国外一些企业在财务管理中把管理信息系统软件成本列入"无形资产"一类，与有形资产的效用与处理方法相似。我国一些单位直接将开发或购买软件时花费的资金作为软件成本的依据。

在具体计算系统软件成本时，可采用代码行技术 $L = \dfrac{\bar{a} + 4\bar{m} + \bar{b}}{6}$ 计算出整个系统所需的工作量，利用模型方法 $E = 5.2 \times (KLOC)^{0.91}$ 完成系统软件成本的核算。

(三)维护与维修成本

这种工作的成本可根据经验做一般的预算估计。对用户而言，类似于预提成本。理论上也可按一定时期的实际发生额来核算，但这会造成成本较大的波动，不利于系统开发者和用户双方的控制与管理。在具体核算信息系统维护与维修成本时，可根据企业财务报表内容，测算出企业信息系统维护与维修成本。

(四)运行成本

运行成本是指管理信息系统在交付用户后，管理信息系统操作、运行及人员费用。这部分费用主要有系统运行中发生的各项易耗品的损耗，如打印纸、墨粉等，以及人员的管理费用。信息系统运行成本是保证整个信息系统正常运行不可或缺的，在具体计算这部分成本时，也可借鉴企业财务报表内容完成信息系统运行成本的计算。

目前，随着信息处理技术的不断发展和进步，管理信息系统的总成本趋势是系统硬件成本所占比重逐步下降，软件成本及服务成本的比重逐步上升。

二、管理信息系统的经济收益及其测定

管理信息系统经济收益是指企业信息系统开发、运行过程中的产出，它反映了企业信息系统整体效益的状况，是企业管理信息系统开发、建设的重要参考。管理信息系统经济收益主要包括以下内容。

(一)信息系统的财务收益

企业信息系统的财务收益是指管理信息系统实施后，企业信息系统运行过程中能够以货币度量的产出。其主要来源有三个方面：一是管理信息系统投入后，由于企业生产的产品产量的增加而带来的收益；二是管理信息系统实施后，新的业务开展所带来的收益；三是管理信息系统实施后，可使整个企业的生产科学化、合理化，降低整个企业的产品成本而带来的收益。

在具体计算系统财务收益时，可采用波拉特信息系统收益的基本理论，完成信息系统财务收益的核算。波拉特将信息系统财务收益分为两部分：一级信息部门所创造的价值和二级信息部门所创造的价值。一级信息部门主要指直接从事信息系统操作、维护的部门。他们所处理的业务，直接为企业增加了经济效益，因而成为信息系统增加值的重要组成部分。计算信息系统中由于使用信息系统所产生新业务的产值，主要计算使用信息系统产生的新业务所带来的产值，如信用卡业务所得收入、网上电子交易收入、网上产品销售收入等，这些收入是由系统的运行而增加的收入。所谓二级信息部门主要指未直接从事信息系

统操作的部门。二级信息部门的人员虽未直接从事信息系统实施后的有关经营活动，但由于信息系统的实施，提高了其工作效率，也能产生经济效益。在核算这部分收入时，以信息系统实施后 5 年或 8 年企业累计收入的百分比进行折算。一般来说，信息系统实施后，将为企业提高 5%～15%的效率，在进行收入折算时，可参照这一比例。

(二)信息系统的管理收益

信息系统的管理收益是指管理信息系统实施后，由于管理技术和手段的不断提高和推陈出新，提高了企业的生产效率以及生产组织的协调性、科学性，并由此带来的收益。这部分产出没有一定的实物形态可以参照，往往难以用货币直接加以度量。它的主要来源有：管理手段的不断提高带来的收益；专业化水平的不断改进带来的收益；生产组织的科学化、协调化带来的收益；决策的科学化带来的收益。

企业信息系统实施后，企业的组织机构、组织管理形式也必定有相应的调整，以适应企业信息系统运行的要求，提高企业数据处理的速度及业务处理能力，加强企业信息共享的广度，促进决策的科学化、合理化。

在具体核算企业信息系统管理收益时，在数量上难以将其量化，普遍的核算方法是将其进行折算，一般的核算比例为 5%～15%。因此，企业信息系统管理收益可按照这一比例进行折算。

三、管理信息系统经济效益的评价

(一)企业信息系统经济效益评价的内容

对企业信息系统经济效益的正确评价，可以为企业决策者提供大量的关键信息，有利于企业根据不同情况采取行之有效的措施，提高企业的整体盈利能力。在评价内容的确定上，根据结构化分析方法确定要评价的内容有以下三个方面。

1. 企业信息系统开发阶段经济效益的评价

企业信息系统开发阶段主要是根据企业发展规划选择合适的技术标准，完成企业信息系统的论证、分析、实施工作。在这一阶段，企业信息系统的成本分析成为企业信息系统开发阶段的主要分析内容，即针对企业在投资建设过程中所实现的目标，分析企业信息系统的投资成本是否符合企业目标的实现。这一阶段的经济效益主要体现在企业信息系统成本消耗是否与企业目标匹配，有没有资金上不必要的消耗和浪费而体现的效益。

2. 企业信息系统运行阶段经济效益的评价

企业信息系统运行过程中所体现的经济效益主要有：企业通过信息系统的运行，使企业整体产品成本下降，产品产量的增加以及产品质量的提高，资金周转效率的不断加快，所取得的效益；企业信息系统的实施，促进了管理组织的合理化，管理方法的规范化、科学化，提高了生产效率和管理效率而取得的经济效益。

3. 企业信息系统管理经济效益的评价

企业信息系统的实施整合了企业内部与外部资源，促进了信息共享的广度，使企业生产的科学化程度逐步提高，增强了企业的盈利能力。在企业开发、实施、运行的不同阶段，通过不同管理策略的实施将提升企业的经济效益。企业信息系统管理经济效益是指通过一系列管理方法和措施促进生产效率的提高，管理组织机构的合理化，人员使用的科学化，从而提高企业整体的经济效益。

(二)企业信息系统经济效益评价指标体系的设计

企业信息系统经济效益评价指标体系的设计应根据实际情况对不同的评价对象和评价目的灵活地处理。一般而言，评价指标体系设计主要包括以下内容。

1. 明确评价对象和评价目的

这是评价指标体系设计的首要任务。我们在这里所研究的是企业信息系统的经济效益，在设立指标时，应体现出企业信息系统经济效益状况。

2. 设定评价指标体系的边界

在明确评价对象和评价目的后，就要设定评价指标体系的边界。也就是要拟定指标的层次，每一层次指标的数量。并不是指标的层次和数量越多越好，有时指标的层次和数量太多，反而会降低评价的精度，也增加评价的工作量。因此，必须设定一个恰当的层次和数量边界。

3. 设计评价指标

这一步工作必须要求对企业信息系统有深入的了解和研究。在充分分析企业信息系统运行、管理的基础之上，提出反映企业信息系统经济效益的各项指标。

4. 确定指标体系的结构

在得到各项指标后，要进一步确定各指标的相互关系，然后对指标进行筛选，将相关性较强的指标排除，以确保指标之间的不包容性，同时，对那些评价价值较低的指标也予以排除，只保留重要指标。

5. 运行、检验和修正

要将所构造的评价指标体系放在实践中运行，予以检验，并根据检验情况进行必要的修正，最后得到完整的评价指标体系。

(三)管理信息系统经济效益评价的指标体系

在具体评价管理信息系统经济效益时，可根据结构化思想，按不同阶段完成其经济效益分析。

1. 反映信息系统开发经济效益的指标

信息系统开发是取得信息系统经济效益的基础，在信息系统开发阶段，判断系统投资额是否最佳，一方面要综合考虑企业长期目标、企业的资金现状、信息技术的发展趋势等因素。另一方面，还要考虑信息系统所具备的功能。中国有古话"物有所值""一分价钱一分货"，要想使信息系统具备所设想的功能，必须与系统投资额相适应，以促使系统目标的实现。

(1) 系统投资额。信息系统投资额是信息建设过程中，用于购买系统硬件与支付系统软件开发的费用，即信息系统硬件成本与软件成本之和。系统投资额包括系统硬件和系统软件的购置、安装，应用系统的开发或购置所投入的资金。

(2) 系统的性能价格比(简称性价比)。在考虑信息系统开发经济效益指标时，用系统的性能价格比作为衡量信息系统开发经济效益的指标。性能价格比的值越大，说明信息系统开发经济效益越明显。其计算公式为

$$K = \frac{D}{Y}$$

式中：K——系统的性能价格比；

    D——系统性能值；

    Y——系统投资额所属档次。

对企业信息系统性价比的计算，可根据系统投资额及所聘请专家对系统性能的了解、掌握的情况给出得分，两者的比值即为系统的性价比。系统的性能得分在 0～10 分。

(3) 系统净现值。根据货币时间价值观念，对固定期限(年、季)中的资金流入量现值与资金支出量现值进行比较。其计算公式为

$$NPV = \sum_{t=1} \frac{B - C}{(1 + r)^t}$$

式中：NPV——净现值；

    B——资金流入量现值；

    C——资金流出量现值；

    t——期限；

    r——贴现率。

在计算信息系统净产值时，其资金流入量一般为信息系统所带来的收益；资金流出量一般为企业信息系统所投入的成本，两者相减，得到信息系统净产值。这一指标反映了企业信息系统的盈利能力，是企业信息系统效益的重要表现。

2. 反映信息系统运行经济效益的指标

信息系统运行过程是整个系统效益产生的重要组成部分，反映其效益的指标主要有以下四种。

(1) 系统运行新增产值。系统运行新增产值是信息系统实施运行后，为企业带来的新增收益，即信息系统财务收益和管理收益。对系统运行新增产值的核算可根据波拉特信息系统收益的计算方法完成对系统经济效益指标值的计算。

系统运行新增产值可用下列公式计算：

$$G = F + S$$

式中：G——信息系统运行新增产值；

    F——一级信息部门所创造的价值；

S——二级信息部门所创造的价值。

(2) 系统运行费用。系统运行费用是信息系统实施后，为保证系统正常运行所耗用的成本，包括消耗性材料费用、系统投资折旧费及硬件日常维护费等，消耗性材料包括存储介质、纸张、打印油墨等。由于信息系统技术含量高，更新换代快，一般折旧年限取 5~8 年。另外，系统所耗用的电费也应计入系统运行费用。

(3) 单位产品成本。其计算公式为

$$D = \frac{C}{Q} \times 100\%$$

式中：D——单位产品成本；

　　　C——企业产品总成本；

　　　Q——企业生产的产品数量。

这一指标衡量了企业信息系统实施后，企业产品数量的增加及企业产品成本下降的程度，为企业经济效益的不断提高提供了可靠的保证。

(4) 企业信息系统人均新增产值。企业信息系统人均新增产值是反映企业信息系统生产效率的一个重要指标形式，其计算公式为

$$M = \frac{G}{P} \times 100\%$$

式中：M——企业信息系统人均新增产值；

　　　G——企业信息系统所创造的新增产值；

　　　P——企业信息系统操作人员数。

企业信息系统所创造的新增产值是指企业信息系统实施后，企业信息系统所创造的财务收益和管理收益。

3. 反映信息系统管理经济效益的指标

信息系统管理经济效益反映了信息系统运行状况，是系统效益的重要体现。

(1) 企业信息系统管理竞争力。

该指标评价企业信息系统的开发应用为企业在正常的生产经营中所取得的竞争优势，即通过企业信息系统的应用，企业可以在市场竞争中取得多大的优势。树立企业在市场竞争中的良好形象和争取优势地位，这是企业生产经营战略的主要目标之一，为此，企业必须力争向客户提供同行所不能及时提供的产品或服务。

(2) 企业信息系统战略目标匹配度。

该指标评价信息系统应用项目与企业战略目标相配合的程度的大小，即该项目对企业战略目标的实现起到多大的辅助和支持作用。

任何企业都有自己的生产、经营战略目标。信息系统的价值之一就是它能够直接地支持企业战略目标的实现，或者能改进和完善企业生产及经营活动的组织、运行方式及其效率，从而间接地辅助企业实现战略目标。

(3) 企业信息系统管理技术先进程度。

该指标评价企业内部信息技术部门对承担信息系统开发任务所需的开发人员技能以及硬件、软件技术准备的充分程度，这些准备工作若不充分则可能带来某些技术应用方面的

风险。

为了准确评价企业信息系统管理技术的先进程度，应从技术需求、硬件准备、系统软件准备和应用软件准备四个方面，根据信息技术部门提供的技术资料对其打分，并将其算术平均值作为管理技术先进程度的评价结果。

(四)管理信息系统经济效益评价指标层次模型

根据前面所述的信息系统经济效益评价的内容，信息系统开发效益和信息系统管理效益主要是企业在建设和运行信息系统时，由于管理的科学化、开发建设的合理化而取得的效益。信息系统运行效益是系统建成后所带来的财务收益，即企业货币上的增值。利用对信息系统经济成本、收益的研究分析，建立信息系统经济效益指标层次结构模型，如图9-3所示。

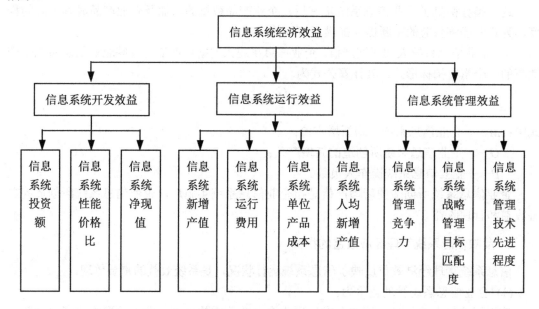

图9-3 信息系统层次模型图

(五)管理信息系统经济效益层次分析

根据层次分析理论，利用信息系统层次模型，对信息系统经济效益进行评价。

(1) 计算各不同指标的得分。根据层次分析法的结构模型设计调查表，向专家组中该领域专家发放调查表，请各位专家对该信息系统经济效益评价指标体系各层次指标间的相互重要程度给出判定。

(2) 得出各不同指标的权重。根据构造判断矩阵的原则及层次分析理论，计算得到各不同指标所对应的权重。

(3) 一致性检验。根据层次分析的基本理论，对所计算的矩阵进行一致性检验，$CR < 0.10$，说明各不同判断矩阵通过一致性检验。

(4) 建立层次模型。对通过检验的各指标，建立层次分析模型为

$$Y= 0.027X_1 +0.146X_2 +0.077X_3 +0.277X_4 +0.091X_5 +$$

$$0.0445X_6 +0.0875X_7 +0.1X_8 +0.05X_9 +0.1X_{10}$$

(5) 计算评价值。根据公式 $P=V\times S^T$，利用评价值可确定信息系统经济效益的等级值，因而实现对信息系统的评价。

【任务分析】

通过上述案例，分析对物流管理信息系统进行经济效益评价的意义。

参考信息：

管理信息系统经济效益是管理信息系统带来的货币成果与为此所付出的资源费用的比值(或差值)。在具体分析管理信息系统经济效益时，一般应从管理信息系统成本及管理信息系统收益两个方面来测定其经济效益状况，进而提出明确的建设、开发、运行、管理系统的措施、手段。对企业信息系统经济效益的正确评价，可以为企业决策者提供大量的关键信息，有利于企业根据不同情况采取行之有效的措施，提高企业的整体盈利能力。

【任务实施】

根据任务分析设计物流管理信息系统评价指标体系。

参考信息：

设计物流管理信息系统指标体系的主要内容包括明确评价对象和评价目的；设定评价指标体系的边界；设计评价指标；确定指标体系的结构；运行、检验和修正。

【任务总结】

物流企业管理信息系统经济效益评价主要包括管理信息系统的成本及其测定、管理信息系统的收益及其测定和管理信息系统经济效益的评价等内容。

【任务实训】

实训9.2　分析东方物流公司管理信息系统该何去何从

东方物流公司是国内一家大型企业，企业实行三级管理，即总公司—公司—分公司。企业实施信息化已有多年，每年在信息化建设方面投入了大量的人力和财力，公司已建立了 OA 办公自动化、财务系统、人力资源系统等，并已搭建了公司广域网、局域网。公司希望在信息化建设方面也要与国际最先进的企业看齐，并使信息化建设成为公司实现创国际一流目标的重要推动力。可国内诸多企业在投入大额资金的情况下，由于缺乏经验，信息化发展到一定阶段后就暴露出了各种各样的问题，如有的企业信息化以技术为导向，技术的应用没有很好地配合业务的发展；有的企业虽然信息化的建设是以业务为基础的，但由于缺乏整体的信息规划，导致系统的建设没有整体性，资源无法很好共享等。"信息化黑洞""信息化孤岛""信息化无效"成为许多企业棘手和头痛的问题。

1. 实训要求

(1) 如何构建企业的信息系统？

(2) 在信息化过程中应注意哪些问题？

(3) 如何评价物流管理信息系统的经济效益？

2. 考核标准

本实训的考核标准，如表 9-2 所示。

表 9-2　实训 9.2 的考核标准

表述完整 40 分	计算准确 40 分	有创新性 10 分	书写工整 10 分	总分 100 分

【项目总结】

　　物流管理信息系统是计算机管理信息系统在物流领域的应用。广义的物流管理信息系统应包括物流过程的各个领域的信息系统，包括运输、仓储、装卸、流通加工等业务系统和财务、客户关系等管理系统，是一个由计算机、应用软件及其他高科技设备通过全球通信网络连接起来的纵横交错的、立体的、动态的系统。狭义的物流管理信息系统只是管理信息系统在某一涉及物流的企业中的应用，即某一企业用于管理物流的系统。物流管理信息系统整合了传统物流的功能性业务，如仓储、运输、配送等内容，采用供应链管理理念，达到满足客户需求、与客户建立起长期稳固合作关系的目的。以信息网络技术为支撑的物流信息系统，可优化供应链、降低流通成本、增加产业附加值、实现管理创新。管理信息系统经济效益是管理信息系统带来的货币成果与为此所付出的资源费用的比值(或差值)。在具体分析管理信息系统经济效益时，一般从管理信息系统成本及管理信息系统收益两个方面来测定其经济效益状况，进而提出明确的建设、开发、运行、管理系统的措施、手段。

【项目测试】

一、填空题

1. 计算机信息处理方式从功能上经历了_____、_____和_____三个阶段。

2. 信息系统是一个人—机系统，它由_____、_____、_____和_____组成。

3. 硬件成本是指购置计算机系统(包括服务器、通信设备、终端设备等)的_____或_____。

4. 软件成本包括_____和_____所需的费用。

5. 反映信息系统运行经济效益的指标主要有 _____、_____、
_____和 _____四种。

二、单选题

1. 信息系统实施后，为保证系统正常运行所耗用的成本是（   ）。
   A. 单位产品成本　　　　　　　　B. 系统运行费用
   C. 人均新增产值　　　　　　　　D. 产品总成本

2. 系统（   ）更有助于系统集成性的提高。
   A. 结构设计　　　B. 成本设计　　　C. 模块化设计　　　D. 评价指标设计

3. 业务统计、核算、记录、订货、运输、票据处理由（   ）系统来实现。
   A. 业务过程管理　　　　　　　　B. 运行控制
   C. 管理控制　　　　　　　　　　D. 战略规划

4. （   ）是系统建成后所带来的财务收益，即企业货币上的增值。
   A. 信息系统运行效益　　　　　　B. 系统运行费用
   C. 人均新增产值　　　　　　　　D. 产品总成本

5. （   ）是评价指标体系设计的首要任务。
   A. 明确评价对象和评价目的　　　B. 设定评价指标体系的边界
   C. 设计评价指标　　　　　　　　D. 确定指标体系的结构

三、多选题

1. 优秀的物流管理信息系统应具有的特性包括（   ）。
   A. 准确性　　　B. 及时性　　　C. 灵活性　　　D. 节约性

2. 一般而言，管理信息系统的成本由（   ）组成。
   A. 硬件成本　　　B. 软件成本　　　C. 维护与维修成本　　　D. 运行成本

3. 下列选项中，反映信息系统开发经济效益的指标的有（   ）
   A. 系统投资额　　　B. 系统运行费用　　C. 系统净现值　　　D. 单位产品成本

4. 系统投资额是指（   ）成本之和。
   A. 硬件成本　　　B. 软件成本　　　C. 维护与维修成本　　　D. 运行成本

5. 为了准确评价企业信息系统管理技术的先进程度，应从（   ）方面，根据信息技术
部门提供的技术资料对其打分，并将其算术平均值作为管理技术先进程度的评价结果。
   A. 技术需求　　　B. 硬件准备　　　C. 系统软件准备　　　D. 应用软件准备

四、判断题(对的画"√"，错的画"×")

1. 物流企业的信息技术基础环境是管理信息系统建设的基础。　　　　（   ）

2. 性能价格比的值越大，说明信息系统开发经济效益越不明显。　　　（   ）

3. 信息系统运行效益是系统建成后所带来的财务收益，即企业货币上的增值。（   ）

4. 信息系统运行过程是整个系统效益产生的重要组成部分，是取得信息系统经济效
益的基础。　　　　　　　　　　　　　　　　　　　　　　　　　　　　（   ）

5. 广义的物流管理信息系统是指某一企业用于管理物流的系统。　　　（   ）

五、简答题

1. 物流管理信息系统的特征是什么?
2. 物流管理信息系统的作用有哪些?
3. 物流企业管理信息系统建设原则包括哪些?
4. 物流企业管理信息系统的成本由哪几项构成?
5. 物流企业管理信息系统经济效益评价的内容有哪些?

六、技能测试

物流信息系统在企业物流中的应用

1. 技能测试目标

(1) 了解物流信息系统包括哪些组成部分。

(2) 了解物流信息系统中会用到哪些信息技术。

(3) 了解物流信息系统中各子系统对企业生产经营管理的作用。

2. 技能测试内容

调查目的: 根据物流信息系统在某企业的实际应用,分析其各子系统在企业生产及经营的各环节上为企业带来的好处。

实训内容: 针对上述目的,归纳管理信息系统、物流信息系统在企业中的应用方案和应用效果。

3. 技能测试要求

(1) 每个同学根据自己对实训目的的理解,自行设计调查方案和调查内容。

(2) 为深化对实训项目的理解,可在老师的引导下先进行课堂讨论。

(3) 实训中,要注意了解信息技术在企业生产环节中的具体应用情况。

(4) 将调查结果以调查报告的形式上交老师。

4. 技能测试组织

(1) 教师组织学生到一家物流企业调研。

(2) 每组学生为一个单元,记录所了解到的该企业的物流信息系统。

(3) 教师组织学生到另一家物流企业调研。

(4) 每组学生为一个单元,记录所了解到的该企业的物流信息系统。

(5) 以小组为单元整理调研记录,总结出上述两个企业物流信息系统的异同点,对中国物流企业信息系统作总结,并进行书面调查总结。

5. 技能测试考核

每位学生的成绩由两部分组成: 调查实施成绩(40%),调查报告(60%)。

项目十　物流企业质量管理

　　物流企业质量管理就是依据物流系统运动的客观规律，为了满足物流顾客的服务需要，通过制订科学合理的基本标准，运用经济办法开展的策划、组织、计划、实施、检查和监督、审核等所有管理活动的过程。本项目将主要介绍物流企业质量管理的基本术语、物流企业质量管理的基本方法和 ISO 9000 标准在物流企业管理中的应用等。

【项目目标】

知识目标

(1) 了解质量管理体系的主要术语和定义，理解物流企业质量管理的内涵。

(2) 理解物流企业质量管理的主要内容、基本特点及质量管理八项原则。

(3) 掌握物流企业质量管理的基本方法，熟悉每一种方法的优缺点。

(4) 掌握 ISO 9000 标准的含义及其在物流企业管理中的应用。

技能目标

(1) 灵活运用所学知识分析案例。

(2) 具备运用理论知识对物流企业质量管理进行分析的基本技能。

【项目展开】

　　为了系统而直观地实现以上项目目标，现将该项目按照以下两个工作任务顺序展开。

(1) 物流企业质量管理的基本方法。

(2) ISO 9000 标准在物流企业管理中的应用。

任务一　　物流企业质量管理的基本方法

【任务描述】

王经理应该怎么办

　　王先生拥有一家自己的物流公司——东方物流有限公司，创业之初仅有 10 多名员工，主要从事货物的运输、配送、仓储、包装、搬运装卸、流通制作，以及相关的物流信息等服务。由于人手少，王经理和员工不分彼此，大家也没有分工，一个人顶几个人用。跑业务，与客户谈判，监督货运进展，谁在谁干，大家不分昼夜，不计较报酬，有什么事情饭桌上就可以讨论解决。王经理为人随和，十分关心和体贴员工。由于王经理的工作作风以及员工工作具有很大的自由度，大家工作热情高涨，责任心很强，公司因此得到快速发展。

然而，随着公司业务的发展，特别是经营规模不断扩大之后，王经理在管理工作中不时感觉到不如以前得心应手了。首先，让王经理感到头痛的是那几位与自己一起创业的"元老"。他们自恃劳苦功高，对后来加入公司的员工，不管他们在公司职位高低，一律不看在眼里。这些"元老"们工作随意，不按标准行事，不听从主管人员的安排。这种散漫的作风很快在公司内部蔓延开来，对新来者产生了不良影响。东方物流有限公司再也看不到创业初期的那种工作严谨、热情高涨的情景了。其次，王经理感觉到公司内部的沟通经常不顺畅，大家谁也不愿意承担质量责任，一遇到质量问题就来向他汇报，但也仅仅是遇事汇报，很少有解决问题的建议，结果导致许多环节只要王经理不亲自去推动，似乎就要"停摆"。另外，最让王经理头疼的是，由于公司内部质量意识淡化，对业务的质量管理问题成堆，客户的投诉明显增多。上述感觉令王经理焦急万分。

(资料来源：管理案例大全，http://home.hr.com.cn/forum.php?mod=viewthread&tid=69991&page=1)

【任务驱动】

根据上述资料请解决如下问题。

(1) 东方物流公司在质量管理中存在什么问题？

(2) 王经理可以通过哪些方式对企业进行质量管理？

(3) 如何有效地对该公司质量管理工作进行重新规划？

【任务资讯】

一、物流企业质量管理概述

物流的本质任务是服务，物流服务质量是物流组织生命的保证，它直接关系到物流组织在激烈竞争中的成败。质量管理是物流管理的内容之一。质量是组织素质的综合反映，对影响质量的因素进行全面、系统的管理是现代物流企业质量管理的根本所在。

(一)物流企业质量管理的概念与特点

1. 物流企业质量管理的概念

物流企业质量管理就是依据物流系统运动的客观规律，为了满足物流顾客的服务需要，通过制订科学合理的基本标准，运用经济办法开展的策划、组织、计划、实施、检查和监督、审核等所有管理活动的过程。组织物流企业质量管理必须满足两个方面的要求：一方面是满足生产者的要求，必须保证生产者的产品能保质保量地转移给顾客；另一方面是满足顾客的要求，按顾客的要求将其所需的商品交给顾客。

物流企业质量管理主要包括两方面的内容：质量保证和质量控制。质量保证是指物流企业为了维护客户的利益，使顾客满意，并取得顾客信任的一系列有组织、有计划的活动。质量保证是物流企业质量管理的核心。质量控制是指物流组织内部为保证某一工作、过程和服务的质量达到作业技术标准所采取的有关活动。质量控制的目标就是确保产品的质量能满足顾客、法律法规等方面所提出的质量要求。质量控制是质量保证的基础。

2. 物流企业质量管理的基本特点

物流活动具有内在的客观规律，在质量管理方面同样反映出相应的基本要求。物流企业质量管理主要具有以下特点。

1) 系统性

质量是一个系统过程，它渗透在全组织的每个环节中，只有理解这一点，才能实现全面质量管理。物流组织是一个完整统一的系统，加强物流组织质量管理就必须从系统的各个环节、各种资源以及整个物流活动的相互配合和相互协调做起，通过强化整个组织的基本质量素质来促进企业质量的系统发展。

2) 全员性

质量被认为是物流组织里每个人的责任，而全员性正是由物流的综合性、物流质量问题的重要性和复杂性所决定的，它反映了组织质量管理的客观要求。

3) 目的性

质量应以满足顾客需要而存在，而不只是组织为了满足占领市场或提高生产效益的需要。

4) 先进性

现代质量管理的改进，要求有新的技术手段，包括从质量设计到改进的计算机辅助手段。

5) 广泛性

质量改进，必须由各阶层的人员参加，这些人员不仅包括本组织员工，也包括社会各阶层人士，没有他们的参加和帮助是不能改进质量的。

6) 全面性

物流业有别于其他行业，不仅是因为影响物流组织质量的因素是综合、复杂、多变的，而且物流组织质量管理的内容也是广泛的，除了包括物流现象本身，还包括相关的工作质量、工程质量和服务质量。要加强物流组织质量管理，全面分析各种相关因素，把握内在规律，就必须建立健全合理的质量管理体制，只有这样才能真正实现全面质量管理。

(二)物流企业质量管理的主要内容

1. 物流服务质量

组织物流活动具有服务的本质特性，既要为组织生产经营过程服务，也要为组织产品和服务的顾客提供全面的物流服务。服务质量因顾客不同而要求各异。

2. 商品质量保证的改善

物流的对象是具有一定质量的实体，并具有合乎要求的等级。尺寸、规格、性质、外观，这些质量是在生产过程中形成的，物流过程在于转移和保护这些质量，最后实现对顾客的质量保证。因此，对顾客的质量保证既依赖于生产，又依赖于流通。要重视将包括统计方法在内的各种质量管理方法和科技成果，用于产品的质量控制和质量保证。传统的质量检查法正逐渐被越来越先进的检测手段所取代。

3. 物流工作质量

工作质量指的是物流各环节、各工种、各岗位的具体工作质量。工作质量是物流服务质量的某种保证和基础。抓好工作质量，物流服务质量也就有了一定程度的保证。同时，需要强化组织物流管理，建立科学合理的管理制度，充分调动员工积极性，不断提高物流工作质量。

4. 物流工程质量

物流质量不但取决于工作质量，而且取决于工程质量。在物流过程中，将能对产品质量产生影响的各因素统称为"工程"。提高工程质量是进行物流企业质量管理的基础工作，能提高工程质量，就能做到以"预防为主"的质量管理。

(三)质量管理体系

1. 质量管理原则

质量管理八项原则是对质量管理理论的研究成果和大量的质量管理实践的总结。学习这些原则，不应离开质量管理的实际工作。

1) 以顾客为关注焦点

以顾客为关注焦点是质量管理的核心思想。任何组织都依存于顾客，组织如果失去了顾客，就失去了存在和发展的基础。因此，物流组织必须时刻关注顾客的动向、顾客的潜在需求和期望，以及对现有产品和服务的满意程度。其目的是可以根据顾客的要求和期望做出改进，以取得顾客的信任，从而稳定地占有市场，并能根据市场的变化动向作出快速反应，进而占有更多的市场。

2) 领导作用

领导者确立企业统一的宗旨及方向。他们应当创造并保持使员工能够充分参与并实现组织目标的内部环境，作为领导应该提出目标、落实职能、提供资源、促进参与、检查绩效和组织实施改进。

3) 全员参与

各级人员都是组织之本，只有他们的充分参与，才能使他们为组织带来收益。员工是组织的根本，产品是员工劳动的结果，质量管理体系需要全体员工充分参与，以便让员工知道组织的宗旨和方向，知道为完成质量方针自己需要做些什么，知道本职工作的目标，并知道该如何去完成，使其能全身心地投入。

4) 过程方法

将活动和相关的资源作为过程进行管理，可以更高效地得到期望的结果。以过程为基本单元是质量管理考虑问题的一种基本思路。为了支持产品实现过程，还需要测量和提供资源等过程，它们之间相互联系，也相互制约，形成一个过程网络。

5) 管理的系统方法

将相互关联的过程作为系统加以识别、理解和管理，有助于企业提高其实现目标的有效性和效率。GB/T 19000 标准从四个方面规定了质量管理体系的过程网络，即管理职责、资源管理、产品实现和测量、分析和改进。

6) 持续改进

持续改进总体业绩应当是组织的一个永恒目标。市场是变化的，顾客会不断地提出新的要求，如果组织不能随之持续改进，就会失去顾客、失去市场。持续改进本身也是一个过程，策划、实施、检查和改进就是持续改进过程中的四大步骤，PDCA 循环就通过这些步骤实施改进，不仅适用于产品实现过程，也适用于支持过程。

7) 基于事实的决策方法

有效决策是建立在数据和信息分析的基础上的。基于事实的决策方法就是指组织的各级领导在作出决策时要有事实依据。这是减少决策不当和避免决策失误的重要原则。

8) 与供方互利的关系

组织与供方是相互依存的，互利的关系可增强双方创造价值的能力。企业的活动不是孤立的，一般都是需要供方提供资源，形成"供方—组织—顾客"的供应链。组织在建立与供方的关系时，要考虑短期利益和长远利益的平衡，要营造一个清晰和公开的沟通渠道，与关键的供方共享必要的信息和利益，确定联合改进的活动，激发、鼓励和承认他们的改进成果。

这八项质量原则形成了 GB/T 19000 族质量管理体系标准的基础。

2. 质量管理体系

质量管理体系是指在质量方面指挥和控制组织的管理体系。国家质量技术监督局于 2000 年 12 月 28 日正式发布了质量管理体系标准。GB/T 19000 族下述标准可帮助各种类型和规模的组织实施并运行有效的质量管理体系。这些标准包括 GB/T 19000—ISO 9000《质量管理体系基础和术语》；GB/T 19001—ISO 9001《质量管理体系要求》；GB/T 19004—ISO 9004《质量管理体系业绩改进指南》。这些标准共同构成了一组密切的质量管理体系标准，为物流组织建立质量管理体系确立了依据。

3. 建立物流组织的质量保证体系

质量保证体系是指运用系统的原理和方法，以保证和提高产品质量为标准，把组织各部门、各环节的生产经营活动严密地组织起来，规定它们在质量管理方面的职责、任务和权限，并建立统一协调这些活动的组织机构，使组织内形成一个完整的质量管理有机体。质量保证体系是全面质量管理深入发展的必然产物。

二、物流企业质量管理的常用方法

质量管理必须科学化、现代化，表现为在质量管理工作中更加自觉地利用先进科学技术和管理方法建立严密的质量管理体系的同时，还应采用一套科学的质量管理的基本方法，即以 PDCA 循环为总框架，广泛运用建立在数理统计、价值分析、运筹学等数学原理基础上的科学管理方法。

(一)PDCA 模式

管理是一个动态的概念。组织的每项活动，都有一个策划、实施、检查、处置的过程。通过这个过程可以建立和完善组织物流企业质量管理的计量、评估体系，切实消除组织物流过程中的差错。根据"管理是个过程"的理论，美国质量管理专家戴明博士将其运用到质量管理中，总结出"策划(Plan)、实施(Do)、检查(Check)、处置(Action)"四个阶段，称为 PDCA 循环，亦称"戴明环"，如图 10-1 所示。

图 10-1 "戴明环"示意

1. PDCA 循环的含义

PDCA 循环是质量管理的工作方法，也是做任何事情的一般规律。开展某项工作，事先必须有个设想或打算(策划)；然后实施计划，亦可称为执行计划；再将执行的过程及结果同计划相比较，找出存在的问题，这就是核对检查；最后，根据检查结果，把成功的经验加以肯定并列入标准中，将遗留的问题作为下一个 PDCA 循环的 P(策划)阶段的目标。PDCA循环就是按照这样的顺序进行质量管理，并且按顺时针方向转动，循环不止地进行下去的科学程序。

2. PDCA 循环的具体步骤

为了解决和改进产品质量问题，在质量管理中，根据现场实践经验，又把 PDCA 循环进一步具体化为八个步骤，即所谓"四个阶段，八个步骤"的循环方式，如图 10-2 所示。

(1) 策划阶段(P 阶段)：该阶段包括四个工作步骤，即分析现状，找出存在的主要问题；寻找主要问题发生的原因；找出主要原因；制订措施计划。

(2) 实施阶段(D 阶段)：该阶段只包括一个工作步骤，即按计划实施。

(3) 检查阶段(C 阶段)：该阶段也只包括一个工作步骤，即调查效果。

(4) 处置阶段(A 阶段)：该阶段包括两个工作步骤，即总结经验，巩固成绩，将工作结果标准化；找到遗留问题并处理。

在质量管理工作中，四个阶段，八个步骤必须完整地、一个也不能少地顺序进行循环。具体循环步骤，如图 10-2 所示。

3. PDCA 循环的特点

(1) 大环套小环。互相促进PDCA 循环作为质量管理的一种科学方法，可用于组织各个环节、各个方面的质量管理工作。整个组织的质量管理体系构成一个大的 PDCA 循环，而各部门、各级单位又都有各自的 PDCA 循环，依次又有更小的 PDCA 循环，从而形成一个大环套小环的纵横管理体系，如图 10-3 所示。

 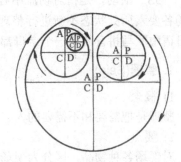

图 10-2　PDCA 循环的四个阶段，八个步骤　　　　图 10-3　大环套小环的 PDCA 循环

(2) 螺旋上升的 PDCA。管理循环是螺旋式上升的，因此有人将其形象地称为"爬楼梯"，如图 10-4 所示。PDCA 四个阶段周而复始的循环绝不是在原有的水平上原地打转，而是每循环一次，转动一圈，就前进一步，上升到一个新高度。这样循环往复，质量问题不断解决，工作质量、管理水平和产品质量不断提高。

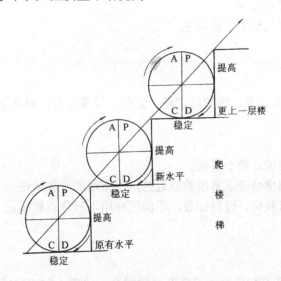

图 10-4　螺旋式上升的 PDCA

(3) PDCA 循环是综合性循环。PDCA 循环的四个阶段是相对的，各个阶段之间不是截然分开的，而是紧密衔接成一体的，甚至有时是边计划边执行，边执行边总结检查，边总结检查边改进等交叉进行的。质量管理工作就是在这样的循环往复中，从实践到认识，再从认识到实践的两个飞跃中达到现实目标的。

(4) "处置"阶段是关键。在组织的质量管理中，往往是计划、布置多，实践、检查少，总结、处理更少。只有 PDC 阶段，而没有 A 阶段，或者 A 阶段但没有起到应有的作用，使 PDCA 循环不能顺利进行，工作质量和产品质量难以提高。因此，PDCA 循环的运转中，

"处置"阶段十分关键，它具有承上启下的作用。

(二)"5S"活动

"5S"活动，是指对物流中心、配送中心、仓储现场管理、堆场、库存、流通加工等现场各要素所处状态不断进行整理、整顿、清扫、清洁和提高素养的活动。因为这五个词在日语中罗马拼音的第一个字母都是 S，故简称"5S"。"5S"的内容和具体要求如下。

1. 整理(Seiri)

1) 概念

整理是把需要和不需要的人、事、物分开，再将不需要的人、事、物加以处理。

2) 要点

对现场各种物品，区分为现场需要的与不需要的；对现场不需要的坚决清理出现场。

3) 目的

(1) 改善和增大作业面积。

(2) 保持现场道路通畅，提高工作效率。

(3) 减少磕碰，保障安全和质量。

(4) 消除混放、混料等差错现象。

(5) 减少库存、节约资金。

(6) 改变作风，提高员工工作兴趣。

2. 整顿(Seiton)

1) 概念

整顿是把需要的人、事、物加以定量、定位。经整理后，对现场需要的物品进行合理摆放，实行定置管理。

2) 要点

(1) 物品摆放要定位，便于寻找。

(2) 摆放位置要科学合理，常用的放近些，不常用的可放远些。

(3) 物品摆放要目视化，过目知数，不同区域用不同色彩和标记。

3. 清扫(Seiso)

1) 概念

清扫是把工作场所打扫干净，设备有异常时马上修理，使其恢复正常。

2) 要点

(1) 自己使用的东西，自己清扫。

(2) 设备清扫，着眼于维护保养，清扫即点检，同时做好润滑工作。

(3) 清扫也是为了改善工作环境。

4. 清洁(Stikeetsu)

1) 概念

清洁是要认真维护工作场所，保持最佳状态。

2) 要点

(1) 保持整齐、清洁、卫生，有利于身心健康。

(2) 物品、环境都要清洁，消除污染。

(3) 工人自身，包括服装、仪表，都要清洁。

(4) 不仅人的形体上要清洁，而且精神要文明。

5. 素养(Shitsuke)

素养是指养成良好工作习惯，遵守纪律。素养即教养，努力提高人员的素质，养成遵守规章制度的习惯和作风，这是"5S"活动的核心。开展"5S"活动，要始终着眼于提高人的素质。"5S"活动始于素养，也终于素养。

(三)质量统计方法

质量管理中常用的统计方法是以概率论和数理统计为理论基础的一整套管理图表和方法。人们通常称为"七种统计工具"。这七种方法应相互结合，灵活运用，从而有效地控制和提高产品质量。

1. 排列图法

排列图又称帕累托图，它是找出影响产品质量主要因素的一种简单而有效的方法。由于影响产品质量的因素很多，而主要因素往往只是其中少数几项，由它造成的废品区占总数的绝大部分。排列图的基本形式如图 10-5 所示。

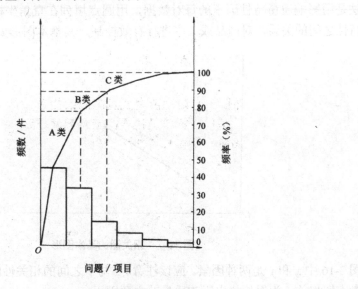

图 10-5　排列图的基本形式

排列图中有两个纵坐标，一个横坐标，几个长方形，一条曲线，左边纵坐标表示频数(件数)，右边纵坐标表示频率，以百分数表示。横坐标表示影响产品质量的各项因素，按影响因素大小从左向右排列。曲线表示各影响因素大小的累计百分数，通常把累计百分数分为三类：0～80%为 A 类因素，称为主要因素；80%～90%为 B 类因素，称为次要因素；90%～

100%为 C 类因素，称为一般因素。主要因素找到后，就可以集中力量加以解决。

2. 因果分析图法

因果分析图又叫鱼刺图、树枝图，它是一种分析影响质量诸因素的有效方法。影响产品质量的因素很多，从大的方面分析，有设备、原材料、操作者、作业方法、作业环境等。从小的方面分析，每一方面又有许多具体影响因素，这些因素又是其他因素作用的结果。因果分析最常用的是因果分析图，如图 10-6 所示。

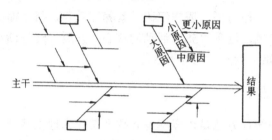

图 10-6　因果分析图的基本形式

这种方法的主要特点在于能够全面地反映影响产品质量的各种因素，而且层次分明，可以从中看出各种因素之间的关系。

3. 相关图法

相关图又叫散布图。它是把两个变量之间的相关关系，用直角坐标系表示的图表。这种方法是用影响质量特性因素的每对数据，用圆点填列在直角坐标图上，以观察判断两个质量特性之间的关系，对产品或工序进行有效控制，其基本图形如图 10-7 所示。

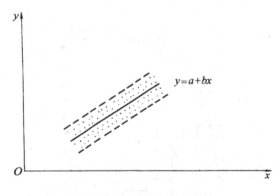

图 10-7　相关图的基本图形

图 3-16 中 x 和 y 是两种因素。应该注意，x 与 y 之间的相关性的研究，决定哪一种因素与质量密切相关，为组织找出影响质量的主要因素。

4. 分层法

分层法又叫分类法，它是一种把收集来的原始质量数据按照不同目的加以分类整理，以便分析影响产品质量的具体因素的方法。分层的目的是为了分清责任，找出原因。分层法没有独立固定的图表，可利用统计图表中的排列图和直方图等进行统计分析。

5. 调查表法

调查表又叫核对表，它是利用统计图表来记录和积累数据，并进行整理和粗略分析影响产品质量原因的一种常用图表。常用的调查表有缺陷位置调查表、不良品原因调查表、频数分布调查表等。

6. 直方图法

在质量管理中，直方图也称质量分布图，它是由很多直方形相连，表示质量数据离散程度的一种图形。

即使在相同工艺条件下，加工出来的产品质量也不会完全相同，总在某个范围内变动。作直方图的目的，就是把其变动的实际情况，用图形反映出来，通过观察图形的形状，与公差要求相比较，来判断生产过程是否处于稳定状态，预测生产过程的不合格率。因此，直方图是用来整理质量数据，找出规律，判断和预测作业过程中质量好坏，估算作业过程不合格率较常用的一种工具。其基本形式如图 10-8 所示。

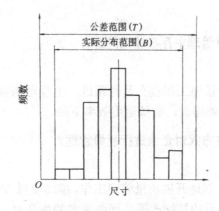

图 10-8　直方图的基本形式

7. 控制图法

控制图是工序质量控制的主要手段，是一种动态的质量分析与控制方法。控制图不仅对判别质量稳定性，评定作业过程质量状态以及发现和消除作业过程的失控现象，预防废品产生有着重要作用，而且可以为质量评比提供依据。控制图的基本形式如图 10-9 所示。

从图 10-9 中可以看出，纵坐标是质量特性值，横坐标为取样时间或子样号。图 10-9 中有五条线，上面一条实线表示公差上限，最下面一条实线表示公差下限；上面一条虚线叫控制上限，用 UCL 表示，下面一条虚线叫控制下限，用 LCL 表示；中间一条实线叫中心线，用 CL 表示。控制上限、控制下限、中心线是通过收集过去一段时间生产处于稳定状态下的数据计算出来的。控制线的范围应比技术标准(公差)的范围窄。在作业过程中，按规定的时间抽取子样，测量质量特性值，将测得数据用点子描在控制图上，并将圆点连接起来就得到控制图。绘制出的控制图还要依据相关的标准进行观察分析。

上述研究的质量管理的七种统计工具并不是唯一的，还可以根据物流组织的实际情况研究和应用新的方法。总之，质量管理的方法就是要围绕用户需要、社会需求不断发展，以达到用户满意这一基本标准。

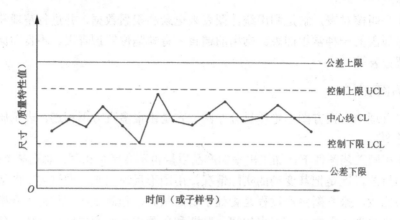

图 10-9 控制图的基本形式

【任务分析】

1. 东方物流公司在质量管理中存在什么问题？

参考信息：

公司规模扩大，但质量管理工作没有及时跟进；王经理需要处理的事务增多，对"元老"们疏于管理；公司的开销增大，资源运用效率下降。

2. 王经理可以通过哪些方式对企业进行质量管理？

参考信息：

(1) 加强制度建设，有计划地开展质量管理工作，推动质量方针和质量目标指标的完成，促进质量管理和质量管理体系的持续改进，增强顾客的满意度，真正使质量管理工作纳入正轨，强化公司组织建设，做好内部分工。

(2) 向各部门适当放权，增加管理人员的责任心。

(3) 加强公司纪律，并以"元老"们为突破口。

3. 如何有效地对该公司质量管理工作进行重新规划？

参考信息：

(1) 质量目标的分解。

(2) 制订质量目标考核办法。

(3) 加快内审员的培训。

(4) 内部审核和协助外部监督审核。

(5) 实施持续改进。

(6) 完善体系文件，加强体系监督。

(7) 数据的统计分析。

(8) 严格质检程序、把好质量关。

(9) 加强培训。

(10) 增强顾客满意度。

【任务实施】

该公司接下来的工作重点是什么？

参考信息：
建立规范的质量管理体系，加强常规质量管理。

【任务总结】

质量是一组固有特性满足要求的程度。物流质量则是指物流企业按照物流运动规律所确定的物流工作的量化标准，根据物流经营需要而进行评估物流服务的顾客期望满足程度的有机结合。在长期的质量管理实践中，人们通过积累形成了许多有效的质量管理方法、工具和技术，其中 PDCA 循环法、"5S" 管理法、排列图法、因果分析图法、相关图法、分层法、调查表法、直方图法、控制图法都是物流企业常用的方法，正确使用上述方法，不仅有助于提高物流企业的质量管理，而且有利于提高物流企业质量改进的效率和有效性。通过本任务的学习，我们要树立质量管理的思想，熟悉物流企业质量管理的工作内容，运用物流质量管理的几种常用方法找出企业服务质量存在的问题，提出解决方案，不断地提高企业的服务质量。

【任务实训】

实训 10.1　分析"奔驰"取胜的条件

在大量日本汽车冲击欧洲市场的情况下，奔驰车不仅顶住了日本车的压力，而且还增加了对日本的出口。尽管一辆奔驰车的价钱可以买两辆日本车，但奔驰车始终能在日本市场上占有一块地盘。奔驰公司之所以能取得这样的成就，重要的一点在于它充分认识到公司提供给顾客的产品，不只是一个交通工具——汽车本身，还应包括汽车的质量、造型、维修服务等，即要以自己产品整体来满足顾客的全面要求。

奔驰汽车公司为使产品质量首屈一指，专门建立了一支技术熟练的员工队伍和一套严格的质量检查制度。产品的构想、设计、研制、试验、生产直至维修都突出了质量标准。

奔驰汽车公司还建有完整而方便的服务网。服务网包括两个系统，一是推销服务网，分布在德国各大中城市。在推销处，人们可以看到各种车辆的图样，了解到汽车的性能特点。在订购时，顾客还可以提出自己的要求，如车辆颜色、空调设备、音响设备乃至保险式车门钥匙等。二是维修站，奔驰公司仅在德国西部就有 1 700 个维修站，工作人员 5.6 万人。在公路上平均不到 25 千米就可以找到一家奔驰车维修站。在国外的 171 个国家和地区奔驰公司设有 3 800 个服务站。维修人员技术熟练、态度热情、车辆检修速度快。

奔驰车一般每行驶 7 500 公里需换机油一次，每行驶 1.5 万千米需检修一次。这些服务项目都能在当天办妥。在换机油时，如发现某个零件有损耗，维修站还会主动打电话通知车主征求是否更换的意见。如果车子意外地在途中发生故障，开车人只要向就近的维修站打个电话，维修站就会派人来修理或把车拉回去修理。

奔驰汽车公司正是杰出地树立贯彻整体的观念，才使自己成为世界汽车工业中的一颗明星。

(资料来源：百度文库，http://wenku.baidu.com/view/68647b21af45b307e8719709.html)

讨论问题：

1. "奔驰"取胜的条件是什么？为什么"奔驰"价位这么高，反而在市场上具有比较稳定的占有率？

2. 假如你是"奔驰"车的厂长，你会从哪几个方面为"奔驰"创名牌？

任务二 ISO 9000 标准及其在物流企业管理中的应用

【任务描述】

家喻户晓的 ISO 9000

"我不知道 ISO 是什么东西，但我知道 ISO 9000 是干什么的，我买东西要经过它认证的。"这是一位家庭主妇在空调专卖店里所说的一番话。"入世"后，国内市场将进一步向世界开放，引进外资的步伐还将加快，更多的外资企业将进入中国市场，国内市场将与世界进一步接轨。有了 ISO 9000 认证，就有了通往国际市场的通行证，所提供的服务就会受到青睐，比如有家通过了认证的物流公司，在同欧洲商人洽谈业务时，介绍了公司的许多优势，客人不感兴趣，而当公司领导拿出 ISO 9000 认证书时，当场就成交了一笔较大的业务，相反，没有通过认证的企业，就会失去很多客户和业务机会。20 世纪 80 年代，质量界为 TQM 所疯狂。20 世纪 90 年代，质量界称 ISO 9000 现象为"核裂变现象"。21 世纪被展望为"质量"的世纪，甚至有人称之为"ISO 9000"的世纪。

【任务驱动】

(1) ISO 9000 是什么，为什么一个家庭主妇都这么关注它呢？

(2) ISO 9000 为何会成为"质量"的代名词？

(3) 物流企业为什么要获得 ISO 9000 认证？

【任务资讯】

一、ISO 9000 族标准概述

(一)ISO 9000 族标准的产生

国际标准化组织(International Organization for Standardization)简称 ISO，成立于 1974 年 2 月 23 日，是世界上最大的非政府国际标准化组织。为了适应国际贸易和国际间技术经济合作与交流的需要，提高世界范围内质量管理水平，国际标准化组织于 1987 年推出了 ISO

9000 "质量管理和质量保证"系列标准，从而使世界质量管理和质量保证活动有了一个统一的基础。ISO 9000 在世界范围内产生了十分广泛而深刻的影响，并被称之为"ISO 9000 现象"。它标志着质量管理和质量保证标准走向了规范化、系列化和程序化的世界高度。

我国已于 1992 年等同采用了 ISO 9000 系列标准，发布为 GB/T 19000 系列标准，并于 1993 年 1 月 1 日起实施。这就为我国企业在对外贸易和转换经营机制中，实施质量取胜的战略，提供了一个良好的契机和一个奋斗的目标，为我国企业站稳国内市场，走向国际市场提供了一把金钥匙。

(二)ISO 9000 族标准的定义

ISO 9000 族标准是世界主要发达国家长期实施质量管理和质量保证的经验总结，体现了科学性、经济性、社会性和广泛的适应性。它既包括了国际认可的质量管理原则，也包括了一套代表着全世界不同贸易国或贸易区域的领导以及各商品和服务行业专家共同认可的可执行的实施方法。

ISO 9000—1—1994——质量管理和质量保证标准，在第一部分，选择与使用指南 1994 版提出了 ISO 9000 族的定义，即由 ISO/TC176 技术委员会制订的所有国际标准。目前，ISO 9000 族包括以下三个部分。

(1) ISO 9000 至 ISO 9004 的所有国际标准，包括 ISO 9000 和 ISO 9004 的各分标准。

(2) ISO 10001 至 ISO 10020 的所有国际标准，包括各分标准。

(3) ISO 8402。

因我国是等同采用 ISO 9000 族标准，所以也就有"GB/T 19000 族"，其内容与 ISO 9000 族完全相同，只是编号不同。 "GB/T 19000 族"是由全国质量管理和质量保证标准化技术委员会(CSDBTS/TC 151)按等同原则将 ISO 9000 族转化而成的国际标准。

ISO 9000 族标准与产品质量关系密切。毫无疑问，对很多顾客而言，ISO 9000 质量体系认证证书意味着他们可以得到满意的产品质量保证。为了消除对这一点的误解，英国的一个认证机构曾发表以下声明："ISO 9000 给出了一个准则，以评价管理体系按规范进行生产或服务的能力。产品和服务的规范以及相应的接收准则由顾客和供方决定。ISO 9000 并不确定顾客通过采购合同所得到的产品或服务的质量。它是对供方满足规定要求能力的评价。"从这个意义上说，ISO 9000 既不是产品或服务质量的同义词，也不是代替。

这一点在 ISO 9001—1994 的 4.2.1 中得到说明："供方为确保产品符合规定要求应建立并保持一个文件化的质量体系。"这就意味着质量体系是确保产品满足规定要求的一种手段。

二、ISO 质量管理体系与物流企业质量管理

在产品或服务的商业交易活动中，对供应方来说，通过产品或服务的质量取得市场，赢得效益是最终目的，但产品或服务的质量不是由某几台设备、某几个工作者或某种规定、某种措施所能保障的。供应方不仅需要通过生产工作全过程的管理和质量控制来保证当前产品或既定服务的质量，还需要有一个不断提高企业整体质量水平、持续发展的管理机制；对需求方来说，得到高质量水平的产品或服务是唯一目的，但产品或服务的质量只能在取得产品或接受服务过程中才能感知，需求方不仅需要能够得到优质的产品或服务，而且对

产品或服务供应方具有的保证质量能力有评价、认识的需求。ISO 9000 族标准，从满足需求方对产品或服务的质量要求和对供应方稳定保证质量的能力、信誉的需求出发，从供应方建立严密的全过程质量控制、管理及持续改进质量管理，提高产品或服务质量水平的必要性出发，提出了建立质量管理体系的要求和质量体系第三方认证的规则。

国际标准化组织(International Organization for Standardization, ISO)是一个全球性的非政府组织。ISO 9000 不是指一个标准，而是一族标准的统称，是由 ISO/TC 176 制订的所有国际标准。ISO 9000 族标准的基本思想最主要的有两条：其一是控制的思想，即对产品形成的全过程——从采购原材料、加工制造到最终产品的销售、售后服务进行控制。任何一件事物都是由过程组成的，只要对产品(服务)形成的全过程进行控制并达到过程质量要求，最终产品的质量就有了保证。其二是预防的思想，即通过对产品(服务)形成的全过程进行控制以及建立并有效运行自我完善机制以预防不合格产品，从根本上减少或消除不合格品。

ISO 9000 族标准是凝聚世界各国传统管理精华，融入现代质量管理原则的科学管理模式，是企业加强质量管理，建立质量管理体系，为企业内部和外部提供质量保证能力的一套管理性标准化文件。质量体系认证则是通过第三方机构，依据规定程序对提供产品、服务单位的质量管理出具书面保证(ISO 质量管理体系认证合格证书)，证明其符合 ISO 9000 族标准规定要求所做出的评价，它为供应方树立信誉、为顾客提供需要，是实施企业外部质量保证的一种国际认可的手段。

加入世界贸易组织(WTO)为我国企业的发展创造了良好的国际环境，解决了我国企业对世界经济贸易一体化市场的准入和互惠问题。加入 WTO 后，我国物流企业可以平等地参与国内外物流市场的角逐和竞争。如果说，加入 WTO 为包括物流企业在内的我国企业解决了市场准入问题，那么，ISO 系列标准就是为物流企业的服务提供质量保证，解决物流企业如何在国内外物流市场站稳脚跟和进一步发展的问题。因此，加入 WTO 后，物流企业的当务之急是尽快实施 ISO 系列标准的认证，提高服务质量，增强竞争能力。较之其他行业而言，物流企业的认证工作显得尤为迫切和重要。

(一)提高物流企业管理水平

近年来，物流业在我国取得了长足发展。一些物流企业在快速扩张和发展过程中，内部管理的各种弊端暴露无遗，如内部操作不规范、职责不明确、客户抱怨和投诉增加以及管理决策随意等。在物流企业全面推行 ISO 质量管理体系认证，不仅可以节约大量的社会检验费用，而且也可以规范物流企业内部操作，提升管理水平，降低管理成本，增强企业的竞争力。

(二)使物流企业尽早融入国际市场

随着全球经济一体化和国内市场国际化，贯彻 ISO 9000 标准，开展质量管理体系认证，成为国内企业界、经济界的一个热门话题。有人甚至称质量管理体系认证是国内企业和产品进入国际市场的通行证。企业通过质量管理体系认证，就获得了一种权威性的社会承认和国内外市场的认同。因此，推行 ISO 质量管理体系并取得相应认证，不仅可以使物流企业按照国际惯例尽早融入国际市场，而且还可以扩大物流企业的影响，提高企业在国内、国际范围内的知名度。

(三)增强物流企业的竞争力

我国加入 WTO 后,外资公司全面进军我国物流业,物流业的竞争更加剧烈。是否根据 ISO 9000 族国际标准建立质量管理体系及是否已通过体系认证,将成为物流企业服务质量保证能力和水平的标志。在国内、国际市场上,外资企业均以是否获得 ISO 9000 资格认证证书作为参与竞争和合作的前提条件。因此,物流企业推行和全面实施 ISO 质量管理体系认证,可增强其在国内外物流市场上的竞争能力。

ISO 9000 特别强调满足客户要求,它提供了一个"以客户为中心"的经营理念,使企业更加贴近市场。企业实施 ISO 9000 标准的最大意义在于可以提高物流质量的管理水平。通过贯标与认证,促使企业的物流管理工作由"人治"转向"法治",明确了各项管理职责和工作程序,各项工作有章可循;通过内部审核与管理评审,及时发现问题,加以改进,使企业建立自我完善与自我改进的机制。

目前,个别企业出于某种需要,被动开展质量认证工作,为取得证书而开展质量认证。在认证通过以前,贯标认证态度积极,认证通过以后则工作消极,把已经建立起来并开始运行的质量体系搁置一边;认为通过认证后,企业贯标认证的所有工作已经完成。这种"一劳永逸"的想法是非常错误的。物流企业通过了质量认证,仅仅表明企业已按 ISO 9000 族标准建立并初步实施了比较规范的质量体系,对于质量体系的完善、服务水平的提高,只是"万里长征的第一步"。企业应按已建立起来的质量体系运行下去,并且不断地改进和提高,从而推动企业的持续发展。

三、ISO 9000 标准在物流企业管理中的应用

迄今为止,已有 90 多个国际标准化组织(ISO)的成员国采用了 ISO 9000 族标准。我国是采用该族标准的国家之一,比起发达国家虽然起步较晚,但起点高,发展快。作为一个物流企业无论是自觉的或被动的,为了管理、贸易和市场竞争的需要,总是要建立和实施一个质量体系。物流企业为建立质量体系选 ISO 9000 族标准有两种途径,称之为"管理者推动"和"受益者推动"。

在管理者推动下,建立质量体系的动力是,企业的最高管理者为了提高企业的管理水平,采取主动积极的态度建立并实施一个质量体系。建立质量体系的做法是,首先以 ISO 9004-1 和 ISO 9004 其他适用的标准为指导建立一个质量体系,以改善和提高企业的质量管理水平,并使企业取得更大的成功。在此基础上选择一个适合的质量保证模式标准(ISO 9001 或 ISO 9002 或 ISO 9003),补充原体系中没有的要素,使其实施,并寻求认证。这样不但满足了企业内部质量管理的需要,而且也满足了顾客对产品或服务的质量保证要求。

在受益者(包括顾客、员工、投资者)推动下,建立质量体系的特点是,企业的最高管理者处于被动地位,在经营过程中顾客要求其出示质量认证或注册的证明,企业为了满足顾客的要求,不得不采用 ISO 9000 标准。这种建立质量体系的做法是,企业首先根据顾客的要求,选择一个适用的质量保证模式标准,建立并实施一个质量体系,并取得认证,然后在此基础上增加 ISO 9004-1 和其他标准中适用的要素完善质量体系。

实践表明,由管理者推动或受益者推动两种途径建立质量体系的方法都是可行的。按第一种方法建立质量体系,虽然最高管理者处于主动地位,但用此方法建立质量体系, 一般来说领导决策难,所用的时间长,中间有反复。用第二种方法建立质量体系,虽然最高管理者处于被动,但一经决策,一般不会停下来,而且所用时间较短。所以,绝大多数企业多采用此种方法建立质量体系。

【任务分析】

1. ISO 9000 是什么,为什么一个家庭主妇都这么关注它呢?

参考信息:

ISO 9000 不是指一个标准,而是一族标准的统称,是由 ISO/TC 176 制定的所有国际标准。ISO 9000 族标准的基本思想最主要的有两条:其一是控制的思想,即对产品形成的全过程——从采购原材料、加工制造到最终产品的销售、售后服务进行控制。任何一件事物都是由过程组成的,只要对产品(服务)形成的全过程进行控制并达到过程质量要求,最终产品的质量就有了保证。其二是预防的思想,即通过对产品(服务)形成的全过程进行控制以及建立并有效运行自我完善机制以预防不合格产品,从根本上减少或消除不合格品。

2. ISO 9000 为何会成为"质量"的代名词?

参考信息:

负责 ISO 9000 质量体系认证的机构都是经过国家认可的权威机构,对企业质量体系的审核非常严格。这样,对于企业内部来说,按照经过严格审核的国际标准化的质量体系进行质量管理,可真正达到法制化、科学化的要求,极大地提高工作效率和产品合格率,迅速提高企业的经济效益和社会效益;对于企业外部来说,当顾客得知供方按照国际标准实行管理,拿到了 ISO 9000 质量体系认证证书,并且有认证机构的严格审核和定期监督后,就可以确信该企业是能够稳定地生产合格产品乃至优秀产品的信得过的企业,从而放心地与企业订立供销合同,扩大企业的市场占有率。

3. 物流企业为什么要获得 ISO 9000 认证?

参考信息:

物流企业获得 ISO 9000 认证可强化质量管理,实际上也就获得了通往国际市场的通行证,所提供的服务就会受到青睐。

【任务实施】

根据任务分析说明物流企业实施 ISO 9000 族标准的意义。

参考信息:

(1) 有利于提高产品质量,保护消费者利益。

(2) 为提高组织的运作能力提供了有效的方法。

(3) 有利于增进国际贸易,消除技术壁垒。

(4) 有利于组织的持续改进和持续满足顾客的需求和期望。

【任务总结】

质量是企业素质的综合反映，质量管理是企业管理的重要内容。在科学技术和商品经济高速发展的今天，质量是赢得竞争优势的根本。ISO 9000 族标准为物流企业建立质量管理体系提供了一整套可供借鉴的标准模式。

【任务实训】

实训10.2　分析品质部部长该怎么办？

入夏以来，大连某电束线有限公司的产品索赔率已经连续两个月高居不下，每个月都有七次索赔案件发生。为此，公司于 8 月开展了"查问题原因，补管理漏洞，全面提高质量意识"的质量月活动。品质保证部一时成为公司最忙的部门，品质保证部王部长则成为全公司最忙的人。

这家公司是一家日本独资、以外销为主、生产电束线的专业工厂。有员工 350 多人，各种先进精密仪器设备 100 余台(套)，建筑面积 10 000 余平方米，可根据用户要求生产或加工各种专业电束线，产品规格已达 150 余种。自投产以来，公司以其先进的工艺技术和可靠的产品质量，赢得了国内外客户的广泛赞誉，需求量直线上升，因此，公司两次扩大生产规模。但是，随着产品规格的不断增多、生产规模的迅速扩大，质量波动也随之而来，用户投诉开始逐渐增多。

根据质量月中各部门自查、互查发现的问题，王部长将其归纳为以下几类。

(1) 新员工素质较差(90%为初中生)，教育不够，质量意识淡薄，对产品质量认识比较模糊，不能严格按照操作规程去做。

(2) 技术文件不规范，个别工序有随意更改、涂写图纸和按领导口头指示作业的现象，造成过程参数和质量特性值不清晰、不准确，导致批量性的加工错误。

(3) 工序间的质量控制力度不够，产品质量仅靠最终检查保证。只重视事后处理，缺乏事前预防控制措施，直接导致不合格品失控。

(4) 缺乏完善的质量管理体系，对不合格品的产生原因及对策缺乏深层次的探讨，因而导致同类质量问题多次重复出现。

为了解决目前出现的各种质量问题，提高公司的经营管理水平，公司董事会决定准备根据 ISO 9000 族标准建立高水平的质量管理体系，同时授权品质保证部组织实施，要求尽快通过认证审核，并取得认证证书。

但在各部门经理参加的认证准备会上，这个决定并未得到积极响应。原因很简单：一是认为造成近期质量问题的主要原因是新职工较多，只要加强教育、监督、指导，完全可以减少和避免类似事故。二是大家对 ISO 9000 族标准缺乏充分的了解和认识，认为 ISO 9000 标准是国际水平的要求，对于我们这个技术含量较低的来料加工型企业没有太大必要。而且 ISO 9000 族标准概括性太强，理解起来很困难，执行中容易流于形式，成为空架子，不如原有的 TQM 质量体系来得实在。因而，大家未能就进行 ISO 9000 族标准认证活动取得共识。

会后，王部长又重新研究了有关 ISO 9000 族标准的资料，并将之与 TQM 做了仔细比较，分析了各自对企业发展的意义，又重新树立起推行 ISO 9000 族标准的信心。为了便于大家的理解和接受，王部长根据自己多年质量工作的经验，将 ISO 9000 族标准的内容高度概括为十二个字"有章可循，有章必依，有据可查"。即与标准要素要求相关的业务都要有规章制度和工作基准可以遵守；有了规章制度和作业标准必须遵循；是否按规章制度和作业标准办事要有证据可以查验。看着自己的"杰作"，他不禁生出几分得意。

兴奋之余，王部长又组织召开了 ISO 9000 族标准学习会，但与会者的反应仍很冷淡。仍有一些人坚持认为现有的质量管理体系(TQM)完全可以满足需要，搞 ISO 9000 质量标准认证纯属多此一举。还有人说现有的质量管理体系已运行 4 年了，公司上下都已适应了它的要求，如果再搞新体系弄不好会引起混乱；甚至还有人强调说现在生产太忙，再搞什么认证，恐怕没有时间。王部长听了之后，得意之情一扫而光，不觉又陷入了迷茫之中。

(资料来源：百度文库，http://wenku.baidu.com/view/d52242fa04a1b0717fd5ddd7.html)

1. 实训要求

请给王部长提出建议。

2. 考核标准

本实训的考核标准，如表 10-1 所示。

表 10-1　实训 10.2 的考核标准

表述清晰	计算准确	步骤清晰	书写工整	总分
40 分	40 分	10 分	10 分	100 分

【项目总结】

物流企业质量管理是对影响物流企业质量的因素进行全面、系统的管理，其基本内容包括物流企业质量管理的基本术语、物流企业质量管理的基本方法和 ISO 9000 标准在物流企业管理中的应用等。物流企业质量管理就是依据物流系统运动的客观规律，为了满足物流顾客的服务需要，通过制定科学合理的基本标准，运用经济办法开展的策划、组织、计划、实施、检查和监督、审核等所有管理活动的过程。物流企业质量管理方法就是以 PDCA 循环为总框架，广泛运用建立在数理统计、价值分析、运筹学等数学原理基础上的科学管理方法，主要包括 PDCA 模式、"5S"活动、质量统计方法(即排列图法、因果分析图法、相关图法、分层法、调查表法、直方图法和控制图法七种统计工具)。

【项目测试】

一、填空题

1. ＿＿＿＿＿＿是质量保证的基础。
2. 物流质量不但取决于＿＿＿＿＿＿，而且取决于＿＿＿＿＿＿。

3. 有效决策是建立在_____和_____的基础上的。

4. 质量管理体系是指在质量方面_____和_____组织的管理体系。

5. PDCA 循环的四个阶段是指 _____ 、_____ 、_____ 和_____。

二、单选题

1. 质量管理不具有( )特点。

   A. 系统性　　　B. 全员性　　　C. 特殊性　　　D. 目的性

2. 质量检验的实质是( )。

   A. 事前预防　　B. 事后把关　　C. 全面控制　　D. 应用统计

3. 2000 版 ISO 9000 族的核心标准是( )。

   A. ISO 9000∶2000

   B. ISO 9001∶2000 和 ISO 9004∶2000

   C. ISO 19011∶2003

   D. 以上全部

4. PDCA 循环的方法适用于( )。

   A. 产品实现过程

   B. 产品实现的生产和服务提供过程

   C. 质量改进过程

   D. 构成组织质量管理体系的所有过程

5. 物流企业质量管理主要包括两方面的内容：质量保证和( )。

   A. 质量控制　　B. 质量服务　　C. 质量管理体系　　D. 质量

三、多选题

1. 组织建立、实施、保持和持续改进质量管理体系的目的有( )。

   A. 提高组织的知名度

   B. 证实组织有能力稳定地提供满足要求的产品

   C. 增进顾客满意

   D. 提高组织的美誉度

2. 质量管理体系可以( )。

   A. 帮助组织实现顾客满意

   B. 为组织提供实现持续改进的框架

   C. 向顾客提供信任

   D. 使管理过程标准化

3. 质量的含义有( )。

   A. 不仅指产品质量

   B. 固有特性是产品、过程或体系的一部分

   C. 质量是相对性的

   D. 满足要求的程度

4. 质量管理是指在质量方面指挥和控制组织的协调活动，通常包括( )。

   A. 制定质量方针　　B. 质量目标　　　　C. 质量策划

   D. 质量控制　　　　E. 质量保证　　　　F. 质量改进

5. PDCA 循环的特点包括( )。

   A. 大环套小环　　B. 螺旋上升　　C. 处置阶段是关键　　D. 处置阶段可以忽略

四、判断题(对的画"√"，错的画"×")

1. 现代物流管理以实现顾客满意为第一目标。　　　　　　　　　　　　　( )

2. 职能制组织结构形式的优点是结构层次少，权力集中，命令统一，工作效率高。( )

3. 直线制组织结构形式适用于规模大、商品种类多、分布面广的企业。　　( )

4. 国际标准化组织(ISO)是一个全球性的政府组织。 （ ）

5. ISO 9000 指的是一个标准。 （ ）

6. 我国加入 WTO 后，是否根据 ISO 9000 族国际标准建立质量理管理体系及是否已通过体系认证，将成为物流企业服务质量保证能力和水平的标志。 （ ）

7. ISO 9000 提供了一个"以企业为中心"的经营理念，使企业更加贴近市场。（ ）

8. ISO 9000 标准的最大意义在于可以提高物流质量的管理水平。 （ ）

五、简答题

1. 简述物流组织变革的背景。

2. 简述物流活动在各发展阶段的特点。

3. 物流企业质量管理的主要内容有哪些？

4. 简述质量管理的原则。

5. 试述物流企业质量管理常用的方法有哪些？

6. 试述 ISO 质量管理体系与物流企业质量管理之间的关系。

六、技能测试

关于我国物流企业质量管理的调查

1. 技能测试目标

(1) 培养学生调查设计的能力。

(2) 加强学生对调查方案设计的全面认识。

(3) 培养学生系统思考问题、统揽调查全局的能力。

2. 技能测试内容

调查目的：针对某企业的实际状况分析收集数据，分析其质量管理体系，结合所学知识，提出切实可行的质量管理方法，建立科学有效的质量管理体系。

实训内容：针对上述目的，设计出调查方案和策略。

3. 技能测试要求

(1) 每组同学根据自己对调查目的的理解，自行设计调查方案和调查内容。

(2) 为深化对调查项目的理解，可在老师的引导下先进行课堂讨论。

(3) 调查方案设计中，要注意诸环节之间的协调一致、相互支持。

(4) 调查内容要力求深入、全面，切忌空泛。

4. 技能测试组织

(1) 教师组织学生到一家物流企业调研。

(2) 每组学生为一个单元，记录所了解到的该企业的质量管理模式。

(3) 教师组织学生到另一家物流企业调研。

(4) 每组学生为一个单元，记录所了解到的该企业的质量管理模式。

(5) 以小组为单元整理调研记录，总结出上述两个企业质量管理模式的异同点，对中国物流企业质量管理模式做出总结，并进行书面调查总结。

5. 技能测试考核

每位学生的成绩由两部分组成：课堂讨论成绩(30%)，调研记录和总结成绩(70%)。

附 录

									85%			
0.001	0.002	0.004	0.007	0.856			0.716	0.001		

附表一　复利终值系数表

n	1%	2%	3%	4%	5%	6%	7%	8%	9%	10%	11%	12%	13%	14%	15%
1	1.010	1.020	1.030	1.040	1.050	1.060	1.070	1.080	1.090	1.100	1.110	1.120	1.130	1.140	1.150
2	1.020	1.040	1.061	1.082	1.103	1.124	1.145	1.166	1.188	1.210	1.232	1.254	1.277	1.300	1.323
3	1.030	1.061	1.093	1.125	1.158	1.191	1.225	1.260	1.295	1.331	1.368	1.405	1.443	1.482	1.521
4	1.041	1.082	1.126	1.170	1.216	1.262	1.311	1.360	1.412	1.464	1.518	1.574	1.630	1.689	1.749
5	1.051	1.104	1.159	1.217	1.276	1.338	1.403	1.469	1.539	1.611	1.685	1.762	1.842	1.925	2.011
6	1.062	1.126	1.194	1.265	1.340	1.419	1.501	1.587	1.677	1.772	1.870	1.974	2.082	2.195	2.313
7	1.072	1.149	1.230	1.316	1.407	1.504	1.606	1.714	1.828	1.949	2.076	2.211	2.353	2.502	2.660
8	1.083	1.172	1.267	1.369	1.477	1.594	1.718	1.851	1.993	2.144	2.305	2.476	2.658	2.853	3.059
9	1.094	1.195	1.305	1.423	1.551	1.689	1.838	1.999	2.172	2.358	2.558	2.773	3.004	3.252	3.518
10	1.105	1.219	1.344	1.480	1.629	1.791	1.967	2.159	2.367	2.594	2.839	3.106	3.395	3.707	4.046
11	1.116	1.243	1.384	1.539	1.710	1.898	2.105	2.332	2.580	2.853	3.152	3.479	3.836	4.226	4.652
12	1.127	1.268	1.426	1.601	1.796	2.012	2.252	2.518	2.813	3.138	3.498	3.896	4.335	4.818	5.350
13	1.138	1.294	1.469	1.665	1.886	2.133	2.410	2.720	3.066	3.452	3.883	4.363	4.898	5.492	6.153
14	1.149	1.319	1.513	1.732	1.980	2.261	2.579	2.937	3.342	3.797	4.310	4.887	5.535	6.261	7.076
15	1.161	1.346	1.558	1.801	2.079	2.397	2.759	3.172	3.642	4.177	4.785	5.474	6.254	7.138	8.137
16	1.173	1.373	1.605	1.873	2.183	2.540	2.952	3.426	3.970	4.595	5.311	6.130	7.067	8.137	9.358
17	1.184	1.400	1.653	1.948	2.292	2.693	3.159	3.700	4.328	5.054	5.895	6.866	7.986	9.276	10.761
18	1.196	1.428	1.702	2.026	2.407	2.854	3.380	3.996	4.717	5.560	6.544	7.690	9.024	10.575	12.375
19	1.208	1.457	1.754	2.107	2.527	3.026	3.617	4.316	5.142	6.116	7.263	8.613	10.197	12.056	14.232
20	1.220	1.486	1.806	2.191	2.653	3.207	3.870	4.661	5.604	6.727	8.062	9.646	11.523	13.743	16.367
21	1.232	1.516	1.860	2.279	2.786	3.400	4.141	5.034	6.109	7.400	8.949	10.804	13.021	15.668	18.822
22	1.245	1.546	1.916	2.370	2.925	3.604	4.430	5.437	6.659	8.140	9.934	12.100	14.714	17.861	21.645
23	1.257	1.577	1.974	2.465	3.072	3.820	4.741	5.871	7.258	8.954	11.026	13.552	16.627	20.362	24.891
24	1.270	1.608	2.033	2.563	3.225	4.049	5.072	6.341	7.911	9.850	12.239	15.179	18.788	23.212	28.625
25	1.282	1.641	2.094	2.666	3.386	4.292	5.427	6.848	8.623	10.835	13.585	17.000	21.231	26.462	32.919
26	1.295	1.673	2.157	2.772	3.556	4.549	5.807	7.396	9.399	11.918	15.080	19.040	23.991	30.167	37.857
27	1.308	1.707	2.221	2.883	3.733	4.822	6.214	7.988	10.245	13.110	16.739	21.325	27.109	34.390	43.535
28	1.321	1.741	2.288	2.999	3.920	5.112	6.649	8.627	11.167	14.421	18.580	23.884	30.633	39.204	50.066
29	1.335	1.776	2.357	3.119	4.116	5.418	7.114	9.317	12.172	15.863	20.624	26.750	34.616	44.693	57.575
30	1.348	1.811	2.427	3.243	4.322	5.743	7.612	10.063	13.268	17.449	22.892	29.960	39.116	50.950	66.212

附表二　复利现值系数表

n	1%	2%	3%	4%	5%	6%	8%	10%	12%	14%	15%	16%	18%	20%
1	0.99	0.98	0.97	0.961	0.952	0.943	0.925	0.909	0.892	0.877	0.869	0.862	0.847	0.833
2	0.98	0.961	0.942	0.924	0.907	0.889	0.857	0.826	0.797	0.769	0.756	0.743	0.718	0.694
3	0.97	0.942	0.915	0.888	0.863	0.839	0.793	0.751	0.711	0.674	0.657	0.64	0.608	0.578
4	0.96	0.923	0.888	0.854	0.822	0.792	0.735	0.683	0.635	0.592	0.571	0.552	0.515	0.482
5	0.951	0.905	0.862	0.821	0.783	0.747	0.68	0.62	0.567	0.519	0.497	0.476	0.437	0.401
6	0.942	0.887	0.837	0.79	0.746	0.704	0.63	0.564	0.506	0.455	0.432	0.41	0.37	0.334
7	0.932	0.87	0.813	0.759	0.71	0.665	0.583	0.513	0.452	0.399	0.375	0.353	0.313	0.279
8	0.923	0.853	0.789	0.73	0.676	0.627	0.54	0.466	0.403	0.35	0.326	0.305	0.266	0.232
9	0.914	0.836	0.766	0.702	0.644	0.591	0.5	0.424	0.36	0.307	0.284	0.262	0.225	0.193
10	0.905	0.82	0.744	0.675	0.613	0.558	0.463	0.385	0.321	0.269	0.247	0.226	0.191	0.161
11	0.896	0.804	0.722	0.649	0.584	0.526	0.428	0.35	0.287	0.236	0.214	0.195	0.161	0.134
12	0.887	0.788	0.701	0.624	0.556	0.496	0.397	0.318	0.256	0.207	0.186	0.168	0.137	0.112
13	0.878	0.773	0.68	0.6	0.53	0.468	0.367	0.289	0.229	0.182	0.162	0.145	0.116	0.093
14	0.869	0.757	0.661	0.577	0.505	0.442	0.34	0.263	0.204	0.159	0.141	0.125	0.098	0.077
15	0.861	0.743	0.641	0.555	0.481	0.417	0.315	0.239	0.182	0.14	0.122	0.107	0.083	0.064
16	0.852	0.728	0.623	0.533	0.458	0.393	0.291	0.217	0.163	0.122	0.106	0.093	0.07	0.054
17	0.844	0.714	0.605	0.513	0.436	0.371	0.27	0.197	0.145	0.107	0.092	0.08	0.059	0.045
18	0.836	0.7	0.587	0.493	0.415	0.35	0.25	0.179	0.13	0.094	0.08	0.069	0.05	0.037
19	0.827	0.686	0.57	0.474	0.395	0.33	0.231	0.163	0.116	0.082	0.07	0.059	0.043	0.031
20	0.819	0.672	0.553	0.456	0.376	0.311	0.214	0.148	0.103	0.072	0.061	0.051	0.036	0.026
21	0.811	0.659	0.537	0.438	0.358	0.294	0.198	0.135	0.092	0.063	0.053	0.044	0.03	0.021
22	0.803	0.646	0.521	0.421	0.341	0.277	0.183	0.122	0.082	0.055	0.046	0.038	0.026	0.018
23	0.795	0.634	0.506	0.405	0.325	0.261	0.17	0.111	0.073	0.049	0.04	0.032	0.022	0.015
24	0.787	0.621	0.491	0.39	0.31	0.246	0.157	0.101	0.065	0.043	0.034	0.028	0.018	0.012
25	0.779	0.609	0.477	0.375	0.295	0.232	0.146	0.092	0.058	0.037	0.03	0.024	0.015	0.01
26	0.772	0.597	0.463	0.36	0.281	0.219	0.135	0.083	0.052	0.033	0.026	0.021	0.013	0.008
27	0.764	0.585	0.45	0.346	0.267	0.207	0.125	0.076	0.046	0.029	0.022	0.018	0.011	0.007
28	0.756	0.574	0.437	0.333	0.255	0.195	0.115	0.069	0.041	0.025	0.019	0.015	0.009	0.006
29	0.749	0.563	0.424	0.32	0.242	0.184	0.107	0.063	0.037	0.022	0.017	0.013	0.008	0.005
30	0.741	0.552	0.411	0.308	0.231	0.174	0.099	0.057	0.033	0.019	0.015	0.011	0.006	0.004

附表三　年金终值系数表

n	1%	2%	3%	4%	5%	6%	7%	8%	9%	10%	15%	20%
1	1.000	1.000	1.000	1.000	1.000	1.000	1.000	1.000	1.000	1.000	1.000	1.000
2	2.010	2.020	2.030	2.040	2.050	2.060	2.070	2.080	2.090	2.100	2.150	2.200
3	3.030	3.060	3.091	3.122	3.153	3.184	3.215	3.246	3.278	3.310	3.473	3.640
4	4.060	4.122	4.184	4.246	4.310	4.375	4.440	4.506	4.573	4.641	4.993	5.368
5	5.101	5.204	5.309	5.416	5.526	5.637	5.751	5.867	5.985	6.105	6.742	7.442
6	6.152	6.308	6.468	6.633	6.802	6.975	7.153	7.336	7.523	7.716	8.754	9.930
7	7.214	7.434	7.662	7.898	8.142	8.394	8.654	8.923	9.200	9.487	11.067	12.916
8	8.286	8.583	8.892	9.214	9.549	9.879	10.260	10.637	11.028	11.436	13.727	16.499
9	9.369	9.755	10.159	10.583	11.027	11.491	11.978	12.488	13.021	13.579	16.786	20.799
10	10.462	10.950	11.464	12.006	12.578	13.181	13.816	14.487	15.913	15.937	20.304	25.959
11	11.567	12.169	12.808	13.486	14.207	14.972	15.784	16.645	17.560	18.531	24.349	32.150
12	12.683	13.412	14.192	15.026	16.917	16.870	17.888	18.977	20.141	21.384	29.002	39.581
13	13.809	14.680	15.618	16.627	17.713	18.882	20.141	21.495	22.953	24.523	34.352	48.497
14	14.947	15.974	17.086	18.292	19.599	21.015	22.550	24.215	26.019	27.975	40.505	54.196
15	16.097	17.293	18.599	20.024	21.579	23.276	25.129	27.152	29.361	31.772	47.580	72.035
16	17.258	18.639	20.157	21.825	23.657	25.673	27.888	30.324	33.003	35.950	55.717	87.442
17	18.430	20.012	21.762	23.698	25.840	28.213	30.840	33.750	36.974	40.545	65.075	105.930
18	19.615	21.412	23.414	25.645	28.132	30.906	33.999	37.450	41.301	45.599	75.836	128.120
19	20.811	22.841	25.117	27.671	30.539	33.760	37.379	41.446	46.018	51.159	88.212	154.740
20	22.019	24.297	26.870	29.778	33.066	36.786	40.995	45.762	51.160	57.275	120.440	186.690
25	28.243	32.030	36.459	41.646	47.727	54.865	63.249	73.106	84.701	98.347	212.790	471.980
30	34.785	40.588	47.575	56.085	66.439	79.058	94.461	113.280	136.310	164.490	434.750	1181.900

附表四 年金现值系数表

n	1%	2%	3%	4%	5%	6%	7%	8%	9%	10%	15%	20%
1	0.9901	0.9804	0.9709	0.9615	0.9524	0.9434	0.9346	0.9259	0.9174	0.9091	0.8696	0.8333
2	1.9704	1.9416	1.9135	1.8861	1.8594	1.8334	1.8080	1.7833	1.7591	1.7355	1.6257	1.5278
3	2.9410	2.8839	2.8286	2.7751	2.7232	2.6730	2.6243	2.5771	2.5313	2.4869	2.2832	2.1065
4	3.9020	3.8077	3.7171	3.6299	3.5460	3.4651	3.3872	3.3121	3.2397	3.1699	2.8550	2.5887
5	4.8534	4.7135	4.5797	4.4518	4.3295	4.2124	4.1002	3.9927	3.8897	3.7908	3.3522	2.9906
6	5.7955	5.6014	5.4172	5.2421	5.0757	4.9173	4.7665	4.6229	4.4859	4.3553	3.7845	3.3255
7	6.7282	6.4720	6.2303	6.0021	5.7864	5.5824	5.3893	5.2064	5.0330	4.8684	4.1604	3.6046
8	7.6517	7.3255	7.0197	6.7327	6.4632	6.2098	5.9713	5.7466	5.5348	5.3349	4.4873	3.8372
9	8.5660	8.1622	7.7861	7.4353	7.1078	6.8017	6.5152	6.2469	5.9952	5.7590	4.7716	4.0310
10	9.4713	8.9826	8.5302	8.1109	7.7217	7.3601	7.0236	6.7101	6.4177	6.1446	5.0188	4.1925
11	10.3676	9.7868	9.2526	8.7605	8.3064	7.8869	7.4987	7.1390	6.8052	6.4951	5.2337	4.3271
12	11.2551	10.5753	9.9540	9.3851	8.8633	8.3838	7.9427	7.5361	7.1607	6.8137	5.4206	4.4392
13	12.1337	11.3484	10.6350	9.9856	9.3936	8.8527	8.3577	7.9038	7.4869	7.1034	5.5831	4.5327
14	13.0037	12.1062	11.2961	10.5631	9.8986	9.2950	8.7455	8.2442	7.7862	7.3667	5.7245	4.6106
15	13.8651	12.8493	11.9379	11.1184	10.3797	9.7122	9.1079	8.5595	8.0607	7.6061	5.8474	4.6755
16	14.7179	13.5777	12.5611	11.6523	10.8378	10.1059	9.4466	8.8514	8.3126	7.8237	5.9542	4.7296
17	15.5623	14.2919	13.1661	12.1657	11.2741	10.4773	9.7632	9.1216	8.5436	8.0216	6.0472	4.7746
18	16.3983	14.9920	13.7535	12.6593	11.6896	10.8276	10.0591	9.3719	8.7556	8.2014	6.1280	4.8122
19	17.2260	15.6785	14.3238	13.1339	12.0853	11.1581	10.3356	9.6036	8.9501	8.3649	6.1982	4.8435
20	18.0456	16.3514	14.8775	13.5903	12.4622	11.4699	10.5940	9.8181	9.1285	8.5136	6.2593	4.8696
21	18.8570	17.0112	15.4150	14.0292	12.8212	11.7641	10.8355	10.0168	9.2922	8.6487	6.3125	4.8913
22	19.6604	17.6580	15.9369	14.4511	13.1630	12.0416	11.0612	10.2007	9.4424	8.7715	6.3587	4.9094
23	20.4558	18.2922	16.4436	14.8568	13.4886	12.3034	11.2722	10.3711	9.5802	8.8832	6.3988	4.9245
24	21.2434	18.9139	16.9355	15.2470	13.7986	12.5504	11.4693	10.5288	9.7066	8.9847	6.4338	4.9371
25	22.0232	19.5235	17.4131	15.6221	14.0939	12.7834	11.6536	10.6748	9.8226	9.0770	6.4641	4.9476
26	22.7952	20.1210	17.8768	15.9828	14.3752	13.0032	11.8258	10.8100	9.9290	9.1609	6.4906	4.9563
27	23.5596	20.7069	18.3270	16.3296	14.6430	13.2105	11.9867	10.9352	10.0266	9.2372	6.5135	4.9636
28	24.3164	21.2813	18.7641	16.6631	14.8981	13.4062	12.1371	11.0511	10.1161	9.3066	6.5335	4.9697
29	25.0658	21.8444	19.1885	16.9837	15.1411	13.5907	12.2777	11.1584	10.1983	9.3696	6.5509	4.9747
30	25.8077	22.3965	19.6004	17.2920	15.3725	13.7648	12.4090	11.2578	10.2737	9.4269	6.5660	4.9789

参 考 文 献

[1] 薛威，孙鸿. 物流企业管理[M]. 北京：机械工业出版社，2004.

[2] 张理. 现代企业物流管理[M]. 北京：中国水利水电出版社，2005.

[3] 张理. 现代物流案例分析[M]. 北京：中国水利水电出版社，2005.

[4] 宋建阳. 企业物流管理[M]. 北京：电子工业出版社，2005.

[5] 尹正年. 现代物流企业管理[M]. 北京：中国财政经济出版社，2007.

[6] 谭红翔，余晓红. 企业物流管理[M]. 北京：清华大学出版社，2008.

[7] 张树山. 物流企业管理学[M]. 北京：中国铁道出版社，经济科学出版社，2007.

[8] 赵光忠. 企业物流管理模板与操作流程[M]. 北京：中国经济出版社，2004.

[9] 蒋长兵. 现代物流管理案例集[M]. 北京：中国物资出版社，2005.

[10] 付丽茹，解进强. 物流企业管理与实务[M]. 北京：清华大学出版社，2010.

[11] 丁立言，张铎. 物流企业管理[M]. 北京：清华大学出版社，2000.

[12] 赵家俊，王淑华. 物流企业管理[M]. 北京：科学出版社，2010.

[13] 张大成. 现代物流企业经营管理[M]. 北京：中国物资出版社，2005.

[14] 霍红，徐玲玲. 物流师实用手册[M]. 北京：化学工业出版社，2010.

[15] 崔国成. 现代物流企业管理[M]. 武汉：武汉理工大学出版社，2008.

[16] 傅莉萍. 现代物流概论[M]. 北京：北京大学出版社，2009.

[17] 夏文汇. 现代物流管理[M]. 重庆：重庆大学出版社，2002.

[18] 赵启兰. 企业物流管理[M]. 北京：机械工业出版社，2006.

[19] 张毅. 现代物流管理[M]. 上海：上海人民出版社，2002.

[20] 李新华. 企业物流管理[M]. 北京：中国广播电视出版社，2002.

[21] 薛威. 企业物流管理[M]. 北京：机械工业出版社，2010.

[22] 阮喜珍. 现代物流企业管理[M]. 北京：机械工业出版社，2011.

[23] 王满. 物流企业财务管理[M]. 大连：东北财经大学出版社，2009.

[24] 马士华. 企业物流管理[M]. 北京：中国人民大学出版社，2011.

[25] 张雅静. 物流企业管理[M]. 北京：清华大学出版社，2013.